KB140014

조선전기 공공통치

조선전기 공공통치

최 이 돈

景仁文化社

전환기에 서서

조선 전기는 서로 다른 시대의 가치가 공존하는 '전환기'였다. 중세의 가치와 근대의 가치가 같이 존재하였다. 이는 정치, 경제, 신분의 제부분에서 두루 나타났다. 즉 정치에서는 '사적지배'와 '공공통치', 경제에서는 '경제외적 관계'와 '경제적 관계', 신분에서는 '혈통'과 '능력' 등의 서로 대치되는 가치들이 공존하고 있었다.

이는 고려 말 급격한 생산력의 향상으로 인한 사회변화를 기존의 가치체계 안에서 수습할 수 없었기 때문이었다. 그러므로 유학자들은 기존의 가치를 유지하여 체제의 안정을 확보하였고, 새시대의 가치를 수용하여 개혁과 발전을 도모하였다. 물론 상호 모순적인 가치를 공존시키는 것은 쉽지 않았으나, 음과 양을 '太極' 안에서 조화시킬 수 있다고 믿었던 유학자들은 현실과 이상을 조화시키면서 당면한 과제들을 성실하게 풀어나갔다.

그동안 조선전기사 연구자들은 조선전기를 중세와 근대의 가치가 공존하는 시기로 인식하지 못하였다. 정치사에서는 '관료제'적 성격을 강조하면서 근대적 요소를 찾는 데에 집중하였고, 경제사에서는 '신분적 경제'를 강조하면서 중세적 요소를 찾는 데에 집중하였다. 신분사에서는 한편의 연구자들은 '혈통'을 강조하였고, 다른 한편의 연구자들은 '능력'을 강조하면서, 서로 대립된 견해를 제시하였다. 연구자들은 서로 모순적인 다른 시대적 가치인 혈통과 능력이 한 시대 안에서 대등하게 공존할 수 있다고 보지 않았다.

사실 어느 시기든 구시대나 새시대의 가치들은 공존하기 마련이었다. 그러나 조선전기에는 두 가지의 가치가 서로 대등하게 작용하고 있어, 중세나 근대의 어느 가치도 주도적 영향력을 관철시키지 못하였다. 그러므로 조선전기를 중세나 근대 하나로만 규정하기 어렵다.

물론 수 백 년 동안 유지되던 한 시대의 가치가 짧은 기간 안에 다른 가치로 전환되는 것은 쉽지 않았다. 서양사에서도 중세에서 근대로의 전환기, 수 백 년을 'Early Modern'이라고 명명하고 있는 것은 유사한 상황임을 잘 보여준다. 그러므로 조선전기를 중세에서 근대로의 전환기, 중세와 근대가 공존하였던 시기, 즉 '近世'로 보아도 좋을 것이다.

저자는 조선전기를 전환기로 이해하는 가설 위에서 상당한 시간을 연구에 투자하였다. 그러나 조선전기의 전체상을 설명하는 것은 많은 시간이 더 필요할 것으로 보인다. 그간 밝힌 조선전기의 특징적인 모습을, 일부나마 동학들과 공유하는 것은 의미있는 일이라고 판단하여, 그간의 성과를 묶어서 '近世 朝鮮의 형성'으로 출간하고자 한다.

전5권에 걸쳐서 조선초기 생산력의 향상에 따른 생산관계의 변화가 경제, 신분, 정치의 각 영역에 어떻게 구현되었는지를 검토하였다. 즉 당시 '天民'으로 인식되었던 백성의 법적, 실제적 지위가 어떠하였는지를 고찰하였다.

제1권『조선초기 과전법』에서는 조선초기 백성의 경제적 지위를 검토하였다. 고려말 조선초 생산력의 상승으로 인한 생산관계의 변화가 과전법체제에 함축되어 표현되었다. 그러므로 과전법을 통해서 수조권을 둘러싼 국가, 전주, 전부 등의 생산관계 변화를 검토하였다.

제2권『조선전기 신분구조』와 제3권『조선전기 특권신분』에서는 백성들의 신분적 지위를 검토하였다. 생산관계 변화로 인해 신분질서가 새롭게 정립되는 모습을 '신분구조'로 정리하였다. 또한 그간 신분사 연구에서 지배신분이 중요한 쟁점이 되었음을 고려하여, 이를 '특권신분'으로 나누어 정리하였다.

제4권『조선전기 공공통치』와 제5권『조선중기 사림정치』에서는 백성들의 정치적 지위를 검토하였다. 생산력 향상으로 변화한 백성의 정치적 지위를 '공공통치'의 형성과정으로 검토하였다. 또한 성종대부터 백성의 상위계층인 사림이 지배신분인 훈구와 대립하면서 참정권의 확보를 위해서 투쟁하였는데, 그 과정을 '사림정치'의 전개과정으로 정리하였다.

사실 현대도 서로 다른 시대의 가치가 공존하는 전환기이다. 현대의 가장 대표적인 가치인 '자유'와 '평등'도 상호 모순적인 성격으로 긴장과 갈등을 유발시키고 있다. 이는 이 두 가치가 서로 다른 시대의 소산이기 때문이다. 자유는 근대를 열면서 중심적인 가치로 자리를 잡았고, 평등은 근대의 문제를 해결하기 위한 가치로 그 입지를 점차 확대해가고 있다. 그러므로 공동체의 안정과 발전을 위해서, 현대의 주된 관심은 '疏通'의 화두아래 자유와 평등을 조화롭게 발전시키는 데에 집중되고 있다.

'전환기에 서서' 우리의 공동체를 위해 고심하는 이 시대의 독자들에게, '중세의 가치'와 '근대의 가치'를 조화 발전시키기 위해 분투하였던 선조들의 모습이 한 줄기 지혜와 위안이 되기를 기대한다.

다시 맞는 丁酉年 10월에
심심한 감사를 담아서
최이돈

목차

제2부 公共統治의 실제

제4장 守令告訴權의 형성

제5장 전부의 법적 지위와 田主告訴權

제3부 士林政治論

제8장 사림의 정치사상

제9장 사림의 朝鮮政治史 인식
　　- 『海東野言』을 중심으로 -

제10장 정치이념과 士林派의 구성요소
- 申用漑의 정치이념을 중심으로 -

제1부

公共統治論의 구조

제1장 君臣共治論의 형성과 변화

머리말

사림이 등장하면서 나타난 정치의 변화는 그간 많은 연구를 통해서 그 윤곽이 드러났다. 정치제도 및 구조, 정치운영의 실태, 그리고 정치론 등의 면에서 정리가 되었다. 정치론에 한정해서 살펴보면 붕당정치론, 공론정치론 등이 정리되면서 사림정치의 정치이념이 해명되고 있다. 그러나 아직 정치권력론에 대해서는 정리가 되지 못하고 있다. 그간 사림이 만들려고 하였던 권력구조에 대해서 왕권과 재상권, 언관권, 낭관권 등의 상호관계를 밝히면서 진전이 있었으나,[1] 이를 좀 더 이념적으로 논하는 정치권력론에서는 별다른 진전이 없었다.

사실 사림의 등장으로 나타나는 권력의 분화와 그 상호간의 조화는 군주와 신하가 같이 통치하는 방식을 모색하는 것이었고, 나아가 신하 상호간의 권력을 공유하는 방향에서 이루어졌다. 왕과 관원, 관원 상호간의 관계를 한마디로 표현하기는 쉽지 않으나, 이는 일단 왕과 관원의 관계를 주축으로 하고, 그 안에서 관원상호관계를 설명하는 방식을 취하는 것이 바람직할 것으로 생각된다.

최근 '군신공치론'의 제기는 이러한 모색의 일환이다. 군신공치론은 왕과 신하가 같이 통치한다는 권력론이다. '君臣共治'라는 용어를 처음 사용한 이는 이태진이었다. 사림의 정치로 인하여 권력구조가 변화하고, 왕의 지위가 변화하고 있었음을 주목하면서, 이를 설명하기 위하여 이 용어를

---

1) 최이돈『조선중기 사림정치』경인문화사 2017.

사용하였다.[2] 그는 사림의 등장이후의 변화 특히 붕당이 존재하는 권력구
조를 설명하는 틀로서 '군신공치'라는 개념을 제시하였다. 그는 "붕당에 대
한 새로운 인식이 이론적으로나 현실적으로 군신공치의 사상을 바탕에 강
하게 깐 것이라는 것은 재론의 여지가 없다."라고 붕당과 '군신공치'의 관
계를 언급하였다. 그는 군신공치론의 배경을 좀 더 설명하면서 "모든 정치
는 국왕에서 비롯한다는 종래의 관념에 대한 하나의 도전 내지는 수정 요
구의 의미를 가지는 것이었다. 이러한 도전이나 요구는 결국 군신공치주
의를 지향하는 것으로, 이를 체계화하는 데는 거의 같은 입장을 추구한 송
대 신유학 특히 정주성리학에 크게 힘입었다."고[3] '군신공치'의 이념적 근
거를 정주성리학에서 찾고 있다. 이와 같은 이태진의 제안은 사림정치의
권력구조를 설명할 수 있는 논리로 주목된다.

　'군신공치'라는 용어는 이후 연구자들에 의해서 그 유용성이 인정되고
있다. 이병휴는 을사사화와 영남사림파의 대응을 설명하면서, 사림은 "군
신공치를 바탕으로 왕권을 압박하고 낭관-언관체제를 바탕으로 훈척세력
의 정조 중심의 정국운영에 비판"한 것으로 언급하여[4], 군신공치라는 용
어를 사림과 왕의 관계를 설명하는 데에 사용하고 있다. 또한 김정신은 조
광조와 이언적의 정치사상을 연구하면서, "군권과 신권이 相助相制의 균
형을 이루는 정치운영론"으로 군신공치론을 제시하고 있다.[5]

　위와 같은 연구의 상황을 볼 때에 군신공치론은 사림의 권력론을 설명
하기에 적절한 개념으로 이해된다. 그러나 '군신공치'라는 개념이 용어에
그치지 않고 당시의 정치현상을 설명할 수 있는 정치론으로 정리되기 위
해서는 몇 가지 면에서 보완이 필요하다.

2) 이태진 「조선 왕조의 유교정치와 왕권」『한국사론』 23, 1990.
3) 이태진 위의 논문.
4) 이병휴 「16세기 정국과 영남사림파의 동향」『조선전기 사림파의 현실인식과 대
　응』 일조각 1999.
5) 김정신 「조선전기 사림의 公認識과 君臣共治論」『학림』 21, 2000.

첫째, 군신공치론이 아직 개념을 제시하는 데에 그치고 있어서, 군신공치론이 무엇인지 그 실상을 당시의 구체적인 자료로 통해서 정리해야 할 필요성이 있다. 또한 역사적인 자료를 통해서 군신공치론이 정리될 수 있다면, 그 형성과정이나 또한 변화과정에 대해서도 밝힐 필요가 있다.

둘째, 군신공치론이 사림정치의 형성 이후의 변화한 권력관계를 설명하는데 사용되고 있으나, 이미 조선 초기부터 군신관계의 정립은 정치의 중요한 현안이었고 많은 모색들이 되어왔음을 염두에 둘 때에, 군신공치론이 이전의 군신관계를 설명하는 방식과는 어떻게 다른지 조선 초기부터 이를 연결해서 설명할 필요가 있다.

셋째, 군신공치론이 주자학과 연관되는 것으로 언급되고 있는데, 이러한 관점이 점검되기 위해서는 이미 성리학이 도입된 고려 말의 정치상황에서부터 군신공치론이 제기된 흔적은 없었는지 검토할 필요가 있다.

이러한 몇 가지 조건을 고려하면서 본고는 조선왕조실록의 자료를 중심으로 군신공치론을 검토해 보고자 한다. 왕과 관원 간의 권력관계를 논하는 자료를 검토하면서, 특히 '共治'라는 용어나 그와 유사한 용어를 집중적으로 검토하고자 한다. 군신공치론은 권력관계를 통해서 논할 수 있는 것이지만, 이와 같이 직접적으로 표현하고 있는 용어를 찾아낼 수 있다면 그 설명이 더욱 구체적이고 쉬울 것으로 생각되기 때문이다.

검토의 시기는 앞에서 제기한 문제점들을 고려할 때에 고려 말부터 검토해 내려올 수밖에 없는 것으로 생각된다. 그러므로 먼저 고려 말에 군신공치론이라 부를만한 정치론이 신진사대부에 의해서 논의되었는지를 검토해보고자 한다. 그리고 조선 초기에 나타난 군신관계를 검토하면서 군신공치론의 흔적을 찾아보고자 한다. 그리고 마지막으로 사림이 등장하는 성종대의 군신공치론은 이전과 어떠한 차이가 있었는지 그 변화를 검토해보고자 한다. 이러한 고찰을 통해서 조선 초기의 권력론이 어떻게 형성 변화하였는지 이해할 수 있기를 기대해 본다.

1. 고려 말 共治論의 제기

군신공치론은 왕과 관원이 같이 통치한다는 의미에서 권력론이었다. 그러나 그 연원을 찾아가기 위해서 '공치'라는 용어가 사용된 용례를 찾아가 보면 그 의미는 조금 다르게 사용되었다. '공치'라는 용어의 용례는 고려 말까지 소급되는데, 『고려사절요』에 의하면 충열왕이 다음과 같이 '공치'라는 용어를 사용하였다.

> 이때 승휴가 삼척현 용계의 농막에 은거하고 있었는데, 글을 올려 늙고 병든 것을 들어 사양하니, 왕이 다시 글을 내려 이르기를, "과인이 평소부터 경의 명망을 듣고 국사를 '共治'하려고 생각하여, 이제 경에게 詞林侍讀 左諫議大夫를 제수하고 史館修撰官 知制誥에 補하노니, 바라건대 창생을 위하여 한번 나오라." 하니, 승휴가 마침내 왔다.6)

이 내용은 기록상 확인되는 '공치'라는 용어를 언급한 첫 기록이다. 여기서 충열왕은 사직하려는 이승휴에게, 사직하지 말고 더불어 공치하자고 권하고 있다. 이 기록을 통해서 '공치'라는 용어가 왕이 관원과 더불어 통치를 같이 한다는 의미를 가지고 사용되었음을 확인할 수 있다.

여기서의 공치는 왕과 권력을 나누어 가진다는 권력론적인 의미가 아니라, 왕을 도와서 행정을 맡는 정도의 의미를 가진 것으로 이해된다. 즉 왕과 관원이 행정을 같이 한다는 의미를 가진, 행정제도를 포괄적으로 의미하는 '행정론적 공치론'으로 이해된다.

이와 같은 이해는 이승휴가 가진 관직이 고위관직이 아닌 좌간의대부에 그치고 있으므로, 여기서의 공치는 권력을 같이 한다고 이해하기 보다는 행정을 돕는다는 의미가 강하였기 때문이다. 그러므로 일단, 이 자료를 통해서 '공치'라는 용어가 왕과 관원의 관계를 행정론적 관점에서 설명하는

---

6) 『고려사절요』 권22, 충렬왕 24년.

용어로 사용되었음을 확인할 수 있다.

또한 공치라는 용어가 고려 말에 신진사대부와 연관되어서 초출되었다는 점도 유념할 필요가 있다. 이 시기에 신진사대부들이 새로운 정치세력으로 등장하면서, 신유학에 입각한 정치변화를 모색하였고, 충렬왕 등 개혁을 추진하였던 왕들도 이를 공감하고 있었다. 그러므로 공치라는 용어는 이러한 변화의 소산이었다. 즉 충렬왕이나 이승휴는 고려 말 변화의 중심에 서있었던 인물들인데, 이들 사이에서 뜻을 같이 해서 개혁을 추진해보자는 의식이 형성되었을 것으로 보이며, 그러한 동질적 의식을 강조하면서 같이 하는 행정이라는 뜻에서 '공치'라는 용어가 사용된 것으로 이해된다.

그러므로 이와 같은 '공치'의 용례는 당시 신진사대부의 새로운 정치인식과 연결되었다. 신진사대부의 새로운 정치인식은 공민왕대의 신진사대부인 정언 윤소종의 다음과 같은 언급에 잘 나타난다.

> 하늘은 백성을 살리기는 하나, 그 백성들로 하여금 각자의 살아갈 길을 마련해 주지는 못합니다. 그러므로 반드시 聖人으로 하여금 그 임금이 되어서, 하늘을 대신하여 백성을 다스리게 합니다. 때문에 그 지위를 '天位'라 하고 그 백성을 '天民'이라 합니다. 그리고 관직을 설치 분장시키는 것은 '代天工' 즉 天工을 대행하는 것입니다.[7]

윤소종은 이색의 문인으로 신진사대부의 일원이었다. 그는 이 기록에서 당시의 신진사대부의 정치론을 포괄적으로 보여준다. 윤소종은 왕의 자리를 '天位'로 보았고, 分職된 관직을 '代天工'하는 天職으로 보았으며, 백성을 '天民'으로 이해하였다. 하늘의 뜻을 매개로 왕과 관원, 백성이 하나로 연결되고 있다. 그러므로 정치행위는 왕과 관원이 협조하여 하늘의 백성인 천민을 다스리는 행위였다. 여기에 공치라는 용어는 사용되지 않았지만, 이렇

---

7) 『고려사』 권120, 열전33, 윤소종.

게 정치를 볼 때 왕과 관원은 하늘의 백성을 잘 다스리는, 하늘의 뜻을 이
루기 위해서 협력할 수밖에 없었다. 즉 당연히 '공치'라는 인식이 형성될 수
밖에 없었다. 그러므로 초기에 공치의 용례는 권력론적인 관점이 아니라,
포괄적인 정치행위를 설명하는 행정론적인 관점에서 사용되었다.

당시의 행정론적인 관점의 공치론은 '共理'라는 용어로도 표현되었다.
이는 우왕대에 서연 중 左司議大夫 李行 등에 의해서 언급한 다음의 기록
을 통해서 확인할 수 있다.

> 작위와 관록을 제정한 것은 나라에서 어진 사람들을 양성하여 선비를
> 우대하려는 것이며, 관직을 설정하고 직무를 분담시킴에 있어서는 일정
> 한 규정이 있습니다. 그러므로 기특한 인재이거나 탁월한 공적이 없으면
> 異例의 升用을 하지 않는 법입니다. (중략) 省, 府, 察院 등으로 말하면
> 전하와 함께 '天職'을 '共理'하는 곳이니, 소홀히 함이 없어야 합니다. 선
> 조의 기성 법을 준수하여 일대의 정사를 일신하기를 바랍니다.8)

여기서 이행은 '공치'라는 용어를 사용하고 있지는 않고, '共理'라는 용
어를 사용하고 있다. 관서의 관원들은 왕과 함께 '천직'을 더불어 다스리는
자로 표현되고 있다. 그 내용상으로 볼 때, 공리는 공치와 같은 의미를 가
지고 사용되었다. 여기서 '省, 府, 察院' 등 행정의 중요한 부서들을 포괄적
으로 거론되고 있어서, 공치의 주체로 모든 관원을 지칭하고 있었다. 여기
의 공치론도 행정론적인 공치론으로 이해된다.

이상에서 볼 때, 고려 말 신진사대부들은 왕과 관원, 백성을 하늘과 연
결시켜서 설명하고 있었고, 하늘의 백성을 다스리는 왕과 관원의 관계를
'공치', '공리' 등의 용어를 사용하여, 보다 긴밀하게 설명하고 있다. 이는
왕과 관원 간의 정치관계를 포괄적으로 설명하고 있어 '행정론적 공치론'
이었다.

---

8)『고려사』권137, 열전50, 신우.

그러나 이러한 행정론적 공치론은 쉽게 권력관계를 설명하는 용어로도 전환될 수 있었다. 즉 '권력론적 공치론'으로도 사용될 수 있었다. 위화도 회군 이후 신진사대부들이 권력을 장악하면서, 공치라는 용어의 용례에 변화의 조짐이 보인다. 공양왕 원년에 대사헌 조준 등이 상소한 다음의 내용은 그것을 잘 보여준다.

　　재상은 인군의 버금이니, 더 불어 共天位하고 代天工하는 사람으로 그 높음이 비할 데가 없습니다. 兩府의 대신에게 비록 죽을만한 죄가 있더라도, 그 大逆不道 외에는 漢 文帝의 옛 일을 본받아, 죄인을 죽여 그 시체를 여러 사람에게 보이는 형벌은 쓰지 말아서, 국가에서 대신을 후하게 대우하는 은전을 이루소서.[9]

조준은 상소를 통해서 재상의 지위를 논하고 있다. 조준은 '재상'만을 지목하면서, '共天位'하고 '代天工'하는 자로서 규정하고 있다. 앞에서 윤소종은 왕의 지위를 '天位'로, 관원의 지위는 '代天工'으로 표현하고 있는 것이 비교할 때에, 조준은 재상의 지위를 이 두 가지를 다 같이 할 수 있는 지위로 표현하고 있다.

특히 본문에서 재상의 지위를 '인군의 버금(人君之貳)'라고 강조하면서 '共天位' 한다고 주장하였다. 천위는 왕의 지위를 의미하는 것이 보통이었는데, 이와 같이 주장하는 것은 이미 여기의 공치론이 행정론적인 의미만은 아님을 짐작할 수 있다. 이는 실제적 권력을 같이 한다는 의미로, 권력론적 관점에서 공치라는 용어가 사용되기 시작하였음을 보여준다.

특히 이러한 언급이 나온 시점도 중요하다. 위화도 회군 이후 신진사대부가 전권을 장악한 상황에서, 신진사대부는 하늘의 뜻 안에서 천민인 백성을 잘 다스리기 위해서, 백성들 다스리는 왕과 관원의 관계를 보다 깊이 있게 정리할 수밖에 없었을 것으로 추측된다. 왕과 관원의 관계를 '공치'하

---

9) 『고려사절요』 권34, 공양왕 원년.

는 관계로 정리하였지만, 이는 왕을 돕는 관원이라는 행정 전반의 기능을 설명하는 것에 그치고 있었으므로, 이에서 한 걸음 더 나아가서 그 권력관계를 정리할 필요가 있었던 것으로 짐작된다.

그러한 모색의 가운데, 관원을 대표하는 재상의 지위를 보다 분명하게 정리하는 것이 필요하였다. 그러므로 재상에게 '代天工'하는 관원의 지위를 부여하면서, 여기에 더하여 '共天位'하는 새로운 지위를 부여하였다. 즉 관원을 대표하는 재상을 왕에 준하는 권력을 가진 존재로 해석하고 있다. 이러한 변화로 공치론은 자연스럽게 '권력론적 공치론'으로 전환될 수 있었다.

물론 이시기에 권력론적인 공치론의 용례가 나타났다고 해서, 행정체제 전반을 의미하는 행정론적인 공치론의 용례가 없어질 수는 없었다. 여전히 행정체제 전반의 작용을 해석하기 위해서 행정론적 공치론의 용례도 같이 사용되었다. 이는 다음의 공양왕 3년 왕이 내린 구언의 다음과 같은 내용을 통해서 알 수 있다.

> 이와 같은 폐단을 어찌 내 한 사람이 능히 두루 살필 수 있으랴. 이에 곧은 말을 하는 길을 열어서, 임금의 총명을 막고 가리는 나쁜 풍조를 없애려고 한다. 꼴 베는 자의 말도 채용할 것이 있는데, 하물며 卿大夫와 百執事로 共天位하고, 食天祿하는 신하에 있어서야! 이제 정치와 교화를 함께 새롭게 하여, 하늘의 마음에 우러러 보답하고자 한다.10)

이 기록에 의하면 관원 모두를 '공천위'하는 존재로, 즉 공치의 주체로 이해하고 있다. 이와 같은 표현은 행정론적 공치론이 계속 유지되고 있었음을 보여주고 있다.

이상으로 '공치', '공리' 등의 자료들을 통해서 고려말에 공치론이 제기되었음을 확인할 수 있다. 이는 개혁을 추진하였던 신진사대부들과 이에

---

10) 『고려사절요』 권35, 공양왕 3년.

동참하는 왕에 의해서 정리된 것으로, 신유학에 입각한 정치론의 일환이었다. 이는 왕과 관원 간의 긴밀한 유대의식을 강조하여, 행정 전반의 행위를 '공치'로 새롭게 해석하였다. 행정론적인 공치론이 형성된 것이다.

그러나 신진사대부들이 권력을 장악하면서, 공치의 실제에 대한 고찰이 필요하였다. 즉 왕과 관원의 관계에 대한 보다 구체적인 정립이 필요하였다. 이러한 모색의 결과로 관원의 대표인 재상의 지위에 대한 재해석이 필요하였고, 재상의 지위를 '共天位'하는 존재로 표현하면서, 권력론적인 공치론도 제시되었다. 즉 왕과 재상이 권력을 공유하는 모습을 공치론으로 설명하기 시작하였다. 즉 권력론적 공치론이 제기된 것이다. 물론 권력론적 공치론이 제기되어도 행정론적 공치론의 용례 역시 그 기능을 유지하고 있었다.

그러나 고려 말의 공치론은 아직 여타의 제도와 조응관계를 가지면서 그 구체성을 확보한 것은 아니었다. 변화하는 정치 상황 속에서 새로운 정치의식을 표현 것에 불과하였다. 신진사대부들은 조선의 건국과 더불어 새로운 정치체제를 마련해야 하였다. 조선의 건설과정에서 공치론은 어떻게 자리를 잡게 되는지 다음절에서 검토해보자.

2. 태조 태종대 共治論의 형성

고려 말 신진사대부들은 왕과 관원의 행정적 관계를 공치로 이해하였고, 나아가 왕과 재상의 권력관계도 공치로 이해하였다. 즉 공치론을 행정론적으로 그리고 권력론적으로 이해하고 있었다. 고려 말의 공치론은 새로운 정치에 대한 해석이었다. 조선이 건국되면서 이러한 이념은 제도로 구현되면서 그 의미를 분명히 하였다. 조선이 건국되면서 공치론이 형성되는 과정을 살펴보자.

조선건국기의 공치론은 정도전에 의해서 정리되었다. 그는 『조선경국전』에서 "人君이 賢者와 더불어 같이 하는 것은 天職이고, 다스리는 자는 天民이다."[11]라는 표현을 통해서 공치론을 표현하고 있다. 이는 '共天職 治天民'으로 정리되는 행정론적 공치론으로 볼 수 있다.

이러한 견해는 다음의 『조선경국전』 「관제」 부분과 연결시키면, 보다 분명하게 이해할 수 있다.

> 人君은 '代天工'하여 '治天民'하니 혼자의 힘으로 하는 것은 불가하다. 이에 設官하여 分職하고 中外에 널리 賢能한 士를 구하여 함께 하였으니 이것이 官制가 만들어진 연유이다.[12]

정도전의 정치 인식은 고려 말 신진사대부의 이해를 그대로 잇고 있다. 그는 관원체제를 설치하는 근본적인 이유를, 하늘을 대신하여 '천민'을 다스리는 것으로 명시하고, 왕이 '代天工'을 위해서 관원을 두고 있음을 주장하고 있다. 이러한 정도전의 공치론은 고려 말의 행정론적 공치론의 연장선에 있었다. 이러한 인식 하에 서있었으므로 백관이 하는 일은 모두 하늘의 일이라는 인식도 가질 수 있었다.[13]

정도전의 경우 '공치'라는 용어를 수령의 역할과 관련해서 자주 언급하는 특징도 보여주었다. 그는 『경제문감』에서 呂氏의 말을 인용하면서 "재간 있는 인물을 얻어 함께 협력하여 共治하여야 한다."라고 수령과의 공치를 강조하였다.[14] 그는 또한 漢 宣帝가 "나와 共治하는 자는 오로지 선량

---

11) 『조선경국전』 부전 녹봉.
12) 『조선경국전』 헌전 관제.
13) 『조선경국전』 헌전 직제.
   王者代天理物, 必用群賢以任衆職, 故百官庶府, 無非天事.
14) 『경제문감』 하 현령.
   응당 軍需를 조달하는 것은 재간 있는 인물을 얻어 함께 협력하여 共治하여야 할 터인데, 어찌 마구 취해서 재주 없는 사람을 길러 주겠습니까? 신은 바라건대

한 二千石이로구나."15)라고 언급한 구절을 인용하고,16) 수령의 통치를 공치로 해석하였다.17) 이와 같은 공치론도 행정론적 공치론의 일환이었다.

그러나 정도전은 재상을 공치의 주체로 파악하는 권력론적 공치론을 언급하지 않았다. 이미 앞에서 언급한 바와 같이, 위화도 회군 이후 개혁파들은 변화한 권력상황을 설명하기 위하여 권력론적 공치론을 제기하였음을 상기한다면, 중심에 서있던 정도전에게서 권력론적 공치론에 대한 언급을 찾을 수 없는 것은 쉽게 이해되지 않는다.

그러나 이는 정도전의 권력에 대한 인식을 정리해보면 이해할 수 있다. 이미 연구를 통해서 밝혀졌다시피 정도전은 재상의 지위를 매우 독특한 것으로 이해하고 있었다. 『조선경국전』에 의하면 정도전은 왕과 재상의 관계를, "人主의 職은 一相을 택하는 데에 있으며 百執事이하는 간여하지 않는다."라고 표현하였다.18) 이는 왕의 일은 재상을 택하는 것으로 끝나고, 재상이 정치를 주도해야 한다는 인식을 표현한 것으로 이해된다. 이러

조정에서 牧守를 선발하여 임명함에 의당 조종의 제도를 법 받도록 하소서.
15) 『경제문감』 하 군태수.
　　宣帝以謂太守吏民之本, 數變易則下不安, 民知其將久, 不可欺罔, 乃服從其教化, 每拜守相, 輒親見問, 觀其所由, 退而考察, 以質其言, 常稱曰, 與我共治者, 其惟良二千石乎, 是以, 漢世良吏於是爲盛, 而稱中興焉, 後漢亦重其任, 或以尚書令僕射出爲郡守, 或自郡守入爲三公.
16) 『경제문감』 하 현령조에서 이를 다시 강조하기 위하여 '二千石善政'이라는 소항목을 만들어서 다시 거론하고 있다.
　　吾聞風行於上而水波, 此天下之至文, 仁形於心而民服, 此天下之善化, 豈可以多爲令而病民慢, 自設於險而病民詐耶, 九轉丹砂, 點鐵成金, 兩漢循吏, 鑄頑成仁, 我簡易則民肅, 我平易則民親, 賣私鬪之刀劍以爲牛, 羞淫祀之罇俎以養親, 雖承平百年, 雨露滲漉, 非二千石所以牧人者乎.
17) 이러한 정도전의 입장은 『경제문감』의 서문에도 잘 반영되어 있다. 물론 서문은 정총이 쓰고 있으나, 정도전의 입장을 수용하여서 "州牧郡守縣令, 人主之所與共治也."라고 쓰고 있다. 그는 이미 고려 공양왕대의 그가 지은 공양왕의 교서에서 "卿大夫百執事之臣, 共天位, 食天祿者哉."라고 언급하고 있어 공치론을 잘 이해하고 있었다.
18) 『조선경국전』 치전 재상년표.

한 인식은 왕과 재상 권력관계를 공치적으로 파악하기 보다는, 재상의 권력 주도를 강하게 피력한 것이었다. 특히 정도전은 세습을 하는 왕이 그 자질에 따라서 昏明强弱하는 차이가 있을 수 있다고 생각하였으므로,[19] 재상중심적 권력구조에 대한 지향을 분명히 하였다.[20]

그러므로 정도전이 생각하고 있었던 권력론은 공치론은 아니었다. 그러므로 정도전은 권력론적 공치론을 언급하지 않았고, 공치라는 용어를 행정론적으로 사용하는 것에 그쳤다. 이러한 인식이 주류였으므로 태조대의 공치론은 행정론적인 공치론이 주류였다.[21]

행정론적 공치론은 정종, 태종 초반에도 지속적으로 보인다. 쿠데타로 태종이 집권하면서 태종은 정도전과 달리 왕이 주도하는 권력론에 관심이 집중되어 있었으므로 역시 권력론적 공치론에 관심을 보이지 않았다.

이 시기 행정론적 공치론의 용례는 정종 2년 다음과 같은 언급에 잘 드러나 있다.

즉위하던 처음에 반포하여 내린 조목들이 국체와 민생에 도움이 있으리라고 생각하였는데, 중외의 관사에서 文具로만 여기고 마음을 다하여 받들어 행하지 않으니, 실로 共治의 뜻에 어긋난다. 경중에서는 사헌부가, 외방에서는 도관찰사가 엄하게 고찰하여 빠짐없이 봉행하되, 현저하게 성과를 거둔 자는 갖추어 기록하여 신문해서 탁용하는 데에 대비하고, 용렬하고 태만하여 버려두고 행하지 않은 자는 그 죄를 엄하게 징치하라.[22]

---

19) 『조선경국전』 치전 총서.
20) 당연히 이러한 관점은 『조선경국전』에는 물론 『경제문감』에도 반영되어 있다. 『경제문감』 宰相, 人主以論相爲職, 宰相以正君爲職, 二者各得其職, 然後體統正, 朝廷尊, 天下之政, 必出於一而無多門之弊.
21) 『태조실록』 권7, 태조 4년 4월 정해. 권력론적 공치론도 일부 언급되고 있다.
22) 『정종실록』 권5, 정종 2년 7월 을축.

이에 의하면 정종은 자신이 내린 조서의 명령들이 잘 시행되지 않고 있음을 지적하면서, 이러한 현실을 '공치'가 행해지지 않고 있는 것으로 해석하고 있다. 여기서 공치의 주체는 중앙과 지방의 관원들을 광범위하게 포함하고 있어 행정론적 공치론이 언급되고 있음을 알 수 있다.

태종 초반에도 행정론적 공치론의 용례는 계속해서 보인다. 태종 4년 사간원은 다음과 같이 공신과 종친의 어린 후손들의 관직에 임명하는 것을 반대하면서, 그 근거로 다음과 같이 행정론적 공치론을 언급하고 있다.

> 관부를 설치하고 직임을 나눈 것은 사람을 귀하게 하려는 것이 아닙니다. 인재를 등용하여 共天位하고 代天工하기 위한 것입니다. 지금 부유한 집 자제가 더벅머리 어린아이 때부터 이미 현달하게 제수를 받으니, 어찌 民事의 어려움을 알겠으며 治體의 완급을 알겠습니까?[23]

여기서도 공치론의 대상으로 관원들을 포괄적으로 언급하고 있어, 이는 행정론적 공치론을 의미하고 있음을 알 수 있다. 이상에서 볼 때에 정종대와 태종 초반에 걸쳐서 주로 행정론적 공치론의 용례가 보인다.

그러나 정권이 안정되고, 재상의 실제적인 역할이 강조되면서 점차 권력론적 공치론의 용례도 보이기 시작하였다. 이는 태종 6년의 사간원의 다음과 같은 상소를 통해서 확인할 수 있다.

> 재상이란 임금과 共天位하고, 治天職하는 것입니다. 그러므로 옛날의 임금은 반드시 쓸 만한 인재를 고른 뒤에야 임명하였습니다. 오늘날 의정부 찬성사 이숙은 어려서 일을 경험하지 못하였으니 종친의 예에 두심이 마땅합니다. 참찬의정부사 신극례도 재주와 덕행이 맞지 아니하므로 훈신의 예에 두심이 마땅하니, 아울러 재상의 직책은 허락하시지 마소서.[24]

---

23) 『태종실록』 권8, 태종 4년 8월 기축.
24) 『태종실록』 권12, 태종 6년 7월 계축.

공치의 주체를 재상으로 한정하면서, 재상의 역할을 '共天位, 治天職'하는 것으로 보고 있다. 재상이 가지는 현실적인 권한을 생각할 때에, 여기서의 공치론은 권력론적 성격을 가지는 것으로 볼 수 있다. 이는 정권이 안정되면서 재상의 지위에 대한 재정리가 필요하였고, 재상의 주도가 아니며 왕의 독점도 아닌 왕과 재상이 공치하는 형태의 권력론이 재등장하고 있었다.

이후 재상이 공치의 주체로 등장하는 용례는 자주 보인다. 태종이 그 8년에 언급한 다음과 같은 내용에서도 권력론적 공치론이 보인다.

> 죄가 있는 사람은 마땅히 그 죄를 받아야 하지만, 죄가 없는 공신을 죄가 있다고 하여 죄를 가하려 하는 것은 무슨 까닭인가? 과인이 대신을 뽑아 쓰면 너희들이 문득 劾問하니 내가 장차 누구와 더불어 共治할 것인가? 또 너희들이 박은의 상서한 것을 가지고 그르다 하니, 그렇다면 재상은 상서도 하지 못하느냐?25)

대간이 박은을 탄핵하자, 태종은 대간들을 불러서 박은을 비판하는 것은 부당하다고 지적하고, 대신인 박은을 공치의 주체로 언급하고 있다.

이러한 현상이 진전되어 태종 8년에 태종은 傳位를 발표하면서, 왕과 재상의 공치를 다음과 같이 구체적으로 천명하였다.

> 군국의 대정은 내가 마땅히 결단하고, 그 나머지 국무와 사대 등의 일은 정승이 왕과 共治하는 것이 어떠한가?26)

태종은 국무를 정승이 왕과 같이 공치할 것을 제시하고 있다. 비록 '군국의 일을 태종이 맡는 것으로 제한하고 있으나, 여기서의 공치의 의미는

---

25) 『태종실록』 권16, 태종 8년 10월 을해.
26) 『태종실록』 권16, 태종 8년 11월 을사.

왕과 정승이 국정을 같이 하는 것으로, 이는 권력론적 공치론이 확실하게 형성되었음을 잘 보여주고 있다.

이상의 자료를 정리해 볼 때 정종, 태종 초에는 행정론적 공치론이 활발하게 거론되어 정립되었다. 그러나 정권이 안정된 태종 중후반에 이르면, 권력론적 공치론이 제기되어, 점차 주된 용례로 자리를 잡게 되었다.

3. 세종 성종대의 共治論의 정비

태종 중후반 권력론적 관점에서 공치론은 형성되었다. 이렇게 형성된 공치론은 세종대와 성종대를 거치면서 정비되었는데 그 과정을 살펴보자. 먼저 세종대의 변화를 보면, 행정론적 공치론의 용례가 줄어들어 권력론적 공치론이 공치론의 중심이 되었고, 왕과 재상과의 관계를 좀 더 정밀하게 정립해 보려는 노력이 나타났다.

물론 세종대에도 행정론적 공치론을 거론한 용례가 나타났다. 그것은 세종 5년 세종이 사헌부에 명하면서 "風聞을 듣고 규탄하여 循良한 관리를 얻어 백성을 공치하기를 희망한다."라고[27] 언급한 데서 알 수 있다. 여기서 일반관원을 공치의 주체로 언급한 것은 보아서 세종대에도 행정론적 공치론이 언급되었음을 알 수 있다. 그러나 이러한 용례는 세종 초기에 국한 되고 세종 중후기에는 거의 보이지 않는다. 그러므로 세종대에 주로 언급되는 공치론은 재상이 공치의 주체가 되는 권력론적 공치론이었다. 이러한 동향은 이미 태종대이후 공치론이 점차 권력론적 관점에서 정비되었던 것을 보여주고 있다.

세종대에는 공치의 주체인 왕과 재상의 관계를 좀 더 정리해 보려는 노력들이 나타났다. 그 한 예로 세종 14년 조말생은 다음과 같이 공치에 있

---

27) 『세종실록』 권21, 세종 5년 7월 신사.

어서 왕과 재상의 차이를 설명해 보려 하였다.

> 元을 몸받은 것은 임금의 직책이요, 元을 고르게 하는 것이 재상의
> 일입니다. 재상이란 '共天位'하고 '治天職'하는 자입니다.[28]

조말생은 재상의 지위를 임금과 같이 천위를 같이 하고, 천직을 공치하
는 것으로 언급하면서도 그 차이를 설명하고자 했다. 즉 왕은 원을 몸받는
것(體元)으로, 재상은 원을 고르게 하는 것(調元)으로 설정하였다. 그 표현
이 추상적이어서 구체적으로 그 역할을 설명하는 것은 아니었으나, 공치
의 두 주체인 왕과 재상의 역할을 나누어 설명해보려 노력하고 있다. 기존
의 연구에서 세종대에는 왕권과 신권이 조화를 이루었다고 파악되고 있는
데,[29] 이러한 현실적인 권력의 조화는 공치론을 좀 더 구체적으로 검토하
면서 가능하였다고 생각된다.

이러한 노력의 과정에서 공치론의 근거가 되는 경전인 『맹자』에 대해서
도 다시 검토하였다. 세종 14년에는 대사헌 신개는 다음과 같이 이를 언급
하였다.

> 『孟子』에 사람을 쓰는 도리를 논하여 말하기를, "天位를 한 가지로
> 누리고 天職을 다스린다." 하였습니다.[30]

신개는 공치론의 근거로 『맹자』를 거론하고 있다. 그간 공치론에 대한
많은 언급이 나왔으나, 근거 자료가 되는 『맹자』에 대한 언급은 보이지 않
았던 것인데, 이즈음에서 새삼스럽게 언급되는 것은 공치론을 좀 더 깊이

---

28) 『세종실록』 권58, 세종 14년 12월 경자.
   體元者, 人主之職, 調元者, 宰相之事. 則宰相者, 人主所與共天位, 共治天職
   者也.
29) 최승희 『조선 초기 정치사연구』 지식산업사 2002.
30) 『세종실록』 권8, 세종 14년 10월 기해.

있게 고찰하는 과정에서, 그 근거가 되었던 경전에[31] 대한 고찰까지 이루
어지고 있었음을 짐작케 한다.

공치론에 대한 이러한 고찰의 결과, 세종 24년에는 왕과 재상의 역할을
조금 더 구체적으로, 『서경』의 元首와 股肱의 관계와 연결하여 정리하고
있다. 이를 사헌부에서 다음과 같이 언급하고 있다.

> 대신은 전하와 '共天位'하며 '治天職'하는 자로서, 義는 股肱과 같고
> 일이 있으면 반드시 자문하는 것인데, 근일에 정부의 대신들이 이 명
> 령을 환수하라고 논박하였으나, 아직 명백한 답이 내렸다는 말을 듣지
> 못하였습니다.[32]

이것은 사헌부에서 첨사원 설치를 반대하는 상소문의 일부이다. 여기서
대신을 '共天位'하고 '治天職'하는 자로서 정리하면서, 그 의는 '股肱'과 같
다고 정리하고 있다. 즉 대신을 왕과 같이 공치하는 주체로 설정하면서도
그 역할을 나누어서, '머리'와 '팔다리'로 다시 구분하여 설명하고 있다. 왕
과 대신의 관계를 머리와 팔다리로 설명한 것은 이때에 처음 제기된 것은
아니고, 조선 초기부터 자주 볼 수 있는 표현이었다. 조선 초기의 이와 같
은 표현은 왕과 재상을 상하관계로 파악하는 방식이었으나, 이러한 설명
이 공치론과 연결되어, 왕과 재상의 관계가 질적으로 차이가 있는 것은 아
닌 것으로 정리되면서, 이 내용도 같은 지위의 다른 역할을 설명하는 것으
로 전환되었다. 즉 머리와 팔다리라는 기존의 상하의 관계를 보여주는 이
해방식이, 공치론과 만나면서 수평적 관계 속에서 역할의 분화만을 표현
하는 방식으로 전화된 것이다.

---

31) 『맹자』 만장장.
   非惟小國之君, 爲然也, 雖大國之君, 亦有之, 晉平公之於亥唐也, 入云則入, 坐
   云則坐, 食云則食, 雖疏食菜羹, 未嘗不飽, 蓋不敢不飽也, 然終於此而已矣, 弗
   與共天位也, 弗與治天職也, 弗與食天祿也, 士之尊賢者也, 非王公之尊賢也.
32) 『세종실록』 권97, 세종 24년 8월 갑진.

세종대에는 공치론의 주체가 확대되는 변화가 나타났다. 이미 주체였던
왕과 재상 외에 육조와 대간이 주체에 포함되는 변화가 나타나기 시작했
다. 이는 권력구조가 변화하고 있는 당시의 정치 현실이 공치론에서도 반
영하는 현상이었다. 이러한 변화는 이미 세종 말기 집현전의 등장과 언론
기능이 강화되면서 그 조짐이 나타나기 시작하였다.

세종 30년 집현전의 신석조는 그와 같이 변화하는 분위기를 다음과 같
이 언급하였다.

> 의정 대신은 전하께서 주신 것이요, 共天位하고 治天職하는 자이온
> 데, 이 말씀을 따르지 않으시고, 간하여도 듣지 않으시니, 전하께서는
> 누구와 더불어 나라를 공치하렵니까? 지금은 의정뿐만 아니라, 六曹,
> 臺諫, 侍從 등이 모두 불가하다 하는데, 전하께서 오히려 따르지 않으
> 십니다.[33]

이 내용에 의하면 대신만 공천위하는 자로 언급하고 있다. 그러나 정책
의 결정에서 육조와 대간, 시종 등의 의견에 대한 비중이 높아지고 있음을
보여준다. 이와 같이 육조, 대간, 시종 등이 의정대신과 나란히 거론되면
서, 이들의 의견을 따라야 할 것으로 언급하고 있는 것은 이들의 지위에
변화가 조금씩 나타나고 있음을 암시하고 있다.

이러한 변화는 위의 자료가 보인 바로 직후, 세종 30년 대사성 김반이
불당 설치를 반대하는 다음과 같은 상소에도 보인다.

> 정부 대신은 元首의 股肱이니 한 몸과 같아서, 가한 것과 불가한 것
> 을 서로 도와 다스림을 이루는 자(共成其治者)이고, 六曹와 臺諫은 함
> 께 天職을 共治하여 서로 미치지 못하는 것을 닦는 자입니다.[34]

---

33)『세종실록』권121, 세종 30년 7월 계묘.
34)『세종실록』권121, 세종 30년 7월 병오.

여기서 대신은 왕과 공치를 이루는 자임을 언급하고 있으나, 이와 더불어 육조와 대간이 천직을 공치하는 새로운 주체로 언급되고 있다. 오직 대신만이 공치의 주체로 특기되던 상황에서 새로이 육조와 대간이 공치론의 주체로 등장하고 있다. 물론 이들의 지위는 대신의 지위와 완전히 같지는 않았다. 대신의 지위를 특별히 구별하여 '共成其治者'로 표현하고 있는 것은 육조와 대간의 지위가 대신들과 차이가 있음을 보여주고 있다.

육조와 대간이 공치의 주체로 등장하는 것은 당시 정치적인 상황 변화를 반영하는 것이었다. 육조를 거론한 것은 육조직계제 이후 육조의 지위가 상승하여, 현실 정치에서 육조의 역할이 강화되는 현실을 반영한 것이었다. 공치의 주체로 대간이 거론되는 것은 세종 중후반 집현전의 언관화와 더불어 대간의 언론기능이 활발해지면서, 상승한 대간의 지위를 반영한 것으로 이해된다.

공치 주체가 확대되는 변화는 세종 30년 생원 유상해의 다음과 같은 상소의 일 구절을 보아도 알 수 있다.

> 모름지기 대신은 국가의 주석이요, 대간은 조정의 먹줄이온데, 이제 대신의 말을 거절하고 臺省의 아룀을 거슬러서, 스스로 성스럽게 여기고 스스로 마음을 써 들어도 듣지 않는 것 같이 하니, 신 등은 두렵건대 바른 의논이 나오지 않고 언로가 막힐까 합니다. 전하가 장차 누구로 더불어 '共天位'하고 '治天職'할 것입니까?[35]

대간을 대신과 더불어 공치의 주체로 설정하고 있다. 여기서는 앞에서 살핀 언급과는 달리 대간을 대신과 같이 묶어서 共天位, 治天職하는 존재로 보고 있다.

육조나 대간이 공치의 주체로 등장하고 있으나, 육조와 대간을 공치의 주체로 파악한 것은 단종대까지만 이어졌다.[36] 세조대에는 육조나 대간을

---

35) 『세종실록』 권121, 세종 30년 7월 병오.

공치의 주체로 언급되는 사례를 찾을 수 없다. 이는 의정부 대신이 공치의 주체로 문종대와[37] 세조대에[38] 계속 언급된 것과 대비된다. 대간이 공치의 주체로 다시 자리를 잡은 것은 성종대에 이르러서였다.

성종대에 홍문관이 그 기능을 확대하면서 언론 삼사는 자연스럽게 공치의 주체로 등장하였다. 그 변화는 성종 초반부터 확인된다. 성종 10년 최경지 등은 차자를 올려 대간은 물론 경연관까지 공치의 주체인 것을 다음과 같이 언급하고 있다.

> 대개 경연관이 어질고 어질지 못함은 사람에 따라서 다르더라도, 임금은 여러 번 인견하여 의논하고, 더불어 '共治'의 道를 도모하여 처음 즉위한 때와 같지 않음이 없어야 합니다. 빌건대 예전대로 주강을 폐하지 말고, 나무하고 꼴 베는 자의 하찮은 견해라도 자주 임금에게 아뢰도록 하여, 고명한 덕이 깨닫지 못하는 사이에 더욱 이루어지신다면 다행이겠습니다.[39]

최경지 등은 경연관을 공치를 도모하는 자라고 언급하고 있다. 경연에는 대신, 대간과 홍문관원들이 참여하고 있음을 감안한다면, 이미 공치의 주체였던 대신 외에 대간과 홍문관원들을 공치의 주체로 파악하고 있음을

---

36) 『단종실록』 권8, 단종 1년 10월 기해.
   안평대군의 처벌과 관련해서 한확은 "주상께서 정부 육조의 청을 듣지 않고, 누구와 더불어 공치하려 하십니까."라고 언급하였다.

37) 『문종실록』 권9, 문종 1년 8월 신묘.
   대사헌 정창손이 "의정부는 天位와 함께 天職을 다스리고, 음양을 조화시키는 등 그 임무가 중합니다."라고 아뢰었다.

38) 『세조실록』 권43, 세조 13년 8월 무술
   대사헌 양성지 등이 상소하기를, "신 등이 반복하여 생각해 보니, 三公과 三孤는 人主의 天位를 함께 하여 天職을 다스리는 것이요, 三綱과 五常은 인주의 세상 교화를 돕고 人極을 세우는 것입니다. 公과 孤가 알맞은 사람이 아니면 天職이 폐해질 것이요, 綱과 常 서지 않으면 人紀가 멸해질 것입니다."하였다.

39) 『성종실록』 권103, 성종 10년 4월 을사.

알 수 있다.

홍문관을 공치의 주체로 파악하는 주장은 이후에 계속되었다. 연산군 3년 연산군이 홍문관에 내린 답변에서 다음과 같이 연산군은 홍문관을 공치의 주체로 파악하고 있다.

옛사람이 이르되 "계획을 모색하는 것이 卿士에게 미친다."고 하였는데, 내가 더불어 共治하는 이는 卿 등이다. 특별히 경 등의 말을 따라 대간을 복직하게 하지만, 대간들이 말한 것은 단연코 들어줄 수 없다.[40]

이 내용은 연산군이 홍문관에서 올린 상소에 대한 답변이었다. 여기서 연산군은 홍문관의 요청을 수용하여 대간을 복직시키고 있는데, 그 수용의 이유로 홍문관원을 공치의 주체 보고 있기 때문이라고 언급하고 있다.

이 구절에서는 홍문관만 공치의 주체로 부각되고 있으나, 대간 역시 공치의 주체였다. 이는 연산군 2년에 대간이 윤채를 탄핵하면서 올린 글에, 다음과 같이 대간이 공치의 주체임을 분명히 표현하였다.

윤채 등의 일은 신들이 여러 번 아뢰었으나, 전하께서 여러 번 거부하시니, 신들은 실망합니다. 윤탕로는 이미 유배죄를 받았는데도, 신들이 오히려 방면해 주신 것을 잘못이라고 여기옵는데, 오히려 윤채의 죄는 탕로보다 더 합니다. 전하께서 대간, 대신의 말을 듣지 않으신다면, 누구와 국가를 '共治'하시겠습니까.[41]

대간들은 자신들이 공치의 주체임을 당당하게 거론하고 있다. 그러므로 홍문관을 비롯한 언론 삼사가 모두 공치의 주체로 인정되었다. 이러한 현상은 성종대 이후 사림이 정치세력으로 등장하여, 삼사 언론을 중심으로

---

40) 『연산군일기』 권23, 연산군 3년 5월 계축.
41) 『연산군일기』 권12, 연산군 2년 1월 신사.

정치적 영향력을 행사하면서 달라진 권력구조를 반영한 것이었다.

언론 삼사가 공치의 주체로 파악되면서, 삼사 관원 개인도 공치의 주체로 인정되었다. 이는 연사군 3년 승정원에서 올린 다음과 같은 언급에 잘 드러난다.

> 송흠이 정언으로 있을 적에 사직서를 올리므로 하교하기를, "이는 비록 어버이를 위한 일이지만 쓸모 있는 사람들이 모두 사직서를 내면 국가는 누구와 '공치'하겠느냐? 근친하고 돌아오라."하셔서 근친하였는데, 이제 다시 돌아가 봉양하기를 애걸하는 것입니다.[42]

이 내용에 의하면 왕이 구체적으로 삼사 관원 개인을 지목하여서 공치의 주체로 언급하고 있다. 이와 같은 사례는 왕이 삼사를 공치의 주체로 인정하는 가운데 자연스럽게 나온 것으로, 공치 주체가 보다 구체적으로 정비되고 있음을 잘 보여준다.

맺음말

이상과 같이 조선 초기에 공치론이 형성되는 과정과 그 변화를 검토해 보았다. 이상을 정리하면서 결론을 맺으면 다음과 같다.

1) 공치론은 고려 말 신진사대부들에 의해서 제기되었다. 공치론은 성리학을 기반으로 하는 새로운 권력론이었다. 고려 말 신진사대부는 왕과 관원들이 수행하는 정치행위를 공치로 표현하였다. 신진사대부는 하늘의 뜻을 매개로 天位, 天職, 天民을 연결시켜서 이해하였고, 천민인 백성을 관리하는 입장에서 천위를 가진 왕과 천직을 받는 관원을 연결시키고 있었다. 이러한 새로운 정치 인식 위에서, 개혁을 추진하는 왕과 관원 간에는

---

42) 『연산군일기』 권26, 연산군 3년 8월 신묘.

동질적 유대감을 가지고 정치행위를 공치라고 표현하였다. 그러므로 이러한 공치론은 왕과 관원이 행하는 행정행위에 대한 새로운 해석으로, 이를 '행정론적 공치론'으로 부를 수 있다.

그러나 신진사대부들은 위화도 회군 이후 권력을 장악하면서, 공치의 의미를 좀 더 분명히 하면서, 관원의 대표인 재상을 왕과 더불어 국정을 '공치'하는 주체로 해석하였다. 이는 포괄적 정치행위를 의미하는 행정론적 공치론과는 달리, 실질적으로 왕과 권력을 분점한다는 의미를 가진 것이었다. 그러므로 이를 '권력론적 공치론'으로 부를 수 있겠다.

권력론적 공치론이 새롭게 제기되었으나, 정치 이념을 모색하는 과정에서 제기된 것으로, 아직 정치제도와 조응은 이루고 있는 것은 아니었다. 새로운 권력론이 정치제도와 조응하여 자리를 잡는 것은 조선 건국 이후에 가능하였다.

2) 조선건국기 공치론은 정도전에 의해서 정리되었다. 그는 관원체제를 설명하기 위하여 공치라는 개념을 사용하였다. 즉 그의 공치론은 행정론적 공치론이었다.

이러한 현상은 건국기 정도전을 비롯한 개혁파의 입장을 반영한 것으로 보인다. 정도전은 의도적으로 '권력론적 공치론'을 언급하지 않았던 것으로 추측된다. 즉 정도전은 재상이 국정을 주도하는 것을 이상시하였으므로, 왕과 재상의 권력관계를 공치론으로 설명하는 것을 의도적으로 피한 듯하다. 그러므로 조선에 들어서도 먼저 '행정론적 공치론'이 정립되었다.

3) 권력론적 공치론은 태종 중후반부터 나타났다. 정권이 안정되면서 재상의 역할이 부각되었고, 권력론적 공치론이 주목되었다. 즉 재상이 왕과 더불어 국정의 주체로 부각되면서 '권력론적 공치론'이 형성되었다. '권력론적 공치론'이 형성되면서 '행정론적 공치론'의 용례는 점차 줄어들었고, 결국 권력론적 공치론이 공치론의 중심이 되었다.

4) 세종대의 권력관계는 의정부서사제가 시행되면서 왕과 재상 간의 균

형을 찾아가고 있었으므로, 공치론은 좀 더 깊이 있게 고찰되면서 정교하게 정리된다. 왕과 재상의 관계를 좀 더 섬세하게 정리하면서『맹자』,『서경』등 공치와 연관되는 경전의 내용이 적극적으로 검토되었다. 또한 왕과 재상 간의 역할도 나누어 '元首'와 '股肱'의 관계로 정리하였다.

5) 세종대 말기에서부터는 공치의 주체가 확대되는 동향이 나타났다. 즉 왕과 재상 외에 육조와 대간 등이 공치의 주체로 언급되기 시작하였다. 이러한 변화는 육조의 기능이 강화되고, 집현전의 기능이 확대되면서 언론 기능이 강화되는 정치 현실을 반영한 것이었다. 그러나 세조대의 정치변화 속에서 육조, 대간은 그 지위가 축소되면서 공치 주체에서 탈락하였다. 대간이 공치의 주체로 다시 자리를 잡기 위해서 성종대까지 기다려야 하였다.

6) 성종대에 들어서 사림이 등장하고 홍문관을 중심으로 언론권이 강화되면서, 언론삼사는 공치의 주체로 인정되었다. 언론삼사가 공치의 주체로 등장하면서 이들은 하늘의 뜻을 반영한다는 명분을 가지고 더욱 강력한 언론을 행할 수 있었다.

7) 대간이 공치의 주체로 등장한 것은 중요한 파급효과를 낳았다. 즉 이후 핵심관직들은 공치의 주체로 인정될 수 있었다. 낭관권을 형성한 낭관이나, 조선 후기부터 정치적 영향력을 가진 산림 등이[43) 공치의 주체로 인정되었다.

8) 공치론은 하늘과 연결되는 정당성을 근거로, 대간들은 왕이 언론을 수용하지 않을 때에 '不立殿下之朝廷'[44)과 같은 논리를 내세우고, 사퇴로

---

43) 『현종개수실록』 권26, 현종 13년 6월 을유.
　而托迹山林, 專事黨論之敎一下, 則其爲不安, 豈但在於李翔而已, 左相宋時烈重膺枚卜, 意非偶然, 則宜盡誠加禮, 以爲必致之地, 循例召諭, 只歸文具, 一疏批下, 動經數月, 徒以職名虛拘, 殊無共治天職之意, 如是而欲望其幡然, 不亦左乎.

44) 한충『송애집』 乞遞忠淸水使因伸救趙光祖疏.
　而不立於殿下之朝廷, 殿下誰與而共治乎.

써 자신의 의사를 강하게 표현할 수 있는 논리적 근거가 될 수 있었다. 또한 공치론은 왕이 하늘의 뜻을 거스르는 행위에 대하여, 왕을 퇴위 시키는 '반정'의 중요한 논리도 될 수 있었다. 공치론의 근거 경전인『맹자』가 패정을 하는 군주를 '獨夫' 파악하여, 혁명을 정당화하는 경전이기도 하였던 것은 우연이 아니었다(「조선 초기 공치론의 형성과 변화」『국왕 의례 정치』이태진교수 정년기념논총 태학사 2009).

제2장 公共統治論의 전개
- 公器論, 公論, 公天下論을 중심으로 -

머리말

조선 초기의 변화는 매우 흥미롭다. 고려 말 늘어난 생산력을 기반으로[1] 새로운 사회를 만들어 보려는 움직임이 나타났기 때문이다. 정치에서도 중앙집권체제를 강화하려는 큰 변화가 나타나고 있었다. 조선은 고려와는 달리 수령을 통해서 지방을 일원적으로 통치하면서, 중앙의 권력은 유래가 없이 강화되었고,[2] 조선의 건국주체들은 강화된 국가의 체제에 상응한 운영방식을 모색하면서, 권력구조나 운영방식에 큰 변화가 나타났다.[3]

조선 초기의 정치사를 보면, 왕과 대신들 사이에서, 상호 협력하는 모습과 갈등하는 모습이 잘 드러났다. 새롭게 강화된 권력을 둘러싼 주도권을 장악하기 위한 왕과 관원들 간의 갈등이었다. 그 과정에서 태종과 세조의 쿠데타가 나타났고, 반정으로 연산군이 폐위되었다.[4] 강화된 권력구조를

---

1) 이태진『한국사회사연구』지식산업사 2008.
2) 이수건『조선시대 지방행정사』민음사 1989.
  이존희『조선시대 지방행정제도연구』일지사 1990.
  임용한『조선전기 수령제와 지방통치』혜안 2002.
3) 정두희『조선 초기 정치지배세력연구』일조각 1983.
  남지대「조선 초기 중앙정치제도연구」서울대학교 대학원 박사학위논문 1993.
  최승희『조선 초기 정치사연구』지식산업사 2002.
  한충희「조선 성종대 의정부연구」,『계명사학』20, 2009.
4) 최승희『조선 초기 언관 언론연구』서울대학교 출판부 1989.
  최이돈『조선중기 사림정치구조연구』일조각 1994.

둘러싼 치열한 갈등이 쉽게 정리되지 않고 있음을 잘 보여준다.

이러한 권력에 대한 갈등이 진행되면서, 그 이면에서는 권력을 장악하기 위한 논리를 정비하는 과정에서 새로운 권력론이 전개되고 있었다. 그간의 연구에서도 왕과 대신간의 갈등에 대하여 주목하고 권력론을 밝히는데 노력하였다.[5] 필자도 그 일환으로 조선 초기의 왕과 재상을 둘러싼 권력관계를 해명하면서 이를 '군신공치론'이라는 관점에서 정리한 바 있다.[6] 군신공치론은 사대부들의 입장을 반영하는 권력론이었다. 사대부들은 조선을 왕의 것이 아닌 왕과 사대부가 같이 운영해야 할 국가로 보았다. 필자는 군신공치론을 정리하면서, 사대부들이 당시의 권력을 어떻게 이해하고 있었는지 그 실상을 구명하였으나, 왕과 관원의 관계를 중심으로 검토하면서, 이를 국가권력에 대한 포괄적인 이해와는 연결시키지는 못하였다. 본논문은 이러한 부분을 조금 더 보완하기 위하여, 조선 초기의 자료에 자주 보이는 '公器', '公論', '公天下' 등의 용어를 중심으로, 당시 관원들이 가지는 포괄적인 권력론을 검토하고자 한다.

권력론에 관심을 가지고 조선왕조실록을 검토하면, '王土' '王臣' 등 왕권을 강조하는 자료는 매우 제한되게 나타나고 있고, 왕권에 대항하는 논리를 보여주는 자료가 더 자주 보인다. 관원들이 전개하는 논리에는 『고려사』에서는 보기 힘든, '公器', '公論', '公天下' 등의 용어가 활발하게 사용되고 있는 것이 주목된다. 이러한 용어들은 '公'이라는 글자를 포함하고 있는 특징이 있는데, 이는 당시 관원들이 왕권에 대항하는 논리로서, '公'을 강조하고, 나아가 '公'에 의한 통치 즉 '公共統治'를 지향하고 있음을 보여준다.

정두희 『조선시대의 대간연구』 일조각 1994.

남지대 「태종 초 대종과 대간 언론의 갈등」 『역사문화연구』 47, 2013.

5) 한영우 『정도전사상의 연구』 서울대학교 출판부 1999.

　도현철 『고려 말 사대부의 정치사상연구』 일조각 1999.

　도현철 「정도전의 정치체계 구상과 재상정치론」 『한국사학보』 9, 2000.

6) 최이돈 「조선 초기 공치론의 형성과 변화」 『국왕 의례 정치』 태학사 2009.

그러므로 본고에서 조선 초기 권력론과 연결되는 공기, 공론, 공천하 등의 용례를 검토하고자 한다. 먼저 '공기'의 용례를 중심으로 검토해서 '公器論'이 조선 초기의 권력론으로 정비되는 과정을 살피고자 한다. 또한 조선 초기 공기론은 '공론', '공천하' 등의 용어와 연결되면서 논의되었는데, 그 연결과정을 살피면서 공기론이 '公論, '公天下論'과 어떠한 관계를 가지고 있는지도 검토하고자 한다.

이러한 검토과정을 통해서 조선의 건국주체들은 어떠한 권력인식을 가지고 있었으며, 또한 어떠한 정치체제를 만들려고 하였는지 더듬어보고자 한다. 이와 같은 정치론과 권력론은 결국 국가의 본질을 잘 보여줄 것으로 이해되므로, 본고는 조선의 국가적 성격을 이해하는데 도움이 될 것으로 생각된다.

1. 公器論의 정비

조선 초기 조선왕조실록을 보면, '公器'라는 용어가 빈번하게 사용된다. 공기가 언급되는 자료들을 살펴보면, 조선의 관원들은 이 용어를 통해서 무엇을 설명하고자 하였는지를 검토할 수 있다. 조선왕조실록에 공기라는 용어가 태조 3년 다음의 언관의 언급에서 처음 보인다.

관직은 公器이니 마땅히 덕망을 먼저 보아야 하고 함부로 임명해서는 안 됩니다. 국가에서 고려의 옛 도에 의하여 循資의 법을 쓰고 있는데, 진실로 재질과 덕망이 출중하지 않으면 계급을 뛰어 올릴 이치가 없습니다.[7]

여기서 대사헌 박경이 관직을 '공기'라고 언급하고 있다. '공기'의 의미

7) 『태조실록』 권6, 태조 3년 12월 신묘.

는 공공의 기구라는 뜻으로 관직을 '공공'의 것이라는 보고 있다. 그러므로 박경은 공공의 것인 관직에, 적절하지 않은 인물을 '함부로 임명'해서는 안 된다고 주장하고 있다. 공공의 원칙에 입각해서 '재질과 덕망'을 갖춘 관원을 임명하도록 요청하였다. 즉 박경은 공기라는 용어를 통해서 관직의 공공성을 강조하고 있다. 이와 같은 박경의 언급은 고려 말 신진사대부들이 관직을 '名器'로 명명하였던, 인식의 연장선상에서 관직을 공기로 보고 있는 것으로 추측되나,8) 명기에서 공기로 바뀌는 과정은 분명하게 드러나지 않는다.

태조대에 공기라는 용어를 사용한 용례를 『태조실록』에서는 더 이상 찾을 수 없다. 오히려 관직을 명기로 표현한 용어는 몇 개 찾을 수 있다. 그 한 예를 들어보면 태조 4년 언관 이문화는 검교 시중직의 혁파를 요구하면서, 다음과 같이 관직을 명기로 표현하고 있다.

名器는 임금이 어진 이를 대우하고 공을 상주는 것이니, 중하게 여기지 아니할 수 없는 것입니다. 더구나 侍中이란 칭호는 곧 冢宰의 벼슬이니, 비록 檢校라 할지라도 경솔하게 주어서 名位를 혼잡하게 할 수 없는 것입니다. 신 등이 그윽이 보옵건대, 즉위하신 이래로 功罪와 덕행의 유무를 가리지도 않고, 다만 늙었다고 해서 제수한 것이 8,9명에 이르오니, 명기의 외람함이 이와 같은 때가 없습니다. 청하옵건대 檢校侍中을 모두 혁파하소서.9)

여기서 이문화는 관직을 명기로 표현하면서, 명기인 관작을 외람되이 부여하고 있는 당시 인사를 비판하였다. 이와 같이 관직을 명기로 명명한 것은, 고려 말의 관직을 명기로 명명한 인식이 이어지고 있음을 보여준다.10) 그러나 관직을 명기로 칭하는 입장은 관직을 공기로 칭하는 입장과

---

8) 『고려사』 권120, 열전33, 윤소종.
9) 『태조실록』 권7, 태조 4년 1월 경신.
10) 관직을 명기로 표현한 예는 여러 곳에 보이는데, 『태조실록』 권15, 태조 7년, 11

차이가 있다. 명기로 칭하는 것은 관직의 중요성을 강조하는 것에 그치는 반면, 공기로 칭하는 것은 관직의 공공성을 강조하는 차이가 있다. 이러한 명기에서 공기로의 바뀌는 변화가 태종대에 진행된 것으로 보인다.

관직을 공기라 보는 용례는 태종대에서부터 자주 나타난다. 태종 4년 의정부에서는 다음과 같이 관작을 공기로 언급하고 있다.

> 官爵은 국가의 公器이니, 요행의 무리를 함부로 仕進하게 할 수는 없습니다. 국가에서 私謁을 엄금하여 奔競의 길을 막고, 또 교지를 내려 私單子를 금지하였으나, 사단자로 청탁하여 제수하는 것이 아직도 다 없어지지 아니합니다. 원하건대, 유사로 하여금 위 항목의 금령을 밝게 거행하여 청탁하는 것을 징치하도록 하소서.11)

여기서 의정부의 대신들은 관작을 공기로 칭하고, 특히 '국가의 공기'로 표현하고 있다. '국가'라는 수식이 붙으면서 공기의 의미가 더욱 선명하게 표현되어, 공공적인 면이 더욱 강조되었다. 그러나 관직이 국가의 것이라는 의미는, 아직 국가와 왕의 관계가 언급되지 않아서 분명하지 않다. 다만, '私謁', '奔競', '私單子' 등의 용어로 볼 때, 관원들의 청탁이 관직 임명에 문제되고 있음을 짐작할 수 있다. 그러므로 여기서 관직을 국가의 공기로 명명한 것은, 일단 관원들의 인사 청탁을 막기 위한 명분으로 의미를 가지고 있었다. 그러므로 아직 공기라는 용어에 권력론적인 의미는 없었다.

관직을 국가의 공기로 규정하는 것은 세종대에도 계속 이어진다. 세종 28년 의정부에서는 삼관의 인사를 언급하면서, 다음과 같이 관직을 공기로 거론하였다.

> 爵命은 국가의 公器이니, 私議로써 마음대로 올리고 내리고 할 수

월 계미조의 기록은 그 한 예이다.
11) 『태종실록』 권8, 태종 4년 9월 정사.

없는 것입니다. 三館과 승문원은 선후의 승진을 구습에 따라 행하고, 옛 풍속에 參外가 去官할 때에는 직품의 선후는 헤아리지 아니하고 천망에 따라 추양하게 되니, 제수의 법에 어긋남에 있습니다. 금후에는 한결같이 직사의 선후에 따라 去官하게 하소서.12)

여기서도 작명 즉 관직을 국가의 공기로 보고 있다. 의정부는 삼관의 인사를 거론하면서 관직이 국가의 공기이므로, '私議에 의해서 임명할 수 없다고 거론하고 있다. 여기서의 사의는 현재 삼관에서 행하는 인사의 방식을 거론하고 있는 것으로, 관원들이 인사 원칙을 지키지 않고 사사롭게 인사를 하고 있음을 비판한 것이었다. 이 내용을 볼 때에, 세종대에는 관직을 국가의 공기로 인정하고 있었지만, 이는 관원에게만 해당되어 인사에서 관원들의 기강을 확보하기 위한 명분으로 거론되고 있음을 알 수 있다.

공기라는 용어가 다른 의미를 가지게 된 것은 문종대였다. 문종 즉위년 사헌부에서는 안숭선의 처벌을 요청하면서 다음과 같이 공기를 언급하였다.

작위는 국가의 공기로, 인주라도 마음대로 할 수 없는 것입니다. 그러므로 사람을 쓰는 것이 지극히 공정하면 인심이 복종하고, 조금이라도 私情이 있으면 人心이 복종하지 않습니다. 대저 인주가 생살여탈의 권력을 잡고, 능히 사람을 귀하게 하고 천하게 할 수 있으나, 사람들로 하여금 자기의 하는 일에 복종하도록 강요하지 못하는 것은 무슨 까닭입니까? 참으로 떳떳한 천성(秉彝之天)을 勢力으로 바꿀 수 없기 때문입니다.13)

사헌부에서 작위는 국가의 공기임을 내세워 안숭선의 처벌을 주장하였다. 여기서 주목되는 것은 관직은 국가의 공기이므로, "人主라도 마음대로 할 수 없는 것"이라고 명시한 점이다. 관직이 공기라는 것을 관원은 물론

---

12)『세종실록』권114, 세종 28년 12월 정사.
13)『문종실록』권2, 문종 즉위년 7월 정미.

왕에게도 적용하고 있다. 이렇게 하면서 '국가의 공기'라는 지적에서 보이는, '국가'의 의미가 더욱 분명하게 부각되고 있다. 즉 관원만 아니라 왕도 국가의 일원으로서, 공정하게 인사에 임하지 않으며, '私情'을 가진 개인으로 치부될 수밖에 없었다고 보았다. 또한 사정에 의해서 인사를 할 경우, '인심'이 복종하지 않는다고 보아, 왕이 가진 권한을 인심을 기준해서 인정되는 것과 안 되는 것으로 나누고, 인심을 벗어난 권한을 '勢力'으로 규정하였다. 즉 왕이 가진 관직의 임명권도 국가의 공공성에 제한을 받는 것으로 이해하고 있다. 이와 같이 공기의 개념이 왕에게까지 적용되는 것은 매우 중요한 변화였다. 이는 앞에서 언급한 것처럼 관직을 왕이 준다고 이해하는 것과는 완전히 달랐다.[14]

이와 같은 이해는 매우 새로운 인식이었다. 정치의 영역에서 공공통치 영역과 사적지배 영역을 분리하려는 동향이었다. 봉건정치는 공공통치 영역과 사적지배 영역의 분리가 분명하지 않는 것이 보통이었다. 서양의 영주제도에서 볼 수 있듯이, 농노는 영주의 사적지배 하에 있는 존재였다. 그러므로 농노가 지는 경제외적 강제는 농노의 이와 같은 정치적 지위로 인하여 받는 경제적 수탈이었다.

그러므로 위와 같이 관직의 임명권이 공공에 의해서 결정되어야 한다는 사헌부의 주장은 새로운 권력에 대한 인식을 보여주고 있다. 위의 언급에서도 사헌부가 '생살여탈'의 권력을 언급하고 있는 것으로 볼 때, 관원들은 이미 관직이 공기라고 주장하는 논리를 관직에 한정하지 않고, 왕의 역할 전반을 의식하면서 논하고 있는 것임을 짐작할 수 있다. 그러므로 위의 언급에서 사헌부는 왕의 공공통치를 인정하지만, 공공통치를 벗어난 私情에 의한 지배는 '勢力'으로 해석하여 동의할 수 없는 것임을 밝히고 있다. 이와 같이 공기론은 정비되면서 새로운 권력론으로 작용하였다.

이와 같은 공기론에 입각해서 왕이 관직을 사사로이 할 수 없다는 인식

---

14) 『태조실록』 권7, 태조 4년 1월 경신.

이 점차 확대되어 갔다. 나아가 이러한 인식의 연장선상에서 왕이 공기를 사사롭게 사용하면, 그 권한을 잃을 수도 있다는 경고도 제기되었다. 단종 1년 대간 황보공이 언급한 다음의 내용은 이를 잘 보여준다.

> 신 등은 그윽이 생각하건대 爵位는 국가의 공기요 人主의 큰 권한이니, 오로지 공훈과 재덕이 적당한 이에게 주어야 하며 항상 마땅히 삼가고 아껴서 도리상 가볍게 할 수는 없습니다. 만약 가볍게 쓴다면 그 공기를 허물어뜨리고 그 큰 권한을 잃을 것입니다. 공기가 허물어지면 사람은 장차 신중하지 않을 것이요, 권한을 잃는다면 나라가 지탱되지 못할 것입니다.[15]

여기서 황보공은 작위를 국가의 공기로 언급하면서, '삼가고 아껴서' 사용해야 한다고 주장하고 있다. 작위는 '인주의 큰 권한'이지만 '가볍게' 쓴다면, 그 '큰 권한'을 잃을 수 있다고 경고하고 있다. 이는 국가의 공기인 작위를 왕이 자의로 사용할 수 없고, 자의로 사용하는 경우에는 왕도 주어진 권한을 잃을 수 있음을 분명하게 언급하고 있다. 이러한 주장은 왕도 국가체제의 하위단위로, 왕이 정당한 역할을 하지 않으면, 革命이나 反正의 대상이 될 수 있음을 명시하고 있다.

이와 같은 인식은 관원들만의 주장은 아니었다. 공기론이 일반화되면서 왕도 이를 수용하고 있었다. 이는 세조 3년 세조가 언급한 다음의 내용을 통해서 확인할 수 있다.

> 동지돈녕부사 심회가 衛將으로서 입시하니, 임금이 그로 하여금 앞으로 나오게 하고는 말하기를, "衛將은 공기이니 욕되게 할 수는 없다. 경은 그것을 경계하라."하니, 심회가 고두하면서 사례하였다. 임금이 또 말하기를, "다만 위장만이 공기가 될 뿐 아니라 내 지위도 또한 공

---

15) 『단종실록』 권6, 단종 1년 4월 무술.

기이고 사직도 또한 천하 만세의 공기이다. 나는 응당 이 공기를 받을 사람인 까닭으로 이를 받았을 뿐이니 이를 私有로 볼 수는 없다."[16]

세조는 '위장은 공기'라고 관직이 공기임을 인정하면서, 여기서 더 나아가 '내 지위' 즉 왕위도 공기이며 '사유'가 아님을 천명하였다. 세조는 왕위를 관직의 연장선에서 공기로 인정하였다. 이와 같은 세조의 언급은 의미가 있다. 즉 관원들은 공기론을 통해서 왕과 관원이 모두 국가체제의 하위의 존재임을 강조하였으나, 왕위가 공기임을 명시적으로 주장하지는 못하였는데, 오히려 왕이 이를 구체적으로 표현하였다. 특히 세조는 조선이 이씨왕조임을 강조하는 입장에서 쿠데타까지 감행한 왕이었으므로, 그가 왕위를 공기로 천명한 것은 더욱 의미가 있었다. 이러한 세조의 천명으로 왕을 포함한 국가 권력의 정당성이 공공성에 근거하고, 국가통치가 공공성을 지향한다는 '공공통치론'이 전개될 수 있는 근거가 마련되었다.

이후 공기론은 정치 논의에서 기본적인 이념으로 작용하였다. 특히 성종대에 들어 사림파가 등장하면서, 공기론은 더욱 활발하게 주장되었다.[17] 성종 23년 사헌부에서는 "爵位란 것은 국가의 공기이므로 임금이 사사로이 할 바가 아닙니다."라고 주장하고 있는데, 이는 성종대 대간들이 언론활동에서 공기론을 활용하고 있었음을 잘 보여주었다.[18] 특히 왕이 인사를 정당하게 진행하지 않는 경우, 대간들은 공기론에 입각하여 왕의 인사를 비판하였다.

왕이 친인척 인사에 사사롭게 영향을 미치는 경우에는, 대간은 더욱 극단적으로 비판하였다. 왕이 왕의 친인척의 인사에 관여하는 경우, 왕실도 단순히 '一家'로 취급하고, 왕이 관직을 私物化하였다고 극단적으로 비판하였다. 이는 성종 25년 國舅인 윤호를[19] 삼공에 임명한 것을 비판한 다

---

16) 『세조실록』 권7, 세조 3년 3월 신묘.
17) 최이돈 『조선중기 사림정치구조연구』 일조각 1994.
18) 『성종실록』 권269, 성종 23년 9월 을유.

음의 언급에서 볼 수 있다.

　　삼공의 지위와 조종의 법은 모두 국가의 공기이나 윤호와 월산부인
　은 모두 전하의 一家之人입니다. 그런데 국가의 공기를 一家之人에게
　사사로이 주는 것이 가하겠습니까? 이것이 신 등의 여러 번 천청을 모
　독하면서도 그만두지 못하는 까닭입니다.[20]

　이는 홍문관 부제학 송질이 언급한 것으로, 왕이 윤호를 삼공에 임명한
것을 '一家'에게 '사사로이' 관직을 준 것으로 평가하고 있다. 이는 왕도 공
공적인 입장에서 벗어나면 '사적'인 존재가 되고, 왕실도 단순히 '一家'로
취급될 수 있었음을 보여준다.
　또한 연산군대에는 연산군이 인사를 바르게 하지 못하였을 때에, 왕이
공기를 '私物化'하였다고 비판하였다. 이는 연산군 1년 대간이 언급한 다
음과 같은 기록을 통해서 알 수 있다.

　　대개 爵이나 상은 조정의 공기이므로, 姻婭間의 사사로이 친근한 이
　라고 해서 함부로 줄 수 없는 것입니다. 지금 우건은 곧 인아 관계요,
　사사로이 친근한 사람으로서 이렇다 할 재능이 없고 상을 줄 만한 공
　도 없는데, 하루아침에 내지에 의해서 발탁하여 2품관을 제수하니, 이
　것은 전하께서 조정의 공기를 외척을 우대하는 私物로 삼은 것입니다.
　신 등은 공도가 이로부터 훼손될까 염려됩니다. 필부가 신의를 잃는
　것도 오히려 불가한데 하물며 임금이오리이까.[21]

　대간은 연산군이 외척을 우대한 것을 비판하면서, 왕이 공기를 '사물화'
하였다고 비난하고 있다. 이와 같은 대간의 비판은 공기론에 입각한 것이

---

19) 『성종실록』 권290, 성종 25년 5월 임진.
20) 『성종실록』 권290, 성종 25년 5월 무자.
21) 『연산군일기』 권5, 연산군 1년 5월 계미.

었다. 따라서 공기론은 조선 초기를 통해서 정비되면서, 왕과 관원의 권력을 제한하는 논리로 작용하였다. 공기론의 관점에서 볼 때, 왕과 관원이 행하는 권력은 공공성을 유지할 때만 그 정당성을 인정받았다. 그러므로 공기론의 정비는 조선 초기 정치가 공공통치를 지향하였던 것을 분명하게 보여주는 권력론의 새로운 정비였다.

2. 公器論의 근거와 公論

이상과 같이 관직을 공기로 보는 공기론이 형성되는 과정을 살펴보았다. 왕위나 관직은 모두 공기였으므로, 왕도 사사롭게 관직을 줄 수 없다는 관념이 형성되었다. 그러면 당시 관원들이 관직을 공기라고 주장하는 근거는 무엇이었을까? 이를 보여주는 것이 문종 즉위년 사헌부 장령 하위지의 다음과 같은 주장이다.

> 爵位는 국가의 공기로, 인주라도 마음대로 할 수 없는 것입니다. 그러므로 사람을 쓰는 것이 지극히 공정하면 人心이 복종하고, 조금이라도 私情이 있으면 인심이 복종하지 않습니다. 대저 인주가 생살여탈의 권력을 잡고 능히 사람을 귀하게 하고 천하게 할 수 있으나, 사람들로 하여금 자기의 하는 일에 복종하도록 강요하지 못하는 것은 무슨 까닭입니까? 참으로 떳떳한 天性은 끝까지 勢力으로 바꿔놓을 수 없기 때문입니다. 위는 天位라 하고, 녹은 天祿이라 하고, 직은 天職이라 하므로, 임금이 그 신하에게 사사로이 줄 수 없습니다. 아비가 자식에게 사사로이 줄 수 없고, 형이 아우에게 사사로이 줄 수 없는 것입니다.[22]

하위지는 관직을 하늘과 연결시키고 있다. 왕위와 관직을 '위는 천위',

---

22) 『문종실록』권2, 문종 즉위년 7월 정미.

'직은 천직'으로 표현하여 하늘이 부여하는 것으로 설명하였다. 왕위는 하늘이 준 '천위'였고, 관직도 하늘이 준 '천직'이었다. 그러므로 관직은 왕이 내려주는 사사로운 것이 아니라 하늘이 부여한 것이었다. 관원들은 관직이 공기라는 근거를 하늘과의 연관성에서 찾고 있었다.

그러므로 그 권력을 하늘에 뜻에 맞게 사용하여야 하였다. 하늘에 뜻에 어긋난 '私情'에 의한 권력행위는 사적인 것에 불과하였다. 그러므로 하위지는 공기를 하늘의 뜻에 맞게 사용하기 위하여, 하늘의 뜻을 파악하는 방식도 거론하고 있다. 즉 하위지는 이를 '人心'에서부터 설명하고 있다. 인심은 '天性'을 반영하고 있으므로, 하늘의 뜻도 보여주는 것으로 이해했다. 따라서 하늘이 부여한 인심과 천성은 왕의 권력이라도 바꿀 수 없다고 보았다. 오히려 하늘의 뜻에 어긋난 권력은 '勢力'일 뿐이었고, 정당성을 인정받을 수 없는 권력으로 보았다.

하위지는 이러한 생각의 연장선에서 하늘의 뜻에 맞게 권력을 사용하는 방법에 대해서도 다음과 같이 논하고 있다.

> 天下의 好惡를 公共함에는 마땅히 천하 사람들과 함께 하여야 하고, 한 나라의 좋아하고 싫어하는 것을 公共함에는 마땅히 한 나라 사람과 함께 하여야 합니다. 어찌 내가 그 권한을 잡고 있다고 하여, 나 한 사람(一己)의 좋아하고 싫어하는 것으로, 경솔히 사람을 진퇴시킬 수 있겠습니까?[23]

하위지는 하늘의 뜻에 맞게 권력을 사용하기 위해서, 권력을 천성이 반영된 인심에 맞추어 사용하여야 한다고 주장하였다. 그러므로 그는 구체적으로 '천하 사람과 함께' 하는 방법을 제안하고 있다. 더 나아가 하위지는 사람들의 의견을 무시하면, 왕도 '한 사람(一己)'에 불과하다고 주장하였다.[24] 이와 같은 주장은 당시의 관원들이 공기론의 근거를 하늘에서 구

---

23) 상동조.

하고, 나아가 공기론을 적용하는 방식을, '천하 사람들과 함께'라는 구체적
인 방식에서 찾고 있음을 보여준다. 즉 사람들의 의견에 따라서 권력을 사
용하는 것이 하늘의 뜻을 이루는 것이었다.

권력의 근원을 하늘과 연결시켜서 파악하는 인식은 갑작스러운 것은 아
니다. 관직을 하늘과 연결시켜 파악하는 인식은 태조대부터 나타났다.[25]
태조는 그 4년에 재상들에게 다음과 같이 교서를 내리면서 언급하고 있다.

> 과인이 天職을 대신해서 天物을 다스리고 있으나, 獨治할 수가 없
> 어서 재상들과 함께 다스리는 것이니, 時政의 득실과 생민의 休戚을
> 숨김없이 말하여, 천선개과해서 천변이 없어지게 하라.[26]

이는 비바람의 재변이 있자 태조가 내린 교서의 내용이었다. 여기서 태
조는 '代天職'하는 논리를 거론하면서, 治民하는 관직과 권력을 하늘과 연
결시켜서 설명하였다.

이러한 관직을 하늘과 연결시키는 인식은 태종대에 이르면 보다 분명해
진다. 이는 태종 6년 사간원에서 이숙의 인사를 비판하면서 올린 다음의
상소에 잘 나타났다.

> 재상이란 임금과 천위를 같이 하여 천직을 다스리는 것입니다. 그러
> 므로 옛날의 임금은 반드시 쓸 만한 인재를 고른 뒤에야 임명하였는데,
> 오늘날 의정부 찬성사 이숙은 어려서 일을 경험하지 못하였으니, 종친
> 의 예에 두심이 마땅합니다.[27]

---

24) 인심이 떠난 왕을 獨夫로 보는 인식은 『맹자』에서부터 찾을 수 있다. 조선에서도
   이에 대한 논의가 자주 보인다. 『태종실록』 권10, 태종 5년 8월 임오조 등이 그
   예이다.
25) 최이돈 앞의 논문. 관직을 하늘과 연결하여 파악하는 인식은 고려 말 신진사대부
   들에게서도 확인할 수 있다.
26) 『태조실록』 권7, 태조 4년 4월 정해.
27) 『태종실록』 권12, 태종 6년 7월 계축.

여기서 대간은 재상의 지위를 하늘과 연결시켜 분명하게 정리하고 있다. 즉 재상을 인군과 共天位, 治天職하는 자로 정리하였다.[28] 재상이 왕과 천위를 같이 한다는 인식은 "왕은 천위를 관원은 천직을 맡는다."는 고려말에 보이는 공치론을 보다 발전시키고 있다.[29] 여기서 관직을 하늘과 연결시키고 있었으나, 태종대에는 아직 국가체제 아래 왕과 대신의 권력을 한정한 것이 아니었다. 단지 재상이 왕과 같이 통치에 참여하는 명분을 하늘과 연관시켜 설명한 것에 불과하였다. 그러나 문종대에 이르면 앞에서 살핀 것처럼, 관직은 물론 왕위까지도 국가의 공기라는 공기론이 형성되면서, 여기에 관직을 하늘과 연결시키는 인식과 연결되어, 공기론의 근거가 보다 분명하게 정비될 수 있었다.

여기서 한걸음 더 나아가, 문종대에는 공기론을 '인심'과 연결지어, '천하 사람과 함께'라는 공기론의 실현 방향까지 제시되면서, 공기론은 이념을 넘어서 권력 실현의 동력을 확보하게 된다. 즉 '천하 사람과 함께'라는 방법은 자연스럽게 公論과 연결되어 '공론정치'로 진행되었다. 따라서 공기론이 공론정치의 이념적 근원이 되었고, 공론정치를 통해서 공기론은 이념을 실현하는 구체적 방법을 확보할 수 있었다. 물론 문종대의 상황에서 공기론과 공론이 바로 연결된 것은 아니었다. 다만 이념적으로 그 가능성이 제기된 것이었다.

공기론과 공론의 연결은 아직 다소간의 시간이 필요하였다. 성종 8년 대사헌 김영유는 다음과 같이 공기론과 공론의 연결을 모색하였다.

대저 조정의 官職으로 말하면, 임금이 '一國의 어진 자'와 더불어 天位를 같이 하고, 天祿을 같이 하여, 天工을 대신하는 바이니, 임금이 사사로이 할 수 있는 바가 아닙니다. 벼슬을 임명하고 직책을 주는 것은 마땅

---

28) 이러한 인식은 여러 자료에 나타나는데,『태종실록』권28, 태종 14월 10월 경인조는 그 예이다.
29) 최이돈 앞의 논문.

히 '여러 사람에게 謀議'하고 마땅히 法을 상고해서, 오직 可한 자인 연
후에야 이를 쓰는 것인데, 어찌 가히 재주가 있고 공이 있다고 하여, 物
望에 맞지 않는 자로 하여금 함부로 公器를 차지하게 하십니까?30)

여기서 김영유는 유자광이 도총관이 될 수 없는 이유를 설명하면서, 관
직은 공기이므로 임금이 사사로이 할 수 있는 바가 아니라고 주장하고 있
다. 또한 공기를 마땅하게 부여하는 방식으로 '여러 사람에게 謀議하는 방
식을 사용할 것을 제시하고 있다. 여러 사람과 모의한다는 것은 앞에서 지
적한 '천하 사람과 함께'의 연장선에 있는 방식이었다. 여기서 아직 공론이
라는 용어를 명료하게 사용하지 않았으나, '여러 사람에게 모의'하는 방식
을 강조한 것은 공기를 공론에 입각해서 사용하여야 한다는 점을 강조한
것으로, 공기론이 공론과 연결되는 모습을 보여주고 있다.

이러한 공기론과 공론의 연결 가능성을 여러 차례 모색하는 과정을 거
치면서, 성종 23년에 대간은 다음과 같이 공기론과 공론을 구체적으로 연
결시키고 있다.

옛 글에 이르기를, "사람을 조정에 벼슬시킬 때는 여러 사람과 함께
한다."고 하였습니다. 대체로 작위를 임명하는 것은 비록 임금이 하는
것입니다만, 그것은 곧 조정의 공기이므로 임금도 마땅히 公論을 따라
야 할 것입니다. 진실로 사사로이 할 수는 없는 것입니다. (중략) 전하
께서는 조정의 공기를 가지고 私物로 여기서서, 公論을 배격하고 스스
로의 의견대로 쓰시니, "그 말을 함에 있어 나의 뜻을 거역하지 말라."
는 데에 가깝지 않겠습니까? 신 등은 아마도 국사가 날로 그르게 되어
가서 구제할 수 없게 될까 염려스럽습니다. 삼가 원하건대, 전하께서는
자신의 의견은 버리고 남의 의견을 따르시며, 공사로써 私情을 없애서
서 國體를 보전하게 하소서.31)

---

30) 『성종실록』 권77, 성종 8년 윤2월 을축.
31) 『성종실록』 권268, 성종 23년 8월 을묘.

대간들은 "사람을 조정에 벼슬시킬 때는 여러 사람과 함께 한다."라고 옛글을 인용하면서, 왕이 '私情'에 의한 자신의 의견을 버리고 '남의 의견' 따를 것을 요청하였다. 그리고 '남의 의견'을 '공론'으로 연결하고 있었다. 여기서 공기론이 구체적으로 공론으로 연결되었다.

이상과 같이 공기론은 그 정당성의 근거를 하늘에서 찾았다. 즉 왕위와 관직을 하늘이 부여한 것이라고 보았다. 그러므로 하늘의 뜻에 맞게 공기를 사용하여야 하였다. 하늘의 뜻은 사람들의 뜻을 통해서 반영되는 것이었으므로 공론은 하늘의 뜻이었다. 그러므로 공기의 바른 사용은 공론에 근거해야 하였다. 즉 공기론은 하늘의 뜻을 매개로 공론과 연결되고 있었다. 공기론은 공론정치로 나아가는 이념적 근거가 되었으며, 공론정치로 공기론은 그 이념을 실현할 수 있는 구체적인 방법을 마련할 수 있었다.

3. 公器論의 확대와 公天下論

공기론이 정립되었으나 이는 관직의 임명에 한정되는 것이어서 그 활용이 제한되었다. 공기론으로 표현되는 공공통치를 실현하기 위해서, 공기론을 좀 더 확대해서 정치에 보편적으로 적용할 수 있는 방법의 모색이 필요하였다. 이러한 필요에 의해서 공기론과 연결된 것이 공천하론이었다.

공기론은 그의 논리적 근거를 하늘과 관련지어 설명하면서, 공기론은 '천하'라는 용어와 빈번하게 같이 사용되었다. 그 대표적인 용례가 관직을 '국가의 공기'일뿐 아니라 '천하의 공기'로도 파악하고 있는 것이었다. 그 예로 성종 18년 대간의 다음과 같은 언급을 들 수 있다.

爵賞이 천하의 공기이므로, 위를 '天位'라 이르고, 작을 '天爵'이라 이릅니다. 그렇기 때문에 人主의 작상은 반드시 어진 일이 있은 연후에 이를 명하고, 공이 있은 연후에 이를 더하는 것이니, 조정에 요행으로

얻은 벼슬이 없어야 사람은 분수에 편안할 줄을 알게 될 것입니다.[32]

대간은 강선의 관직 제수를 비판하면서, 작상을 '천하의 공기'로 표현하였다. 천하의 공기로 표현한 것은 '국가의 공기'라는 표현보다 더욱 보편성을 강조하려는 의도를 가진 것으로 이해된다. 그러나 위의 문장을 좀 더 자세히 음미하면, 그 진의는 조금 다른 곳에 있음을 알 수 있다. 즉 위의 내용에서 '작상이 천하의 공기이므로 위를 천위라 이르고'라는 대목을 자세히 보면, 위가 천위인 이유가 작상이 천하의 공기이기 때문으로 해석된다. 즉 이 내용은 '천하'에 근거하여 '천위'가 된다고 해석할 수 있는데, 천하와 천위가 어떻게 연결되는지 일견 파악하기 어렵다. 그러나 여기서 천하를 하늘과 연결하여 해석하면 자연스러워진다. '하늘' 아래의 모든 '지역'이라는 의미를 가진 '천하'가 '지역'을 강조하지 않고, '하늘'을 강조한 방식으로 사용된 것으로 보인다. 즉 천하가 하늘을 강조한 용어로 해석할 수 있다면, 천하와 천위는 자연스럽게 연결될 수 있다.

이와 같이 천하를 해석할 때, 여기의 천하는 '私天下'가 아닌 '公天下'와 연결된다. 이미 관직은 국가의 공기였고, 국가는 왕을 포괄하는 공공적인 의미로 해석되고 있었으므로, 국가를 더욱 확대해서 천하라는 용어를 사용하였을 때에, 천하의 의미는 하늘의 뜻 아래 있는 私天下가 아닌 公天下일 수밖에 없었다. 즉 관직은 하늘의 뜻을 반영하는 공천하의 공기였으므로, 그 위는 '천위'였고 직은 '천직'이었다.

조선에서 '公天下論'에 대한 언급은 조선 건국기에서부터 보인다. 조선에서 공천하론을 처음으로 언급한 것은 정도전이었다.[33] 그는 『조선경국전』에서 다음과 같이 공천하론을 언급하였다.

---

32) 『세종실록』 권205, 세종 18년 7월 정미.
33) 정도전에 대한 이해는 한영우의 연구가 상세하다(한영우 앞의 책).

　　세자는 천하 국가의 근본이다. 옛 先王이 세자를 세우되, 반드시 장
　자로써 한 것은 왕위 다툼을 막기 위한 것이고, 반드시 어진 사람으로
　서 한 것은 덕을 존중하기 위한 것이었으니, 公天下國家하는 마음이
　아님이 없었다.[34]

　　정도전은 여기서 '先王'이 현자를 세자로 택하였음을 높이 평가하고, 이
러한 마음을 '公天下國家하는 마음'으로 평가하였다. 여기서 '공천하국가'
는 '천하국가를 公共으로 여기는' 정도의 해석이 가능하다. 공천하에 국가
를 붙여서 거론하고 있지만, 국가 역시 공공의 것으로 보았기 때문에 공천
하론과 기본적인 인식은 같았다. 즉 천하와 국가는 '公共'의 것이라는 인식
이었다. 정도전은 여기서 公天下를 거론하면서, '先王'을 기리고 있었지만,
조선도 세자를 바로 정하여 '공천하국가'가 되었으면 하는 염원을 함축하
고 있었다.
　　이는 그가 『조선경국전』에서 재상의 지위를 다음과 같이 표현한 것과
일맥상통한다.

　　"人主의 직책은 한 사람의 재상을 논정하는 데 있다."하였으니, 바로
　총재를 두고 한 말이다. 총재라는 것은 위로는 군부를 받들고, 밑으로
　는 백관을 통솔하며 만민을 다스리는 것이니, 그 직책이 매우 큰 것이
　다. 또 인주의 자질에는 어리석은 자질도 있고 현명한 자질도 있으며,
　강력한 자질도 있고 유약한 자질도 있어서 한결같지 않으니, 총재는
　인주의 아름다운 점은 순종하고 나쁜 점은 바로잡으며, 옳은 일은 받
　들고 옳지 않은 것은 막아서, 인주로 하여금 大中의 지경에 들게 해야
　한다. 그러므로 相이라 하니, 즉 輔相한다는 뜻이다.[35]

　　정도전은 왕과 재상의 역할을 나누어, 인주는 재상을 정하는 역할을 하

---

34) 『조선경국전』 상 定國本.
35) 『조선경국전』 상 「치전」 총서.

고, 재상은 백관을 통솔하고 만민을 다스리는 역할을 한다고 명시하였다.
그는 재상이 정치의 전면에 나서는 이유를 왕의 자질과 연결시키고 있었
다. 정도전은 세습되는 왕의 자질을 논하면서, 재상이 전면에 나서야 하는
이유를 설명하고 있었다. 그러나 이러한 논의를 가능케 하는 기본적인 전
제는 국가의 성격에 좌우되었다. 국가가 왕 개인의 사천하라면, 이러한 논
의가 무의미하였다. 왕의 국가가 아닌 공천하국가라야 의미를 가질 수 있
었다. 그러므로 정도전은 이러한 논의의 바탕에서, 앞에 인용한 세자를 결
정하는 논의에 '공천하국가'의 이상을 제시하였다.

그러나 태종의 쿠데타로 공천하론은 정치권에서 공식적으로 사라졌다.
'공천하'라는 용어는 태종이 퇴위한 이후에 다시 보인다. 세종 1년 변계량
은 「낙천정기」를 서술하면서 다음과 같이 공천하라는 표현을 사용하였다.

> 懷安을 용서하여 형벌을 쓰지 않으셨으니, 대개 大舜이 象을 용서한
> 것을 좇으시고, 周公이 死刑하는 것을 본받기 싫어하시어, 王氏의 후
> 손을 살려 두어서 각자가 생업에 편하게 하셨다. 이는 公天下國家하는
> 하늘과 땅 같으신 도량이시니, 즉 湯武가 혁명하고도 杞와 宋을 남겨
> 둔 의리이시다.[36]

변계량은 「낙천정기」에서 태종의 공덕을 기리면서, 태종이 '공천하국가'
하는 도량이 있었다고 표현하였다. 공천하론의 입장에 서있지 않았던 태
종을 논하면서, '공천하'라는 표현을 한 것은 일견 모순되어 보인다. 이러
한 상황을 충분히 알고 있는 변계량이 태종이 물러난 직후에, 태종을 앞세
워 공천하라는 용어를 사용한 것은 나름 숨은 의도가 있었을 것으로 짐작
된다. 다만, 앞에서 살핀 바와 같이 아직 이 시기는 공기론도 정립되지 않
은 시기였으므로, 그 보다 더 포괄적인 개념인 공천하론이 본격적으로 논
의되기 어려운 상황이었다.

---

36) 『세종실록』 권5, 세종 1년 9월 병자.

그러나 문종대에 이르면 공기론이 정리되면서, 공천하론도 다시 제기된다. 이는 이미 앞에서 살핀 문종 즉위년 장령 하위지의 다음과 같은 언급으로 짐작할 수 있다.

위는 天位라 하고, 녹은 天祿이라 하고, 직은 天職이라 하므로, 임금이 그 신하에게 사사로이 할 수 없고, 아비가 자식에게 사사로이 할 수 없고, 형이 아우에게 사사로이 할 수 없는 것입니다. 天下의 好惡를 公共함에는(公天下之好惡) 마땅히 天下之人과 함께 하여야 하고, 한 나라의 좋아하고 싫어하는 것을 公共함에는, 마땅히 한 나라 사람과 함께 하여야 합니다. 어찌 내가 그 권한을 잡고 있다 하여, 나 한 사람(一己)의 좋아하고 싫어하는 것으로, 경솔히 사람을 진퇴시킬 수 있습니까?[37]

여기서 하위지는 천위와 천직을 공기와 연결시켜 공기론을 정립하고 있다. 또한 하위지는 이에 연결하여 공천하를 거론하고 있다. 다만, '公天下之好惡'라는 표현을 사용하였다. 공천하에 '好惡'가 추가된 용례인데, '공천하'하는 것은 결국 '天下之人'의 好惡를 고르게 하는 것이었으므로, 이는 본질적으로 공천하론을 언급한 것으로 이해된다.

즉 공기론이 '天下'를 매개로 해서 공천하론으로 전개된 것이다. 관원들은 공기론을 통해서 인사에서는 공공성을 주장할 수 있었지만, 보다 포괄적인 국가운영에서 공공적인 성격을 주장하기 위해서는 공천하론이 필요하였다. 즉 공기론의 외연을 확대한 것이 공천하론이었다.[38]

공천하론이 정비되면서 이는 대간 언론의 논거로 사용되었다. 성종 4년

---

37) 『문종실록』 권2, 문종 즉위년 7월 정미.
38) 공천하론은 중국사에서 봉건-군현 논의를 통해서 지속적인 쟁점이 된 정치 주제이다. 조선의 공천하론은 왕을 천하국가의 하위단위로 규정하고, 나아가 권력의 공공통치를 지향하였다는 점에서 독특한 것이었다. 물론 그 과정에서 관원과 사림의 참정을 당연시하였다는 점에서는 주희의 공천하론을 이은 것으로 이해할 수도 있다(민두기 「중국의 전통적 정치상」 『진단학보』 29·30, 1966).

대간은 이병조의 인사를 탄핵하면서 다음과 같이 공천하론을 거론하였다.

> 이조와 병조에서 상피의 법에 구애받지 아니하고, 허황을 기용하여 특별히 병조정랑으로 제수함은 심히 마땅치 않습니다. 무릇 銓注는 인재선발을 '공천하'로서 선발하기를 원하는 것인데, 요행의 문이 한 번 열리면 사람마다 분수에 넘치는 마음을 품고, 상피해야 할 자가 허황의 예를 끌어대어 반드시 벌떼같이 일어날 것입니다.[39]

대간은 이병조의 인사가 '공천하'의 정신에서 시행되지 못하고 있음을 비판하고 있다. 이미 관직은 국가와 천하의 공기였으므로, 그 인사는 공천하의 이상에 맞도록 시행되어야 하였다. 그러므로 이에서 어긋나는 것은 당연히 대간 탄핵의 대상이었다.

공기론과 공천하론이 만나면서, 당연히 공천하론과 공론이 같이 거론될 수 있었다. 이는 성종 24년 대간들의 다음과 같은 요청에 잘 드러났다.

> 寶廣國과 馮野王은 모두 才行이 있고, 또 추천하는 자가 있었는데도 文帝와 元帝는 오히려 그 사람을 사사로이 하지 아니하여, 승상으로 삼지 아니한 것은 公天下로 마음을 삼은 것입니다. (중략) 전하께서는 公議를 거부하고 윤은로를 쓰시면, 後嗣도 또한 외척을 반드시 어질고 어질지 못함을 헤아리지 아니하고 顯要에 등용할 것입니다.[40]

대간은 윤은로를 임용한 것을 비판하면서, 왕에게 '공천하'를 생각하여, 공의를 수용할 것을 요청하고 있다. 공천하론의 논리는 공론과 함께 대간 언론의 주요한 근거가 되고 있다.

이상과 같이 성종 말년에 이르면, 공기론은 공천하론과 연결되면서, 그 이념적 외연이 확대되었고, 또한 공기론과 공천하론은 공론정치의 논리적

---

39) 『성종실록』 권36, 성종 4년 11월 무술.
40) 『성종실록』 권281, 성종 24년 8월 갑신.

배경이 되면서 공론정치의 활성화에 기여하였다. 그러므로 조선 초기 공기론의 제기에서부터 공론, 공천하론과의 연결과정은 결국 조선 초기 공공통치론의 형성과정이었다. 공공통치론의 형성으로 조선 전기에 새로운 권력론이 정비될 수 있었다.[41]

맺음말

이상에서 조선 초기의 권력론이 공기론, 공론, 공천하론과 연결되면서 공공통치론으로 정립되는 과정을 살펴보았다. 이는 조선의 사대부들이 조선의 건국과 더불어 강력해진 국가권력을 운영하는, 새로운 방식을 모색하는 가운데 정리된 정치론이며 권력론이었다.

1. 먼저 공기론이 형성되는 과정을 살펴보았다. 조선 초기부터 관직을 '公器'로 보는 자료는 자주 보인다. 관직을 사사로운 것이 아니라 공공의 것으로 보는 입장이었다. 그러나 당시의 용례들은 관원들이 인사에 임하여 私情에 좌우되지 않고, 공정한 인사를 할 것을 강조하는 정도의 의미를 가지고 있었다. 그러므로 이와 같은 '공기'의 용례를 권력론과 연관시키기는 힘들다.

그러나 문종대에 이르면 변화가 보인다. 관원들은 관직이 공기라고 주장하면서 이를 왕에게도 적용하여, 왕도 사사롭게 인사를 해서는 안 된다고 주장하였다. 공기를 관원들의 인사에 한정하여 언급하던 것을 왕에게까지 확대하여 적용하고 있다. 이는 모든 관원을 '王臣'으로 이해하고, 따라서 관직은 왕이 내려주는 것이라는 인식을 바꾸는 것이었다. 이제 관직은 하늘의 것이며 공기라는 인식이 확립되면서, 왕도 공기인 관직을 다룸

---

41) 공천하론은 이후 중종대 기묘사림에 의해서도 강조되었다.
『중종실록』 권28, 중종 12년 6월 을축; 『중종실록』 권33, 중종 13년 6월 병자.

에 있어서 사사롭게 해서는 안 된다는 공기론이 정리된 것이다.

이는 매우 중요한 변화였다. 봉건국가에서 공공통치와 사적지배는 명확하게 구분되지 않고 겹쳐서 나타나는 것이 보통이었다. 그러나 조선의 관원들은 공공통치와 사적지배를 구분하려 하였고, 그 첫 단계로 관직이 왕 개인의 것이 아님을 분명히 하는 주장을 공기론으로 제기하였다. 이러한 공기론의 형성으로 관직에 대한 인식의 변화가 나타났고, 이는 결국 관직을 운영하는 권력의 본질에 대한 인식의 변화로 진행될 수 있었다. 즉 공기론의 정립으로 권력을 새롭게 해석하는 새로운 권력론이 형성되고 있었다.

이후 공기론은 관직의 임명에 한정되었지만, 조정의 논의에서 중요한 쟁점으로 작용하였다. 특히 성종대 사림이 등장하면서 공기론은 대간의 인사 관련 언론에 빈번하게 등장하였다. 사림은 왕이 인사에서 공적인 입장을 벗어나는 경우, 왕이 관직을 '私物化'한다고 비판하였고, 또한 왕이 정당하게 인사를 하지 않으면, 왕이 가진 권위를 상실할 수 있다는 경고까지도 하였다. 실제로 이러한 경고의 연장선상에서 연산군대에는 反正이 추진될 수 있었다.

주목되는 것은 이러한 관원들의 주장을 왕도 수용하고 있었다는 점이다. 세조는 왕위도 공기이며 '私有'가 아님을 인정하고 있다. 특히 세조는 쿠데타로 왕위에 올라 왕권강화에 관심이 컸던 왕인데, 공기론을 수용하여 왕위도 관직의 연장선상에서 공기임을 인정하였다. 이러한 상황은 조선 초기 공기론이 단순히 관원들의 주장에서 그치지 않고, 왕도 인정하는 공인된 권력론으로 그 자리를 잡아가고 있었음을 보여준다. 특히 왕이 왕위를 공기로 인정한 것은 왕도 국가의 체제의 일부임을 인정한 것으로, 국왕 권력의 정당성도 국가가 부여하는 것임을 보여주었다.

2. 다음으로 정리한 것은 공기론과 공론의 관계이다. 관원들은 공기론의 이념을 좀 더 구체적으로 실현하기 위해서, 그 논리의 외형을 좀 더 확대 해석하였다. 관원들은 공기론의 정당성을 하늘과 관련지어 설명하였다. 왕

위를 天位, 관직을 天職으로 설명하였다. 즉 왕위와 관직은 하늘이 부여한 지위로 해석하였다. 관직은 하늘이 부여한 지위였으므로 관직을 하늘의 뜻을 따라 임명하여야 하였다. 왕과 관원들은 사사로이 인사를 해서는 안 되었다. 관직이 공기임을 하늘과 연결시켜서 설명하면서 그 주장의 정당성을 확보해가고 있었다.

이러한 주장이 이념에 그치지 않고, 정치적으로 실제적인 의미를 가지기 위해서는 여기서 한걸음 더 나아갈 필요가 있었다. 즉 하늘의 뜻을 파악하는 객관적인 방법의 모색이었다. 관원들은 하늘의 뜻이 '人心'에 나타난다고 주장하였다. 즉 인심에 내재한 '天性'은 하늘의 뜻을 알 수 있는 방법이라고 보았다. 그러므로 이를 파악하기 위해서 '衆議'를 청취해야 한다고 주장하였다. 관원들은 '獨治'가 아닌 '공공통치'를 주장하였고, 당연히 왕의 독단적인 결정은 '私議'로 규정하였다. 여기서 공기론은 公論政治와 만나게 된다. 결국 공론정치는 그 근거를 공기론에서부터 확보하였고, 공기론은 공론정치를 통해서 그 이념을 구체화할 수 있었다.

3. 마지막으로 정리한 것은 공기론과 '공천하론'의 관계이다. 관원들은 관직을 '국가의 공기'로 정리하면서, 또한 관직을 '천하의 공기'로도 표현하였다. 이는 '국가'보다 좀 더 포괄적이 의미를 가진 '천하'를 사용하여 공공성을 강조한 것으로 이해된다. 그러나 공기론의 형성으로 이미 국가를 왕과 관원을 포괄하는 기구로 인정하고 있는 상황을 고려한다면, 여기서 언급하는 천하의 의미를 조금 더 천착해 볼 수 있다. 즉 여기서의 천하는 단순한 지역적인 의미를 넘어서는, '公天下'의 의미를 가지는 것으로 해석할 수 있다. 즉 이미 국가가 왕의 국가가 아니었으므로, 여기의 천하도 '私天下'가 아닌 '公天下'의 의미를 가지는 것이었다.

'公天下論'에 대한 관심은 이미 건국기에 정도전에 의해서 언급되었다. 정도전이 권력의 향배에 크게 관심을 표시한 것은 이미 연구를 통해서 밝혀져 있다. 정도전은 재상중심의 권력구조를 지향하였고, 그러한 권력구조

가 가능할 수 있는 이념적 배경으로 '공천하론'을 구상하고 있었다. 그러나
태종의 등장으로 정도전의 공천하론은 이어지지 못하고 잠복되었다. 세종
대부터 공천하론은 다시 언급되었고, 문종대에 이르러 공기론이 정비되면
서 공천하론과 연결되었다. 공기론이 주로 관직에 한정하여 공공성을 주
장하는 논리로 작용하였다면, 공천하론은 관직을 넘어서 국가 운영에 대
하여 공공성을 주장하는 근거로 작용하였다.

4. 이상에서 볼 때, 당시의 왕과 관원들은 공기론, 공론, 공천하론을 앞
세워 공공통치론을 새로운 정치이념, 새로운 권력론으로 정비해가고 있었
다. 특히 사적지배와 공공통치가 뒤섞여 대혼란을 일으켰던 고려 말의 상
황을 몸소 거치면서, 조선 건국의 주체들은 이를 이전 시기보다 분명하게
분리할 필요가 있음을 깊이 인식하였다. 이러한 모색을 통해서 조선은 공
공성 위에서 그 통치의 정당성을 확보해가고 있었다.

이러한 관점에서 보면, 조선 초기의 대민 통치에 대해서도 좀 다른 설명
이 가능하다. 왕위가 天位고, 관직이 天職인 것 같이 국가의 구성원인 국
민은 天民이었기 때문이다.[42] 관원들은 천민인 국민에 대한 통치에서 공
공성을 유지해야 하였다. 사적지배는 불법으로 규제되었다.

민이 만나는 정치의 접점은 수령이었는데, 수령 역시 기본적으로 국민
에 대하여 공공통치만 허용되고 있었다. 수령의 민에 대한 사적지배는 국
가의 규제 대상이었다. 국가에서 빈번하게 어사를 파견하여 수령의 비리
를 체크한 것은 그 대표적인 예였다. 물론 구조적으로도 수령은 짧은 임기
동안 임명되었고, 재판에서도 태형이하의 죄만을 처분할 수 있는 하급재
판권만 부여되어 있었으므로,[43] 서양의 영주와 같이 민에 대한 인신적 지
배는 불가능하였다. 특히 국민은 수령의 재판에 불복하는 경우, 상위 기관
에 재판을 청구할 수 있는 항소권이 있었고, 수령이 국민에게 행한 불법에

---

42) 최이돈 「조선 초기 천인천민론의 전개」『조선시대사학보』57, 2011.
43) 『경국대전』「형전」 추단;『세종실록』 권30, 세종 7년 11월 임자.

대해서 국민은 상위기관에 고소할 수 있는 수령고소권도 가지고 있었다.[44] 이러한 전반적인 수령제도의 구조는 국가가 수령을 국가 공권력의 대리인으로 임명한 것이었지, 국민을 사적으로 지배할 수 있는 사적 지배권을 위임한 것은 아니었음을 보여준다.

5. 그러나 조선은 여전히 신분적 특권이 인정되는 신분제 사회였다. 왕은 신분제의 정점에 위치하였고, 사적지배 하에 있는 신분도 존재하였다. 정치에서도 왕은 여전히 정치권력의 정점에서 영향력을 행사하고 있었고, '王土', '王臣'의 이념도 유지되고 있었다. 그러므로 조선에서는 여전히 사적지배의 영역이 존재할 수밖에 없었다. 그러므로 조선의 정치는 공공통치와 사적지배의 구분이 선명하게 구분되지 않는 중세적 방식에서 벗어났으나, 완전한 공공통치의 단계에 진입한 것은 아니었다. 완전한 공공통치는 근대의 소산이라고 볼 때, 새로운 통치 방식의 완성에는 많은 시간이 필요하였다. 그러나 조선 초기에 이미 왕과 관원 사이에 공공통치를 정치의 원리로 하는 공공통치론에 대한 큰 합의가 이루어지고 있었다는 것은, 조선의 정치가 중세의 큰 틀은 벗어나 새로운 역사적 단계로 나아가고 있었음을 보여준다(「조선 초기 공공통치론의 전개」, 『진단학보』 125, 2015).

---

44) 최이돈 「조선 초기 수령 고소 관행의 형성과정」, 『한국사연구』 82, 1993.

제3장 賤人天民論의 전개

머리말

고려 말 신진사대부들은 백성을 天民으로 보는 인식위에서 새로운 정치
론을 전개하였다. 왕의 지위를 天位로 이해하고, 관직을 天職으로 이해하
였으며, 다스리는 백성을 天民으로 이해하였다. 필자는 이와 같은 새로운
정치론에 관심을 가지고, 그 변화를 '군신공치론'과 '공공통치론'으로 검토
하면서 왕과 관원 간의 권력론이 天民論의 인식 위에서 어떻게 정비되었
는가를 검토해보았다.[1]

본고에서는 이러한 작업의 연장선상에서 백성인 天民의 지위를 검토하
고자 한다. 당시 천민의 범주에는 양인은 물론 천인까지 포함시키고 있었
다. 그러므로 본고에서는 먼저 천민론의 입장에서 천인의 지위를 賤人天
民論으로 검토하고자 한다.

그간 조선 초기의 천인에 대한 연구는 다른 신분에 대한 연구에 비하여
상대적으로 활발하였다.[2] 그간의 천인에 대한 연구는 천인이 최하위의 신

---

1) 최이돈 「조선 초기 공치론의 형성과 변화」 『국왕 의례 정치』 이태진교수 정년기
   념논총 태학사 2009.
   최이돈 「조선 초기 공공통치론의 전개」 『진단학보』 125, 2015.
2) 양천제론이 제기된 이후 연구된 조선 초기의 노비 신분 연구는 상당수에 이른다.
   정현재 「선초 내수사 노비고」 『경북사학』 3, 1981.
   정현재 「조선 초기의 노비 면천」 『경북사학』 5, 1982.
   정현재 「조선 초기의 외거노비의 개념 검토」 『경상사학』 창간호 1985.
   임영정 「조선 초기의 관노비」 『동국사학』 19,20합집 1986.
   이성무 「조선 초기 노비의 종모법과 종부법」 『역사학보』 115, 1987.

분으로서 어떠한 차대를 받았는가를 규명하는데 초점을 맞추었다. 즉 조
선 초기 천인의 지위가 고려에 비하여 어떠한 변화가 있었는가를 구명하
는 데는 관심이 적었다. 일부의 연구에서는 조선의 노비법제는 고려보다
더욱 가혹해졌다는 주장도 보인다.3)

그러나 고려 말의 사회에서 양인과 더불어 천인들은 역동적인 모습을
보여주었다. 그러므로 고려 말에 나타난 활발한 양인과 천인의 동향은 조
선의 건국세력들에게 일정한 영향을 미쳤고, 조선의 건국세력들은 이들을
'天民'으로 규정하고 신분적 지위를 높일 수밖에 없었다.

자료를 보면 조선의 건국주체들은 양인의 신분적 지위를 높이는데 관심
을 가졌을 뿐 아니라, 천인의 지위를 높이는데도 깊은 관심을 기울인 것으
로 나타난다. 위화도 회군으로 주도권을 잡은 조선 건국 세력은 공양왕 3
년에 다음과 같이 천인에 대한 자신들의 새로운 입장을 천명하였다.

> 노비가 아무리 천하다 하여도 역시 天民인데, 보통 재물과 같이 쳐
> 서 공공연히 사고팔며 혹은 마소와 교환하는데, 말 한 필에 두세 명씩
> 주고도 오히려 말 값이 모자라니, 이는 마소를 사람의 생명보다 중하
> 게 여기는 것으로 됩니다.4)

이는 門下府 郞舍에서 올린 것으로, 노비를 공공연히 사고파는 것을 문

이성무 「조선시대 노비의 신분적 지위」『한국사학』 9, 1987.
이영훈 「고문서를 통해본 조선 전기 노비의 경제적 성격」『한국사학』 9, 1987.
김용만 「조선시대 사노비 일 연구」『교남사학』 4, 1989.
전형택 「조선 초기의 공노비 노동력 동원 체제」『국사관논총』 12, 1990.
송수환 「조선 전기의 왕실 노비」『민족문화』 13, 1990.
김동인 「조선 전기 사노비의 예속 형태」『이재룡박사 환력기념논총』 1990.
지승종 『조선 전기 노비신분연구』 일조각 1995. 역사학회편 『노비 농노 노예』 일
조각 1998.
3) 이영훈 「한국사에 있어서 노비제의 추이와 성격」『노비 농노 노예』 일조각 1998.
4) 『고려사』 권85, 형법2, 노비.

제점으로 지적하고 있다. 이 자리에서 관원들은 이에 대한 대책으로 노비의 사사로운 거래를 금하자는 혁신적인 개혁안을 제기하였고, 조정의 동의를 얻어 정책으로 결정하였다. 이와 같은 동향은 조선건국세력이 노비문제에 대하여 적극적인 모색을 하고 있었음을 보여준다.

특히 위의 내용에서 주목되는 것은 "노비가 아무리 천하다 하여도 역시 天民"이라는 주장이다. 이는 천인을 천민으로 보는 '賤人天民論'으로 노비에 대한 새로운 인식이었다. 즉 노비도 천민 '하늘의 백성' 즉 하늘의 입장에서 보면 동질한 지위를 가진 백성이라는 인식이었다. 이는 노비가 최하위 신분이기는 하였지만, 엄연히 천민으로서의 하늘이 내려준 기본적인 인권을 가지고 있다는 '천부인권선언'이었다.

그러나 조선건국세력이 가졌던 천인천민론은 조선 건국 직후의 국가 개혁의 다양한 과제 속에서 뚜렷한 모습으로 정비되지 못하였다. 당시 신분제의 우선적인 과제는 양천의 변정으로, 이에 관한 기록이 태조와 태종 초기의 신분관련 기록의 대부분을 차지하는 것이 이러한 사정을 잘 보여준다. 그러나 태종 중기 이후 양천변정의 문제가 정리되자, 천인을 천민으로 보는 '천인천민론'이 다시 선명하게 부각되면서, 천인의 신분적 지위를 규정하는 시금석이 되었다.

그러므로 '천인천민론'이 조선 초기에 어떻게 표출되고 전개되었는가를 검토하고자 한다. 조선에 들어서 보다 개방적이 되어가는 신분체계 속에서 천인의 신분이 가지는 지위를 고찰하고자 한다.

천인천민론을 보여주는 자료들은 새로운 것이 아니다. 이미 기왕의 연구자들에 의해서 이용된 자료들이 대부분이다. 다만 그간의 연구에서는 고려 말의 사회적 역동이 조선의 신분제에 미친 영향력이라는 관점이 약하였기 때문에, 천인천민론을 보여주는 자료들이 가지는 의미를 충분히 평가하지 못하였다. 연구자들은 대부분 貴賤의 분수는 하늘이 만든 것이라는 '貴賤之分論'의[5] 입장에서 천인을 바라보면서, 그와는 대치되는 이념을 담고 있는 천인천민론의 중요성을 간과하였기 때문이었다.

그러나 당시의 천인 신분을 보다 정확히 이해하기 위해서는 貴賤之分論과 賤人天民論을 동시에 이해할 필요가 있다. 조선초기의 위정자들은 귀천지분론의 현실적 질서를 인정하였으나, 천인천민론이 가지는 이상도 버리지 않았다. 조선의 위정자들은 노비가 그 지위를 세습하는 신분이라는 냉엄한 현실을 인정하면서도, 보다 근본적인 관점에서 보면 "노비나 노비 주인이 모두 천민이다."라는 이상론도 유지하였다. 조선 초기의 신분질서는 이와 같은 현실론과 이상론의 양면적인 상호작용 하에서 정비되었다. 그간의 연구에서 이러한 양면성을 고려하지 못하면서 조선 초기 천인신분이 가지는 정당한 위치를 충분하게 설명하지 못하였다. 또한 조선 초기 관원들이 천인신분을 위해서 고민하고 만들어간 정책에 대해서도 정당하게 평가하지 못하였다.

그간의 연구에서 천인은 국가공동체에서 제외되어 공민의 지위를 가지지 못하는 존재로 이해되었다. 천인이 국가 공동체에서 배제된 것으로 파악하는 논리적 근거를, 이들이 죄인의 후손 혹은 적대적 집단의 후손이라는 점에서 찾고 있었다. 이러한 설명은 고려시대까지의 천인 지위를 설명하는 데에는 적절한 것 같다. 고려시대의 자료에는 천인에 대하여 적대적인 의식을 표현한 자료가 보이기 때문이다. 그러나 조선의 경우에는 상황이 다르다. 자료를 자세히 보면 정부가 천인에 대하여 적대적인 의식을 표현한 경우는 찾기 어렵다. 조선 초기 정부가 시행한 정책들은 천인에게 우호적인 입장에서 취해진 것이 대부분이었다. 특히 태종대에서 세종대에 걸쳐서 천인에 대한 우호적인 정책들이 집중적으로 만들어 지는데, 이러한

---

5) '귀천지분론'의 주장은 조선왕조실록의 여러 곳에 분명하게 나타나고 있는데, 한 예로 다음과 같은 내용에 잘 나타난다.
　"貴賤의 분수는 하늘이 세우고 땅이 베풀어 놓은 것 같아서 어지럽힐 수 없는 것입니다. 만일 혹시 어지럽힌다면, 백성의 뜻이 정하여지지 않아서 능멸하고 참람한 풍기가 일어날 것입니다."(『태종실록』 권5, 태종 3년 6월 을해).

정책들은 賤人天民論이 정비되는 과정과 그 궤를 같이 하는 현상이었다.

그러므로 조선 초기에 정비되는 '천인천민론'을 중심으로 천인에 대한 정부의 정책이 어떻게 전개되어 가는가를 몇 가지로 나누어서 검토하고자 한다. 먼저 살필 것은 천인을 국민으로 파악하는 '賤人國民論'이다. 조선 초기에 천인을 국민으로 호칭하는 변화가 나타났다. 천인을 국민으로 보는 것은 고려조에는 없던 새로운 변화로, 천인을 국가공동체의 구성원으로 인정한 것이었다. 천인을 국민으로 파악하면서 당연히 국가정책에도 천인에 대한 대우가 변화할 수밖에 없었다.

천인이 천민으로 부각되면서 나타나는 다른 인식의 변화는 '禮治賤人論'이었다. 이는 천인도 예치의 대상이 된다는 의미로, 천인도 예를 배우고 시행할 수 있는 예의 질서에 주체가 될 수 있다는 생각이었다. 이와 같은 주장은 예를 하늘의 질서를 땅에 구현하는 것으로 이해하고, 양인과 천인 모두가 천민으로 본질적인 능력에서 차이가 없다고 보았기 때문에 가능한 것이었다. 그러므로 천인도 양인과 같이 교화의 대상이 될 수 있었고, 예를 시행할 수 있는 존재로 인식되었다. 조선에서 예전은 법제보다 사회를 운영하는 더 근본적인 질서였는데, 여기에 천인이 편입될 수 있었다는 것은 조선에서의 천인의 지위가 고려조와는 큰 차이가 있었음을 보여준다. 물론 고려조에서는 천인은 공동체 밖의 존재였고, 따라서 예의 질서의 밖에 존재하였다.

천인을 천민으로 볼 때에 나타나는 인식으로, 마지막으로 검토할 것은 '私賤國家管理論'이다. 사천국가관리론은 천인이 공천은 물론 개인의 소유로 파악되는 사천까지도 국민이었으므로 국가 관리의 대상이 된다는 인식이었다. 천인 중에서 공천은 국가적 규정만을 받고 있었으므로, 공천이 국민이라는 것은 별다른 문제가 되지 않았다. 그러나 이와는 달리 사천의 경우에는 국민이면서 동시에 개인의 소유라는 이중적인 규정 속에 있었다. 그러므로 사천의 경우 정부의 입장과 사천 주인의 입장이 서로 충돌하는

상황이 전개될 수 있었다. 즉 국가가 사천을 그 주인으로부터 보호하거나,
주인의 의사와 관계없이 국가의 사업에 동원할 수 있었다. 이 경우 당연히
정부의 입장과 사천 주인의 입장이 배치되었는데, 사천국가관리론에 입각
해서 사천에 대한 국가의 관리권이 사천 주인의 소유권에 대하여 우선하
였다.

그러므로 이 장에서 이상과 같이 몇 가지 관점에서 천인천민론이 조선
초기에 전개되는 양상을 검토하고자 한다. 이를 통해서 조선 초기 천인의
지위에 대하여 좀 더 균형 잡힌 이해가 형성되기를 기대하고, 나아가 조선
초기 새로운 정치론인 '天民的 公共統治論'에 대한 이해가 좀 더 깊어지기
를 기대한다.

1. 賤人國民論

천인은 최하위 신분이었다. 그러나 조선에서 천인의 기본적 지위는 고려
의 천인과는 달랐다. 이러한 변화는 조선에 들어서 천인을 새롭게 보는 인
식론이 형성되었기 때문이었다. 조선에 들어서 천인을 天民으로 보는 천인
천민론이 대두하였다. 천인을 천민으로 보는 견해는 태종대부터 나타난다.
태종 15년 형조판서 심온은 다음과 같이 천인이 천민임을 언급하였다.

> 하늘이 민을 낼 적에 본래부터 良賤의 구분이 없었습니다. 일반의
> 天民을 私財로 여기고 祖父의 노비라 칭하여 서로 다투며 訟事함이
> 끝이 없고, 골육상잔하여 풍속을 손상하는 데 이르니, 가슴 아픈 일이
> 라 하겠습니다.[6]

여기서 심온은 천인을 천민으로 보고 있다. 천민의 의미는 '하늘의 백성'

---

6) 『태종실록』 권29, 태종 15년 1월 기미.

이라는 의미로 하늘이 인간을 낸 본래적인 모습이었다. 하늘이 낸 본래의 모습은 "양천의 구분이 없었다."고 보았다. 이는 천인도 본래적인 모습은 신분적 차별이 없이 오직 天民이라는 주장이었다.

이와 같은 심온의 지적은 당시 노비 쟁송이 심한 가운데 노비를 私財로 여기는 풍토에 대한 비판으로 언급된 것이었다. 심온은 천인도 天民이므로 사재처럼 다루어서는 안 된다고 주장하였다. 그러나 이러한 인식이 아직 완전히 정립되지 못한 상황이었으므로, 심온은 사천제도를 비판하는 것에 그치고 있고, 보다 적극적인 개혁적 정책을 제안하지는 못하였다.

그러나 천인을 천민으로 보는 것은 매우 중요한 변화였다. 이러한 인식은 현실적으로 신분제를 부정하는 것은 아니었지만, 인간을 근본적으로 동질한 것으로 보아 천인의 '인권'을 인정하는 중요한 변화였다. 이는 고려대에 보이는 천인을 죄인의 후손이나, 적대적 집단의 후손으로 인식하여 공동체의 구성원이 될 수 있는 자격이 없는 집단으로 파악하는 것과는 상반되었다.

천인을 천민으로 인식하는 것은 이미 앞에서 언급한 것처럼 조선 건국을 준비하는 시기에서부터 나타나기 시작하였다. 위화도 회군으로 주도권을 잡은 급진개혁파는 공양왕 3년에[7] 천인을 천민으로 천명하였다.[8] 이와 같은 주장은 조선의 건국세력들이 신분제의 전반을 검토하면서, 노비제에

---

7) '天民'이라는 용어의 연원은 『맹자』에서 찾을 수 있다. 『맹자』 萬章上과 萬章下에 "予天民之先覺者也, 予將以此道, 覺此民也."라고 표현하였고, 盡心上에 "有天民者, 達可行於天下而後, 行之者也."라고 천민이라는 용어를 사용하였다. 그러나 그 내용에 의하면 천민의 신분적 범주는 분명하지 않다. 그러므로 해석에 따라서 천인까지 포함할 수 있는 여지가 있다. 조선의 건국주체들은 자신의 개혁논리를 『맹자』에서 끌어온 경우가 빈번하였는데, 이러한 관점에서 본다면 천민의 용어도 『맹자』에서 끌어와서 적극적으로 사용한 것으로 추측된다(최이돈 「조선 초기 공치론의 형성과 변화」 『국왕 의례 정치』 이태진교수 정년기념논총 태학사 2009).

8) 『고려사』 권85, 형법2, 노비.

대해서도 천인천민론을 근거 삼아 적극적인 정책을 구상해 가고 있었음을
보여준다.

천인천민론은 통상적으로 신분제를 옹호하는 '貴賤之分論'의 주장과 배
치가 된다. 귀천지분론에서는 "貴賤之分은 하늘이 세우고 땅이 베풀어 놓
은 것 같아서 어지럽힐 수 없는 것"9)으로 신분질서를 하늘이 낸 것으로
주장하였다. 즉 양인과 천인의 차이는 하늘이 정한 것으로 본질적으로 다
른 것이라는 주장이었다. 그러므로 천인천민론은 귀천지분론과 논리적으
로 배치되었다. 현실에 있어서 이 양자는 어떻게 병립하였을까? 자료에 의
하면 천인천민론을 주장하는 이들은 귀천지분론을 부정하지 않았다. 천인
천민론의 주장은 귀천의 분수를 부정하기 보다는 '본래'의 모습에서 본다
면 노비나 노비 주인은 같다는 주장이었다. 즉 노비와 노비 주인으로 나누
고 있는 현실을 인정하면서도, 보다 근본적으로는 "노비나 노비 주인이나
모두 천민이다."라는 이상론을 견지하였다. 천인천민론은 귀천지분론과의
절충 과정에서 혁신적인 모습은 감소하였지만, 엄연하게 천인신분을 이해
하는 중요한 인식론으로 인정받고 있었다.

천인천민론은 조선의 건국 이후 바로 정착되지 못하였다. 건국 직후 신
분제의 큰 과제는 양천의 혼란을 정비하는 문제였다. 그러므로 천인의 지
위를 논하는 것은 우선순위를 얻지 못하였다. 그러나 천민 인식은 계속 유
지되고 있었다. 그 한 예로 정도전은 『朝鮮經國典』에서 다음과 같이 천민
이라는 용어를 사용하고 있다.

> 인군은 天工을 대신하여 天民을 다스리니, 혼자의 힘으로는 할 수
> 없는 일입니다. 그래서 官을 설치하고 職을 나누어서 서울과 지방에
> 펼쳐 놓고, 널리 현능한 선비를 구하여 이를 담당하게 하는 것입니다.
> 관제를 만드는 이유가 여기에 있습니다.10)

---

9) 『태종실록』 권5, 태종 3년 6월 을해.
10) 『조선경국전』 치전 관제.

정도전은 관제를 논하면서 천민이라는 용어를 사용하였다. 여기서 천민은 왕이 다스리는 모든 인민을 지칭하는 개념으로 사용되고 있으므로, 천인까지를 대상에 포함하는 것으로 확대 해석할 수 있었다. 그러나 정도전은 이를 분명하게 표현하지 않았고, 그가 행한 천인에 관한 정책을 보아도 천민론과 연결시킬 수 있는 정책이 없어서 이를 확대해석하기는 조심스럽다. 다만 이러한 자료를 통해서 태종 이전에도 천민 인식이 조선 건국세력들에 의해서 계속 주목되고 있었음을 알 수 있다.

분명하게 천인을 천민으로 언급한 것은 앞에서 본 바와 같이 태종 15년의 일이었다. 이후 세종대에 이르면 천인을 천민으로 보는 인식이 확실하게 정립되면서 이에 근거하여 정책도 입안되었다. 세종 26년에 다음과 같은 자료는 이를 잘 보여준다.

> 노비는 비록 천하나 天民이 아님이 없으니, 신하된 자로서 天民을 부리는 것만도 만족하다고 할 것인데, 그 어찌 제멋대로 형벌을 행하여 무고한 사람을 함부로 죽일 수 있단 말인가.[11]

세종은 노비가 천민임을 분명하게 천명하고 있다. 세종은 노비가 천한 신분이 분명하지만 천민으로서 존엄함을 가지고 있으므로, 노비의 주인이 제멋대로 노비를 형벌을 행해서는 안 된다고 보았다. 또한 이에 대한 구체적인 대안으로 국가는 노비를 살해한 주인을 처벌할 뿐 아니라, 피살된 노비의 가족을 주인에게서 빼앗아서 국가에 屬公하도록 결정하였다. 이와 같은 조치는 천민천민론이 이상론에 그치지 않고 정책으로 전개되고 있음을 잘 보여준다. 특히 세종대에는 천인의 인권을 위한 여러 가지 정책이 나타났는데, 이는 천인천민론을 그 바탕으로 한 것이었다.[12]

---

11) 『세종실록』 권105, 세종 26년 윤7월 신축.
12) 세종대 천민인식이 정비된 배경에는 천인신분에 대한 진지한 성찰이 깔려있었다. 그 한 예로 세종 20년에 실시된 과거 시험의 策問이나, 세종 25년 사유할 수 있

세종대 정비된 천인천민론은 이후에도 지속적으로 전개되고 있는데, 그 한 예로 성종 19년의 다음과 같은 언급을 들 수 있다.

> 하늘에서 내신 백성은 본래 貴賤이 없는 것이다. 비록 이름을 奴婢와 主人이라고 부르기는 하지만, 애초에는 다같이 天民인데, 지금 사람마다 자기의 노비라 하여 잔학을 마음대로 한다면 이는 天民을 해치는 것이니, 임금이 있고 법이 있다고 말하겠는가?[13]

이는 성종이 언급한 것으로, 백성은 본래 귀천이 없고 노비나 노비 주인이나 모두 천민임을 지적하고 있다. 이는 노비를 살해한 주인의 죄를 묻는 과정에서 발언된 것이었다. 성종은 노비 살해에 대한 대책으로 노비를 살해한 주인에게 벌을 주는 기존의 규정을 엄수하는 것은 물론, 노비 주인의 죄를 친족들이 은폐하였다면, 친족에게도 重罪를 더할 것을 명령하였다. 천인천민론에 근거하여 노비를 살해한 주인은 물론 은폐한 친척까지 책임을 묻고 있다.

이상으로 볼 때에 천인천민론은 조선의 건국주체들이 가지고 있던 천인에 대한 새로운 인식이었다. 이는 조선의 건국세력이 가지고 있던 생각이었으나, 구체적으로는 태종대에서부터 논의되기 시작하여 세종대에 정립되었다. 이러한 정립 추세는 조선의 신분제가 태종대에부터 정비되기 시작하여 세종대에 완성되는 과정과 그 맥락을 같이 하였다.[14]

천인천민론은 정비되면서 몇 가지의 다양한 모습을 보여주었다. 賤人國民論, 禮治賤人論, 私賤國家管理論 등이 그것이다. 먼저 천인국민론을 검토해보자. 천인국민론은 천인도 國民이라는 인식이었다. 즉 천인을 국가의

는 노비수를 제한하려는 모색 등을 들 수 있다(『세종실록』 권68, 세종 17년 4월 무오; 『세종실록』 권99, 세종 25년 2월 기해).

13) 『성종실록』 권217, 성종 19년 6월 경술.

14) 최이돈 「조선 초기 보충군의 형성과정과 그 신분」 『조선시대사학보』 54, 2010.

구성원으로 인정하는 것이다. 왕은 하늘을 대신하여 天民을 다스리는 존재로 정의되고 있었으므로,[15) 천민인 천인은 당연히 국가의 구성체의 일원이 될 수 있었다. 천인을 국민으로 보는 것은 태종대 이래 천인천민론이 정비되면서 나타난 변화였다.

이는 태종 9년 다음과 같은 도순문사 이지원이 올린 언급을 통해서 확인할 수 있다.

> 營造하는 물자가 비록 私財와 私奴에서 나왔다 하나, 사노가 곧 國民이요, 사재가 곧 國財이니, 公私瓦窯와 土木의 역사를 풍년이 들 때까지 한하여 모두 금하소서.[16)

이지원은 구체적으로 사천을 지목하면서 국민으로 호칭하고 있다. 국가에서 사천을 개인의 소유로 인정하고 개인의 관리 하에 두었으나, 이는 개인의 소유로만 보지 않고 국가의 구성원 즉 국민으로 파악하고 있었다.

천인을 국민으로 칭한 예는 성종 23년 다음 지평 민휘의 언급을 통해서 거듭 확인할 수 있다.

> 내수사의 종은 본래 雜役을 면제하였는데, 이제 또 賦役을 덜어 주었으니, 같은 국민으로서 노고함과 안일함이 균등하지 못합니다.[17)

민휘는 내수사 노비의 경우 잡역은 물론 부역을 덜어주고 있음을 지적하면서, 노비를 국민으로 호칭하고 있다.

국민은 國家之民, 國人 등으로도 호칭되었는데, 당연히 이 경우에도 천인을 포함하고 있었다. 먼저 천인을 국인으로 호칭한 예로 세종 32년의 다

---

15) 최이돈 「조선 초기 공치론의 형성과 변화」『국왕 의례 정치』이태진교수 정년기념논총 태학사 2009.
16)『태종실록』권18, 태종 9년 7월 임오.
17)『성종실록』권262, 성종 23년 2월 무신.

음의 자료를 들 수 있다.

> 모든 國人으로서 호구가 없고 호패가 없는 자로 公私賤口는 兩界의
> 殘亡한 고을의 관노비로 정속시키고, 백성과 양반은 양계의 극변에다
> 충군시키소서. (중략) 이미 入居하는 것이 싫은 줄 알면 또한 감히 國
> 民을 숨겨주지 못할 것입니다. (중략) 이 법이 시행되면 그 이익이 세
> 가지가 있사오니, 양민이 모두 나오게 되면 군사의 수효가 족할 것이
> 고, 공천이 모두 나오게 되면 公室이 족할 것이며, 사천이 모두 나오게
> 되면 사대부가 족할 것입니다.[18]

이 내용은 양성지가 국방을 개혁하기 위한 방안으로 제시한 것으로, 국
역을 피하여 숨거나 숨겨준 이들을 처벌하기 위한 방안을 논하면서 언급
된 것이다. 여기서 천인을 국인으로 거론하고 있다. 국인은 국민과 같은
의미로 국가의 구성원이라는 의미였다.

천인을 국가지민으로도 호칭하였다. 천인을 국가지민으로 지칭한 예로
성종 17년 노사신이 한 다음과 같은 언급을 들 수 있다.

> 私賤이 모두 國家之民인데, 그 주인 되는 자가 생사를 제멋대로 하
> 여 자손에게 전하면서 私物로 생각하니, 歷代를 상고하여 보아도 이런
> 법은 없습니다.[19]

여기서 노사신은 사천을 국가지민으로 칭하고 있다.[20] 국가지민이라는
표현 역시 국민이라는 의미였는데, 노사신은 사천도 국민인데 주인 된 자
가 사물로 생각하는 것을 비난하고 있다. 그는 공천, 사천을 막론하고 천

---

18) 『세종실록』 권127, 세종 32년 1월 신묘.
19) 『성종실록』 권191, 성종 17년 5월 임신.
20) 천인을 국가지민으로 칭한 예는 더 찾을 수 있다. 그 한 예로 『성종실록』 권32,
    성종 4년 7월 기미조를 들 수 있다.

인은 국가의 구성원 즉 국민이었으므로, 사천이라고 해도 개인의 자의적인 관리에만 맡길 수 없음을 분명히 하고 있다.

이상에서 볼 때에 천인을 국민, 국인, 국가지민 등 국민으로 칭하고 있었다. 천인을 국민으로 거론한 것은 고려대에는 찾을 수 없는 중요한 변화였다. 고려대에 천인은 국가의 구성원으로 인정받지 못하였으므로 당연히 국민으로 불릴 수 없었다. 조선에 들어서 천인천민론이 구체화되기 시작하면서, 천인을 국민으로 지칭하는 변화가 나타나고 있었다.

부언할 것은 천인 모두를 즉 公賤은 물론 私賤까지도 국민으로 칭하고 있었다는 점이다. 공사천을 모두 天民으로 보았으므로 공사천 모두를 국민으로 호칭하는 것은 오히려 당연한 것이기도 하였다. 국가에서 천인을 국민으로 인정하면서 당연하게 공동체에서도 천인을 공동체의 구성원으로 인정하였다.[21]

천인을 국민으로 보는 입장이 정리될 때, 이는 바로 국가의 정책에 반영될 수 있었다. 세조 9년의 다음과 같은 지적은 이를 잘 보여준다.

> 諸道의 號牌敬差官 등을 불러서 호패의 법제를 논하고, 이어서 말하기를, "무릇 民은 본시 良賤이 없으니, 그 賤籍이 없는 자는 從良하고, 3년을 退限하여 成給하라."하였다.[22]

세조는 분명하게 민, 즉 국민은 본래 양천의 구분이 없다고 천명하고 있

21) 이를 잘 보여주는 것이 천인이 향도의 구성원으로 들어가기 시작하는 변화이다. 천인이 향도의 구성원이 되는 것을 자료로 확인할 수 있는 것은 연산군대 자료이다(『연산군일기』 권55, 연산군 10년 8월 정묘; 『중종실록』 권36, 중종 14년 5월 임자). 그러나 이러한 변화가 시작된 것은 이미 천인을 국민으로 파악하는 시기부터로 보는 것이 자연스럽다. 그간의 연구에서 고려대 향도의 구성원에 천인이 포함되었는지는 분명하지 않다. 다만 고려 천인의 전반적인 지위를 볼 때에 지역공동체에 참여하지 못하였던 것으로 보는 것이 자연스럽다.
22) 『세조실록』 권30, 세조 9년 1월 정미.

다. 그리고 그러한 이유로 호패를 발급함에 있어, 賤籍이 없으면, 從良하
도록 명하고 있다. 이는 양천불명자를 신량역천으로 처리하여 별도의 신
분으로 처리하던 태조대의 입장과는 달리,[23] 불분명한 경우에 양인으로
처리하는 입장의 변화를 보여주고 있다. 이러한 정책의 변화는 본질적으
로 양천 모두가 국민이라는 인식이 있었기 때문에 가능한 것이었다.

또한 천인을 국민으로 파악할 때에 국가가 시행하는 복지정책에서 천인
이 소외될 이유는 없었다. 이러한 국가의 입장은 侍丁의 법을 시행하는 과
정에서 잘 나타났다. 세종은 그 14년에 다음과 같이 상정소에 명하였다.

> 상정소에 전지하기를, "늙고 병든 軍民의 侍丁이 戶役을 면제하는
> 법은 일찍이 상정했는데, 오직 공천의 시정에 관한 법과 사천의 호역
> 을 면제하는 법만이 갖추어지지 못했으니, 그것을 軍民의 예에 의거하
> 여 상정하여 아뢰라."[24]

이는 노인을 우대하기 위해서 侍丁의 법을 만드는 과정에서 논의된 것
이다. 시정의 제도는 노인을 봉양할 인원의 역을 면해주는 복지제도였다.
이에 의하면 이미 양인에 대한 시정의 제도는 만들어졌으나, 공천과 사천
에 대한 제도는 미비한 상태였다. 이에 세종은 공사천을 위한 제도도 만들
것을 명하였다. 공사천도 같은 국민이었으므로 같은 복지의 혜택이 있어
야 한다고 생각한 것이다.

이와 같이 양인과 천인을 구분하지 않고 그 복지를 같이 해야 한다는
입장은 세종 18년 다음과 같은 기록을 통해서 분명하게 확인된다.

> 公處奴婢의 侍丁하는 법은 『續典』의 관리나 군민의 시정의 예에 의
> 하여 법을 세웠다. 그러나 나이 90세 이상의 소생은 모두 시정으로 주

---

23) 최이돈 「조선 초기 보충군의 형성과정과 그 신분」 『조선시대사학보』 54, 2010.
24) 『세종실록』 권57, 세종 14년 9월 계유.

고, 80세 이상은 시정 1명을 주며, 그 소생한 자녀가 먼저 죽은 자에게
는 손자나 조카가 시정한다는 법을 함께 기록하지 않았다. 그러므로
경중과 외방의 관리들이 법을 세운 본의를 알지 못하고, 공처 노비에
게 시정을 정하여 줄 때에, 만약에 친자녀가 먼저 죽었다면, 손자나 조
카가 비록 많다 하더라도 侍養하기를 허락하지 않았다. 산 사람을 구
휼하는 법전에 양인과 천인의 다름이 있어서 실로 타당하지 못하다.[25]

　이는 천인 시정의 법을 거듭 논의하는 가운데 언급된 것이다. 여기서 세
종은 구휼의 법을 행함에 있어서 '양인과 천인이 다름이 있어서'는 안 된
다고 천명하고 있다. 천인에 대한 시정제도는 세종 14년 시작된 이후 여러
단계를 거치면서 다듬어졌는데,[26] 여전히 양인을 대상으로 하는 시정의
법에 비하여 차대가 남아있자 이와 같이 명한 것이었다. 이와 같은 명에
의해서 천인도 양인과 같은 시정의 복지를 누리게 되었다.
　양인과 천인은 분명히 신분적 차이가 있기는 하나 이들은 모두 국민이
었다. 그러므로 국가의 정책을 시행함에 있어서 이들을 구분해서는 안 된
다고 보았다. 이는 천인을 국민으로 파악하면서 나타나는 정책의 중요한
변화였다. 세종대에는 시정의 제도 외에도 천인을 보호하는 정책을 여러
가지 입안하였는데, 이는 천인국민론에 입각하여 정비한 것이었다.

---

25)『세종실록』권72, 세종 18년 6월 신해.
26) 다음의 기록도 시정의 법제를 다듬는 과정에서 나타난 법제이다.
　　"공처노비의 소생으로 3구 이상인 자는 부모의 신역을 면하고, 5구 이상인 자는
　　한 아들의 신역을 면하는 법을 이미 세웠으나, 시정으로 고향에 돌아가 봉양하라
　　는 법령이 없어서 실로 미편하다. 이제부터는 공처노비 중에서 나이가 만 90이상
　　되는 자의 소생은 모두 시정으로 주고, 80이상은 시정 1구를 주고, 외방에 거주하
　　는 자로서 계모가 없는 10세 이하 되는 아이의 아비와, 70이상 되는 자의 독자와,
　　비록 70미만이더라도 중환자의 독자는 모두 뽑아 올려 立役시키지 말 것이다.
　　80이상 되는 자의 인정으로 4구 미만인 자, 전답이 4결 미만인 자는 공사 천인을
　　막론하고 아울러 復戶하게 하여 살아가기에 편안토록 하라."(『세종실록』권58,
　　세종 14년 11월 정축).

2. 禮治賤人論

賤人이 天民으로 인식되면서 나타나는 새로운 인식의 하나는 예치천인론이었다. 천인도 예의 질서에 참여할 수 있다는 생각이었다. 예의 질서는 사회와 국가의 핵심 질서였다. 천인이 국가의 구성원으로 인정된다면 당연히 예의 질서에도 주체로서 참여해야 하였다.

천인이 예의 질서에 참여하는 논리적인 근거는 이미 살핀 바 있는 성종 19년 다음의 자료에 잘 나타나 있다.

하늘에서 내신 백성은 본래 貴賤이 없는 것이다. 비록 이름을 奴婢와 主人이라고 부르기는 하지만, 애초에는 다같이 天民이다.[27]

이에 의하면 천인과 양인의 구분은 하늘이 낸 본래의 모습이 아니었다. 하늘이 낸 모습은 모두가 천민으로 동질적인 것이었다. 양인과 천인의 구분이 없는 것을 본래의 모습으로 이해할 때에, 천인도 양인과 다름없이 교화를 통해서 예를 배우고 예를 시행할 수 있는 존재로 볼 수 있었다. 즉 천인도 禮典에 참여할 수 있었다. 조선에서 예전의 질서는 법의 규정에 선행하는 질서로, 당시 지배세력이 사회의 구조와 질서를 어떻게 편성하고자 하는가를 잘 보여주었다. 그러므로 천인이 이에 참여한다는 것은 천인의 지위가 이전과 달라진 것을 보여준다.

그러면 조선 초기에 천인이 국가 예전의 질서에 어떻게 참여하는가를 구체적으로 살펴보자. 국가에서 유교적 삼강오륜의 질서를 정립하고자 할 때에, 먼저 본받아야 할 교본을 제시하고 이를 교육하였다. 국가는 본받아야 할 구체적인 사례를 제시하고, 이러한 모범을 국가구성원이 따르도록 독려하였다. 즉 예를 드높인 구성원을 선발해서 포상하고 이를 기리면서

[27] 『성종실록』 권217, 성종 19년 6월 경술.

예의 질서를 확립하였다. 국가에서 忠臣, 孝子, 義夫, 節婦 등을 선정하고 포상하는 것이 그것이다. 그러므로 이성계는 즉위하자마자 즉위교서에서 다음과 같이 이를 강조하였다.

　　忠臣, 孝子, 義夫, 節婦는 풍속에 관계되니 권장해야 될 것이다. 所在官司로 하여금 순방하여 위에 아뢰게 하여 우대해서 발탁 등용하고, 門閭를 세워 旌表하게 하라.28)

　태조는 '풍속'을 바로잡기 위해서 충신, 효자 등을 선발하고 그 행적을 기념하여 '旌閭'를 세울 것을 명하였다. 이와 같은 명령은 고려에서도 빈번하게 내려진 것으로 특이한 점이 없었다. 고려에서도 유교적 예의 질서를 확립하고자, 이에 해당하는 이들을 포상하여 격려하였기 때문이다.

　그러나 이러한 명에 의해서 선발된 충신, 효자 등을 보면 조선과 고려 간에는 차이가 있었다. 이는 태조 4년 충신, 효자 등을 선발하여 보고한 다음의 자료에 잘 나타난다.

　　영주의 官奴 勿金는 아비를 성심으로 섬기다가 아비가 돌아가자 斬衰 3년에 신주를 모셔 두고 아침저녁으로 상식했다. (중략) 그들을 復戶하고 그 자손들을 구휼해 주게 하되, 그 중에서 벼슬하기를 원하는 자는 말을 주어 서울로 올라오게 하고, 나이 많고 집이 가난한 자와 부인들에게는 차등 있게 쌀을 내려 주고, 또 그 旌表門閭하고 사실을 기록해서 경중과 외방에 널리 알리게 하였다.29)

　이에 의하면 官奴인 勿今이 효자로 선발되고 있다. 여기서 특히 중요한 것은 효행을 한 천인을 포상할 뿐 아니라, 이를 기념하는 旌閭도 세웠다는 점이다. 정려를 세운다는 것은 그의 효행을 지역 공동체가 기리고 본받아

---

28)『태조실록』권1, 태조 1년 7월 정미.
29)『태조실록』권8, 태조 4년 9월 정미.

야 할 귀감으로 분명하게 드러내 보이는 것이다. 즉 최하위의 신분인 천인의 효행을 공동체의 구성원들이 신분에 관계없이 본받고 기리는 대상으로 삼고 있었다. 이는 신분에 관계없이 천인도 공동체의 구성원이었으며, 나아가 공동체가 본받는 귀감이 될 수 있었음을 분명하게 보여준다.

천인이 효자로 선발되는 모습은 고려조에는 찾기 힘들다. 『고려사』에 의하면 고려 정부는 여러 차례 충신, 효자 등을 선발하여 포상하였으나, 포상을 받은 대상 신분의 하한은 백성으로 천인은 포함되지 않았다.30) 그러나 조선에 들어서 천인이 효자로 선발되고 있는 것은 천인도 예전의 대상으로 인정되고 있음을 보여준다. 이는 고려조에는 천인은 국민이 아니었으나, 조선에 들어서 천인이 국민으로 파악된 것과 긴밀하게 연결되었다.

천인이 충신, 효자 등의 포상에 대상이 되는 것은 여러 사례를 통해서 확인되는데, 천인의 처가 천인인 남편에 대한 의리를 지켜서 포상을 받는 사례도 보인다. 세종 2년 사노 막금의 처가 다음과 같이 節婦로 포상을 받았다.

> 瑞山의 私奴인 莫金의 처 검史는 나이 24세에 지아비가 죽으매, 뭇 사람이 다투어 데려가려고 했지만 좇지 않고 수절했는데 나이 이미 54세이다. (중략) 막금의 처 검史 등에게는 그 마을에 旌門을 세워 포창하고, 그 집의 徭役을 면제하게 하였다.31)

이에 의하면 私奴 막금의 처가 수절을 하였다는 이유로 절부로 포상을 받고 있다.32) 그는 천인인 남편에 대한 의리를 지켰다는 점에서 포상 받고

---

30) 『고려사』 권3, 세가3, 성종 9년 9월.
31) 『세종실록』 권7, 세종 2년 1월 경신.
32) 막금의 처의 신분은 분명하지 않다. 천인일 수도 양인인 수도 있다. 그러나 당시의 상황을 보면 이미 태종 초부터 양천의 교혼을 금하는 입장을 천명하였고(『태종실록』 권2, 태종 1년 9월 을미;『태종실록』 권10, 태종 5년 9월 갑인), 태종 14년 이후 교혼 소생을 보충군으로 만들면서 그 입장을 강화하였다. 그러한 상황에

있다. 당연히 이 경우에도 포상과 더불어 마을에 정려를 세워주고 있다. 이러한 것은 천인이 예전의 대상이 되고 있음을 잘 보여준다.

천인이 예치의 대상이었고, 예의 시행자였으므로 천인에게도 삼년상이 허용되고 있었다. 삼년상은 유교적 국가를 지향한 조선에서 가장 중요한 예전으로 정부에서는 국민들에게 이를 적극 권장하였다. 세종 13년에 상정소에서는 다음과 같이 3년상의 시행을 전국민에게 권장하고 있다.

> 水陸軍丁 및 역이 있는 모든 사람과 공사천인 등이라도 효성이 지극하여 侍墓하기를 자원하는 자에게도 상제 마치기를 허락하소서.[33]

정부에서는 전국민에게 3년상을 권장하고 있었는데, 이에 의하면 천인도 3년상을 하도록 권하고 있다. 국가는 공천은 물론 개인의 소유로 되어 있는 사천까지도 3년상을 지낼 수 있도록 허용하고 있다. 이는 공천은 물론이고 사천에 이르기까지도 예의 질서에서 소외시키지 않았음을 잘 보여준다.

국가는 천인에게 3년상을 지키도록 권장할 뿐 아니라, 앞의 勿수의 예에 볼 수 있듯이 이를 시행하는 경우 효자로 포상하고 정려를 세워주는 등의 격려를 하였다. 정부는 이 외에도 신공 등을 면해주는 조치를 취하면서 천인이 실제적으로 3년상을 시행할 수 있도록 적극 권장하였다.[34] 국가에서 이와 같이 천인에게 3년상을 치르도록 권장한 것은 천인도 예의 질서에 참여할 수 있는 자격이 있는 국가의 구성원임을 분명하게 보여주었다.

서 국가에서 양인 처와 천인 남편 사이의 의리를 지킨 사례를 모범으로 들어서 포상하여 기리기는 쉽지 않았을 것이다. 그러므로 막금의 처는 천인일 가능성이 더 높다(최이돈 「조선 초기 보충군의 형성과정과 그 신분」 『조선시대사학보』 54, 2010).

33) 『세종실록』 권52, 세종 13년 5월 무진.
34) 『세종실록』 권63, 세종 16년 1월 병오.

천인이 예의 질서에 참여하였다는 것은 천인이 養老宴에 참가한 것을 통해서도 확인할 수 있다. 국가에서 노인을 공경하도록 독려하고 이를 장려하기 위하여, 국가에서 노인들을 모시는 양로연을 종종 열었다. 천인들도 예전의 대상이었으므로 이 자리에 초청되었다. 이는 세종 15년의 다음과 같은 내용을 통해서 잘 알 수 있다.

> 임금이 근정전에 나아가 양로연을 베푸는데 여러 노인에게 명하여 절하지 말라 하고, 4품 이상이 차례로 올라올 때 임금이 일어나서 맞고, (중략) 5품 이하로 천인에 이르기까지는 전정 동서에 겹줄로 서로 마주보게 하니, 동쪽에는 전 司直 趙義 등에서 천인에 이르기까지 66인이고, 서쪽에는 전 中郞將 車莫三 등에서 천인에 이르기까지 65인으로 모두 합계 1백 55인이었다. 잔치가 끝나매 여러 늙은이가 술에 취하여 노래들을 부르면서 서로 붙들고 차례로 나갔다.[35)]

이에 의하면 천인이 양로연에 참가하고 있다. 잔치에 참가한 노인들은 신분에 따라서 앉는 자리가 정해졌던 것으로 짐작된다. 그러나 "잔치가 끝나매 여러 늙은이가 술에 취하여 노래들을 부르면서 서로 붙들고 차례로 나갔다."라고 언급한 것을 보아서 매우 화기애애한 연회였고, 천인이라고 별도의 차대를 한 모습은 보이지 않는다. 고려조에도 국가에서는 노인을 공경하는 연회를 가졌다. 그러나 그 자리에는 주로 전직 관원이었던 자들이 참여하는 것이 일반적이었고, 천인이 참석하는 경우는 찾을 수 없다.[36)]

왕과 더불어 왕비도 종종 老婦들을 초청하여 잔치를 벌였다. 이는 세종 14년의 다음과 같은 기록을 통해서 잘 알 수 있다.

> 中宮이 思政殿에 나아가서 나이 80세 이상의 老婦에게 연회를 베풀

---

35) 『세종실록』 권61, 세종 15년 윤8월 계축.
36) 『고려사』 권68, 예19, 가례 老人賜設儀.

었다. 2품 이상의 노부로서 작고한 都巡問使 慶儀의 아내 곽씨 등 14
인은 殿 안의 동 서쪽에 나누어 앉고, 4품 이상의 아내 30인과 9품 이
상의 아내 66인과 公賤 私賤의 부녀 1백 18인은 좌우의 行廊과 뜰에
나누어 앉았다.37)

이 기록에 의하면 왕비가 노부들에게 연회를 베풀었는데, 천인들이 대
거 참여하고 있다. 관원 및 양인의 아내는 110인이 초청되었고, 공사천녀
는 118명이 초청되었다. 공천과 더불어 사천도 초청되었다. 특히 공사천녀
가 관원과 양인을 합한 수보다 더 많이 참석한 것은 매우 인상적이다. 이
와 같이 천인의 숫자가 더 많은 것은 여러 가지로 해석이 가능하지만, 양
로연에 신분에 구애됨이 없이 모든 노인들은 참석시킨 결과로 이해된다.
   천인이 예의 주체로 예전에 참여한다는 것은 명분에 그치는 것이 아니
었다. 국가에서는 그 예에 상응하는 대우를 부여하는 경우에도 천인은 동
등하게 대우를 받고 있었다. 그 한 예로 천인이 양로연에 참가하는 경우
에, 참석자들은 예전에 참여하는 것에서 그치지 않고, 특별한 혜택을 부여
받고 있었는데 이 혜택이 천인에게도 미쳤다. 그것은 세종 17년 다음의 자
료로 잘 알 수 있다.

   賤口로 90세 이상의 남녀는 각각 쌀 2석을 내려주고, 100세 이상인
   남녀는 모두 천인을 면하여 주고, 인하여 남자에게는 7품을 주고 여자
   에게는 封爵하여, 늙은이를 늙은이로 여기는 어짐을 베풀도다.38)

이에 의하면 양로연에 참가한 노인들에게는 쌀 등의 물품과 관직을 부
여하는 특혜를 주고 있다. 이는 예전의 참여가 단순히 명분만 주는 것이
아니라 실제적인 혜택까지 주는 것임을 보여준다. 특히 여기서 주목되는

---

37)『세종실록』권57, 세종 14년 8월 갑인.
38)『세종실록』권68, 세종 17년 6월 신유.

것은 90세 이상의 노인에게는 관직을 부여하고 있다는 점이다. 관직을 양인노인 뿐 아니라 천인노인들에게도 주고 있다. 양인에게 관직을 주는 것은 쉬웠으나, 천인에게는 그 신분적 제한으로 인해서 관직을 부여하기 쉽지 않았다. 천인은 관직을 가질 수 없었기 때문이었다. 그러나 정부는 이를 해결하기 위해서 먼저 천인들에게 '천인을 면하여' 주는 조치를 취하고 나서 관직을 부여하였다. 이는 매우 파격적인 조치였다. 예전의 질서에 천인을 동질하게 참여시키기 위해서, 신분질서를 넘어서는 특별한 조치를 취한 것이었다. 이는 예전 질서가 신분 질서보다 더욱 상위에 있는 질서였음을 잘 보여준다. 또한 이는 천인이 예전 질서에 참여하는 원인이 되고 있는, 천인도 국민이라는 조건이 신분적인 지위보다 더욱 근본적인 것임을 보여주고 있다.

국가에서는 양로연을 빈번하게 시행하였는데, 시행이 거듭되면서 천인을 면하고 관직을 부여받는 나이의 기준도 점차 낮추어졌다. 위의 기록에 의하면 100세 이상의 천인 노인에게 천인을 면하게 해주고 관직을 주었으나, 이 기준은 이후 좀 더 완화되었다. 세종 21년부터는 90세 이상의 천인에게 면천과 관직을 부여하였고,[39] 세종 26년부터는 80세 이상의 천인에게 면천과 관직을 부여하게 되었다.[40] 노인을 우대하는 데에 있어서 신분에 따른 차대를 점차 좁혀갔다.

천인이 예의 질서에 참여한다는 것이 명분에 그치지 않고, 실제적인 국가 배려에 대상이 되는 것임은 이미 앞에서 검토한 侍丁制度의 예를 통해서도 확인할 수 있다. 시정제도는 노인을 돌볼 수 있는 인원을 侍丁으로 부여하는 정책으로, 양로연의 연장선상에 취해진 국가의 노인 복지 정책이었다. 정부에서 노인에 대한 배려가 예전에 그치지 않고, 구체적인 조치

---

39) 『세종실록』 권85, 세종 21년 4월 신축.
　　『세종실록』 권100, 세종 25년 5월 신미.
40) 『세종실록』 권105, 세종 26년 7월 기미.
　　『세종실록』 권117, 세종 29년 9월 을미.

로 정책에 반영된 것이었다. 이러한 조치에 천인은 예전의 주체였으므로 당연히 참여하여 배려를 받았다.

이상의 검토를 통해서 천인은 예치의 대상이었으며 예의 시행자였다. 또한 천인이 예전에 참여하는 것은 형식적 것에 그치지 않고 실제적인 의미를 가지는 것이었다. 이와 같은 조치는 예치천인론에 근거한 것이었다.

3. 私賤國家管理論

천인이 天民으로 인식되면서, 공천이 아닌 사천의 경우에도 국가에서 적극적으로 관리한다는 사천국가관리론이 강조되었다. 국가는 사천이 국민으로 인식되면서 사천의 관리를 사천 주인에게만 일임할 수 없었다. 국가가 사천에 대한 관리를 강조하는 것은 당연하였다. 이러한 견해는 태종 9년 다음과 같은 도순문사 이지원이 올린 언급을 통해서 확인할 수 있다.

> 私家에서 흉년을 따지지 아니하고 다투어 화려하게 하여, 원망을 일으키고 和氣를 상하게 하니, 그 營造하는 물자가 비록 私財와 私奴에서 나왔다 하나, 사노가 곧 國民이고 사재가 곧 國財이니, 公私瓦窯와 土木의 역사를 풍년이 들 때까지 한하여 금하소서.[41]

이지원은 私奴나 私財는 개인의 소유이고, 이를 부리는 것은 그 주인에게 맡겨진 것이지만, 개인의 소유이기 이전에 國民이고 國財라는 점을 강조하고 있다. 그러므로 흉년에 사노를 동원해서 벌이는 개인적인 토목사업도 국가에서 규제할 수 있다고 보고 있다. 이러한 개인의 소유인 사천의 관리를 사천 주인의 의사와 관계없이 국가에서 통제할 수 있다고 보는 것이 사천국가관리론이다.

---

41) 『태종실록』 권18, 태종 9년 7월 임오.

조선에서 사천국가관리론이 정비되면서 고려에서는 볼 수 없었던 사천에 대한 다양한 국가정책이 나올 수 있었다. 국가에서 사천을 그 주인으로부터 보호하거나, 사천을 국가의 필요에 우선적으로 동원하는 등의 정책이 추진되었다.

먼저 국가가 사천 주인으로부터 사천을 보호하는 정책을 살펴보자. 사천에 대한 국가의 관리가 필요함을 분명하게 표현한 것은, 사천의 주인이 사천에 대하여 행한 가혹행위와 살해행위에 대한 규제로 나타났다. 이는 세종 26년 다음의 자료에 분명하게 보인다.

> 노비는 비록 천하나 天民이 아님이 없으니, 신하된 자로서 天民을 부리는 것만도 만족하다고 할 것인데, 그 어찌 제멋대로 형벌을 행하여 무고한 사람을 함부로 죽일 수 있단 말인가.[42]

이에 의하면 조정에서 노비 주인이 노비에게 私刑을 가하고, 심지어 죽이는 상황을 문제 삼고 있다. 이 자리에서 세종은 사천이 주인의 소유이기 이전에 天民이므로, 주인이 마음대로 할 수 없다고 말하고 있다. 즉 주인은 이들을 부릴 수는 있지만, 함부로 형을 가하거나 죽일 수는 없다고 보고 있다. 사천이 천민이라는 근거로 정부는 노비를 살해한 주인을 처벌하고, 주인에 의해서 피살된 노비의 가족은 屬公하도록 결정하였다.[43] 이러한 규정의 마련은 고려대에 비하면 큰 진전이었다. 고려대에는 사천에 대하여, 주

---

42) 『세종실록』 권105, 세종 26년 윤7월 신축.
43) 이와 같은 국가의 조치에 대하여 기왕의 연구에서는 적극적으로 평가하지 않는 경향이 있었다. 그러나 사천의 주인이 사천에게 행한 가혹행위는 조선왕조실록에서 언급된 경우에 대부분 처벌되었다. 주목할 것은 조선왕조실록에 언급된 경우는 그 주인의 신분이 사족인 경우에 한정되었다. 규정에 따라서 처벌하지 않고 조정에서 논란이 되는 것은 사족의 처벌은 왕에게 보고하고 처벌하도록 규정하고 있기 때문이었다. 그러므로 사족이 아닌 사천 주인이 사천에게 가혹행위를 한 것은 조정의 논의 없이 규정에 따라서 처리되었다고 볼 수 있다. 이러한 배경을 고려한다면, 사천 주인에 대한 국가의 조치를 소극적으로 평가할 이유는 없다고 본다.

인이 가한 사형이나 살해를 규제하는 규정이 없었다. 『고려사』인종 14년
판례에 의하면 오히려 사노비의 죽음에 대하여, 주인의 책임을 묻지 않는
다는 내용이 보이고 있어서,[44] 사노비의 경우 국가에서 관리하지 않았음을
짐작케 한다.

국가에서 사천을 관리하겠다는 입장은 여러 차례 천명되었는데, 성종 17
년 조정의 논의 중 노사신의 다음과 같은 언급도 이를 잘 보여준다.

> 私賤이 모두 국민인데, 그 주인 되는 자가 생살을 제멋대로 하여 자
> 손에게 전하면서 私物로 생각하니, 歷代를 상고하여 보아도 이런 법은
> 없습니다.[45]

노사신은 주인 된 자가 사천을 사물로 생각하는 것을 비난하고 있다. 천
인도 국민이므로 사물로 생각해서는 안 된다고 주장하고 있다. 공천, 사천
을 막론하고 천인은 국가의 구성원이었고 국민이었으므로, 천인을 주인의
자의에 맡겨서는 안 된다고 보고 있다.

국가에서는 사천을 이러한 맥락에서 보고 있었으므로, 사천을 함부로
하는 주인을 처벌하는 것을 당연시하였다. 성종 19년의 다음과 같은 언급
도 그러한 맥락에서 된 것이다.

> 하늘에서 내신 백성은 본래 貴賤이 없는 것이다. 비록 이름을 奴婢
> 와 主人이라고 부르기는 하지만, 애초에는 다같이 天民인데, 지금 사
> 람마다 자기의 노비라 하여 잔학을 마음대로 한다면 이는 天民을 해치
> 는 것이니, 임금이 있고 법이 있다고 말하겠는가?[46]

이에 의하면, 성종은 노비 주인이 노비를 함부로 다루는 것을 비판하면

---

44) 『고려사』권85, 형법2, 노비 인종 14년.
45) 『성종실록』권191, 성종 17년 5월 임신.
46) 『성종실록』권217, 성종 19년 6월 경술.

서 천인도 천민임을 강조하고 있다. 이 논의의 결과 노비를 살해한 주인에
게 죄를 주는 것은 물론이고, 주인의 친족들이 이를 은폐한다면, 죄를 범
한 자의 친족에게도 重罪를 더하라고 명하였다.[47) 이와 같은 조치는 사천
국가관리론에 입각해서 사천을 주인으로부터 보호하려는 국가의 입장을
분명하게 보여준다.

국가에서는 사천을 주인으로부터 보호하는 것보다 좀 더 적극적인 정책
도 취하였다. 국가가 국가의 필요에 사천을 동원하고, 이에 기여한 사천에
대해서는 선별적으로 노비신분을 해방해주는 정책이 그 대표적인 것이었다.
세종 24년 함길도 徙民에 국가에서는 다음과 같이 사천을 동원하고 있다.

> 이로써 일찍이 함길도에 들어가 거주하는 인민 내에서 향리는 그 역
> 을 면제해 주고, 자원해서 응모한 사람은 그들이 서북 변경에 수자리
> 를 산 연한에 따라서 관직을 더하고, 공사 천구는 천인을 면하여 양민
> 이 되도록 했다.[48)

당시 의정부에서 함길도 사민에 국민들을 동원하였다. 이에 의하면 국
가에서 동원의 대상으로 사천도 포함하였다. 즉 국가에서는 사천을 국가
의 필요에 임의로 동원하고 있었다. 더욱 흥미로운 것은 동원에 응모한 사
천에게는 국가에서 천인을 면하여 양인이 될 수 있도록 보상하고 있었다.
국가에서 사천을 임의로 동원하거나, 동원에 응한 사천에게 신분의 상승
을 시키는 것은 사천 주인의 의사에 배치되는 조치였다. 이러한 조치가 가
능하였던 것은 사천국가관리론이라는 명분이 분명하였기 때문이었다.

국가에서 사천을 동원하는 경우는 다양하였다. 세종 19년 다음의 자료
에서 보이는 군사적 동원도 그 한 예였다.

---

47) 상동조.
48) 『세종실록』 권96, 세종 24년 5월 임신.

　　향리로서 1등 공은 功牌를 주어 그 자손에 이르기까지 역을 면제시키고, 2등 공은 공패를 주어 역을 면제시키고, 3등 공은 2년간 역을 면제시켰다. 공사천구로서 1등 공은 역을 면제시킴과 동시에 보충군이 되는 것을 허가하며, 2등 공은 면포 10필을 상주고, 3등 공은 면포 5필을 상으로 주어라.49)

　이에 의하면 이만주를 토벌하면서 사천을 동원하고 있다. 또한 이 토벌에 공을 세운 사천에게는 역을 면해주고, 보충군이 되는 보상을 하고 있다. 보충군이 된다는 것은 광의양인이 되는 것으로 신분의 상승을 의미하였다. 국가는 사천을 사천 주인의 동의 없이 동원할 수 있었고, 공을 세운 사천에게는 사천을 면하는 포상을 하여 신분을 해방시켰다. 물론 국가에서 사천의 신분을 상승시키는 경우에는 사천 주인에게 그 보상을 하였다.50)

　사민이나 토벌 등은 물론 그 밖의 다양한 경우에 국가에서는 사천을 동원하고 있었다.51) 이 경우에도 예외 없이 국가에서는 동원된 사천에게는 다양한 포상을 하고 있었다. 공이 큰 사천에게는 면천시켜 양인이 되는 포상을 하는 경우도 흔하였다. 이는 국가가 사천국가관리론에 입각하여 적극적으로는 사천을 관리하고 있었음을 잘 보여준다.

맺음말

　1. 이상으로 조선 초기 天民論을 賤人天民論을 중심으로 검토하였다. 천인천민론은 "노비가 아무리 천하다 하여도 天民"이라는 인식이었다. 즉 노비도 '하늘의 백성'으로 하늘이 낼 때에는 양인과 동등한 지위를 가졌다는

---

49) 『세종실록』 권79, 세종 19년 10월 경진.
50) 『세종실록』 권95, 세종 24년 2월 기해.
51) 『태종실록』 권27, 태종 14년 4월 무신; 『세종실록』 권78, 세종 19년 8월 기묘; 『세종실록』 권109, 세종 27년 8월 무오.

주장이었다. 이러한 인식은 고려 말 천인들이 봉기와 저항을 통해서 보여준 역동성을, 조선의 건국주체들이 인정하면서 형성된 것이었다. 천인천민론은 태종대에 그 윤곽이 드러났으며, 세종에 이르러 그 내용이 구체적으로 정비되었다. 조선의 신분제가 태종대에서 세종대에 걸쳐 정리되었다는 점을 고려한다면, 천인천민론도 같은 시기에 부각되어서 천인의 지위를 정리하는 시금석이 되었다.

　조선 초기 천인천민론과 같이 천인신분을 규정하는 기본이념은 '貴賤之分論'이 있었다. 귀천지분론은 貴賤은 하늘이 세운다는 인식으로 천민론과 대립적인 이념이었다. 조선 초기의 위정자들은 두 가지의 모순된 생각을 동시에 인정하였다. 천인과 천인 주인을 나누는 신분제적 현실을 인정하면서, 천인과 천인 주인이 모두 천민으로 동등하다는 이상도 버리지 않았다. 조선 초기 천인의 신분적 지위는 귀천지분론의 현실과 천민론의 이상 사이에서 형성되고 있었다.

　천인천민론은 정비되면서 몇 가지의 모습을 보여주었다. 賤人國民論, 禮治賤人論, 私賤國家管理論 등이 그것이다. 천인국민론은 천인도 國民이라는 인식이었다. 즉 천인을 국가의 구성원으로 인정하는 것이었다. 당시에는 하늘을 대신하여 天民을 다스리는 존재로 왕을 정의하고 있었으므로, 천민인 천인은 당연히 국가 구성체의 일원이 될 수 있었고, 또한 향촌공동체의 구성원이 될 수 있었다. 특히 천인은 公賤과 私賤을 구분하지 않고 국민으로 파악되었다. 공사천 모두를 天民으로 보았으므로 국민으로 호칭하는 것은 오히려 당연한 것이었다. 천인을 국민으로 보는 것은 고려시대에서는 찾을 수 없었다. 고려대에 천인은 국가의 구성원으로 인정받지 못하였고, 당연히 국민으로 불릴 수 없었다.

　천인이 국민이라는 인식이 국가의 정책에 영향을 주는 것은 당연하였다. 천인을 국민으로 파악할 때에 국가가 시행하는 정책에서 천인이 소외될 이유는 없었다. 이러한 국가의 입장은 세종이 복지정책을 논의하면서

"사람을 구휼하는 법전에 양인과 천인의 다름이 있어서 실로 타당하지 못하다."[52])는 지적에 극명하게 잘 나타났다.

2. 賤人이 天民으로 인식되면서 나타나는 또 다른 변화는 예치천인론이었다. 천인도 예의 질서에 참여할 수 있다는 생각이었다. 하늘이 낸 모습은 모두가 天民으로 동질적인 것이었으므로, 천인도 하늘의 질서를 땅에서 구현한 것으로 이해되는 예를 배우고 예를 실천할 수 있는 존재로 이해되었다. 당시 예의 질서는 법보다 상위에 있는 사회질서의 근간이었으므로, 여기에 천인이 주체로 부각된다는 것은 매우 중요한 변화였다.

천인이 예의 질서에 참여하는 현상은 여러 가지 면에서 나타났다. 국가가 천인을 충신, 효자 등에 선발 대상으로 인정하였고, 천인에게도 삼년상을 지내도록 권장하였으며, 천인을 양로연 등의 국가 예전에 참여시켰다. 국가에서 천인을 충신과 효자 등의 대상으로 선발하는 경우에, 국가는 천인에게 포상할 뿐 아니라 그 행적을 기리는 旌閭도 세워주었다. 정려를 세운다는 의미는 귀감이 되는 행동을 지역 공동체가 기리고 본받도록 하는 조치였다. 그러므로 여기에 천인이 포함된다는 것은 천인의 행적도 신분에 관계없이 모든 공동체의 구성원들이 본받고 기리는 대상이 될 수 있었음을 보여준다.

천인이 예를 실천하는 주체가 되었다는 것은 예전에 참여하는 것에서 그치는 것이 아니라, 그 연장선상에서 부여되는 정책적 혜택을 양인과 동등하게 받았다는 것을 의미하였다. 한 예로 천인이 양로연에 참가한 것은 단순히 잔치에 참가한 것이 아니라, 이 예전으로 베풀어지는 특전을 양인과 구분 없이 받을 수 있다는 것을 의미하였다. 양로연에 참여한 노인들에게는 특별한 포상으로 관직이 부여되었는데, 당연히 천인들에게도 관직이 주어졌다. 주목되는 것은 천인은 관직을 가질 수 없는 신분이었다는 점이다. 천인에게 관직을 주기 위해서 먼저 천인의 신분을 면하는 면천의 조치

---

52)『세종실록』권72, 세종 18년 6월 신해.

를 취하는 것이 필요하였다. 국가에서는 천인에게도 양인과 동등하게 관
직을 주기 위해서 천인에게 면천을 허용하는 극단적인 조치도 불사하였다.
이러한 사례는 천인이 예전에 참여한다는 것이 어떠한 의미를 가지는가를
잘 보여준다. 특히 천인에게 예전에 따른 혜택을 부여하기 위해서 신분을
상승시키는 조치도 불사하였다는 점은, 천민론에 근거한 예전의 질서가
귀천지분론에 근거한 신분 질서보다 더욱 본질적인 것으로 인식되었음을
잘 보여준다.

3. 천인이 天民으로 인식되면서 나타나는 다른 한 가지 이념은 공천이
아닌 사천의 경우에도 국가에서 관리한다는 사천국가관리론이다. 사천은
개인의 소유이었다. 그러나 사천은 天民이면서 국민이었으므로, 개인의 소
유라는 조건에만 제한될 수 없었다. 즉 사천에 대한 사천 주인의 요구와
국가의 요구가 서로 배치될 경우에 국가의 요구가 상위에 있었다.

사천국가관리론이 제기되면서 고려에서는 볼 수 없었던 사천에 대한 다
양한 국가정책이 나올 수 있었다. 국가에서는 사천을 그 주인으로부터 보
호할 수도 있었고, 사천을 국가의 필요한 일에 적극 동원할 수 있었다. 국
가에서 사천을 사천의 주인으로부터 보호하는 정책은 세종대부터 구체화
되었다. 세종대에 노비에게 가혹행위를 하거나 살해하는 주인을 처벌하는
규정을 만든 것이 그 예였다. 이러한 조치는 성종대에도 계속되어 노비를
살해한 주인은 물론 그 죄를 엄폐한 친족에게도 지웠다.

사천국가관리론에 근거해서 국가는 사천을 보호하는 소극적인 정책 뿐
아니라, 국가가 필요할 때에는 사천을 적극적으로 동원하고, 그에 상응하
는 대가로 신분해방을 시키기도 하였다. 국방을 위해서나, 북방의 사민을
위해서나, 각종 국가의 사업을 위해서 국가는 사천 주인의 의사와 관계없
이 사천을 동원하고 있었다. 특히 사천을 동원하는 경우, 국가에서는 동원
에 응한 사천에게 다양한 포상을 하고 있었는데, 공이 큰 경우에는 사천을
면천하여 양인이 되도록 하는 포상도 하였다. 이러한 포상은 사천 주인의

의사와 배치될 수밖에 없었다. 이외에도 국가에서는 사천국가관리론에 입
각하여서 개인이 천인을 소유할 수 있는 수를 제한하려는 논의도 지속하
였다. 이 논의는 태종대, 세종대에는 물론 중종대까지 지속되었는데, 이 역
시 사천국가관리론에 입각한 것이었다.

  이상의 검토에서 볼 때에 천인천민론의 이념 하에서 시행된 일련의 정
책으로, 조선 초기 천인의 지위는 고려대와 달랐다. 조선 초기의 천인은
고려에 비하여 그 지위가 높아졌고, 양천 신분 간의 격차도 상대적으로 좁
아졌다. 특히 공천의 지위를 광의양인인 역리나 염간의 경우와 비교할 때
에, 공천이 받는 차대는 법제적이나 실제적으로 그리 크지 않았다.[53] 양천
간의 간격이 좁아지면서 이미 성종대부터 광의양인과 천인을 묶어서 下賤
으로 총칭하는 사례도 나타나고 있었다.[54] 이는 그 시대 관원들이 광의양
인과 천인 간의 신분적 차이를 대비되는 다른 신분에 비하여 가까운 것으
로 이해하고 있었음을 잘 보여준다. 이러한 신분구조 하에서 양천 간의 신
분 이동도 이전 시기보다는 용이하였을 것으로 추측된다(최이돈 「조선초
기 천인천민론의 전개」 『조선시대사학보』 57, 2011).

---

53) 단적인 예로 역리 염간이 공을 세우면 역에서 벗어나 협의양인의 신분이 되었는
  데, 이와 같은 공을 공천이나 사천이 세우면 이들 역시 천인에서 벗어나 협의양
  인이 될 수 있었다(최이돈 「조선 초기 협의양인의 용례와 신분」 『역사와 현실』
  71, 2009).
54) 기존의 연구에서 천인과 양인을 묶어서 하인으로 지칭하고 이를 사족과 대비시키
  는 용례는 조선 중기 이후의 변화로 이해하였다. 그러나 '下賤'이라는 용어로 하
  급양인과 천인을 묶는 용례가 성종대부터 보이고 있는 것은 세종대와 성종 초에
  걸쳐서 신분체계가 완비되면서 나타나는 천인의 지위의 상승을 보여주는 변화였
  다(『성종실록』 권286, 성종 25년 1월 병오).

제2부

公共統治의 실제

제4장 守令告訴權의 형성

머리말

조선 초기 민의 정치적 지위는 어떠하였을까? 그간 조선초기의 역사상은 선학들에 의해서 여러 면에서 밝혀졌고, 정치사에서도 큰 진전이 있었다. 정치사연구를 살펴보면, 정치세력의 면에서 조선 건국 세력의 개혁적인 면모가 설명되었고,[1] 정치제도의 면에서 효율적인 관직체계와[2] 언관기능의 확대 등이 설명되었다.[3] 또한 정치충원방식에서도 과거제 운영과 인사운영 방식을 통해서 관원의 충원과 관리가 이전보다 합리적이고 투명해진 것이 밝혀졌다.[4] 지방정치의 변화도 정리되어 지방제도의 정비,[5] 자연

---

1) 한영우 『조선전기 사회사상연구』 지식산업사 1983.
2) 이성무 『조선 초기 양반연구』 일조각 1980.
3) 최승희 『조선 초기 언관언론연구』 한국문화연구소 1976.
   정두희 『조선 성종조의 대간연구』 한국연구원 1989.
   최승희 「집현전연구」 『역사학보』 32,33, 1966, 67.
   최승희 「홍문관의 성립경위」, 『한국사연구』 5, 1970.
   최승희 「조선 초기 言官에 관한 연구」 『한국사론』 1, 1973.
   최승희 「弘文錄考」 『대구사학』 15,16, 1978.
   남지대 「조선 성종대의 대간언론」 『한국사론』 12, 1985.
   최이돈 「성종대 홍문관의 言官化 과정」 『진단학보』 61, 1986.
4) 한영우 「조선전기의 사회계층과 사회이동에 관한 시론」 『동양학』 8, 1978.
   유승원 『조선 초기 신분제 연구』 을유문화사 1986.
5) 장병인 「조선 초기의 관찰사」 『한국사론』 4, 1978.
   이수건 『조선시대 지방 행정사』 민음사 1989.
   이존희 『조선시대지방행정제도연구』 일지사 1990.

촌의 성장과 면리제의 운영 등이 밝혀졌다.6) 지방제도의 변화에 따라서
향리의 지위가 저하되는 현상도7) 밝혀졌다. 이러한 정치변화는 조선 초기
의 정치가 고려시대에 비하여 발전된 것임을 잘 보여준다.

그러면 이러한 정치변화가 민에게 어떠한 영향을 주었을까? 이점에 대
해서는 아직 충분히 연구되지 못하고 있다. 물론 지금까지의 연구 성과들
은 민의 정치적 지위의 상승을 가정하고 있다. 그러나 민의 지위를 종합적
으로 설명하고 있지 못하여 가정에 그치고 있다. 그러므로 민의 모습은 수
령이나 토호, 향리 등에게 일방적으로 수탈당하는, 이전이나 이후 시기와
큰 차이가 없는 몰역사적인 모습으로 그려지고 있다. 이러한 지금까지의
연구 상황은 자료의 부족에 기인하는 것이므로 쉽게 극복될 것으로 생각
되지는 않는다. 그러나 정치 변화에 대한 평가는 여타의 분야와 마찬가지
로 그 기준이 민에 있었다. 그러므로 이 문제의 중요성을 생각할 때에, 민
의 정치적 지위를 짐작하게 해주는 자료들을 정리해, 그 역사상을 그려갈
필요가 있다.

민의 정치적 지위는 크게 자신의 지위를 유지하는 자위권과 자신을 실
현하는 참정권의 양면으로 검토할 수 있다. 민의 자위권은 재판권을 그 핵
심으로 하였다. 전근대시대의 재판은 행정에서 완전히 분리되지 않아 진
정한 의미의 재판권 역시 근대정치의 소산으로 이해된다. 그러나 지배층
의 불법적 억압에 대하여 민은 저항하면서 수령이나 전주에 대한 고소권
을 확보해가고 있었다. 즉 그러므로 민의 자위권 역시 조금씩 확대되는 과
정에 있었다.

본연구는 조선 초기에 민의 정치적 지위를 밝히기 위해서 자위권의 확
대라는 관점에서 접근한 것이다. 전근대시대에 민은 수령을 통해서 정치

---

6) 이태진 『한국사회사연구』 지식산업사 1986.
   박진우 「조선 초기 면리제와 촌락지배의 강화」 『한국사론』 20, 1988.
   박진우 「15세기 향촌통제기구와 농민」 『역사와 현실』 5, 1991.
7) 이성무 「조선 초기의 향리」 『한국사연구』 5, 1970.

를 경험하였으므로, 이들의 정치적 지위는 일차적으로 수령과의 관계에서 설정될 수 있었다. 그러한 관점에서 조선 초기에 크게 논란이 되었던 수령이 민에게 행하는 불법에 대해서 민이 고소할 수 있는가라는 의미를 가진 '部民告訴禁止法'을 둘러싼 민의 저항과 국가의 대응 양상을 살펴보고자 한다.

민이 수령의 부정에 대해 고소하는 문제를 제기할 수 있는 그 자체가 이미 민의 고소권의 수준을 짐작케 해주는데, 특히 이 문제를 둘러싼 민과 지배층의 집요한 대결과정은 당시 민의 정치적 지위를 매우 잘 보여주고 있다. 특히 민이 수령 고소권을 가지는가의 문제는 이전에는 볼 수 없는 조선 초기의 특징이었다. 그러므로 이는 민이 상승된 경제 사회적 지위를 바탕으로, 정치적 지위를 확대하려는 노력의 일환이었다.

지방에서 수령은 왕의 대리인이었고, 또한 지배층의 이해관계를 일차적으로 대변하는 입장에 있었기 때문에, 왕이나 관원들은 수령이 부정을 행하는 경우에도, 敬差官이나 行臺 등을 보내서 불법을 적발하고 규제하는 지배층 내에서의 통제방식을 고수하려고 노력하였다. 피지배층인 민이 수령을 고소하는 것은 허용하지 않으려고 힘썼다.

그러나 민이 정치의식을 확대하면서 끈질기게 저항하였고, 결국 수령의 고소권을 확보하여 자신들의 정치적 지위를 높일 수 있게 되었다. 특히 수령고소권이 민의 특정계층에게만 부여된 것이 아니어서, 이의 확보는 결과적으로 향촌에서 구성원 내부의 정치적 관계 즉 서민, 향리, 품관의 상호관계에도 중요한 변화를 줄 수밖에 없었다.

이 문제는 기왕의 연구에서도 다루어졌다. '申聞鼓'에 대한 연구와 '部民告訴禁止法'에 대한 연구가 그것이다. 먼저 '신문고'에 관한 연구는 한우근의 연구가 유일하다. 한우근은 신문고를 민의 上告權의 확보라는 관점에서 접근하여 민의 지위를 밝히는데 기여하였다. 그러나 그 연구 시기가 태종대에 국한되어 있어 변화의 의미와 성과를 정확하게 파악하지 못한 한계가

있다.8)

'部民告訴禁止法'에 대해서는 이태진이 留鄕所復立 문제의 일환으로 거론하여9) 학계에 관심을 모아, 이후 지방 문제를 다루는 여러 연구자에 의해서 거론되었다. 그러나 독립된 주제로 다루지 못하고 관련된 문제의 한 부분으로 취급하고 있어, 그 과정에 대한 이해가 바르게 정리되지 못하였다. 특히 이 문제를 다루는 입장도 대부분 수령권의 강화라는 관점에서만 파악하여, 문제를 해결해가는 민의 입장이나 동향에 대해서는 이해를 결하고 있어, 이 문제가 함축하고 있는 의미를 부분적으로만 파악하고 있다.

그러므로 필자는 먼저 태종대에 나타나는 신문고의 설치와 부민고소금지법의 시행과정을 정리해 이 문제가 제기되는 과정을 살펴보고자 한다. 또한 세종, 세조대에 백성들은 저항을 통해서 결국 수령의 불법에 대해서 고소할 수 있는 정치적 지위를 확보해갔는데, 이 과정도 살피고자 한다.

1. 申聞鼓의 설치와 部民告訴禁止法의 시행

1) 신문고의 설치

민의 정치적 지위를 적극적인 의미를 갖는 정치참여권과 소극적인 의미를 갖는 자위권의 면에서 살필 수 있다. 조선 초기에는 민의 참정권에 대한 논의는 진행되지 않았다. 물론 공론정치는 거론되고 있었지만, 주로 이념에 그치고 있었다.

그러나 소극적인 의미에서 정치적 지위를 보여주는 민의 자위권의 확대

---

8) 한우근 「신문고의 설치와 그 실제적 효능에 대하여」『이병도박사화갑기념논총』
  1956.
9) 이태진 앞의 책.

의 움직임이 나타나고 있었다. 이는 구체적으로 재판권의 확대과정으로 나타났다. 전근대사회에서는 사법과 행정이 분리되지 못하여 현대적인 의미에서의 재판청구권은 근대정치의 산물로 이해되지만, 전근대사회에 있어서도 법에 의한 재판이 실시되었고, 민의 노력에 의해서 민의 자위권은 확대되는 추세에 있었다.

조선 초기에 있어서 재판권의 확대추세를 보여주는 것은 항소제를 제도적으로 확립한 '申聞鼓'의 설치와 수령의 불법에 대해서 재판을 청구할 수 있는 '守令告訴' 관행의 형성으로 나타났다. 이 두가지 문제 모두 민의 입장에서 자위권의 확대를 의미하고 있었고, 이는 동시에 수령의 지위를 흔드는 것이었다. 신문고를 통한 항소제의 확보는 결국 민이 일차적인 재판권자인 수령의 판결에 대한 저항을 의미하는 것으로 수령의 지위를 흔드는 것이었다. 또한 수령고소권 역시 수령의 불법에 저항하는 것으로 기존의 수령의 지위를 흔드는 것이었다. 즉 조선 초기에 있어서 자위권의 강화인 재판권의 확보는 결국 민과 수령과의 관계를 재정립하는 문제였다. 그러므로 민이 재판권을 확대해가는 과정은 순탄하지 않았다. 정부는 수령에게 행정과 사법을 같이 관장하는 행정관이며, 재판관의 지위를 부여하고 있었고, 가능하면 이러한 지위를 유지시키고자 하였다.

먼저 신문고의 설치과정을 살펴보고 그 의미를 정리해 보자. 조선 건국 직후에는 재판상 억울한 일을 당할 때에 문제를 해소할 수 있는 체제가 아직 갖추어 지지 않았다. 그러므로 민들은 억울한 일이 있으면, 왕이 행차할 때 御駕 앞에 나와서 탄원하는 비상적인 방법을 통해서 문제를 해결하였다. 태조 2년 왕이 행차하는 어가 앞에 50여명이 몰려와 자신들이 '良人'임을 탄원한 것이 그 대표적인 경우였다.10) 물론 정부에서는 이러한 탄원을 원칙적으로 허용치 않았고, 탄원하는 이들을 옥에 가두고 주모자를 杖刑에 처하는 강압적인 방법으로 대응하였다. 그러나 신분제사회에서 부

───────────────

10) 『태조실록』 권3, 태조 2년 2월 신유.

당한 억압이 많을 수밖에 없었고 이에 대한 민의 요구는 거세였으므로 정부에서는 이러한 현실 문제에 대하여 적절한 대응책을 세워야 하였다. 이는 登聞鼓의 설치로 구체화되었다.

당시 자료에 의하면 등문고는 태종 원년 7월 안성의 학장 윤조와 전좌랑 박전 등의 상언에 의하여 실시되었다. 실시의 배경에 대하여는 단지 "宋 太祖가 등문고를 설치하여 下情을 上達하게 함이 지금까지도 아름다우니 옛일에 따라서 실시하소서."[11]라고 청하여 시행되었다고 기록하고 있다. 이와 같이 간단하게 설명하고 있어, 신문고 설치의 이념이 '下情上達'에 근거한 것이라는 정도만을 알 수 있을 뿐이다. 신문고의 설치가 갖는 의미에 비하여 실시의 배경 설명이 부족하여 실시경위에 대한 궁금함을 더한다. 특히 당시의 조종의 분위기로 볼 때에 고위관원의 상언도 드물던 상황에서 중하급관원인 학장 윤조나 전직관원인 박전의 상언이 갑자기 거론된 것도 잘 이해되지 않는다.

구체적인 사료가 없으므로 추측할 수밖에 없는데, 윤조와 박전의 상언은 아마도 태종이 즉위하면서 내린 求言에 대한 상언으로 이해된다.[12] 태종이 즉위하면서 새로운 개혁의 의욕을 가지고 관원들의 의견 개진을 요구하였고, 이에 답하여 많은 방안들이 제안되어진 것으로 생각된다. 등문고의 실시 요청은 그러한 제안의 하나로 제시된 것으로 생각된다.

등문고의 설시가 요구되었던 당시의 가장 중요한 현실문제는 노비변정의 문제였다. 이는 조선개국이후 개혁을 내세우면서 중요한 문제로 대두되어, 정부에서는 수차례 변정도감을 만들어 해결을 하려고 노력하였다. 이미 태조대부터 변정도감이 설치되었으나[13] 변정은 쉽게 정리되지 못하였다. 정종 원년에 이르러 도감의 사무를 마무리 짓지 못하고, 미결된 것

---

11) 『태종실록』 권2, 태종 원년 7월 을사.
   한우근 앞의 논문.
12) 『정종실록』 권6, 정종 2년 12월 임자.
13) 『태조실록』 권8, 태조 4년 12월 갑진.

이나 오결된 사안을 刑曹都官에 일임하고 도감을 혁파할 수밖에 없었
다.14) 이미 시간이 많이 지난 일이고 결정적인 판결자료도 미비한 상황에
서, 정확한 판결이 근원적으로 어려웠으므로 판결은 쉽지 않았다.

그러한 와중에 진행된 판결 중에는 잘못된 판결도 적지 않았던 것으로
보인다. 이로 인한 민의 불만은 상당하였다. 이에 대한 민들의 저항은 이
미 태조 원년부터 나타났다. 태조가 원년 12월에 양천을 가리는 것이 심히
어렵기 때문에 "이미 오래 천인으로 사역된 자들은 노비로 한다."15)는 등
노비소송의 몇 원칙을 제시하였다. 이에 반발하는 이들이 태조 2년 정월에
50여 명이 집단으로 왕이 행차하는 御駕 앞에 와서 자신들이 양인임을 호
소한 것은 그 좋은 예였다.16) 재판이 잘못되었으니 다시 해달라는 청원이
었다. 그러나 당시에 정부에서는 이들을 '越所의 罪'로 옥에 가두고, 주모
자 3인을 골라 장을 쳐서 억눌렀다.

이러한 상황은 이후에도 거의 동일하였다. 이미 실시된 도감이 실질적
으로 일을 마무리 짓지 못하고, 형조도관에 위임하고 말았기 때문에 정조
대에 이문제가 다시 제기될 수밖에 없었다. 정조 2년 6월에 대사헌 권근의
요구에 의해서, 도감을 설치하여 15房을 두고 육조 등의 관원을 차출하여
일을 맡기게 되었다. 그러나 일을 추진하는 과정에서 관원을 차출하는 차
원을 넘어서, 업무를 각 부서에 나누어 위임하는 형태로까지 발전하는 적
극적인 모습도 보여주었다. 그러나 역시 처리가 쉽지 않았다. 다음해인 태
종 원년에는 도감의 일을 모든 일반 부서에 나누어 처리하도록 하였으나,
각 부서에서는 이 문제로 인해서 본래의 일을 하지 못하여, 고유의 업무가
정지될 상황에까지 이르자 도감을 다시 혁파하였다.17)

이상과 같이 도감의 치폐가 빈번하고, 여러 부서의 관원을 차출하거나

14) 『정종실록』 권1, 정종 원년 3월 정묘.
15) 『태조실록』 권2, 태조 원년 12월 계유.
16) 『태조실록』 권3, 태조 2년 정월 신유.
17) 『태종실록』 권1, 태종 원년 정월 갑술.

일반부서에 도감의 업무를 분정하는 가운데, 변정의 판결이 잘못될 경우
는 더욱 많을 수밖에 없었고, 민의 잘못된 판결에 대한 재심의 요구는 더
욱 빈번하였다. 그러므로 정부에서도 이 문제에 대하여 임시적이거나 소
극적으로 대응할 것이 아니라, 제도적으로 정비해야 할 필요성이 더욱 강
화되었다.

　이러한 전반적인 상황에서 태종이 즉위하면서 내린 求言에 대한 상언에
서, 이에 대한 대안이 거론될 수밖에 없었다. 그 대안으로 등문고의 제도
가 윤조 등 여러 사람에 의해서 제시되었다. 그러나 이 제안이 바로 시행
되지 못하고 여러가지 중요한 개혁과 함께 종합적으로 논의되다가, 태종
원년 7월에 문하부가 의정부로 바뀌고 문하부낭사가 사간원으로 바뀌는
제도개혁과[18] 함께 등문고도 설치되었다. 사간원이 별도의 부서로 독립하
는 것은 下情上達하는 언론을 활성화하는 바람직한 개혁이었는데, 신문고
의 설치명분 역시 하정상달하는 것이었다. 즉 이 양자는 유교적 민본의식
에 입각해서 시행된 것임을 알 수 있다.

　등문고가 설치되어 시행되면서 등문고를 치는 절차도 마련되었다. 절차
의 마련의 필요성은 거짓된 일로 등문고를 치는 일이 빈번해지면서 제기
되었다. 등문고가 설치된 그 해 11월에 "신문고 설치는 아름다운 법이나
誣告者가 간혹 있습니다."라고 우의정 이무가 무고의 문제를 제기하면서
논의되었다. 이에 대한 여러가지 방법이 제기되었으나, 신문고를 치는 절
차를 만들어 무고를 미연에 막는 방향으로 논의가 정리되었다.

　하륜은 "신문고를 친 이유가 사실이면 듣고, 거짓이면 죄를 주며 '越訴'
역시 죄를 주소서."라고 사실이 아닌 고소는 처벌하자는 원칙 하에서 절차
를 만들고, 이를 어기면 처벌하자고 제의하였다. 그는 이 제안에 따라서
신문고를 치는 절차도 "외방인은 수령에게 고하고, 수령이 明斷하지 못하
면 관찰사에게 訴하고, 또한 헌부에 訴한다. 헌부에서 明決하지 못하면 신

---

18) 『태종실록』 권2, 태종 원년 7월 경자.

문고를 치게 하소서."라고[19] 제의하였다. 이 제의는 태종에 의해서 수용되었다.

이 규정은 두 달 뒤 태종이 다음과 같이 명령하면서 구체화된다.

> 신문고를 설치하니, 정치의 득실과 민생의 休戚을 고하고자 하는 자는 의정부에 올리고, 申聞하지 않으면 와서 擊鼓하여 말하라. 可用한 즉 수용하고 비록 맞지 않아도 優用하겠다. 冤抑을 펴지 못한 자는 京中에서는 主掌官에게, 외방에서는 수령 감사에게 올리고, 究治하지 않으면 사헌부에 올려라. 사헌부에서도 구치하지 않으면 격고하라. 원억이 확연하면 이전의 관서에서 구치하지 않은 관리를 법에 따라서 죄를 주겠다. 越訴者는 역시 법에 따라서 죄를 주겠다.[20]

이 규정은 크게 두 부분으로 나뉘는데, 먼저 신문고를 칠 수 있는 사안에 해당하는 부분으로, 우선 민은 ①정치의 득실이나 민생의 휴척 등 정책의 문제를 고할 수 있었다. 또한 ②개인적인 冤抑을 고소할 수 있었다. 이 규정은 당시의 민의 정치적 지위를 보여주는 가장 기본적인 규정으로 매우 중요하였다. ①의 부분은 민의 정치 참여를 인정하는 적극적인 의미에서 정치적 지위를 규정한 것이라면, ②의 부분은 민의 재판을 받을 수 있는 권리 즉 자위권을 인정하는 소극적인 의미에서 정치적 지위를 규정한 것이다.

①에 해당하는 부분은 조선 초기에는 아직 관념적인 규정에 불과하였으나, 16세기를 통하여 공론정치가 진전되면서 실질적인 의미를 조금씩 확보해갈 수 있는 기본적 규정으로 의미를 지닌다.[21] 당시에 현실적인 의미를 가지는 것은 ②에 해당하는 부분이었다.

②의 경우 등문고를 너무 쉽게 치는 것을 규제하기 위해서 일정한 절차

---

19) 『태종실록』 권2, 태종 원년 11월 경자.
20) 『태종실록』 권3, 태종 2년 정월 기유.
21) 최이돈 「16세기 공론정치의 형성과정」 『국사관논총』 34, 1992.

를 만들었다. '수령-감사-사헌부'의 삼 단계의 재판을 마련하였고, 이에 추
가하여 '등문고'를 치는 별도의 항소체계를 갖추었다. 이로서 백성은 재판
을 받은 것에 대하여 만족하지 않을 때에, 상위 재판기관에 항소할 수 있
는 제도적인 장치를 가질 수 있었다.

그러나 이 규정은 단순히 재판을 받을 수 있는 권리만을 규정하고 있지
않았다. 재판의 절차를 어기는 경우 처벌하는 규정도 두었다. 백성들은 하
위의 재판절차를 거치지 않고 상위기관에 고소하는 '越訴'를 금하였다. 월
소하는 경우 처벌하였다. 또한 재판을 잘 못한 관리의 처벌 규정도 두었
다. "원억이 확연하면 이전의 관서에서 구치하지 않은 관리를 법에 따라서
죄를 주겠다."라는 규정이 그것이다. 이는 상위의 재판기구에서 재심하여
이전 단계에서 잘못 재판한 관원을 처벌하는 규정을 두어, 재판관이 재판
에 신중하도록 규정하였다. 이러한 내용을 갖는 등문고법은 『경제육전』에
기록되면서 당시 민의 정치적인 지위를 규정하는 기본법이 되었다.[22]

그러나 앞에서도 언급했듯이 신문고 설치의 일차적인 목적은 良賤의 변
정이었고, 설치이후 그러한 목적을 위해서 활발하게 사용되었다. 월소자의
처벌은 물론 허위고소한 자들을 처벌하였으나,[23] 재심을 청구할 수 있는
길이 열리자 고소가 많아졌다. 고소가 많아지자 처벌규정을 加一等하여서
엄격하게 운영을 하였으나[24] 여전히 고소는 많았다. 노비변정의 특성상
이미 판결된 경우 등문고를 치지 못하도록 일시적으로 규제하기도 하였지
만, 태종의 기본입장은 신문고를 활성화하려고 노력하였으므로[25] 신문고
의 이용은 활발하였다. 태종 13년 폭주하는 재판을 간단히 수행하기 위해
서 노비를 나누어 가지도록 하는 '奴婢中分法'을 정부에서 결정하자, 300
여인이나 몰려와 격고한 것이나,[26] 일시적으로 격고를 금한 후 다시 격고

---

22) 『태종실록』 권30, 태종 15년 7월 계묘.
23) 『태종실록』 권10, 태종 5년 9월 신해. 호군 이등이 무고하여 처벌을 당하였다.
24) 『태종실록』 권12, 태종 6년 윤7월 기미.
25) 『태종실록』 권12, 태종 6년 12월 갑자.

를 허용했을 때는, 129명이나 신문고를 친 것은[27] 당시 신문고의 활성화를 짐작케 한다.

설치 시의 가장 중요한 문제가 노비변정의 문제였으므로, 이를 해결하기 위한 방안으로 신문고가 이용되었다. 등문고를 치는 경우가 거의 노비변정에 한정되면서, 이를 이용하는 계층은 관원이나 생원, 갑사 등 주로 노비를 소유할 수 있는 계층으로 제한되었다. 또한 거주 지역도 주로 서울에 거주하는 사람으로, 지방의 거주자들은 보이지 않는다.[28] 이러한 현상은 아직 신문고설치 초기인 태종대에는 신문고의 이용이 한정된 것임을 보여준다.

그러나 신문고를 치는 요건이 되는 '원억'의 문제는 단순히 노비변정의 문제에 제한될 수는 없었다. 항소제도가 활성화되면서 이는 다양한 문제로 확대될 수 있었다. 그러므로 초기 신문고의 설치 및 활용은 제한되었지만, 백성들이 체계적인 항소제도를 체험할 수 있었다는 점에서, 민의 정치적 지위의 확대에 관심을 가지는데 매우 소중한 계기가 된 제도였다.

2) 부민고소금지법의 실시

신문고의 설치로 항소의 길이 열리고, 당시의 현안인 노비의 쟁송에 대한 원활한 해결이 가능해졌다. 당시에 가장 빈번한 문제가 노비변정의 문제였지만, 冤抑의 범주는 이 문제에 그치는 것은 아니었다. 다양한 갈등과 문제들이 제기될 수 있었고, 태종대에도 실제로 노비를 被奪당하거나, 刑獄이 과다하거나, 재산권에 대한 소송, 혹은 집단적 청원의 문제가 제기되

---

26) 『태종실록』 권26, 태종 13년 12월 정미. 태종이 격고자 430여인을 순금사에 보내었는데, 그중 300인이 奴婢中分法에 의한 판결에 불만을 품고 고소한 자들이었다.
27) 『태종실록』 권28, 태종 14년 12월 병신. 변정도감에서 결정된 노비소송은 신문고를 치는 것을 허락지 않다가, 기상이변으로 허용하였을 때 129명이 몰렸다.
28) 한우근 앞의 논문.

었다.29) 물론 이러한 문제의 제기는 극히 일부분에 그치고 있어, 아직은 가능성을 보여주는데 불과하였다.

이러한 상황은 태종이 그 15년에 『六典』의 冤抑未伸者에 대한 규정을 거론하면서30) 다음과 같이 지적한데서 잘 드러난다.

> 근년에 擊鼓와 申呈하는 것은 모두 노비의 문제이고, 기타 非法受罪, 强暴侵逼, 冤抑未申 등의 일은 신정하지 않으니, 법의 본의에 어긋난다. 中外大小人民의 冤抑未申 등의 일을 『六典』에 의해서 시행하라.31)

태종이 지적한 것처럼 원억은 단순히 노비문제에 국한된 것이 아니었다. 민이 非法受罪, 强暴侵逼 등의 경우를 당하고도, 이를 해결하지 못하는 경우는 태종이 문제로 지적할 만큼 많았다. 초기에 신문고를 이용한 계층이 주로 노비를 소유하고, 서울에 거주하면서 권력에 가까운 사대부들이었으므로, 신문고의 이용이 노비쟁송의 차원에서 머물고 있었으나, 이들과는 다른 처지에 있던 지방에 거주하는 민의 원억은 非法受罪, 强暴侵逼 등의 사례가 많을 수밖에 없었다.

그러나 민이 다양한 원억을 신문고를 통해서 표출하기는 어려웠다. 민에게 '非法受罪', '强暴侵逼', '冤抑未申' 등의 문제를 야기할 수 있는 가장 중요한 자는 수령이었기 때문이었다. 행정권과 사법권을 가진 수령은 민에게 직접적인 원억을 야기할 수 있는 존재였다. 이러한 상황은 민이 신문고를 통해서 실질적인 원억을 해소하기 위해서, 수령의 부정에 대한 고소가 가능해야 했다.

조선 초기 국가에서는 일원화된 중앙집권적 체제를 구성하기 위해서 수령의 설치를 확대하고 수령권을 강화하고 있었다. 국가는 鄕, 所, 部曲 등

---

29) 한우근 앞의 논문.
30) 『태종실록』 권30, 태종 15년 7월 계묘.
31) 상동조.

任內를 혁파하여 州縣에 통합시키면서 군현제를 정비하고, 수령의 품계를 참상관으로 높이며, 토착향리의 세력기반을 붕괴시키고 향리의 지위를 행정사역인을 만들려고 노력하였다. 이러한 노력은 고려 말의 혼란을 경험하면서 민을 보호하기 위해서, 향리나 품관 등의 중간수탈을 배제하고 일원화된 행정체제의 실시가 필요하다는 인식에 의한 것이었다.

그 결과 수령권은 강화되었다. 그러나 상당수 수령에 임명된 이들이 서리출신이어서 자질도 부족하였고, 이후의 승진도 보장받지 못하여, 관직을 치부의 기회로 생각하고 부정을 행하는 경우도 많았다. 또한 수령의 임명과 인사고과가 고위관원의 천거와 영향력에 좌우되어서, 수령은 자신을 천거해주고 계속 지원해주는 고위관원들의 청탁을 거절할 수 없는 상황이었다. 그러므로 수령의 부정은 구조적으로 불가피한 면도 있었다.

이러한 수령의 부정은 수령권의 강화에 따라서 확대되는 추세였다. 수령의 부정은 전세, 공납, 군역, 환곡 등 각 분야에서 나타났고, 사법권의 남용을 통해서 관철되었다. 그러므로 과다한 형벌이 빈번했고 심지어 무고히 때려죽이는 경우도 나타났다. 태종 9년 밀양군수 우균이 戶長, 庶民의 妻, 學生의 婢, 記官의 子 등 다수를 杖殺한 것은 그 대표적인 사례였다.[32]

이러한 상황이 전개되고 있었으므로, 민에게 있어서 원억은 수령의 불법으로 인한 것이 가장 본질적인 것이었다. 그러므로 신문고 규정의 확대는 당연히 수령의 부정에 대한 고소가 쟁점이 될 수밖에 없었다. 서민의 수령에 대한 고소는 당시 관념적으로나 현실적으로 어려운 것이었다.

그러므로 그 초기에 수령에 대한 고소는 품관이나 토호에 의해서 주도되었다. 그러나 토호나 품관의 수령고소는 원억의 해소의 차원이 아니었다. 당시 향촌의 상황에서 볼 때 토호나 품관은 수령의 수탈 대상이 되기 어려웠다. 그러므로 토호나 품관의 수령 고소는 수령의 불법에 피해를 입어서 고소한 것이 아니었고, 오히려 자신들이 불법을 저지르다가 수령의

---

32) 『태종실록』 권17, 태종 9년 9월 윤4월 임술.

저지를 받아 마찰이 생겨서 나타난 것이 대부분이었다.

그 한 사례로 태종 3년 감무 위덕해를 고소한 것을 들 수 있다. 황천의 인민이 좌헌납 김익정에게, 감무 위덕해가 魚鹽布物을 민에게 강제로 분급하고, 米麥과 麻를 거두어서 민들이 심히 괴로워한다고 고소하였다.[33] 이 경우 고소자가 황천 인민이라고 지목되고 있으나, 그 이면의 사실을 보면 "위덕해가 황천감무로 있을 때 김익정의 처부인 권감을 박대한 한을 품고 말을 만들어 죄를 주려한 것"으로 드러나, 김익정의 처부인 토호 권감과 수령 사이의 알력이 그 직접적인 원인이 된 것이었다.

다른 사례를 보면, 태종 10년에는 부평의 토호 전용진병마사 임득방이 부평부사 조진을 고소한 사례를 들 수 있다.[34] 임득방이 부평의 토호로 우마를 놓아먹여 인근 곡식에 손실을 주자, 수령 조진이 그 노를 잡아 태장을 쳐서 문책하였다. 이에 임득방이 분을 내어 조진을 헌부에 고소하였다. 이러한 사례들은 아직 기존의 신분관념 하에 있던 서민들은 수령 고소를 생각하기 어려웠고, 또한 신문고라는 새로운 법의 규정에 대해서도 어두웠다. 그러므로 수령에 대한 고소는 품관층이나 토호에 의해서 주도되었다.

그러므로 법의 본래의 뜻인 원억에 대한 고소가 아니라, 품관, 토호와 수령의 알력을 표출하는 방법으로 사용되고 있었다. 당시 이러한 토호와 수령의 알력은 심각하였다. 그러한 예를 하나 더 보면, 태종 원년 지양주사 김대가 문하부 낭사의 탄핵으로 갈리어 고향으로 돌아가려할 때, 토호인 前典書 최옥이 노 10여 명을 무장시켜 숙소를 둘러싸고, 김대를 비난하면서 김대의 아들을 구타하였다. 이러한 예는 수령과 토호 간의 심각한 갈등을 잘 보여주고 있다.[35]

이러한 수령과 품관, 토호간의 갈등에 대한 정부에 입장은 명백하였다. 정부에서는 민을 보호하고 육성한다는 입장에서, 향촌에서 수령의 지위를

---

33) 『태종실록』 권4, 태종 3년 6월 임신.
34) 『태종실록』 권19, 태종 10년 2월 갑신.
35) 『태종실록』 권1, 태종 원년 6월 계유.

강화하고 토호나 품관의 발호를 억제하려는 것이 일관된 향촌정책이었다. 그러므로 태종 6년 사헌부의 건의로 유향소를 혁파하였다.36) 또한 태종 11년에는 사헌부에서 "鄕愿推劾의 법이 여러 해 거행되지 않아 민을 침해하고 폐를 일으키는 자가 파다하니, 감찰을 보내어 규찰함이 가합니다."라고 토호의 불법의 검거를 강조하였다.37) 태종 17년에는 사헌부의 상소로 신명색을 혁파하였다.38) 이러한 유향소의 혁파와 향원추핵법의 강조 그리고 신명색의 혁파 등은 정부의 토호를 저지하려는 일관된 입장을 잘 보여 주었다.

또한 이러한 문제의 근원이 되는 품관들을 중앙에 붙들어 두어서 지방의 피해를 줄이려고 노력하였다. 2품 이상의 지방거주가 문제가 되자, 태종 6년에는 사헌부의 상소에 의해 2품 이상 대신들을 서울에 거주하게 하였다.39) 또한 2품 이상 품관이 지방에 갈 때에는 그 연고를 아뢰고 가도록 규제하였다.40) 3품 이하 품관들도 居京侍衛 등의 부담을 주어서 서울에 거주시키려고 노력하였다.41) 이러한 노력은 고려 말부터 지방에서 야기된 문제가 사적인 권력의 남용에서 기인한 것으로 파악하고, 이를 수령을 통해서 해결하려는 기본 의도에서 실시되었다.

이러한 상황에서 조정에서는 토호가 수령의 규제에 저항하기 위해서, 신문고를 사용하는 것을 문제로 인식하였다. 그러나 이미 신문고의 규정에 의해 수령의 고소를 인정하였으므로, 어느 선에서 이를 조절하는가가 당면문제였다. 태종 10년 사간원은 다음과 같이 이에 대한 해결방안을 제시하였다.

---

36) 『태종실록』 권11, 태종 6년 6월 정묘.
37) 『태종실록』 권22, 태종 11년 10월 을사.
38) 『태종실록』 권34, 태종 17년 12월 무인.
39) 『태종실록』 권11, 태종 6년 6월 정묘.
40) 『세종실록』 권1, 세종 즉위년 9월 임술. 왕은 전함 2품 이상이 지방에 다니려 가는 경우에도 출입의 기간과 이유를 적어서 병조에 올리도록 명하였다.
41) 『태조실록』 권11, 태조 6년 5월 을사.

土豪, 鄕愿, 교활한 아전, 간사한 백성들이 혹 笞杖을 맞거나, 혹 賦役에 시달리면, 도리어 사사 원수를 삼아 밤낮으로 부지런히 몰래 中傷합니다. 국가에서는 그 참소한 말을 가지고 수령을 법에 처하나, 간사한 백성이 수령을 고소한 죄는 논하지 않으니, 이리하여 아랫사람으로 윗사람을 해치는 풍속이 일어납니다. (중략) 수령의 탐하고 사나운 것을 미워하여 사사로움이 없어 陳告하는 자는 모두 죄를 주지 말고, 일이 宗社에 관계되는 것을 제외하고, 원망을 가지고 평민을 고소하는 자와 私感을 끼고 수령을 참소하는 자는 아울러 '挾私害人, 爲下賊上之罪'로 처벌하여 輕薄한 풍습을 옮겨 忠厚한 풍속을 이루소서.42)

사간원은 토호와 아전들이 수령을 중상하나, 백성이 수령을 고소하는 죄는 논하지 않는 것을 문제로 삼았다. 이에 사간원은 '간악하고 탐폭한 수령의 고소'는 인정하였으나, '사사로이 수령을 헐뜯는 자'를 처벌하자고 제안하였다.

이 제안은 의정부의 논의에 부쳐졌고, 의정부에서는 "수령의 잘못을 부민이 고소하지 못하면, 간폭한 무리를 징악할 수 없으니, 무고자만 처리하소서."라고 일단 신문고규정을 인정하는 바탕에서 일단 고소는 수리하여 진위를 가리고, '무고자는 엄벌'한다는 원칙을 천명하였다.43) 이 시기에는 아직 고소층도 품관, 토호에 국한되었고 수령고소 사례도 적어, 정부에서는 기본원칙을 천명하면서, 앞에서 언급한 것처럼 토호의 규제에 노력을 집중하였다.

서민들은 토호, 품관 등이 수령을 고소하는 것을 보면서, 수령도 잘못하면 고소할 수 있다는 의식을 가지게 되었다. 의식의 확대에 크게 기여한 것은 법 규정에 대한 이해였다. 민이 법의 규정에 대해서 이해에 도움을 준 것은 정부의 적극적인 노력이었다. 태종 15년 태종이 『大明分類律』을 中外에 지도하도록 명하면서, 지방의 경우 申明色과 律學生徒가 衙日에

---

42)『태종실록』권 19, 태종 10년 4월 갑진.
43)『태종실록』권19, 태종 10년 4월 갑진.

里方別監과 里正을 모우고 강론하도록 하였다.[44] 또한 세종 2년에 세종이 수령이 율법을 민에게 속어로 가르치도록 명하였다.[45] 이러한 조치는 민의 법률에 대한 지식을 확대하는데 기여하였다. 서민들이 품관의 수령고소를 보면서 수령고소의 가능성을 인식하였고, 또한 법에 대한 이해를 높이면서 수령의 불법에 대한 고소가 정당하고 인정된 것임을 확인할 수 있었다. 그러한 결과 서민의 수령고소는 서서히 확대되기 시작하였다.

수령에 대한 고소가 확대되고 고소의 참여자가 일반민까지를 포괄하면서, 정부에서는 새로운 차원의 대책이 필요하였다. 일반민의 수령 불법에 대한 고소가 나타나면서, 정부에서는 왕의 대리인이며 지방의 통치자인 수령의 지위의 유지라는 관점에서 이 문제를 보게 되었다. 따라서 기왕의 대책인 '무고자의 엄벌' 정도의 차원에서 이 문제를 처리할 수 없게 되었다. 그러므로 유교적 명분론에 입각한 입장의 재정리가 필요하였다.

이러한 관점에서 세종 원년 재상 허조는 수령과 부민의 관계는 부자의 관계인데, 수령이 잘못이 있다 하더라도 "부민이 수령을 고소할 수 없는 것은 아들이 아버지의 잘못을 고소할 수 없는 것과 같습니다."라고 전제하고 "부민이 그 관리의 범죄를 고소하지 못하게 하여 풍속을 두텁게 하는 법을 만드소서."라고 청하였다.[46] 이 제의는 풍속의 유지라는 명분을 강조하면서, 수령고소의 전면 불허하는 보수적인 방안이었다. 이러한 관점의 변화는 민의 고소가 빈번해지면서 나타나는 현상이었다.

고소자가 토호나 품관층에 국한될 때, 앞에서 살핀 것처럼 이들의 고소는 수령의 부정에 대한 고소가 아니고 서로의 알력에 기인하였고, 수령과 품관, 토호의 관계를 일률적으로 상하질서로 설정하기에도 무리가 있었으므로, 정부에서는 토호를 규제하면서 사실여부를 살펴 '誣告者'만을 처리하면 되었다. 그러나 이제 일반민이 수령의 부정에 대해 고소하는 것은,

---

44) 『태종실록』 권29, 태종 15년 5월 임인.
45) 『세종실록』 권7, 세종 2년 2월 무술.
46) 『세종실록』 권4, 세종 원년 6월 갑오.

민이 당하는 구체적인 현실의 문제를 제기하는 것이었다. 따라서 정부에서는 수령의 부정을 밝혀서 벌을 주거나, 상하질서의 명분론을 강조하면서 수령의 지위를 유지시켜주는 양자의 택일을 하여야 하였다. 허조가 제기한 수령과 민의 관계를 父子의 관계로 파악하고 명분을 강조한 것은 후자의 입장이었다.

허조의 제의에 대하여 당시 조정에서는 논의가 분분하였으나, 이수가 "부민이 고소하지 못하면 탐오한 관리가 꺼림이 없이 마음대로 하여 해가 민에게 미칠 것이 필연입니다."라고 반대하였으나, 대부분의 관원들은 명분론에 입각해서 상하질서를 정립하고자 하는 허조의 주장에 동조하였다. 그러나 세종은 "법이 만들어지면 감히 바꾸지 못하는 것이다."라고 신중한 태도를 보여주면서 이 논의는 일시 중지되었다.[47]

이러한 관원들이 명분론을 강조하면서 수령의 고소를 금지하려는 것은 이미 설치된 신문고를 폐지하자는 것은 아니었다. 형식적인 논리에서 볼 때 수령의 고소를 허용한 신문고의 설치는 수평적인 질서를 강조한 반면, 수령의 고소를 금한 허조의 명분론은 상하질서를 강조한 것으로 상호 근본적으로 상충되는 것이었다. 그러나 당시 대부분의 관원은 이 양자가 전혀 배치되지 않는 것으로 인식하였다.

이러한 당시의 인식을 잘 보여준 것이 이 논의와 거의 같은 시기인 세종 원년 2월에 제기된 신문고 활성화 논의이다. 視事 중에 왕이 擊鼓에 대하여 언급하자, 參贊 金漸은 다음과 같이 신문고의 활성화 방안을 제시하였다.

전하가 聰明仁恕하여 항시 下情을 上達하게 함에 지체함이 없게 하였는데, 종종 격고하는 자가 越訴의 죄를 입으니, 聖朝에서 민으로 하여금 소송이 없도록 하는 뜻에 어긋납니다. 이후로는 (월소의 경우에

---

47) 상동조.

도) 시비를 묻지 말고 신문고를 치게 해서 모두 上達하게 하소서.[48]

이러한 주장은 세종대의 하정상달이 강조되는 분위기에서 나온 신문고 활성방안으로, 신문고를 치는 절차 즉 월소 여부를 따지지 말고 신문고를 치게 하여 오히려 신문고제를 활성화하자는 제안이었다. 이러한 제안에 대해서 관원들은 '擊鼓가 과다'할 수 있다고 염려하였으나 결국 시행하였다.

이러한 인식은 신문고를 이해하는 당시 관원들의 입장을 잘 보여준다. 즉 신문고의 기본 원칙은 '下情上達'이라는 수직적 질서를 바로하기 위한 제도였으므로, 이러한 상하질서를 유지하는 범위 내에서 수평적인 원억의 해소를 허용한 것이었다. 그러므로 민이 수령을 고소하는 것은 신문고를 만든 기본이념과는 배치되는 것으로, 신문고를 만들 때 예상치 못했던 현상이었던 것이다. 그러므로 신문고의 활성화가 논의되면서 동시에 수령고소를 금하는 논의가 진행되는 것은 당시의 관념에서는 이상한 일이 아니었다.

그러므로 1년 뒤인 세종 2년 9월에 이 문제가 다시 논의 되었고, 결국 세종의 다음과 같은 명으로 결정되었다.

> 지금부터 府史胥徒가 관리를 고소하거나 品官 吏民이 수령과 감사를 고소하는 경우, 비록 사실이어도 宗事安危와 非法殺人에 관계되지 않으면 위에 있는 자는 논하지 말고, 만약 사실이 아니면 아래에 있는 자는 加凡之坐로 죄를 주어라.[49]

백성이 수령을 고소하지 못하게 하였다. 고소의 내용이 사실이어도 수령을 처벌하지 않도록 규정하고 있다. 물론 '非法殺人'의 경우는 예외로 하였으나, 사실상 백성이 수령을 고소하는 것을 금하였다. 이와 동시에 "노

---

48) 『세종실록』 권3, 세종 원년 2월 임진.
49) 『세종실록』 권10 세종 2년 9월 무인.

비가 주인을 고소하는 자가 있으며 受理하지 말고 仍斬하라."[50]는 노비가 주인은 고소하지 못하도록 하는 규정도 같이 만들었다.

이후 세종 4년에 이 규정은 더욱 강화되면서 그 구체적인 형량도 결정되었다. "수령고소자는 宗事와 殺人에 관계되지 않으면 受理하지 않고, 형량을 杖 100, 流 3000리에 처하도록 한다."고[51] 결정되었다. 이때에 노비로 주인을 고소하는 경우에는 "杖 100대, 流 3000리로 처한다."는 규정도 같이 만들어졌다.[52]

결국 부민고소금지법은 신문고 규정에 배치되는 규정이 아니라 신문고 규정을 보완하는 규정으로 정비되었다. 즉 신문고의 규정에 암묵적으로 함축하고 있던, 상하질서를 유지하는 한에서의 冤抑의 수용이라는 의미가 이로써 구체적으로 표출된 것이다. 여기서 주목할 것은 이러한 구체적인 규정의 필요성을 야기한 민의 동향이다. 민은 서서히 의식을 확대하면서 신문고의 규정에 의탁해서 자신들의 원억을 표출해왔고, 그 결과 지배층은 자신들이 만든 신문고 규정의 한계를 노출시켜야만 했다. 그런 의미에서 '부민고소금지법'의 실시는 한편에서는 민의 지위를 구체적으로 제한하는 조치였으나, 한편으로는 민의 노력에 의해서 거둔 성과물이기도 하였다. 백성들은 이규정을 구체적으로 확인하면서, 앞으로 극복해야 될 목표를 분명히 할 수 있었다.

---

50) 상동조.
51) 『세종실록』 권15, 세종 4년 2월 기축.
52) 상동조. 이 조문에 婢夫, 奴妻, 雇工 등이 주인을 고소하는 경우도 같이 처벌할 것을 규정하였다.

2. 風聞 고소와 '自己訴冤'의 허용

1) 풍문고소의 실시

부민이 수령의 고소를 금하는 법은 실시된 지 불과 몇 년이 못 되어 문제점을 노출하였다. 민을 사적인 권력에서 보호한다는 명분에서, 품관과 향리를 견제하기 위한 방안으로 수령권의 강화를 추진하였으나, 오히려 강화된 지위를 바탕으로 수령은 민의 수탈을 확대하고 있었다. 상하질서의 강조한 부민고소금지법으로 수령의 부정은 더욱 조장되고 있었다.

부민고소금지법은 이념상으로는 수령과 부민의 관계를 부자의 관계로 상정하고 있어, 부모의 입장에 있는 수령은 덕으로서 바르게 다스려야 하는 의무가 있고, 자의 입장에 있는 부민은 따르고 받드는 의무가 있는 쌍무적인 면을 강조하였다. 그러나 그 실은 부민의 경우 의무만 강조된 반면 수령의 경우 권리만 강조되었다. 이러한 부당한 상황 속에서 이미 신문고의 규정에 의해서 수령의 부당한 수탈에 대하여 수령을 고소한 경험을 가졌던, 민은 수령의 수탈에 적극 저항하였고 이에 부민고소법의 한계는 쉽게 노출되었다.

정부에서도 이미 시행논의 과정에서 예상되었던 문제점이 현실적으로 노출되자, 시행한지 불과 3년만인 세종 5년에는 이미 고소를 허용하자는 지적이 나오게 되었다. 세종 5년 왕이 시사 중에 수령이 그 책임을 다하지 않음을 걱정하자, 공조참판인 황상이 이에 동의하면서 "吏民들이 守令을 걸어 소송하는 것을 금하지 마소서."[53]라고 이민이 수령을 고소하는 것을 허락할 것을 청하였다. 이에 대해 부민고소금지법을 제안했던 이조판서 허조가 반대하였다. 세종 역시 "이 법이 아름답지 않은 것이 아니니, 폐가 있음을 기다린 연후에 때를 따라 합당하도록 하는 것이 가하다."라고 개정

---

53)『세종실록』권20, 세종 5년 6월 정사.

을 유보하였다.

　그러나 현실적으로 수령의 부정은 격화되어가고 있었고, 부민고소를 허용치 않는다면 다른 대안이라도 있어야 하였다. 이러한 문제점을 분명히 인식한 세종은 며칠 뒤 시사에서 다음과 같이 대안을 제시하였다.

　　　근자에 庭臣이 모두 말하기를 부민의 고소를 금하여 수령이 기탄이 없다고 말한다. (중략) 部民告訴禁止法이 아름답다고 생각하니, 吏民에게 수령을 고소하도록 하는 것은 불가하다. (중략) 使을 보내어 問民疾苦하게 하고, 內臣을 보내어 수령의 政令을 살피게 하면 이민이 수령의 일을 고소하게 하는 것은 불필요할 것이다.54)

　세종은 부민고소금지법으로 수령의 부정이 심하여졌음을 인식하고 있었다. 그러나 법을 없애는 것에는 동의하지 않고, '問民疾苦'를 위한 관원을 파견하여 수령의 불법을 규찰함으로써 수령의 부정을 막고자 하였다.

　그러므로 이후 수령의 불법을 막기 위한 관원의 파견이 빈번해 졌다. 그러나 이러한 노력은 분명한 한계에 부딪힌다. 그것은 파견된 어사가 수령의 불법을 적발하기 어려웠기 때문이었다. 그 가장 기본적인 이유는 부민고소금지법으로 백성은 수령부정을 어사에게 고소할 수 없었다. 그러므로 어사는 불법을 찾기 위해서 기록된 문적에만 의존할 수밖에 없었고, 수령은 어사가 오는 것을 대비해서 서류를 감추어 버리면 어사는 수령의 불법은 적발이 어려웠다. 그러므로 어사가 수령부정을 제대로 조사하기 위해서도, 부민이 어사에게 수령의 부정을 고소할 수 있는 길이 열려 있어야 하였다. 부민의 수령고소를 인정하지 않는 상황에서, 민이 어사에게 수령을 고소할 수 없었고, 어사의 파견은 효과를 내기 어려웠다.

　그러한 한계를 일부나마 제거하기 위해서 제기된 것이 '風聞告訴'였다. 대간은 부민의 고소를 직접 받지 못하는 상황에서, 소문만 듣더라도 관리

---

54)『세종실록』권20, 세종 5년 6월 임신.

를 고소할 수 있도록 '풍문고소'를 요청하였다. 고려에서는 이 제도가 시행되었으나 조선에 들어서 구체적인 고소자가 없이 소문만을 가지고 관리를 탄핵하는 것은 문제가 있어서 태조대에서부터 금지되었다.[55]

그러나 그 필요성은 인정되어 수차 그 시행이 제기되어 왔다. 정종 2년 대사헌 권근은 "사헌부는 風憲官으로 무릇 풍속 등을 정하게 하는 일을 풍문 탄핵에 의존하였습니다. 전에 풍문 탄핵을 금하여 풍문하지 못하니 인심을 정하게 못합니다. 이후로 풍문을 허용해 주시기를 바랍니다."고 풍문고소를 요구하였다.[56] 이러한 제의에 대하여 정종은 風聞公事는 태상왕이 금한 것이어서 가볍게 고칠 수 없다고 거절하였다.

대간들은 계속 풍문고소를 확보하기 위해서 노력하였다. 당시 대간이 풍문을 요구하는 것은 일차적으로 언론을 활성화하기 위한 것이었다. 태종 5년 사헌부에서는 풍문탄핵의 필요성을 다음과 같이 제시하였다.

> 만약 관리의 貪殘, 將帥의 驕蹇, 閭里의 愁怨, 閨門의 汚穢 등의 일을 명확히 아는 자가 세가 궁하고, 도움이 부족한 경우, 혹은 자기에게 관계되지 않은 경우에, 緘口하고 切齒할 뿐이니 누가 감이 고하겠습니까?[57]

이에 의하면 대간들이 풍문고소를 요구한 것은 단순히 소문을 언론의 근거로 삼으려는 것이 아니라, 부정이나 문제를 알아도 그것을 고소하여 보복을 당하는 피해를 입을 가능성을 감수하지 않으면 안 되는 현실에서 고소가 위축되자, 고소자의 이름을 감추어 고소자를 보호할 수 있는 장치로써 풍문고소가 필요했던 것이다.

그러므로 대간들은 풍문고소의 허용을 통해서 언론을 활성화 시킬 수 있다고 생각했고, 풍문고소가 금지된 상황에서도 이를 강행하기도 하였다. 태종 3

---

55) 『태조실록』 권2, 태조 1년 10월 기미.
56) 『정종실록』 권4, 정종 2년 4월 갑신.
57) 『태종실록』 권10, 태종 5년 7월 경술.

년에는 황천지방 민의 고소를 따라서 좌헌납 김익정이 감무 위덕해를 탄핵한 사례가 그 대표적인 예였다.[58] 그러나 기본적으로 풍문탄핵은 허용되지 않았고 오히려 풍문탄핵을 강행한 경우에 대한 규제까지 마련되었다. 태종 4년 의정부에서는 대간이 풍문의 일을 탄핵하는 것을 금할 것과 대간이 따르지 않으면 의정부에서 논죄할 것을 청하였고, 왕의 허락을 얻어 대간이 풍문탄핵을 하는 경우 의정부에서 검거하도록 하는 규제가 마련되었다.[59]

그러나 수령의 부정이 심각한 문제가 되면서 사헌부는 지방수령에 한해서 풍문에 의한 고소를 허용해줄 것을 거듭 요청하였다. 수령의 부정이 점차 심하게 나타나는 상황에서 풍문고소를 통해서라도 수령을 견제할 필요가 절실했기 때문이었다. 태종 5년에도 "唐의 백관지를 살피면 어사대가 소송을 받지 않아도 청리할 만한 탄원이 있으면, 그의 성명을 略하고 풍문에 의탁하여 규찰하였다. 그것은 前朝에도 있어 헌부가 송사를 받으면서, 또한 풍문탄핵의 제도가 있었습니다."라고 전제하면서, "我朝가 선왕의 법을 이었으나 유독 本府의 풍문탄핵을 제하였으니, 이는 風紀의 소임에 虧하는 것입니다."라고[60] 풍문탄핵의 필요성을 중국과 고려의 예를 들어서 주장하고 있다.

또한 실제적으로 헌부는 권상온이 안성수령으로 있으면서 斗를 크게 하였다고 풍문고소도 강행하였다.[61] 그러나 태종은 이에 완강한 반응을 보였고, 풍문탄핵의 금지를 다시 신칙하면서 "대간이 거듭 일을 만들어 이 법을 범하니, 國人이 나를 어찌 拒諫한다고 생각하지 않겠는가?"라고 문책하고[62] 고소를 주도한 장령 박습을 의금부에 보내어 추국하였다.[63]

대간이 처벌을 받으면서도 풍문고소를 요구하고 강행하는 것은 풍문고

---

58) 『태종실록』 권4, 태종 3년 6월 임신.
59) 『태종실록』 권8, 태종 4년 11월 계사.
60) 『태종실록』 권10, 태종 5년 7월 경술.
61) 『태종실록』 권35, 태종 18년 정월 계해.
62) 『태종실록』 권35, 태종 18년 정월 기사.
63) 『태종실록』 권35, 태종 18년 정월 을해.

소가 허용되지 않는 경우 대간의 기능이 위축되었기 때문이었다. 태종 9년의 司諫院事 韓尙德은 다음과 같이 그러한 사정을 설명하고 있다.

　　근일 대간이 言事로 파출되고, 그 죄가 그 몸에 그치지 않고 서로 논의한 자까지 미치니, 이로 士林이 서로 경계하여 諫官의 집 앞을 지나지 않으며, 심지어 권귀의 가문도 왕래를 끊으니, 간원이라 칭하나 어떻게 소문을 얻어 듣겠습니까?[64]

이 기록에 의하면 대간들은 풍문을 통해서 정보를 수집하고 이를 통해서 대간의 기능을 수행할 수 있었다. 그러므로 풍문고소를 금하여도 들어온 정보에 의해서 고소를 강행하였는데, 풍문고소를 강행하는 경우 정보를 준 사람까지도 처벌하니, 언론이 심히 위축될 수밖에 없었다. 태종은 기본적으로 언론을 권장하기보다는 견제하는 왕이었으므로, 대간의 풍문고소를 허용하지 않았다. 당시 대간은 풍문탄핵이 금지되었을 뿐 아니라, 보다 원천적으로 大小官員과 만나는 것도 금지되어 언론은 위축될 수밖에 없었다.[65] 또한 태종대는 아직 취약한 수령의 위치를 강화시키고자 하는 기본적인 입장을 고수하면서, 다소의 부작용이 있어도 이를 강행하려고 하였고, 수령의 지위를 약화시킬 풍문고소를 허용하지 않았다.

이러한 상황은 세종이 즉위하면서 바뀐다. 수령권이 이미 강화되어 수령의 부정이 더욱 빈번해지자, 이를 제한하기 위한 풍문고소의 필요성은 더욱 강해졌다. 세종은 특히 부민고소금지법을 폐지하자는 주장을 수용하지 않고, 관리를 파견하여 수령의 불법을 해결하려고 노력하였으므로, 어사의 활동을 효과적으로 수행하기 위한 풍문고소의 허용이 불가피하였다. 결국 세종은 그 5년에 지방수령의 부정에 한하여 풍문고소하는 것을 허용하였다. 세종은 수령들에게 다음과 같이 글을 내려 풍문을 허용하는 이유

---

64) 『태종실록』 권17, 태종 9년 윤4월 을축.
65) 『태종실록』 권28, 태종 14년 12월 무자.

를 밝히면서 근신할 것을 명하고 있다.

　　부민이 고간하는 것이 존비의 명분에 어긋나는 것을 중히 여겨, 전
에 廷議를 통해서 금하도록 하였다. 이는 守宰를 중히 여기고 풍속을
후하게 하려는 것이다. (그러나 탐오한 무리들이 있으니) 朝官을 명하
여 州郡에 다니고 里閭에 출입하여, 대소 수령의 貪汚와 酷刑 등의 일
을 살펴 적간하게 하며, 민간의 기한, 곤고, 원한 등 펴지 못하는 것을
(조관에게) 自陳하도록 허락하였다. 이를 사신이 風聞啓達하면 내가
상세히 연구하여, 사실이면 법으로 다스려 종신도록 쓰지 않을 것이니,
경성하는 마음이 없어 敗官하는 데에 이르지 않도록 하라.[66]

　세종은 부민고소금지법을 유지하면서, 민이 어사에게 원한을 직접 고소
하는 것은 허용하여, 수령의 고소를 일부 허용하고 있다. 이것은 어사를 매
개로 고소를 일부 허용하는 조처였다. 부민이 직접 고소하는 형식을 피함
으로써 부민고소를 금하는 ‘명분’과 부정한 수령을 적발하는 ‘실리’를 같이
유지하려는 고심의 소산이었다. 이로 인해서 지방수령에 한하여 풍문고소
가 허용되었다. 물론 비정기적이고, 한정된 지역에 파견되는 어사를 통한
고소라는 지극히 제한적인 것이었지만, 민의 입장에서 보면 어사를 통해서
수령을 고소할 수 있는 길이 열렸다는 점에서 매우 중요한 변화였다.
　사헌부의 풍문고소가 허용되면서 감사의 풍문고소도 허용되었다. 세종
5년 시사 중에 세종이 “수령 불법자를 모두 헌부에서 고하고, 감사로 수령
의 죄를 고하는 자가 1인도 없으니 왜냐?”라고[67] 外憲으로서 감사의 기능
이 부실함을 지적하였다.[68] 허조와 황상은 “감사는 일방을 통솔하는 임무
를 맡으나, 좌우전후에 모두 그 읍의 사람이므로, 그 情을 감추어 수령이

66) 『세종실록』 권21, 세종 5년 7월 기묘.
67) 『세종실록』 권20, 세종 5년 6월 임신.
68) 장병인 「조선 초기의 관찰사」 『한국사론』 4, 1978.
　　이존희 「조선전기의 외관제」 『국사관논총』 8, 1989.

먼저 소문을 듣고 미리 준비하여 그 과실을 감추니 감사가 알 수 없습니다."라고 감사의 움직임이 미리 노출되므로, 감사는 수령의 부정을 적발할 수 없는 상황을 설명하였다. 세종이 이러한 감사가 수령을 관리하는 것에 대한 필요성을 제기한 것은 임시적으로 파견되는 어사로서는 수령 관리에 만족한 성과를 얻기에 어려웠기 때문이다. 그러므로 기본적으로 외헌의 임무가 주어져 있는 감사가 그러한 역할을 해주기를 기대하였다.

이러한 감사의 역할에 대한 기대 속에서 세종 8년에는 시사 중에 세종은 다음과 같이 감사의 풍문고소를 제안하였다.

> 헌부는 풍문공사를 모두 탄핵하는데 감사는 홀로 풍문거핵하지 못하니 역시 미편하다.[69]

세종은 어사의 파견에 의하여 부정한 수령을 적발하는 것이 문제가 있음을 이해하고, 감사가 그러한 역할을 해줄 것을 요구하였다. 즉 사헌부에게 허용한 풍문탄핵을 감사도 할 수 있도록 제안하였다. 이러한 세종의 언급이 있자, 사헌부에서 정식으로 감사의 풍문고소의 허용을 요청하면서 감사의 풍문고소는 허용되었다.[70] 이러한 결정은 수령과 가까이 있는 감사가 불법한 수령은 풍문고소를 할 수 있도록 하는 규정을 만들었다는 점에서 중요한 것이었다.

이와 같이 부민고소금지법이 시행되었으나, 어사에게 수령의 불법을 고소하는 것이 허용되었고, 사헌부나 감사가 풍문을 듣고 수령을 고소하는 풍문고소도 허용되고 있었다. 이러한 조치로 제한된 범위에서나마 수령부정에 대한 고소가 허용되면서, 백성들은 이러한 기회를 적극 이용하였다. 이러한 동향은 세종 15년 사헌부의 다음과 같은 지적을 통해서 살필 수 있다.

---

69) 『세종실록』 권33, 세종 8년 8월 무신.
70) 『세종실록』 권33, 세종 8년 8월 정사.

　　수령고소를 금함이 엄하여 민이 원억이 있어도 고소하지 못하니, 수
령이 더욱 두려움과 꺼림이 없이 행합니다. (중략) 민간에서는 고소할
수 있는 어사의 행차를 원하고 있습니다. (중략) 전의 예대로 찰방 혹
은 행대를 무시로 보내어서 탄핵하게 하면, 수령이 두려워 마음대로
하지 못하고, 민도 원한을 풀 수 있을 것입니다.[71]

　백성들은 어사에게 수령의 불법을 고할 수 있다는 것을 분명하게 인지
하고 있었고, 이러한 기회가 되는 어사의 파견을 적극 요청하고 있었다.
또한 풍문탄핵도 수령을 직접 고소하는 것은 아니었지만, 부민이 직접 고
소할 때 야기되는 고소 절차의 번거로움을 피할 수 있었고, 특히 익명으로
고소할 수 있어 고소자를 보호할 수 있어 고소를 활성화할 수 있는 장점도
있었다. 그러므로 민의 호응을 받으면서 풍문고소는 지속적으로 일정한
기능을 한 것으로 이해된다. 이후에 풍문고소가 부민고소금지법에 어긋난
다는 이유로 일시 폐지되기도 하였으나,[72] 풍문고소는 다시 시행되었고,
특히 수령의 貪汚, 亂政에 대한 풍문고소는 수령의 부정을 견제하는 제도
로 계속 작용하였다.[73]

2) 自己訴寃의 허용

　어사를 통한 고소와 풍문고소의 실시로 수령이 백성들에게 행하는 부정
행위가 일부나마 해결될 수 있었다. 그러나 그것은 제한적인 것이었으므
로 백성의 문제를 다 해결하지 못하였다. 특히 비상설적인 어사를 통한 고
소의 한계는 명백하였으므로 민은 이에 대해서 저항하였다. 그 대표적인
저항의 형태는 고소가 금지된 상황에서도 민이 수령을 고소하는 '고소저

---

71) 『세종실록』권61, 세종 15년 7월 정축.
72) 『세종실록』권53, 세종 13년 7월 계유.
73) 『세종실록』권125, 세종 31년 7월 기해.

항'이었다.

그 대표적인 사례가 세종 6년 문화현인 이말생이 그 수령 왕효건의 범죄를 고소한 것이었다.74) 국가에서는 이미 부민의 고소를 금하고 그 처벌 조항까지 만들었지만, 부민고소금지법의 시행 초기에는 아직 관원들 간에 이견이 있었다. 즉 부자의 의리에 입각해서 고소자를 처벌해야 하는 입장과 불법수령을 가려내 처벌해야 하는 입장이 서로 충돌하면서, 확연하게 한 가지로 그 입장이 통일되지 못하고 있었다. 그러한 혼란은 이말생의 수령 고소에 대한 처리과정에서도 잘 나타났다. 세종 6년 사간원의 다음과 같은 문제제기는 이를 잘 보여준다.

> 감사 신개가 이말생에게 죄를 주지 않았습니다. 황해도 찰방 옥고도 단지 신개의 죄만 청하고 이말생은 논하지 않았으며, 사헌부 역시 그러하였습니다. 이말생을 형조에 보내어 죄를 주고 찰방과 헌부도 같이 처치하십시오.75)

이에 의하면 수령을 고소한 자인 이말생을 부민고소금지법에 따라서 처리하지 않고 있음을 알 수 있다. 이러한 상황을 사간원에서 지적하면서 이말생의 처벌을 요청하였으나, 세종 역시 "이말생에게 죄를 주는 것은 부당하니 헌부와 찰방도 어찌 다시 논하겠는가."라고 오히려 고소자인 이말생을 옹호하고 있다.76) 이러한 처리방법은 이미 세종 4년에 결정된 "종사와 살인에 관계되는 것이 아니면 수리하지도 않고 고소자에게 죄를 주도록 한다."77)는 부민고소금지 규정에 위배되고 있다. 그러므로 잘못한 수령을 처벌하면서 고소자를 옹호한 것은 부민고소금지에 대한 입장이 아직 확연히 정리되지 못함을 보여준다. 이러한 상황에서 민의 고소저항은 활발할 수

74) 『세종실록』 권24, 세종 6년 5월 경인.
75) 상동조.
76) 상동조.
77) 『세종실록』 권15, 세종 4년 2월 기축.

있었다. 그러나 민의 고소저항이 빈번해지면서 수직적인 인륜의 원칙이 강조되면서, 부민고소금지법은 법조문대로 시행되어 갔다.

그러나 부민고소금지법의 정당성에 대한 의문은 이후에도 계속 제기되었다. 특히 고소된 수령의 부정이 확인된 경우 수령을 처벌할 것인가의 문제는 계속 조정에서 논란거리였다. 정부의 기본입장은 수령을 처벌하지 않는 것을 천명하였으나, 수령이 부민을 수탈하였다는 것이 밝혀진 경우, 수령의 지위를 계속 유지하는 것은 문제가 될 수 있었다.

오히려 세종 7년 사간원은 상소를 통해서 부민고소를 금지하는 것을 잘못이라고 주장하였다.

> 이 법은 贓吏들에게는 다행한 일이나, 小民들에게는 불행한 일입니다. 대개 억압하고 재물을 긁어모으는 자들이 郡縣에 늘어 있어, 膏血을 짜내고 骨髓를 깎아내어 백성의 이익을 침해하고 사복을 채운다면, 백성이 부지하고 살 길이 없어 바로 근심과 원성이 있을 것입니다. 입으로 그 貪汚를 말하고자 하여도 죄를 두려워하여 말하지 못하면, 드디어 장리로 하여금 편안히 그 자리에 있으면서 그 욕심을 마음껏 부리게 될 것이니, 백성들의 피화를 어찌 다 말하겠습니까. (중략) 원컨대, 이제부터는 중외의 관리로서 만약 관민의 재물을 착복한 자가 있으면, 모두 고소를 허용하여 탐오를 징계하고 민생을 위로하도록 하옵소서.78)

사간원은 부민고소금지법의 폐단을 지적하면서 수령의 고소를 허용하자고 요청하였다. 사간원은 구체적으로 교하현에서 수령 조만안이 기민의 진제미 30석을 사사로이 팔아 쓰고 고소를 당했다고 말하면서 "사실이 고소와 같으면 이 수령은 장리인데 고소한 자만이 죄를 당하면 진실로 통한한 일입니다."라고 부정한 수령을 처벌할 것을 요청하였다. 세종 역시 이

---

78) 『세종실록』 권27, 세종 7년 2월 임인.

러한 주장의 타당성을 인정하고 있었으나 부민고소금지법을 폐지하는 것
은 수용하지 않았다.[79]

그러나 이러한 제안이 제기되면서 불법한 수령을 처벌하는 문제는 계속
논쟁의 대상이 되었고, 고소자는 처벌되었지만 범죄가 밝혀진 수령도 체임
되고 처벌되는 분위기가 형성되었다. 이러한 분위기 속에서 민의 고소저항
은 더욱 빈번하게 나타났다. 부민고소금지법에도 불구하고 백성들의 고소
저항이 지속되자 세종 11년 의정부에서 다음과 같이 대책을 제안하였다.

> 品官과 吏民으로서 몰래 다른 사람을 사주하여 수령을 告狀하는 사
> 람이 있어, 이로 말미암아 풍속이 날로 나빠지게 되니, 마땅히 엄하게
> 징계해야 될 것입니다. 이후로 고소를 당한 수령은 물론하고, 몰래 사
> 주한 품관과 이민은 모두 장 1백 대에, 徒 3년에 처하게 할 것이며, 만
> 약 고소하기를 몰래 사주하거나 자신이 스스로 고소하는 사람이 連續
> 不絶하면, 知官 이상은 縣官으로 칭호를 낮추어 降等하여 屬縣으로
> 삼을 것이며, 또 간사하고 교활한 무리들이 사사로 수령들의 과실을
> 기록하여 揚說恐動하니, 또한 마땅히 엄격히 금해야 됩니다.[80]

이 내용에서 먼저 주목되는 것은 수령의 불법에 대한 고소가 매우 빈번
하였다는 것이다. 의정부에서는 "고소하는 사람이 連續不絶하면"이라고
고소가 지속되는 상황에 대한 대책을 논의하고 있다. 즉 "고소한 자가 연
이어 나오면 知官이상은 호를 낮추고 縣官은 屬縣으로 낮추자."고[81] 고소
가 빈번한 지방의 처리방안을 결정하였다. 이러한 동향은 당시 고소저항
이 빈번하여 이를 처리하는 규정이 필요한 상황이었음을 잘 보여준다.

이 기록에서 특히 주목되는 것은 수령의 부정에 대한 민들의 공동대응
도 모색되고 있었음을 짐작케 하는 대목이다. 즉 당시 수령의 부정은 개인

---

79) 상동조.
80) 『세종실록』 권44, 세종 11년 5월 병진.
81) 상동조.

적인 문제가 아니라 향촌공동체의 문제였으므로, 수령의 고소가 활발해지면서 당연히 공동체의 집단적인 문제가 거론되지 않을 수 없었다. 그러한 상황에서 민의 상호간에 논의가 필요했고 주도자도 나타날 수 있었다. 그러한 과정을 수령이나 정부의 입장에서 볼 때는 주도자는 사주자로 보일 수 있고, 논의 과정은 '揚說恐動'하는 것으로 보일 수 있었다. 물론 기록에 보이는 바와 같이 사주자도 있었다고 생각된다. 특히 향리의 신분에 있는 자는 자신이 나서기 어려운 입장이었으므로, 그러한 경향이 컸고 뒤에서 거론할 것처럼 실제에도 그러하였다. 그러나 위에서 언급한 동향은 개인적인 동향으로 설명하기에는 당시의 향촌의 상황을 생각할 때 설득력이 적다. 오히려 민이 공동 대응하는 과정에서 나올 수 있는 모습으로 이해된다. 물론 민의 집단상소를 보여주는 사례는 다소 시간이 지난 후에 세조대부터 고소가 활성화되면서 본격적으로 나타나기 시작하였다.

부민고소금지법에 대한 민의 대응 양상은 수령을 욕하고 심지어 구타까지 하는 '수령모독' 현상으로도 나타났다. 이는 세종 10년 사간원의 다음과 같은 지적을 통해서 확인할 수 있다.

예조에 내린 수교에는 다만 부사, 서리의 무리가 자기의 상관인 품관을 고소할 수 없으며, 아전과 백성도 그의 수령이나 감사를 고소할 수 없다고 말한 것뿐이고 나머지에는 언급하지 않아서 말에 자세하지 못한 데가 있습니다. 요사이 간혹 常民이 수령을 구타한 자가 있습니다. (중략) 만약 아랫사람이 잘못되었으면 각기 本律에다 죄 한 等을 加重하여 論斷하며, 그 정상이 더욱 심한 자에게는 왕지를 받아 엄하게 징계하게 하여 이로써 淳厚한 풍속을 이루소서.[82]

세종 10년 사간원에서 小民이 수령을 구타하는 자가 있다고 지적하면서 "아랫사람이 잘못되었으면 각기 本律에다 죄 한 等을 加重하여 論斷하자."

82)『세종실록』권40, 세종 10년 6월 정축.

고 제의하였다. 이에 대하여 세종은 "너의 말은 아름다우나 적은 일이 아니니 수행할 수 없다."라고 거절하였다. 이에 좌사간 김효정 등이 계속 加等하여 시행할 것을 주장하자 세종도 재판자의 '재량권'을 인정하여서 加等할 수 있는 소지를 허용하였다.[83] 이러한 일련의 정부의 대책은 부민의 수령고소를 적극적으로 규제하는 것이었다. 그러나 부민의 수령고소는 더욱 빈번해지고 격화되는 방향으로 나아갔다.

민들의 반발이 계속되면서 관원들까지도 부분적인 수령 고소의 허용을 주장하게 되었다. 이미 세종 7년 사간원은 상소를 통해서 "자금이후로 중외관리가 官民物을 자기 것으로 하면 고소하게 하여 탐오를 징계하고 민생을 위로하소서."라고[84] 藏吏에 대한 고소를 허용하자고 주장하였다.

같은 해 경력 신정리도 진언하여 "부민이 수령의 범죄를 고소할 수 없음은 미법이나 법령을 두려워하지 않고 탐폭하는 자가 있으니, 이후로 貪暴不法者는 진고를 허가해서 청렴하지 않는 것을 징계하소서."라고 수령의 貪暴한 것에 대한 고소를 허용할 것을 요청하였다.[85] 탐폭은 탐욕이 많고 포학하다는 의미로 장리 뿐 아니라 포학한 수령까지 고소를 허용하자는 주장으로 이해된다.

부민들의 수령 고소가 빈번해지고, 관원들 역시 수령 고소를 허용하자는 요구가 계속되면서, 정부는 수령의 부민수탈이 격화되는 현실 문제를 다시 생각하지 않을 수 없었다. 그러므로 세종은 그 13년 다음과 같이 이 문제를 정식으로 제기하였다.

아랫사람으로 윗사람을 고소하지 못하게 하면 원억을 풀 수가 없다. 몸에 절박한 것은 청리하고, 관리를 고소하는 것은 청리하지 않는 것이 어떤가?[286]

---

83)『세종실록』권40, 세종 10년 6월 정해.
84) 상동조.
85)『세종실록』권28, 세종 7년 6월 신유.

세종은 여기서 ①고소를 허용하되, ②그 범위는 '몸에 절박한 것'으로 한정하면서, ③고소된 수령은 처벌하지 않는다는 세 가지 고소 허용의 기본방향을 제시하였다. 이후 논의는 이러한 세종이 제시한 기본방향을 따라서 진행되었다. 이 논의에서 가장 중요한 것은 제한적이나마 고소를 허용할 것인가, 아니면 허용하지 않을 것인가라는 문제였다. 여기에 부수된 것으로 허용한다면 어느 선에서 제한을 풀 것인가라는 문제였다. 또한 이 때에 고소된 수령은 어떻게 처리할 것인가의 문제였다.

부분적인 고소를 허용할 것인가의 문제는 가장 중요한 쟁점이었다. 세종이 이 문제를 제기하자, 부민고소금지법을 제의했던 허조를 중심한 반대가 치열하였다. 이에 세종은 "원억을 펴지 못함이 어찌 政道이겠는가?" 라고 변통의 필요성을 주장하면서 "수령이 부민의 전지에 대한 재판을 오결했다면 부민이 오결을 올려 개정하는 것이 어찌 고소인가. 실은 부득이한 일이다."라고 고소의 일부 허용을 거듭 주장하였다.[87] 이에 대한 많은 논의가 있은 두 달 뒤에 정부는 '自己冤抑'의 고소를 허용하는 것으로 결정하였다.[88]

그러나 반발은 여전하였고, 결정 직후 허조는 "수령이 적은 잘못이 있으면 오히려 고소하여 그 잘못을 드러내고, 심한 자는 수령을 욕하니 이러한 풍속은 더 많아져서는 안 된다."고[89] 고소를 허용하는 것을 반대하였다. 이에 세종은 "수령이 민의 노비를 빼앗아 다른 사람에게 주어도 수리하지 않음이 가한가?"라고 허조를 비판하였다. 이러한 세종과 허조의 치열한 논란은 지속되어[90] 세종도 이 문제를 일방적으로 결정하기 어려웠다. 다음 달 상정소의 제조들이 의논하여 수령고소금지를 유지하자고 제한하자, 세

86) 『세종실록』 권51, 세종 13년 1월 갑신.
87) 상동조.
88) 『세종실록』 권51, 세종 13년 3월 병자.
89) 상동조.
90) 『세종실록』 권52, 세종 13년 6월 임자.

종이 이에 동의하여 부민고소금지법의 폐지는 지연되었다.[91]

그러나 세종은 15년에 다시 의정부에 다음과 같이 명하면서 이 논의를 재개하였다.

『續典』의 부민고소조에는 自己訴冤을 받아 분간하도록 하고 있으나 허조의 계에 의해서 부민의 고소를 금하였다. 그러나 전혀 청리하지 않으면 원한을 가진 자가 고소하여 펼 수 없다. (중략) 수리하여 곡직을 구별하여 원억을 펴게 하고 수령을 죄주지 않으면, 원억은 펴지고 명분은 엄하여 양전하여 폐가 없으리라 생각하니, 경등은 숙의하라.[92]

이 내용은 세종 13년 세종이 제기한 것과 같은 내용이었다. '소원'을 그 대상으로 하고, 수령은 죄를 주지 않는다는 기본 전제가 같았다. 이러한 세종의 지시에 대해, 시사에서 허조는 "부민의 고소를 수용하여 청단하면 존비의 분이 없어질 수 있습니다."라고 역시 반대하였다. 이에 세종은 "고금 천하에 어찌 소민이 원억을 말하지 못하는 이치가 있으리오 경의 뜻은 선하나 행하는 데는 문제가 있다."고 강경하게 소원의 고소를 시행하도록 명하였다.[93]

세종은 그 다음날에 형조에 다음 같이 전지를 내려 이 문제를 결말지었다.

이후로 自己訴冤의 고소장을 수리하고 바름을 따라 결단하되 관리는 처벌하지 말아 존비의 분수를 온전히 하고, 그 나머지 아랫사람으로 윗사람을 고소하는 것은 『육전』에 의해서 금하라.[94]

이 내용의 핵심은 '자기소원'에 한하여 고소를 허용하고, 잘못한 수령은

---

91) 『세종실록』권53, 세종 13년 7월 계유.
92) 『세종실록』권62, 세종 15년 10월 기사.
93) 『세종실록』권62, 세종 15년 10월 임신.
94) 『세종실록』권62, 세종 15년 10월 계유.

처벌하지 않는다는 것이었다. 관원들의 반대가 컸지만 이러한 세종의 강력한 명에 의해서 '자기소원'에 대한 수령고소를 시행하였다.

여기서 자기소원은 '오결에 대한 고소'로 한정되었다. 고소의 범주는 쉽게 결정되지 않았다. 처음 논의에서 세종은 '몸에 절박한 것' '자기 부득이한 일' 등으로 분명하지 않게 표현하였다.95) 그러나 상정소에서는 이를 '自己冤抑'으로 정리하였다. 세종 13년 대신 정초는 다음과 같이 '자기원억'을 설명하였다.

> 부민고소란 곧 수령이 범한 과오를 보복하려고 고하는 것을 이르는 것이요, 自己冤抑을 이르는 것이 아니다. 만약 억울하게 그 부모를 욕보이거나, 직첩을 뺏거나, 함부로 요역에 보내거나, 백성들의 토지를 침해 강탈하는 등의 일은 비록 다시 다른 법을 세우지 않더라도 자연 행할 수 있을 것입니다.96)

정초는 부민고소를 금한 것은 수령이 범한 과오를 보복하려고 고하는 경우에 한정하고, 自己冤抑을 고하는 것은 부민고소에 해당하지 않는 것으로 이해하였다. 즉 자기원억은 고소하는 것은 부민고소금지법을 어기는 것이 아니라고 이해하였다. 그리고 하연은 좀 더 구체적으로 자기원억의 범주를 "억울하게 그 부모를 욕보이거나, 직첩을 뺏거나, 함부로 徭役에 보내거나, 백성들의 토지를 침해 강탈하는 등의 일"97) 등으로 구체적으로 언급하였다. 그러므로 자기원억은 범위를 '자기'가 피해를 입은 것으로 제한하고 있을 뿐, 수령에게 피해를 보는 모든 일을 망라하는 것이었다.

그러나 세종은 정초가 제시한 고소의 범위인 '자기원억'을 수용하지 않았다. 세종은 그 고소의 범위를 다음과 같이 좁게 잡았다.

---

95) 『세종실록』 권51, 세종 13년 정월 갑신.
96) 『세종실록』 권51, 세종 13년 3월 병자.
97) 상동조.

그러나 비록 법을 굽혀 곤장을 때려 욕보였다 하더라도 어찌 일일이
다 고소하겠는가. 그 토지나 노비 등의 사건을 오결한 일들을 반드시
명백히 변별될 때를 기다리고 고소하지 않는다면 어떻게 억울한 정을
펴보겠는가.98)

세종은 정초의 주장에 대하여 "법을 굽혀 곤장을 때려 욕보였다 하더라
도 어찌 일일이 다 고소하겠는가."라고 고소의 범위를 축소하여 해석하면
서, 구체적으로 "토지나 노비 등의 사건을 오결한 일"로 한정해서 해석하
고 있다.99)

그러므로 이후 논의에서는 고소의 허용범위가 수령이 재판에서 오결한
경우로 한정하여서 사용되었다. 세종은 그 15년 최종적으로 형조에 교지
를 내리면서도 다음과 같이 그 허용범위를 명시하였다.

대체로 낮고 천한 백성이 존귀한 윗사람을 침범할 수 없는 것이므
로, 部民이나 아전의 무리가 자기의 위에 있는 관리를 고소하는 것을
금지하는 것은 진실로 좋은 법이며 아름다운 뜻이다. 다만 '自己訴冤'
訴狀만은 수리하여, 다시 옳고 그른 것을 가려서 판결한다는 것은『육
전』에 실려 있다. (중략) 지금부터는 自己訴冤하는 소장을 수리하여 바
른대로 판결하여 줄 뿐이고, 관리의 오판을 처벌하는 일은 없게 하여,
존비의 분수를 보전하게 하라.100)

세종은 고소의 범위를 재판의 '오결'로 한정하고 있다. "자기소원의 고
장을 수리하지 않으면 원억을 펼 수 없어 治道에 방해가 된다."라고 오결
의 문제로 한정하고, 용어도 '자기원억'이라는 용어 대신에, '自己訴冤'이라
는 단어를 사용하여 그 차이를 분명하게 명시하였다.

---

98) 상동조.
99) 상동조.
100)『세종실록』권62, 세종 15년 10월 계유.

고소범위를 논의하는 이면에서 고소된 수령을 처리하는 문제도 논의의 대상이 되었다. 신문고의 규정에 의하면 고소를 재심하여 수령이 오결한 것이 밝혀지면, 오결한 관원은 처벌하였다.[101] 수령의 오결에 대한 처벌은 수령의 고소가 허용되지 않는 상황에서 수령의 신중한 재판을 위해서 필요한 것이었다. 그러므로 이제 수령의 고소가 논의되는 상황에 이 규정은 새롭게 정리되어야 하였다. 앞에서 살핀 바와 같이 세종도 고소된 수령의 부정을 문제로 삼지 않을 것을 주장하였으나,[102] 이는 간단한 문제는 아니었다. 수령의 오결에 대한 처벌은 부민고소의 문제와 별도로 정리되어야 할 문제였기 때문이었다. 그러나 수령을 처벌한다면 결과적으로 부민고소에 의해서 수령을 처벌한 것이 되므로 논란의 여지가 있었다.[103]

세종은 수령을 처벌하지 않는 것을 주장하였다. 세종 13년 6월에도 이 문제를 논의하면서 세종은 "부민이 자기 일로 수령을 고소하는 자는 단지 소송의 일만을 결정하고, 수령의 오결죄는 묻지 않음이 어떠한가."라고 오결수령의 문책을 않을 것을 계속 주장하였다. 이에 대해서 지신사 신숭선은 "죄를 주지 않으면 수령의 오결이 많을 것입니다."라고 우려를 표하였다.[104] 그러나 세종은 며칠 뒤 시사에도 수령이 오결한 경우에 고소를 허용하자고 주장하면서, 오결한 수령의 죄는 주지 않는 것에 거듭 주장하였다. 신숭선은 죄를 주지 않으면 청탁에 의한 오결이 많은 것이라고 거듭 반대하여 논의는 치열해졌다.[105] 그러나 더 근본 문제인 고소의 허용여부가 일시 연기되면서 이 논의도 중지되었다.

그러나 세종 15년에 논의가 재개되면서 이 문제는 다시 제기되었다. 세종은 "수리하여 곡직을 구별하여 원억을 펴게 하고, 수령은 죄를 주지 않

---

101) 『태종실록』 권3, 태종 2년 정월 기유.
102) 『세종실록』 권51, 세종 13년 정월 갑신.
103) 상동조.
104) 『세종실록』 권52, 세종 13년 6월 병자.
105) 『세종실록』 권52, 세종 13년 6월 임자.

으면 원억은 퍼지고 명분은 엄하여 폐가 없으리라 생각한다."고 이전의 주
장을 계속 주장하였다.[106) 결국 세종의 주장이 관철되어서 최종으로 형조
에 내린 명령에도 "지금부터는 自己訴冤하는 소장을 수리하여 바른 대로
판결하여 줄 뿐이고, 관리의 오판을 처벌하는 일은 없게 하여, 존비의 분
수를 보전하게 하라."고[107) 오결한 수령의 처벌은 금하였다.

　이점에 대해서 상정소 제조 정초는 관리의 오결이 착오에서 생긴 고의적
인 것이 아니면 죄를 주지 않는 것은 가하나, 고의적인 것이라면 풍헌관이
검사하게 하여 처벌해야 한다고 주장하였다. 그는 "민은 단지 소원한 것뿐
이고, 풍원관이 검거하여 重罪를 적발한 것이니 민이 죄를 범한 것은 아닙
니다."라고 새로운 논리까지 제시하였으나 결국 수용되지 않았다.[108) 따라
서 수령의 고소는 허용하되 수령의 잘못은 문제 삼지 않는 것으로 결정되
었다.

　이상에서 볼 때, 세종과 관원들은 수령의 수탈이 늘어나고, 백성들이 처
벌받는 것도 불사하는 '고소저항'이 빈번하게 나타나자, '자기소원'이라는
오결재판에 대한 재심을 허용하였다. 그러나 이는 자기원억으로 제안되었
던 수령의 부정에 대한 처벌 즉 '臟吏', '貪暴不法' 등에 대한 수령의 고소
와는 상당한 거리가 있는 것이었다. 그러므로 사실상 부민고소금지법은
그대로 살아있었다. 특히 잘못 판결한 수령에 대한 처벌까지 부정되고 있
었다.

　그러므로 '자기소원'의 시행은 수령의 부정을 막기 위해 수령의 부정에
대한 고소의 허용을 요구해온 민의 입장에서 볼 때, 만족스러운 성과가 아
니었다. '자기소원'의 허용은 잘못된 재판에 대한 재심청구의 허용에 불과
하였으므로, 민은 수령의 부정을 고소할 수 있는 정치적 지위의 확보를 위
해서 계속 노력할 수밖에 없었다.

---

106)『세종실록』권62, 세종 15년 10월 기사.
107)『세종실록』권62, 세종 15년 10월 계유.
108) 상동조.

3. 민의 저항과 '自己冤抑' 고소의 시행

1) 민의 저항

自己訴冤에 대한 수령고소를 허용하였으나, 이는 잘못된 재판에 대한 재심 청구권에 불과하였다. 현실적으로 문제가 되는 수령의 부정은 재판의 오결 정도의 문제가 아니었고 개인차원의 문제도 아니었다. 이 점은 판중추부사 안순이 上書에서 "代入, 防納 등의 부담이 크나 민이 부민고소금지로 고소하지 못하고 있습니다."라고[109] 잘 지적하고 있다. 수령의 부정의 문제가 구체적으로 공물의 방납이나 군역의 대입 등 공동체의 부담이 되는 문제였음을 알 수 있다. 그러므로 자기소원의 허용은 부민의 수령 고소 요구의 본질적인 부분을 피한 것이었다.

그러한 상황이었기 때문에 부민의 저항은 계속될 수밖에 없었다. 재심의 청구를 허용하는 자기소원의 범주를 넘어선 수령의 부정에 대한 고소가 빈번하였다. 고소자가 현실적으로 처벌되는 상황이었지만, 수령의 부정도 노출되면 처벌되는 것이 일반적이었으므로 민들은 고소를 강행하였던 것이다. 고소가 상당히 빈번해지자 정부에서는 개인적인 처벌에 겸하여, 세종 11년에 "고소한 자가 연이어 나오면 知官이상은 호를 낮추고 縣官은 屬縣으로 낮춘다."는 법을 만들어 대응하였다.

그러나 이러한 법의 제약에도 불구하고 고소는 빈번하였다. 고소가 빈번하였음을 잘 보여주는 대표적인 사례는 한 지방에서 여러 차례 수령을 고소한 경우를 들 수 있다. 대표적으로 경원부에서는 여러 차례 수령을 고소하였다. 경원부에서 여러 차례 수령을 고소하자, 세종은 그 19년에 감사와 도절제사에게 특지를 내려서 다음과 같이 염려를 전하였다.

---

109) 『세종실록』 권87, 세종 21년 11월 을묘.

경원부는 바로 조종께서 왕업을 일으킨 곳이고, 북쪽 지방의 큰 진이니 모든 규모를 특수하게 달리 함이 당연하다. 다만 경계가 야인과 연접하여 방어하는 일이 긴급하매, 그 곳에 사는 백성들을 모두 머물러 두고 방수하게 하여, 서울에 올라와서 벼슬하지 못하게 한 까닭으로 법을 익히지 못하고 대체를 알지 못하여, 혹 작은 일로써 여러 번 수령을 고소하니, 풍속이 이와 같음을 염려하지 않을 수 없다.110)

경원부에서는 세종이 특지를 내릴 정도로 고소저항이 빈번함을 잘 보여준다. 충청도 이산현도 그러한 지방의 하나였다. 예승석을 평양소윤에 임명하는 政目의 기록을 보면, "전에 충청도 이산현감으로 임기를 채운 자가 없었다. 예승석이 현감이 되어 政最로 임기를 채우니 특별히 헌납에 제수하였다."라는111) 기록이 보인다. 이 역시 이산현의 경우도 수령이 자주 교체될 정도로 고소가 빈번하였음을 잘 보여준다. 이러한 사례들은 정부의 적극적인 규제에도 불구하고 고소저항이 치열했음을 짐작케 해준다.
백성들이 고소저항으로 수령의 부정에 대응하였지만, 수령들은 오히려 더욱 심하게 백성들을 억압하였다. 이는 세종 19년 사헌부의 다음과 같은 지적을 통해서 짐작할 수 있다.

수령이 부민고소를 금한 후 부정을 더 해가고 있습니다. (중략) 민이 고통을 감당하지 못하여 고소를 하고자 하면 태장을 치고 구금하면서, "네가 나를 고소하려느냐?"라고 말합니다. 법을 의지하여서 이와 같이 하니, 어찌 그 법이 선하지 않으랴마는 인심이 옛날과 같지 않습니다.112)

이 내용에 의하면 수령이 민의 고소저항을 막기 위해서, 고소하려는 백성에게 태장을 치고 구금까지 하면서 고소를 막으려 노력하였음을 잘 보

---

110) 『세종실록』 권77, 세종 19년 4월 신유.
111) 『세조실록』 권14, 세조 4년 9월 신묘.
112) 『세종실록』 권77, 세종 19년 6월 기미.

여준다.

이러한 수령의 동향에 대하여 민은 '무력저항'도 시도하였다. 수령에 대한 민의 무력저항은 그 양상이 다양한데, 크게는 수령모독의 형태와 무장하여 수령을 위협하는 형태로 나타났다. 이러한 현상은 민의 고소저항에서 한 단계 더 나아가는 모습이었다. 지방에서 문제가 일어나면, 수령의 교체가 불가피한 상황에서 나타날 수 있는 백성들의 저항 방식이었다.

먼저 나타나는 무력저항은 수령에 대한 모독이었다. 모독은 욕을 하는 것부터 몸싸움을 벌이는 것까지 다양한 양상을 망라하는 현상이었다. 수령모독의 사례는 세종 20년 이후 집중적으로 나타난다. 수령에 대한 모독은 처음에는 품관층에서 나타나기 시작하여 일반 서민들에게까지 확산되었다.

초기의 몇 가지 자료는 수령에 대한 모독이 품관들에 의해서 시작되었음을 보여준다. 세종 20년 남원의 前知郡事 김숙보가 수령을 모독하고 수령이 보낸 差使員을 구타하였다.[113] 같은 해 8월에 고원의 박의생이 아버지가 공신임을 믿고 본관수령을 능욕하였다.[114] 세종 21년에는 해풍군의 부사직 황득부가 수령을 모독하였다.[115] 이러한 사례 등은 초기의 수령 모독이 품관들에 의해서 나타나고 있음을 잘 보여준다.

당시 조정에서는 이 문제를 풍속에 관계되는 일로 파악하여 중시하였다. 김숙보가 수령을 모독한 문제가 조정에 보고되자, 정부에서는 이러한 사안에 대한 이전의 판례를 찾을 수 없어, 전조의 고사를 인용하여 黜鄕하고 전택을 빈민에게 분급하자고 청하였으나[116] 세종은 공신 자손임을 감안하여 직첩을 거두고 출향하는데 그쳤다. 이러한 사례가 있은 후에 나타

---

113) 『세종실록』 권81, 세종 20년 6월 경진.
114) 『세종실록』 권82, 세종 20년 8월 을묘.
115) 『세종실록』 권86, 세종 21년 7월 정미.
116) 이미 수령모독에 대한 조항이 규정되었으나 사문화되었다가 수령모독 사례가 빈발하면서 새로이 수정되어 적용되고 있다.

난 박의생의 경우는 杖 100대와 고려 고사에 따라 출향하는 것으로 처벌이 강화되었다. 황득부의 경우에는 이미 정해진 출향에 더하여, 이민이 수령을 고소한 법에 의한 처벌인 杖 100, 流 3000리에 처벌하였다. 이러한 처벌의 강화추세는 모독사례가 빈번해지면서 정부가 적극적으로 대응하는 모습을 보여준다. 최종적으로 정부에서 모독에 대하여 부민고소금지법을 어긴 것과 같이 처벌한 것은 정부가 이 문제를 부민고소금지의 연장선에서 파악하고 있음을 잘 보여주었다.

이러한 품관층의 수령모독의 사례를 이어 서민들이 수령을 모독하는 사례도 빈번하게 나타났다. 세종 21년 전라도 무주인 노홍준, 평안도 강동인 곽만흥 등은 모두 부민으로 수령을 능욕하여 출향되었다.117) 세종 22년 경상도 진주인 정현룡 역시 수령모독으로 출향하여 함길도 회령진으로 이사되었다.118) 단종 2년 죽산인 김망룡도 본관수령을 능욕하여 출향되었다.119) 세조 2년 전주민 김사례가 본부판관을 모독한 죄로 그 아버지인 김경선과 형제들이 모두 함길도 종성에 이사되었다.120) 실록에는 모든 사건을 다 기록하지 않고 특정적인 사례만을 기록하고 있는데, 이상의 기록들은 민의 수령모독이 빈번하게 나타났음을 잘 보여준다. 일반서민 외에 향리의 수령모독도 나타난다. 세종 2년 경상도 무안군 향리 이절이 그 읍의 수령을 욕하여 출향되어 평안도 박천이북의 역리가 되는 사례는 그 대표적인 것이다.121)

세조대에 들어서면서 수령모독과 함께 민이 무장을 하고 수령을 위협하는 저항도 나타났다. 이러한 저항은 그 방법이 더욱 강화된 형태였다. 당시에 생활기반이 취약하여 기근 등 재해를 당하면 민들이 쉽게 유민으로

---

117) 『세종실록』권84, 세종 21년 2월 경오.
118) 『세종실록』권87, 세종 22년 3월 신해.
119) 『단종실록』권11, 단종 2년 6월 기해.
120) 『세조실록』권5, 세조 2년 11월 신묘.
121) 『세조실록』권2, 세조 원년 8월 경술.

떠돌거나 도적이 되는 상황이었는데,[122] 이러한 상황에서 수령의 부정이
그러한 사태를 더욱 악화시키자, 이에 대한 극단적인 저항 방식이 무장하
여 수령을 위협하는 것으로 나타났다.

세조 원년에는 광양의 선군 정경, 정원길, 이종명 등이 현감 문종노에게
원한을 품고 있다가, 문종노가 체임되어서 서울로 올라갈 때 정경 등이 활
과 칼을 가지고 길을 막아 駄載物을 약탈하였다.[123] 세조 3년에도 나주의
선군 박충고의 私奴 3명이 전목사의 잘못된 처벌에 원한을 품고 있다가
보복을 모의하여 수령을 모함하고, 사람을 모아 무리를 이루어 활과 칼을
차고 다른 군현까지 가서 수령의 행장을 겁탈하였다.[124]

위의 두 가지 사례는 수령의 부정에 대해 원한을 품은 민들이 수령이
이임 시에 집단으로 습격하고 가져가는 駄物을 약탈하였음을 보여준다.
수령 이임시의 駄物은 수령이 재임 시 부정으로 축재한 재물이었다. 특히
나주의 박충고의 경우는 "수령을 모함하고 사람을 모아 무리를 이루어"라
는 기록으로 보아서 박충고가 주동이 되고, 수령의 부정에 피해를 입은 민
이 동조하여 집단적으로 저항한 모습을 잘 보여주고 있다.

당시에 유민과 도적들이 관물을 훔치다가 적발되어 수령에 저항하고,
수령의 행차를 약탈하는 현상들도 빈발하고 있었다. 세조 6년 온양의 관노
3~4인이 관물을 훔치다가 군수 조원지에게 죄를 받자, 모두 도망하여 숨
어 원한을 품은 형방리의 집을 태우고 다시 公衙를 불태웠다.[125] 세조 11
년 음죽현감 이시부가 명을 받들어 포천으로 가는 중에, 강도 7~8인이 활
과 몽둥이를 들고 나와 막아서서 수행인들에게 활도 쏘고 말도 빼앗았다.
이시부는 말을 달려 겨우 잡힘을 면하였다.[126]

---

122) 한희숙 「15세기 도적활동의 사회적 조명」 『역사와 현실』 5, 1991.
123) 『세조실록』 권1, 세조 원년 6월 경오.
124) 『세조실록』 권7, 세조 3년 5월 계미.
125) 『세조실록』 권20, 세조 6년 4월 정사.
126) 『세조실록』 권36, 세조 11년 5월 경오.

이상에서 볼 때 부민고소금지 규정으로 수령의 부정이 더욱 거세지고 있었으나, 정부는 단지 '자기소원'을 허용하는 등 소극적인 대책으로 대응하자, 백성들은 '무력저항'하였다. 이러한 저항에 따라서 정부도 보다 적극적인 방안을 모색할 수밖에 없었다.

2) 自己冤抑의 고소

수령을 고소를 금지하는 규정이 지속되면서 수령의 부정이 늘고, 백성들의 저항이 거세지면서 부민고소금지법에 대한 개정의 요청이 관원들에 의해서 지속되었다. 세종 18년에는 수령조차도 민의 수령 고소를 허용하자고 건의하였다. 영동현감 곽순은 다음과 같이 상언하여 고소금지를 폐지할 것을 청하였다.

> 부민고소금지는 풍속을 후하게 하자는 것이었습니다. (중략) 수령이 불의를 행하나 고소할 수가 없어 법을 만든 의미는 없어지고, 민을 침어함이 끝이 없습니다.127)

수령고소를 금하면서 폐단이 심해지자, 수령 스스로가 이러한 제의를 하게 되었다. 이는 매우 의미있는 현상이었다. 수령들도 백성들이 무력저항으로까지 나아가는 상황에서, 수령에 대한 백성의 고소를 허용하는 것이 낫겠다고 생각한 것이었다.

이러한 상황에서 관원들은 이미 허용한 '자기소원'을 확대해서 수령을 고소할 수 있는 범위를 확대해줄 것을 제의하였다. 세종 19년 사헌부 관원들은 상소를 통해서 다음과 같이 제안하였다.

---

127) 『세종실록』 권74, 세종 18년 7월 정유.

　백성이 고소하는 것을 허락하고자 하면, 풍속이 날마다 박하여 수령
이 그 벼슬에 편하지 못할 것이고, 백성의 고소를 금하고자 하면 수령
이 두려워하고 꺼리는 마음이 없어서 탐혹을 방자히 행할 것이오니,
신 등은 항상 이를 생각하고 되풀이하여 이를 헤아리옵니다. 그윽이
생각하건대, 貪汚, 亂政, 虐民 등의 일은 진실로 작은 범죄가 아니오
니, 어찌 오래 있게 하여 그 백성을 병들게 함이 마땅하오리까. 탐혹한
관리는 법을 믿고 위엄을 세워 마음대로 백성을 침해하는데, 백성들은
입을 봉하고 숨을 죽이며 원망을 품고 하늘에 호소하니, 수재와 한재
가 이로 말미암아 부른 것이 아니라고 어떻게 알리까. 원컨대, 이제부
터는 貪汚, 亂政, 虐民 등의 일에는 모두 고소하기를 허락하여 억울함
을 펴게 하고, 기타 잡범은 일체 이미 이룩된 법에 따를 것입니다.128)

　사헌부는 제한적으로 수령의 고소를 허용하자고 제안하고 있다. 즉 부
민고소의 전면적인 허용이 불가하더라도 "貪汚, 亂政, 虐民 등의 일은 고
소를 허용하여 원억을 푸소서."라고 요청하였다. 그러나 탐오, 난정, 학민
등의 일에 대하여 고소를 허용하는 것은 사실상 전면적으로 수령의 부정
을 허용하는 것이었으므로 수용되기 어려웠다.

　세종 27년에도 세자 서연에서 좌빈객 김종서는 "부민고소를 금함은 아
름다운 법이나, 만약 수령이 탐폭하여 불법을 하면 민이 병을 받음이 말할
수 없습니다."라고 전제하고, "일반 고소는 법에 의해서 시행하되 국가에
서 질고를 묻는 사신을 보낼 때는 진고할 것을 허락하소서."라는 제안하였
다. 부민고소를 금하는 것은 그대로 두되, 어사를 보내어서 살필 때에는
수령의 '탐폭'에 대해서는 어사에게는 고소할 수 있도록 허용하자는 제안
이었다.129) 그러나 관원들의 이러한 같은 부분적으로 고소를 허용하자는
요구들도 조정에서 수용되지 않았다.

　그러나 민의 수령모독과 무력저항이 계속되면서 정부도 대책이 필요하

---

128) 『세종실록』권77, 세종 19년 6월 기미.
129) 『세종실록』권110, 세종 27년 11월 을해.

였다. 세종 29년 의정부에서는 다음과 같이 대안을 제시하였다.

> 그러나 '自己冤訴'로 바로잡을 일은 노비와 전지를 잘못 판결한 것
> 만이 아니라, 부역이 균등하지 못하고 세금 징수가 과중하며, 환곡의
> 출납이 증가되고 감손되는 등의 일은 비록 이것이 백성들의 공통의 걱
> 정이지마는, 또한 이것은 한 사람의 사사로운 원통한 일이오니 모두
> 다 들어서 심리하게 함이 옳겠습니다. (중략) 지금부터는 일체 개정하
> 여 '자기원억' 일을 모두 陳訴하여 推劾하게 하고, 개정할 즈음에는 가
> 볍지 않은 貪婪, 虐民의 일이 발각된다면, 신분이 낮은 사람의 고발로
> 써 비록 笞刑과 杖刑을 가하지 않더라도, 그 죄의 경하고 중한 데에
> 따라서 즉시 파출시켜서 백성을 편안하게 하소서.130)

의정부는 노비와 전지를 잘못 판결한 것에 대한 수령의 고소인 '자기소
원'의 고소만 허용된 상황을 지적하면서, 그 고소의 범위를 '부역'이나 '환
자' 등의 문제까지 넓혀서 고소할 수 있도록 하자고 요청하고 있다. 그리
고 이러한 넓어진 범위의 고소를 '자기원억'이라는 용어를 사용하여 정리
하고 있다. '자기원억'이라는 용어는 이미 세종 13년 대신 정초가 고소의
범위를 해석하면서 사용한 용어였다.131) 의정부는 민의 저항으로 수령의
고소 범위를 넓히는 것이 불가피한 상황에서, 이전의 용어를 다시 사용하
면서 수령고소의 범위를 넓힐 것을 제안하였다. 이를 세종은 수용하면서
'자기원억'의 고소가 적용되었다.

또한 정부는 '자기소원'의 경우 잘못한 수령을 처벌하지 않는다는 것을
분명하게 명시하였으나, 여기서는 '가볍지 않은 탐오, 학민'으로 단서를 달
면서, 수령의 '파출'을 규정하고 있어 부정을 행한 수령을 처벌하는 것으로
명시하였다.

세종이 그 29년에 자기원억의 고소를 허용한 것은 매우 중요한 조치였

---

130) 『세종실록』 권115, 세종 29년 2월 계축.
131) 『세종실록』 권51, 세종 13년 3월 병자.

다. 자기원억은 이전의 자기소원에 비하여 그 고소범위가 확연하게 넓어졌다. '자기'라는 제한은 있었지만, 수령의 '탐오'와 '학민'에 대한 고소도 가능하였으며, 고소된 수령은 파출되었다. 그러므로 수령의 부정에 대한 고소는 활성화될 수 있었다. 그러한 중요한 예를 문종 즉위년 다음의 장령 하위지의 지적을 통해서 확인할 수 있다.

> 양경로가 순천 부사로 있을 적에 관할 구역의 백성 안극수가 백성들을 虐待한 폐단 17조목을 가지고 본부에 호소하였습니다. 그 15조목은 자기원억이 아닌 까닭으로 추문하지 말게 하였지만, 徵布, 濫刑의 일은 곧 자기원억인 까닭으로 그 도에 공문을 보내어 추국하였습니다.132)

이에 의하면 백성 안극수는 부사 양경로의 부정행위를 고발하였다. 사헌부는 자기원억에 해당하는 徵布, 濫刑의 일로 양경로를 추국하였고 결국 파직하였다. 이와 같은 양상은 자기원억이 비록 '자기'라는 제한이 있었지만, '徵布', '濫刑' 등 수령에게 당한 불법을 고소할 수 있는 범위가 넓어졌음을 보여준다.

4. 수령 고소 범위의 확대

1) 고소의 활성화

세종 말년에 자기원억에 대한 수령 고소가 허용되면서, 수령의 불법은 상당히 해소될 수 있었다. 그러나 여전히 '자기'의 문제에 한정되어 있었고, '원억'의 범위 내의 고소만을 허용하고 있었다. 그러나 이러한 제한도

---

132)『문종실록』 권1, 문종 즉위년 5월 갑자.

시간이 가면서 해소되어 갔다. 그 과정을 먼저 세조대 고소의 '활성화', '원억'범위의 정비, 그리고 '자기'고소 제한의 해소 과정으로 나누어 살펴보자.

세종대부터 나타난 부민의 저항은 세조대에는 더욱 빈번해졌다. 그러므로 세조는 이 문제에 남다른 관심을 표시하였다. 세조는 그 원년에서부터 分臺의 파견하고, 直告制를 시행하는 등 수령을 규제하기 위한 방안을 마련하였다.

세조는 수령의 부정을 규찰하기 위해서 세조 원년부터 分臺의 파견을 추진하였다. 分臺는 어사 파견의 일환이었으나, 기존의 방식인 行臺의 파견이 갖는 한계를 극복하기 위해서 고안된 것이었다. 분대는 5품 이상의 관원에게 대간직을 겸하게 하고, 3품 이하 관원에 대한 直斷權을 부여하여, 일정 지역에 오래 거하면서 수령의 부정을 살피게 한 제도였다. 일시적으로 지나가는 행대와는 다른 성격을 가진 것으로 분대의 실시는 수령의 부정을 더욱 강력하게 검거할 수 있는 제도였다.

세조가 분대를 파견한 것은 부민고소금지법의 폐단을 의식한 조치였다. 이는 세조 원년 視事에서 왕이 도승지를 불러 분대어사가 할 조목을 검토하게 하면서 다음과 같이 언급한 것으로 짐작할 수 있다.

> 내가 分臺御史를 파견하려고 그 행할 만한 일들을 여기에 條列해 놓았으니, 경들이 보고 행할 수 없는 것은 삭제하되 되도록 간략하게 하라. (중략) 部民告訴禁止法을 세운 뒤로부터 하정이 상달되지 않아서 그 폐단이 작지 않다. 그러나 고소하는 풍조가 행하게 되면, 풍속이 박하고 악해지니 행할 만한 것이 아니다. 내가 어사로 하여금 백성들의 疾苦를 물으려고 하는데 어떻겠는가?[133]

세조는 분대의 파견에 대한 의견을 관원들에게 물으면서, 분대어사파견이 부민고소금지에서 야기되는 폐단을 막기 위한 것을 분명히 전제하였다.

---

133) 『세조실록』 권2, 세조 원년 11월 무인.

불론 이와 같은 분대의 파견이 부민고소금지 규정을 폐지하는 것은 아니었다.

분대의 파견한 의미는 세조가 어사를 파견하면서 "貪汚의 행위가 스스로 그쳐서 우리 백성들이 편히 그 생업에 종사토록 할 것이다."[134]라고 명한 것에 잘 드러난다. 어사가 貪墨, 虐民한 수령을 적발하여 처벌할 것을 강조하였다. 그러므로 세조는 수령의 부정을 막기 위해서 자기원억의 고소를 활용하고, 어사가 탐묵, 학민 관련 사항을 적발해주기를 기대한 것으로 보인다. 백성들이 '자기원억'을 고소를 통해서 해소하지 못한 부분을 강력한 어사의 파견인 분대를 통해서 해소하고자 하였다.

분대의 파견이 고소의 활성화를 위한 것이었으므로, 세조는 그 2년 분대의 파견과 더불어 경상, 전라, 충청, 강원, 평안도 관찰사에게 글을 내려 다음과 같이 부민들이 자기원억을 고소할 수 있도록 관리하라고 명하고 있다.

> 대간을 보내어 관리의 잘못을 살피게 하고, 부민이 '자기원억'의 일을 고소케 하였는데, 지금 수령과 품관, 인리 등이 고소를 막고 마음대로 侵虐하여, 민이 산업을 잃는 데에 이를까 염려된다. 경들은 그것을 엄히 막으라. 만일 침학하는 일이 있으면 수령 이하를 重論하겠다.[135]

세조는 어사를 통해서 부민들에게 허용된 '자기원억'에 대한 고소가 원활하게 시행되지 않을까 걱정하면서, 관찰사들에게 부민이 원활하게 자기원억을 고소할 수 있도록 지원하도록 명하고 있다.

세조는 이와 더불어 直告制를 시행하였다. 세조는 그 2년 백성들에게 다음과 같이 수령들의 불법을 직고할 것을 명하였다.

---

134) 『세조실록』 권2, 세조 원년 11월 기묘.
135) 『세조실록』 권3, 세조 2년 3월 을축.

국왕이 하늘을 몸받아 8도 군민 등에게 유시한다. 내가 너희들의 부모가 되어 무릇 무휼하는 방도를 밤낮으로 생각하여 항상 너희들이 관리의 침학에 곤핍한 것을 불쌍히 여긴다. (중략) 이제 이미 영을 내렸으니 공세, 상요, 사역 및 임시로 수교하여 移牒한 일 외에 백성을 성가시게 하는 일은 일체 금단한다. (중략) 만일 수령이 侵暴하는 일이 있으면 곧장 와서 내게 고하라.[136)

세조는 수령이 '침폭'한 일을 백성이 왕에게 직접 고할 것을 명하고 있다. 세조는 '침폭'의 내용을 설명하기 위하여 수령이 범할 수 있는 부정으로 差役의 불균, 貢物의 배정, 防納의 시행, 사사로운 營造, 잡물의 反同, 屯田의 사역 등[137) 구체적으로 모든 영역을 거론하고 있다. 그러므로 백성은 수령의 모든 부정을 왕에게 직고할 수 있었다.

물론 이러한 조치가 부민고소금지 규정을 폐지한 것은 아니었다. 분대어사를 보내서 고소를 활성화한 것과 같은 맥락에서 백성이 자기원억을 왕의 앞에 나와서 '직고'할 수 있는 길을 열어 놓은 조치로 이해된다.

세조대 직고제에 의해서 수령의 고소는 활발해졌다. 세조 5년 좌의정 강맹경의 다음과 같은 언급은 이를 잘 보여준다.

수령은 1백 리의 땅에 임금의 근심을 나누므로 그 책임이 가볍지 않은데, 간혹 貪汚한 관리가 있어서 윗사람을 속이고 백성들을 침학하니, 聖心에 염려하시어 친히 諭書를 지어서 불법한 일을 백성들로 하여금 直告하게 하였습니다. 그러나 部民들이 한번 마음에 맞지 않는다고 하여 投狀하여 고소하면 즉시 수령을 잡아오도록 하니, 이로 인하여 여러 고을이 시끄러워지고, 관리된 자가 두려워 몸을 움츠리고 감히 손도 제대로 두지 못합니다. 원컨대 告訐하는 풍속을 금지 하여서 편안하게 다스리도록 하소서. 貪汚한 자가 있으면 마땅히 법대로 처치해야

---

136) 『세조실록』 권5, 세조 2년 12월 기축.
137) 상동조.

할 것입니다."138)

강맹경은 직고제로 인해서 수령의 고소가 활발해지고 있음을 지적하고
있다. 고소하면 '즉시 수령을 잡아오도록'하여 수령들이 고소로 인해서 '두
려워 몸을 움츠리고'있다고 설명하고 있다. 그러므로 강맹경은 직고제를
폐지하고, 기존의 '법대로' 시행할 것으로 요청하였다. 이와 같이 직고제의
시행으로 수령에 대한 고소는 활성화되고 있었다.

그러나 직고제는 고소제의 규정에서 벗어나 특별한 조치였으므로 지속
되기는 어려웠다. 세조 5년 좌의정 강맹경이 朝啓에서 직고의 폐지를 요청
하였다. 이에 대하여 세조는 "수령이 일읍을 맡아 공연히 불법을 하고 민
에게 폐를 끼치니 특별히 일시의 법을 만들어 폐단을 고치려 한 것이다.
영구히 할 것은 아니다."고 폐지를 명하였다. 직고의 허용은 고소의 활성
화에 크게 기여하였으나, 세조가 지적한 것처럼 직고는 비상적인 조치였
으므로 계속 유지될 수는 없었다.

짧은 기간이었지만, 이로 인해서 고소가 활성화되는 상황이 형성되었다.
여기에 더하여 한 번 더 고소의 활성화에 기여한 조치는 세조 말년에 다시
실시한 '抽籤直告'였다. 세조 12년 세조는 다음과 같이 추첨직고제의 시행
을 명하였다.

민간의 이해와 시정의 득실을 듣기를 원하나 민이 아뢸 길이 없을까
염려한다. 注書와 史官을 명하여 "돌아가며 광화문에 나가 말하고자
하는 자를 추첨하여 그 말하는 것을 기록하여 올리라." (중략) 방을 써
서 알리기를 "京外閑良과 公私賤隷가 政治得失, 民間利害와 抱屈含
冤하여 고할 일이 있는 자는 매일 辰時에 모두 광화문 밖으로 나와서
추첨하여 待問하라."139)

---

138) 『세조실록』 권15, 세조 5년 2월 신유.
139) 『세조실록』 권39, 세조 12년 7월 갑자.

세조는 그 2년에 행한 직고제의 연장선상에서 추첨직고제를 시행하였다. 이는 직고제와 달리 직고할 사연이 있는 자중에서 추첨하여, 당첨이 된 사람이 주서와 사관을 통해서 사연을 기록하여 세조에게 직고하는 형식이었다. 직고의 내용도 자기원억의 고소에 한정하지 않고, '정치득실' '민간이해' '자기원억' 등 거의 모든 내용을 포괄하였다.

이를 통해서 백성들은 수령의 부정에 대하여 모든 것을 고할 수 있었다. 이는 사실상 부민고소금지법과 상충될 수 있었다. 그러므로 세조 14년 사헌부에서는 "자기원억이 아니어도 고소로 상을 받는 재료로 삼으니, 수령과 관리들이 아랫사람을 원수 대하듯이 합니다."140)라고 당시 상황을 지적하면서 추첨직고제의 폐지를 요청하였다. 사헌부가 요청하자 세조는 그 타당성을 인정하면서, "근자에 權道를 사용하여 원억자가 신원됨이 많았다. 그러나 오래 사용할 방법이 아님을 경들이 보았다. 금후로 받지 말라." 고 추첨직고제를 폐지하였다.141)

이와 같은 제도와 더불어 고소의 활성화에 기여한 것은 고소한 내용이 사실이 아니어도 고소자를 처벌하지 않는 관행이 형성된 것이었다. 이는 세조 3년 시사 중에서 좌의정 정창손이 다음과 같이 지적한데서 잘 드러난다.

> 자기원억이 아닌 것을 고소하는 자도 처벌하지 않으니, 소민이 私憤, 小怨에도 분을 내어 誣訴합니다. 이런 풍습이 날로 커지면 아래에는 온전한 사람이 없을 것입니다.142)

이에 의하면 백성들이 '자기원억' 외의 것을 고소하고 있고, 심지어 '誣訴'도 나타나고 있었다. 고소가 활성화되면서 백성들은 '小怨'에도 고소를

---

140) 『세조실록』 권46, 세조 14년 6월 병오.
141) 상동
142) 『세조실록』 권7, 세조 3년 3월 을해.

하고 있어 백성들은 이전보다 쉽게 수령을 고소하고 있었다. 흥미로운 것은 백성들은 자기원억을 넘어가는 사안에 대하여 고소하고 있었고, 이러한 경우에도 처벌하지 않고 있었다. 특히 허위로 誣告하는 경우도 있었다. 고소가 활성화되면서 나타날 수 있는 현상이었다.

이러한 상황은 조정에서 논의의 대상이 될 수 있었다. 세조는 "무고인을 왜 벌하지 않는가? 이는 법이 불선한 것이 아니라 유사가 봉행하지 않는 것이다."라고 문제점을 지적하였다. 그러나 이러한 상황은 세조대의 고소 활성화에 기인한 것이었다. 이는 세조 2년 다음과 같은 세조의 언급을 통해서 짐작할 수 있다.

> 대저 御駕 앞에서 친히 訴狀 고발을 받고, 또 分臺를 보내어 民情을 묻는 것은 모두가 민정을 널리 물어서 언로를 열고자 한 것이다. 말이 비록 적중하지 않더라도 또한 죄를 가하지는 않았다.[143]

이 내용에 의하면 세조는 가전 상언을 허용하고, 직소제를 시행하거나 분대를 보내면서 고소를 활성화하였고, 이러한 경우에 고소에 문제가 있어도 처벌하지 않았다. 그러므로 관원들은 자기원억의 고소에도 이를 적용하여 고소의 내용에 문제가 있어도 처벌하지 않았던 것이다.

이러한 상황을 왕과 관원들은 분명하게 인지하고 있었으므로 무고에 대하여 엄하지 않았다. 그러므로 이 논의에서 권람은 "무고를 처벌하는 법을 해당 관사에 교지로 내릴 것을 요청"[144]하였으나, 세조는 이를 내리지 않았다. 세조는 수령 고소를 활성화하기 위해서, 무고죄의 처벌을 분명하게 천명하는 것에 대하여 조심스러운 태도를 보였다.

그러므로 이후에도 관리들이 무고한 고소에 대하여서 처벌하지 못하였다. 이는 세조 4년 겸판통례 이중윤이 輪對에서 한 발언에도 잘 나타난다.

---

143) 상동조.
144) 『세조실록』 권7, 세조 3년 3월 을해.

그는 다음과 같이 무고한 고소를 처벌할 것을 요청하였다.

　　국가에서 聽民告訴之法을 세웠더니, 무릇 백성이 하나라도 자기에
게 불편함이 있으면 문득 허위를 꾸며서 그 수령을 고소하되, 일이 誣
罔에서 나왔어도 또한 坐罪하지 않습니다. 대저 수령은 一邑의 父母입
니다. 아들로 아비를 소송함은 의에 이미 옳지 못함이 되거늘, 하물며
그 하지 않은 것을 수식한 자이겠습니까? 청컨대 금하게 하소서.145)

　이는 여전히 민의 고소가 활성화되어 수령을 고소한 내용이 허위여도
백성을 무고죄로 처벌하지 않음을 보여준다. 이미 무고에 대해서는 처벌
할 것을 정부가 결정하였어도, 여전히 관원들은 고소한 백성들을 처벌하
지 않고 있었다. 이는 수령의 불법에 대한 고소를 활성화하고 하였기 때문
이었다. 그러므로 이러한 이중윤의 요청에 대해서 세조 역시 "고소를 금하
면 수령의 非法을 인주가 어찌 알 수 있는가?"라고 답하고 있다.146)

　이와 같이 세조대에 분대의 파견, 직고제의 시행, 추첨직고제의 시행 등
으로 수령에 대한 고소는 활성화되고 있었다. 또한 수령의 고소가 사실이
아닌 것으로 드러나도 고소자를 처벌하지 않는 관행도 형성되었다. 물론
수령의 고소가 자기원억의 범주내의 것이기는 하였으나, 직고제 등의 시
행으로 고소가 활성화되면서 수령의 부정을 상당히 막을 수 있는 상황이
전개되고 있었다.

---

145)『세조실록』권12, 세조 4년 4월 신사. 여기서 '부민고소법을 만들어'라는 의미는
　　당시의 전반적인 상황에서 해석할 때 자기소원에 대한 고소의 시행과 직고가 허
　　용되는 상황을 지적한 것으로 이해된다.
146) 상동조.

2) '冤抑' 범위의 확대

세조대의 다양한 조치를 통해서 수령의 고소가 활성화되면서, '자기원억'의 범위를 확대하려는 논의가 제기되었다. 먼저 '원억'의 범위를 확대하려는 의견이 제기되었다. 원억은 그 단어 자체의 의미가 상당히 포괄적이었다. 그러므로 그 의미를 확대해석하면서 자연스럽게 고소의 범위를 확대할 수 있었다. 이는 정부가 이미 허용한 자기원억 외에는 고소를 허용할 수 없다는 기본 원칙을 유지하면서, '원억'을 새롭게 해석해서 수령의 부정을 막고자하는 조치였다. 가장 쟁점이 된 것은 수령의 '貪汚'와 '虐民'의 의미를 원억에 분명하게 포함시키는 것이었다.

앞에서 살핀 바와 같이 수령의 '貪汚'와 '虐民'에 대해서 고소를 허용하자는 주장은 이미 여러 차례 제기되었다. 세종 19년 사헌부에서는 '貪汚' '亂政' '虐民'에 대해서 고소는 허용하자고 요청하였다.[147] 세종 27년에는 '貪暴'에 대해서 어사에게 고소하는 것을 허용하자고 요구하였다.[148] 정부는 자기원억으로 제한하면서 이러한 제의는 수용되지 않았다. 그러나 부민의 저항이 강화되면서 고소가 활성화되는 분위기가 형성되면서, 세조말기에 이르면 '貪汚', '虐民'한 수령에 대한 고소에 대한 처리 방식을 정할 필요가 있었다.

세조 초반까지 탐오, 학민한 수령에 대한 파악과 처벌은 어사의 역할로 이해되었다. 이는 세조 원년 분대를 파견하면서 명한 다음과 같은 언급에 분명하게 잘 드러난다.

> 일일이 들어서 탄핵할 필요는 없으나, 貪墨, 虐民 같은 두 가지 일만은, 내 몹시 미워하는 것이어서 오로지 위임해서 규찰하여 구명할

---

147) 『세종실록』 권77, 세종 19년 6월 기미.
148) 『세종실록』 권110, 세종 27년 11월 을해.

것이다. 또 부민의 自己冤抑은 또한 舊制에 의하여 고소를 허용하여, 기어코 貪汚의 행위가 스스로 그쳐서 우리 백성들이 편히 그 생업에 종사토록 할 것이다.[149]

이 내용에 의하면 세조는 분명하게 이전에 허용된 자기원억에 대한 고소와 어사의 역할로 貪墨, 虐民한 수령을 적발하여 처벌하는 것을 나누어서 설명하고 있다. 즉 세조는 수령의 부정을 막기 위해서 자기원억의 고소를 활용하고, 어사가 별도로 탐묵, 학민하는 수령의 부정을 적발해주기를 기대하고 있다. 그러므로 '자기원억'은 탐묵, 학민을 모두 포괄하고 있지 않았다.

그러므로 세조 초에는 탐오, 학민하는 수령의 고소를 어사를 통해서 해결하고 있었다. 세조 2년 공주의 관노는 전목사 이종효와 판관 송맹연이 재직 시에 의창의 면포를 남용하고 그 비용을 인리에게 걷어서 충당했다고 고소하였다.[150] 역시 세조 2년에 춘천인 박장명이 부사 정유용이 수렵에 근실하지 않은 사람을 살해하고 수렵에 따르는 자에게 면포를 거두었다고 어사에게 고소하였다.[151] 역시 세조 2년 관노 득만이 공주판관 송맹연의 부정을 어사에게 고소하였다.[152] 이러한 고소는 모두 자기원억의 범주를 넘어선 것이었다. '탐오'하고 '학민'하는 수령에 대한 고소였다. 이러한 고소들은 어사를 통해서 수용하고 있었다.

이러한 사례들이 나타나면서, 백성들은 자연스럽게 자기원억 외의 사안을 가지고 수령을 고소하기 시작하였다. 이러한 상황을 이미 앞에서 살핀 바와 같이 시사 중에서 좌의정 정창손이 "자기원억이 아닌 것을 고소하는 자도 처벌하지 않으니 소민이 적은 원한에도 분을 내어 과장되게 고소합

---

149) 『세조실록』 권2, 세조 원년 11월 기묘.
150) 『세조실록』 권3, 세조 2년 2월 계해.
151) 상동조.
152) 『세조실록』 권3, 세조 2년 3월 정축.

니다."153)라고 지적하였다.

상황이 이렇게 변해가자 정부에서도 새로운 대응이 필요하였다. 그러한 상황에서 나온 방법이 자기원억의 확대해석이었다. 즉 자기원억이라는 기존의 틀을 유지하면서, 그 해석을 확대하여 '貪汚, 虐民'까지를 포괄하는 개념으로 재해석하였다.

이러한 개념의 확대를 분명하게 보여주는 것은 세조 14년 直告의 폐지를 요구한 사헌부의 다음과 같은 언급이었다.

> 관리의 貪汚, 虐民 등의 일은 자기의 원억자가 고소하면 관리가 규찰하니, 어찌 다른 사람의 고소를 기다리겠습니까? 지금 이후 자기원억 외는 고소하지 못하게 하여 인심을 안정시키고 풍속을 순하게 하소서.154)

여기서 사헌부는 자기원억의 고소만을 허용한 기존의 입장을 기본원칙으로 천명했다. 그러나 수령의 '탐오', '학민' 등의 개념을 '자기원억'의 내에서 해석하고 있다. 이러한 변통은 상하의 질서를 존중하는 유교적 기본이념에 입각한 부민고소금지법의 이념을 가능하면 존중하면서, 현실적으로 관행화되어가는 탐오한 수령에 대한 범죄의 처벌이라는 현실적인 요구를 저항 없이 수용하기 위한 노력이었다.

그러나 예종이 즉위하여 훈구들이 정권을 장악하면서 세조대의 고소 활성화의 분위기는 일시적으로 변화하는 듯하였다. 예종 초반에 부민고소를 금하자는 제안들이 그러한 분위기를 보여준다. 예종 즉위년 의금부 경력 이인규는 "능상의 풍이 일어나면 풍속이 박해지니 부민고소를 금하소서."라고 주장하였고,155) 예종 즉위년 정승 최항 등도 "부민고소는 大義에 어긋나니 혁파하소서."156)라고 주장하였다.157)

---

153) 『세조실록』 권7, 세조 3년 3월 을해.
154) 『세조실록』 권46, 세조 14년 6월 병오.
155) 『예종실록』 권2, 예종 즉위년 12월 임진.

이러한 요청에 따라서 예종 원년에는 詳定所에서 "부민고소가 祖宗事와
非法殺人과 自己冤抑 외는 吏典과 隸僕가 관리를 고소하는 자와 品官吏民
이 감사 수령을 고소하는 자는 모두 聽理하지 않고, 杖 100, 徒 3년으로 논
하고 品官吏民은 黜鄕하라."는 부민고소금지 규정을 다시 천명하였다.[158]

그러나 그러한 원칙의 천명에도 불구하고, 수령고소를 허용하는 것은
막을 수 없었다. 특히 '자기원억'의 개념도 분명하게 확대되어 이해되었다.
이는 위의 조치가 취해진 4개월 뒤 公判 양성지의 상서에서 다음과 같이
잘 나타났다.

> 근자 풍속이 크게 변하여 헌부에 고소하는 자가 태반이며, 서리가
> 그 관리를 고소하고, 노가 주인을 고소하니, 이러한 풍속은 長해서는
> 안 됩니다. 요즘 고소를 금하는 명령을 내리니, 종사에 다행한 일이고
> 만세의 복된 일입니다. (중략) 금후에는 自己冤抑, 貪暴不法事 등을 제
> 외하고는 수리하지 마소서.[159]

양성지는 고소가 활성화된 당시의 상황을 비판하면서 고소를 제한할 것
을 요청하고 있다. 그러나 그는 '자기원억'과 '탐폭불법사'는 허용할 것으로
거론하고 있다. 이와 같은 용법은 양성지 역시 '원억'의 범주 내에 '탐폭'의
개념을 포함해서 이해하고 있었음을 잘 보여준다. 그러므로 이를 분명하게
표현하기 위해서 '자기원억'과 별도로 '탐폭'을 거론한 것으로 보인다. 여기
의 '貪暴不法事'는 앞에서 본 '貪汚', '虐民'과 같은 뜻이므로 세조대에 확대
해석된 자기원억의 개념이 이후에도 여전히 유지되었음을 알 수 있다.

---

156) 『예종실록』 권2, 예종 즉위년 12월 병신.
157) 여기서 주목되는 것은 이들이 한결같이 당시에 부민고소가 허용되고 있는 것으
로 파악하고 있다는 점이다. 이는 자기원억이 확대 해석되고 적용되는 과정에서
실질적으로 수령의 모든 부정이 고소되는 현실과 관계되는 것이었다.
158) 『예종실록』 권3, 예종 원년 2월 경인.
159) 『예종실록』 권6, 예종 원년 6월 신사.

여기서 貪汚, 虐民의 개념은 매우 포괄적인 것이었다. 수령의 부정은 경제적인 수탈과 이를 관철시키기 위한 과다한 처형이 가장 중요한 것이었다. 그러므로 경제적 수탈은 '탐오'로, 과다한 처형은 '학민'으로 정리한 것이었다. 그러므로 탐오와 학민은 수령의 부정을 거의 망라한 것이었다.

그러므로 세조말 예종대에 이르면, 수령고소가 활성화된 분위기 속에서 백성들은 '자기원억'의 제한 속에서도 원억의 의미를 확대해석하면서, 실제적으로 수령의 불법을 모두 고소할 수 있게 되었다. 그러나 여전히 '自己'라는 한정은 여전히 살아있었다. 사실 당시의 수령의 부정은 개별적인 차원을 넘어서 향촌 공동체 전체에 집단적 피해를 주는 문제였다. 그러므로 백성들은 이 문제를 해결하기 위해서 노력하지 않을 수 없었다.

3) '自己'의 극복과 鄕論

자기원억으로 제한된 수령고소의 내용이 원억 내에 탐폭과 학민을 수용하게 되면서, '원억'으로 한정한 형식은 유지되었으나, 내용적으로 그 제한은 해소되었다. 그러므로 사실상 남는 제한은 '자기'로 한정한 것이었다. 그러나 민들은 이 문제 역시 잘 극복하고 있었다. 민들은 자기원억을 내세우면서 더불어 공동체의 문제를 거론하거나, 아니면 집단적 고소의 형태로 이를 극복하였다.

먼저 민들이 자기원억을 내세우면서 수령의 부정을 고소하는 경우를 살펴보자. 이러한 사례는 문종 즉위년 다음의 장령 하위지의 지적을 통해서 확인할 수 있다.

양경로가 순천 부사로 있을 적에, 관할 구역의 백성 안극수가 양경로가 백성들을 虐待한 폐단 17조목을 가지고 본부에 호소하였습니다. 그 15조목은 자기원억이 아닌 까닭으로 추문하지 말게 하였지만, 徵

布, 濫刑의 일은 곧 자기원억인 까닭으로 그 도에 공문을 보내어 추국하였습니다.160)

백성이 자기원억을 고소하면서 공동체에 대한 수령의 부정을 같이 고소하였다. 17조목을 고소하였는데, 그중 두 조목만 자기원억이었다. 백성들은 자기원억에 공동체의 문제를 같이 포함하여 고소하고 있었다. 물론 정부에서는 자기원억에 해당하는 두 조목에 대해서만 추국하였다.

이와 같이 백성들이 수령의 부정을 자기원억과 같이 묶어서 고소하는 일이 지속되었다. 이러한 현상을 성종 4년 사헌부에서는 다음과 같이 지적하고 있다.

　　그런데 오늘날 고소하는 자는 수령의 불법을 조목조목 진술하고, 한두 가지 자신의 원억함을 그 가운데에 넣어, 법사에서 들어서 처리할 때 만약 고소가 부실하면 모두 도망합니다.161)

사헌부는 백성들은 자기원억을 고소하면서 수령이 불법을 같이 고소하고 있다고 지적하고 있다. 특이한 것은 수령에 대한 고소가 원활하게 진행되지 않으면 백성들을 도망치고 있었다. 백성들은 고소가 원활하게 진행되지 않으면 도망칠 각오를 하고, 자신의 원억과 공동체의 문제를 같이 고소하고 있었다.

백성들은 더 나아가 집단으로 수령의 불법을 고소하였다. 예종 원년 순창의 정병 김종리 등이 집단으로 본도 절도사 허형손을 다음과 같이 고소하였다.

　　본도의 절도사 허형손이 군사에게서 면포 1백 20필을 받고 번상하

---

160) 『문종실록』 권1, 문종 즉위년 5월 갑자.
161) 『성종실록』 권33, 성종 4년 8월 계해.

지 아니하게 하였습니다.162)

　이와 같이 정병 김종리 등 백성들이 집단으로 절도사의 부정을 고소하
고 있다. 이와 같이 수령의 부정을 집단적으로 대응하고 있는 것은 새로운
경향이었다.

　이러한 경향은 이후 지속적으로 나타났다. 예종 원년에도 직산민들이
사헌부에 호조 정랑 이간이 전에 현감으로 있으면서, 正鐵의 방납을 허용
하고 그 값으로 쌀을 걷어서 써버려, 민들이 두 번 징납을 당하여 고통이
심하다고 고소하였다.163) 이러한 사례들은 백성들이 군역이나 방납 등 향
촌의 집단적인 문제를 집단적으로 대응하면서, '自己'라는 한계를 극복하
고 있음을 잘 보여준다.

　이상에서 살펴볼 때 수령의 고소가 활성화되면서, 백성들은 '자기원악'
의 범주가 가지는 제한을 극복해가고 있었다. 먼저 '원악'은 원악의 의미를
확대하여 수령의 탐오, 학민 등의 내용을 추가하였고, 또한 '자기'라는 한
계도 집단적인 고소를 통해서 해소해가고 있었다.

　이러한 상황은 수령의 고소가 활성화되고, 나아가 사실상 수령의 고소
가 제한 없이 시행되고 있음을 의미하였다. 이러한 상황이 전개되고 있음
을 잘 보여주는 것이 수령의 고소가 부정적으로 이용되고 있는 사례들이
다. 그 한 예로 수령고소를 통해서 이익을 취하는 무리가 나타나고 있었
다. 이는 예종 즉위년 정승 최항의 상소에 다음과 같이 잘 나타나고 있다.

　　부민고소를 허용한 이래 소민이 자기 뜻과 맞지 않으면 무뢰지도를

---

162) 『예종실록』 권4, 예종 원년 윤2월 신유. 정부에서 예문관 전한 최경지를 보내어
　　국문하였다.
163) 『예종실록』 권6, 예종 원년 6월 계해. 여기서 고소자를 직산의 민이라고만 언급
　　하고 있으나, 당시 일반적인 자료들이 고소의 주체를 구체적으로 밝히고 있는
　　것을 보아서, 이는 직산민의 집단 고소로 이해된다. 이 고소에 대해서 정부에서
　　는 행대를 보내어 추국하였다.

시키어 관리의 불법을 고소하게 하니, 비록 일용의 일상사도 역시 모두 써서 邑人에게 보이며 말하기를, "내가 장차 서울에 가면 고소하리라."하니 邑人이 향풍이 더러워질까 두려워 후히 주어 보냅니다. 그러나 이미 다 쓰면 다시 이와 같이 하여 한 해에 3번을 이러는 경우도 있습니다. 수령도 위축되어 눈감아 주고, 심한 자는 고소자를 보면 불러서 음식을 대접하고 구하는 것은 어기지 못하며, 이를 주지 않으면 고소를 당하고 맙니다.164)

이 기록의 내용은 매우 흥미로운 것이다. 이에 의하면 소민이 고소를 빌미삼아 守令과 邑人을 협박하고, 재물을 탈취하는 모습을 보여준다. 수령이 부민고소금지법을 의지하여 백성을 수탈하는 것이 아니라, 소민이 수령고소를 가지고 수령과 읍인을 협박하는 흥미로운 모습이 전개되고 있었다. 이는 고소가 활성화되면서 오히려 고소가 악용되는 모습을 보여준다.

이와 같은 자료들은 상당히 다수 나타나고 있다. 성종 4년 사헌부의 다음과 같은 지적도 그러한 사정을 잘 보여준다.

　　추국할 때 고소한 것이 사실이고 수령의 범죄가 많으면, 품관 향리 등이 수령과 동부하여 고소자에게 뇌물을 주어 도망하도록 합니다. 비록 도망하나 처자는 생업을 계속하고 수령은 두텁게 돌보며 후대하니, 고소하여 수령을 욕보였으나 후한 이득을 얻어 자신의 계교대로 되고 있습니다. 訴狀를 살피는 자도 고소자가 도망하여 증명할 수가 없다하여 (수령의 불법을) 불문에 붙이고 있습니다.165)

이 내용에 의하면, 고소자는 수령의 불법을 고소하고, 수령은 처벌을 피하기 위해서 고소자에게 뇌물을 주어 도망치게 하고, 고소자 처자의 생업을 돌보아주고 있었다. 결국 백성이 수령을 고소한 것은 수령을 벌하기 위

---

164) 『예종실록』 권2, 예종 즉위년 12월 병신.
165) 『성종실록』 권33, 성종 4년 8월 계해.

한 고소라기보다 '후한 이득을 얻어 자신의 계교'를 이루고자 하는 고소였
다. 이 역시 고소가 활성화되면서 나타나는 폐단의 하나였다.

심지어 이러한 고소의 성행으로 행정이 제대로 돌아가지 않는다는 지적
까지 나오고 있다. 성종 4년 사헌부에서는 다음과 같이 고소로 행정이 바
르게 되지 않음을 지적하고 있다.

> 수령이 법을 범하는 것은 죄를 주어야 하나, 부민이 수령의 잘못을
> 기록하여 (고소하니), 수령이 두려워 손을 움직이지 못하고, 관리들이
> 誰何할 수 없습니다. 賻斂과 요역도 걷을 수 없습니다. 심지어 오히려
> 뇌물을 주는 자들이 있으니 제읍에 모두 이러한 자들이 있습니다.166)

이에 의하면 수령이 고소를 막기 위해서 고소자에게 뇌물을 줄뿐 아니
라 부럼이나 부역 등을 면해주고 있었다. 이러한 상황으로 수령은 "두려워
손을 움직이지 못합니다."라고까지 할 정도의 상황이 전개되면서, 지방의
행정이 잘 돌아가지 않고 있었다.

이러한 상황에서 정부에서는 적절한 대책이 필요하였다. 성종 4년에는
성종이 관찰사에게 "고소를 빌미로 뇌물을 받고, 부역을 거부하는 자는 추
쇄하여 멀리 이거시킬 것" 명하였다.167) 정부에서는 이와 더불어, 고소자
에게 재물을 주어 고소자를 도망시켜서, 처벌을 면하고 있는 수령에 대한
대책도 세웠다. 성종 4년 사헌부에서는 다음과 같이 대안을 제시하였다.

> 부민으로 수령을 고소한 자가 도망하면 무고로 논하여 처자를 타지
> 방 역에 귀속시키고, 수령으로 (고소자를) 유인하여 도피시킨 자는 고
> 소된 바와 같이 죄를 주어라. 그러면 고소자는 비록 상을 주어도 도망
> 하지 않고, 수령으로 피소된 자도 죄를 면하지 못할 것이다.168)

---

166) 『성종실록』 권33, 성종 4년 8월 경신.
167) 『성종실록』 권33, 성종 4년 8월 경신.
168) 『성종실록』 권33, 성종 4년 8월 계해.

정부는 고소를 하고 도망가는 이들은 물론, 고소한 이들을 도망시킨 수령에 대해서도 처벌을 규정하였다. 이러한 정부의 조치는 재물을 주어서 고소를 면하려는 수령과 고소를 통해서 이득을 보려는 백성들의 사례가 많아지면서, 이에 대한 규정이 필요하게 되면서 취해진 것이었다.

성종 5년에는 좀 더 구체적으로 "奸猾의 무리가 수령의 장단을 파악하여 두렵게 하니 수령이 손을 쓰지 못하고 뇌물을 주거나 부역을 빼어줍니다."고 문제점을 지적하면서 문제되는 이들의 명단을 적어서 올리도록 명하였다. 성종은 이들을 수괄하여 徙邊하려 하였던 것이다.[169]

이 명령에 의해서 성종 5년 관찰사에 의해서 계가 올라왔는데, 성종은 이들을 일률적으로 처벌할 수 없었다. 한번이라도 고소한 사람을 모두 기록하고 있었기 때문이다. 당시 문제된 것은 고소를 빌미로 폐단을 일으키는 자들이었지, 이미 고소는 허용하고 있었으므로 고소하는 것 자체를 문제 삼을 수는 없었기 때문이었다. 그러므로 성종은 다시 다음과 같이 명하였다.

> 지금 계한 것을 보니 한번이라도 고소한 자는 奸猾이라고 하여, 다 기록하였으니 원억이 없을 수 없다. 그러므로 모두 놓아 주었으나, 조정의 의논이 이렇게 하면 악을 징계 할 수 없다고 하니, 경이 이러한 뜻을 살펴서 핵문하여, 고소를 업으로 삼는다고 할 수 있는 자와 자신이 고소하지는 않지만, 사람들을 부추겨 고소장을 쓰게 하는 자를 같이 기록하여 아뢰라.[170]

이 기록에서 수령의 고소는 허용하면서도 악용되지 못하게 하려는 성종이나 정부의 고심을 잘 알 수 있다. 수령을 고소하였다고 모두 처벌할 수

---

169) 『성종실록』 권42, 성종 5년 5월 계묘에 의하면 그 이전에 이러한 명이 있었음을 알 수 있고, 그것은 4년 8월 경신의 명과 연결되는 것을 추측된다.
170) 『성종실록』 권42, 성종 5년 5월 계묘.

는 없었다. 고소를 악용하는 이들이 문제였다. '고소를 업'으로 삼는 이들
만 골라서 처벌하고자 하였다. 이러한 정부의 고심은 이미 성장한 민의 정
치적인 지위를 인정하지 않을 수 없는 상황에서 나오는 고민이었다.

이와 같이 성종대에 백성들의 수령고소가 활성화되면서, '자기원억'으로
한정된 제한은 사실상 풀리고 있었다. 특히 수령의 공동체에 대한 부정은
백성들이 공동으로 대응하면서 그 해법을 찾아가고 있었다. 이와 같은 백
성들의 모습은 중종대에 이르면 좀 더 적극적인 양상으로 나타났다. 이는
다음의 중종 4년 3월 박원종의 다음과 같은 지적에 잘 나타난다.

> 延安府의 앞에는 나무가 많은데 머리가 희고 배가 나온 老父들이
> 나무아래 다수 모여서 수령의 잘잘못을 논하고, (잘못이 있으면) 상경
> 하여서 고소합니다. 金海 역시 그러합니다.171)

이 자료는 중종대의 자료로 성종대에 비하여 좀 더 진전된 모습을 보여
주고 있다. '노부'가 주체가 되어서 수령의 부정을 논하고, 그 수렴된 내용
을 가지고 서울에 올라가서 수령을 고소하고 있다. '연안부 앞' 즉 관청 앞
에서 부민고소가 공개적으로 논의되고 추진되고 있었다. 그런데 이 내용
은 공론정치의 관점에서 보면, 지방에서 수령에 대한 '鄕論'을 정하고 있는
모습으로 해석된다.

중종대 향론이 활성화되면서 나타나는 향촌의 분위기를 잘 보여주는 것
이 다음의 중종 11년 10월의 중종이 관찰사에게 내린 교서이다.

> 도내의 無賴之徒들이 유생을 가칭하며 州郡에 횡행하며 轉食하는
> 데, 수령의 대접이 소홀하면 분을 내고, 公論을 가탁하여 망령되이 毁
> 讟하니 수령이 두려워한다.172)

---

171) 『중종실록』 권8, 중종 4년 3월 계축.
172) 『중종실록』 권26, 중종 11년 10월 병인.

이 내용에 의하면 유생을 가칭하는 '무뢰지도'들이 군현에서 문제를 일으키고 있었다. 이들이 '공론'을 가탁하였기 때문에 이들을 수령이 함부로 제지하지 못하고 심지어 두려워하고 있었다. 이러한 현상은 향촌에서 백성들이 향론을 형성하여 향촌의 문제를 제기하면서, 수령도 무시하지 못하는 상황이 전개되고 있었음을 보여준다. 그러므로 이미 향론이 형성되면서 수령이 공동체에 부담을 주는 부정은 제한되고 있었고, 백성들은 문제가 되는 경우 공동체의 이름을 수령을 고소할 수 있었다.

즉 중종대 공론정치가 형성되면서, 백성들이 수령의 부정에 향론을 형성하여 공동으로 대응하였다. 따라서 백성들은 수령고소에서 가지는 '자기'라는 제약을 향론을 통해서 극복하고 있었다. 백성들은 법적으로 여전히 '부민고소금지' 규정하에서 '자기'에 대한 고소만 할 수 있었다. 그러나 수령부정에 대한 고소 제한은 공론정치를 바탕으로 향론을 결집하여 해소하고 있었다.

이러한 상황은 백성의 방어적인 재판청구권인 수령고소권과 백성들의 참정권인 공론정치의 형성이 서로 연결되고 있었음을 잘 보여준다. 백성들은 이미 세조, 성종대에 성취한 수령고소권을 통해서 그 정치적 지위를 높이고 있었고, 이어서 중종대에는 공론정치를 형성하여 참정권에 접근하면서 그 지위를 더욱 확고히 하고 있었다.

흥미로운 것은 백성의 정치적 지위가 높아지면서 이미 성종대부터 백성들이 오히려 수령의 인사에도 관여하였다. 그러한 예로 성종 2년에는 백성들이 교하 현감의 유임을 요청하였다.[173] 성종 8년에는 보성 군민이 군수를 유임시켜 달라고 상언하였다.[174] 이러한 동향은 이전에는 보기 힘든 새로운 현상이었다. 백성이 통치자인 수령의 인사에 영향을 미치는 현상이었다. 이는 민들이 수령의 부정에 대하여 집단적으로 대처할 수 있는 지위

---

173) 『성종실록』 권11, 성종 2년 7월 병진.
174) 『성종실록』 권78, 성종 8년 3월 기축.

를 확보한 바탕에서, 한걸음 더 나아가 공론정치를 형성하여서 참정권에 접근하였고, 그러한 동향의 연장선상에서 공론을 빌미삼아 수령의 인사에도 적극적으로 의견을 표하고 있었다. 이 단계에 이르면 백성은 확실하게 수령고소권을 확보한 것으로 이해해도 좋을 것이다.

맺음말

1. 이상의 논의를 정리하면서 결론을 맺고자 한다. 역사를 통해서 민은 꾸준히 경제사회적 지위를 상승시켜왔고, 그에 상응하는 정치적 지위 확보를 위해서 노력해왔다. 고려 말 조선초에도 민은 농업기술의 진전과 소농경영의 확대 등을 통해 사회경제적 지위를 높여왔고, 이러한 변화의 바탕위에서 민은 그에 상응하는 정치적 지위의 확보를 위해서 노력하였다.

민의 정치적 지위는 정치참여를 보장하는 참정권과 재판을 받을 수 있는 자위권의 양면에서 검토할 수 있다. 본논문은 후자의 관점에서 정리한 것이다. 민들은 재판을 받을 수 있는 권리를 꾸준히 확대하여 왔는데, 조선 초기에서의 과제는 민에게 피해를 입힌 수령을 고소할 수 있는가의 문제였다. 이는 문제 제기 자체만으로도 이미 민의 정치적 지위를 보여주는 것인데, 15세기에 걸쳐서 민은 이 과제에 꾸준히 노력함으로 수령을 고소할 수 있는 지위를 확보해 갔다.

2. 조선 초기부터 정부는 고려 말에 나타난 민의 저항을 의식하면서, 민의 경제적 지위에 상응한 정치적 지위를 높이려 노력하였으나 아직 그에 상응하는 민의 재판권은 확보되지 않았다. 초기에 가장 중요한 재판권의 문제는 항소권의 확보였다. 당시 가장 중요한 사안은 고려 말의 혼란기를 거치면서 어지러워진 良賤의 분별이었다. 재판에 불복하는 백성들은 이의를 제기하면서 항소의 허용을 요구하였다.

이러한 민의 요구는 거세었고, 개혁을 표방하였던 정부는 이를 수용하여 태종대에 항소제로 신문고를 설치하였다. 신문고는 주로 양천의 분별을 위한 항소제도로 설치되었고 실제로 그렇게 사용되었다. 그러나 신문고의 규정은 민의 재판권을 규정하고 있을 뿐 아니라 정치참여까지 규정하고 있었어, 이 규정은 양천의 문제에 국한되지 않고 광범위하게 적용될 수 있었다. 이후의 민의 동향은 이 규정의 실질적인 관철을 위한 노력으로 나타났다.

3. 당시 재판권의 관점에서 민에게 가장 중요한 문제는 수령의 부정에 대한 고소였다. 고려 말의 주된 문제였던 품관, 토호층의 私權을 배제하기 위해서 정부는 수령권을 강화하였으나, 수령권이 강화되면서 오히려 수령의 부정이 중요한 문제로 제기되었다. 이러한 상황에서 민은 신문고의 규정에 의거하여 수령의 부정까지 고소하였다.

신문고를 먼저 이용한 것은 물론 토호와 품관이었으나, 이어서 백성들도 수령의 고소에 사용하였다. 민까지 수령고소의 주체로 등장하자 정부에서는 이에 대한 대책이 필요했고, 세종 초반에 '部民告訴禁止法'을 만들어 수령의 고소를 금하였다. 이는 형식적인 관점에서 보면 신문고의 규정과 대립되는 것이었으나, 당시에는 그렇게 인식되지 않았고 병치되는 것으로 이해되었다. 이는 당시 신문고의 항소 조항이 상하질서를 인정하는 안에서 허용된 것임을 분명하게 보여주는 것이었다.

4. 부민고소금지법을 만들면서 수령의 부정은 더욱 심각해졌다. 그러므로 정부는 이에 대한 대책이 필요하였다. 정부에서는 부민고소금지법을 유지하면서, 어사를 파견하여 수령의 부정을 해결하고자 하였다. 그러나 어사를 통한 수령 불법의 규제도 민이 어사에게 수령을 고소할 수 있도록 하지 않으면 좋은 결과를 얻기 어려웠다.

그러므로 세종 5년 風聞告訴를 허용하여 백성이 어사에게 수령을 고소할 수 있도록 하였다. 풍문고소의 허용은 수령의 부정을 막는 좋은 방법이었으나, 어사의 파견은 상시적인 것이 아니고 임시적이고 임의적이었으므로, 어사를 통해서 수령의 불법을 해결하는 것은 한계가 있었다.

5. 풍문고소의 허용과 어사파견으로 민의 요구를 다 수용하기 어려웠으므로 민의 저항은 계속되었다. 처벌을 받으면서도 민은 고소를 강행하면서 '고소저항'하였다. 정부는 '고소저항'이 지속되자 고소가 빈번한 군현을 규제하는 규정을 두면서 민의 고소를 막으려 하였으나, 이러한 대응만으로는 사태를 해결할 수 없었다. 그러므로 정부에서는 고소의 일부허용을 논의하기 시작하였다. 이 논의는 당시 가장 중요한 수령의 부정이 '貪暴不法'이었으므로 이에 대한 고소의 허용 요구에서 출발하였다. 그러나 지배층의 입장에서 수령의 고소를 허용하는 것은 부담이었으므로, 결국 自己訴冤의 허용으로 정리하였다. 이는 재판의 재심청구권을 허용한 것이었고, 그나마도 재판을 잘못한 수령은 처벌하지 않는 조건으로 고소를 허용하였다.

6. 그러나 수령의 부정문제는 단순히 재판의 잘못된 판결의 문제가 아니었고 개인의 문제만도 아니었다. 수령의 부정은 방납, 군역 등 공동체적인 부담이 더욱 중요한 문제였다. 그러므로 세종 말 세조대에 들어서 민의 저항은 더욱 치열해 졌다. 그것은 '고소저항', '수령모독', '무력시위' 등으로 전개되었다.

'고소저항'은 고소자가 처벌을 받지만 수령에 대한 고소가 일단 수리되는 관행을 이용하여, 민들이 처벌을 불사하고 수령의 부정을 고소하는 현상이었다. 물론 수령은 고소자를 막기 위해서 민을 구금하고, 형벌을 가하는 등 강력히 대응하였으나 고소는 강행되었다. '수령모독'은 수령을 욕하거나, 수령이 보낸 차사원을 구타하거나 수령을 구타하는 등의 다양한 양상으로 나타났다.

정부에서도 이러한 백성들의 동향에 대하여 강력히 대응하였다. 그러나 민의 대응은 이 수준에서 그치지 않고 '무력시위'까지 나타났다. 백성들은 무장을 하고 무리지어 수령을 습격하고, 수령의 駄物을 약탈하는 형태로 나타났다. 이 방법은 당시의 자연재해로 유민과 도적의 발생이 빈번한 상황에서 모순을 가속시키는 수령에 대한 민의 적극적인 대응방식이었다.

이러한 상황이 계속되자, 지방의 수령들까지도 수령고소를 허용하자고 요청할 정도였으므로, 수령고소의 필요성은 지배층 내에서도 인정되었다. 그러므로 정부는 세종 말년에 수령고소의 범위를 '자기소원'에서 '자기원억'으로 확대하는 조치를 취하였다. 자기소원이 재심청구권 정도의 의미였다면, 자기소원은 수령의 부정에 대하여 좀 더 확대된 범위에서의 고소를 가능하게 하였다. 이를 통해서 배성들은 '徵布'나 '濫刑' 등의 문제에 수령을 고소할 수 있었다.

7. 자기원억이 허용되었으나 제한된 범위의 고소에 한정되었으므로 민의 저항은 지속되었다. 세조는 이를 심각하게 생각하여 비상적인 조치를 취하였다. 이는 分臺의 파견과 直告制의 허용, 抽籤告訴制의 허용 등이었다. 분대의 파견은 이전의 行臺 파견의 한계를 보완하기 위한 것으로 어사가 일정지역에 일정기간 거주하면서 수령의 부정을 해결하도록 하는 제도로 상당한 성과가 있었다.

세조 2년에 시행된 직고제의 시행과 세조 12년에 시행된 추첨직고제의 허용은 고소의 활성화에 크게 기여하였다. 세조 2년의 직고의 허용은 자기원억에 한하여 왕에게 직접 고소를 허용하는 조치로, 백성들이 적극 고소에 참여하면서 수령 고소가 활성화되었다. 세조 12년에 시행된 추첨직고제는 세조 2년 직고제에 이은 조치로, 추첨에 의해서 수령의 불법을 고소할 수 있도록 한 조치로 역시 고소의 활성화에 크게 기여하였다. 특히 이 무렵에 이르면 수령의 불법에 대한 고소가 활성화되면서, 수령을 무고한 고소자를 처벌하지 않는 관행도 서서히 형성되어 수령고소는 더욱 활성화될 수 있었다.

8. 고소가 활성화되면서 이를 상례화하기 위해서는 규정을 손보는 것이 필요하였다. 그러나 정부는 부민고소금지법을 파기하는 것보다는 이미 허

용된 '자기원억'의 고소를 확대해석하는 것으로 변화에 대응하였다. '원억'
의 의미를 수령의 '貪汚', '虐民'까지를 포괄하는 개념으로 재해석하였다.
당시 수령의 부정이 경제적인 부정인 '貪汚'와 이를 사법권을 가지고 관철
하는 '虐民'을 기본으로 하였다는 점을 고려한다면, 이는 수령의 모든 부정
에 대한 실질적인 고소의 허용이었다.

9. 그러나 여전히 '自己'라는 고소 제안은 남아있었다. 이에 대해서도 백
성들이 지혜를 모아 극복해갔다. 백성들은 '자기'의 문제를 고소하면서 교
묘하게 공동체의 문제를 같이 제기하거나, 혹은 백성들이 공동으로 공동
체의 문제를 제기하면서 '자기'라는 규정의 제한을 극복해갔다.

이와 같이 '원억'의 범위를 확대 해석하고, '자기'의 제한을 극복하면서,
성종대에 이르면 수령의 고소가 만연하여 오히려 수령고소의 활성화로 인
한 폐단이 지적되는 상황이 전개되었다. 즉 백성들이 수령의 부정을 고소
한다는 것을 빌미삼아, 수령을 위협하여 수령에게 금품을 요구하거나 부
세에서 빠져나가는 경우도 있었다. 심지어 수령고소를 업으로 삼는 이가
있다는 지적도 보인다. 이러한 상황은 성종대에 이르면 백성들이 실제적
으로 수령고소권을 거의 확보하였음을 보여준다.

10. 중종대에 이르면 수령고소의 문제는 한 단계 더 진전된 모습을 보
여주었다. 공론정치가 진전되면서 백성들은 향론을 통해서 수령의 부정을
해결하고 있었다. 백성들은 집단적으로 향론을 모으고, 향론을 가지고 서
울에 올라가 수령을 고소하고 있었다. 따라서 백성들은 수령고소에서 가
지는 자기원억의 '자기'라는 제약을 향론의 형성을 통해서 완전히 극복하
고 있었다. 백성들은 법적으로 여전히 '부민고소금지' 규정하에서 '자기원
억'에 대한 고소만 할 수 있었다. 그러나 수령부정에 대한 고소 제한을 공
론정치의 진전으로 향론의 결집을 통해서 해소하고 있었다.

이러한 상황은 백성의 방어적인 재판청구권인 수령고소권과 백성들의
참정권인 공론정치가 서로 연결되고 있음을 잘 보여준다. 백성들은 이미

세조, 성종대에 성취한 수령고소권을 통해서 그 정치적 지위를 높이고 있었고, 이어서 중종대에는 공론정치를 형성하면서 그 지위를 더욱 확고히 하고 있었다. 결국 조선 초기 민은 수령고소권의 확보를 통해서 자신의 정치적 지위를 이전보다 높이고 있었다(최이돈 「조선초기 수령고소 관행의 형성과정」『한국사연구』 82, 1993).

제5장 전부의 법적 지위와 田主告訴權

머리말

조선 초기 백성이 가지는 정치적 지위는 정치에 참여권인 참정권과 자위권인 재판권을 통해서 살필 수 있다. 조선 초기에서 백성의 재판권을 살필 때에 가장 중요한 것은 수령과 전주의 관계를 살피는 것이다. 백성들은 수령의 정치적 통치와 전주의 경제적 지배하에 있었기 때문이다. 이미 앞 장에서 백성들이 수령고소권을 확보해가는 과정을 검토하였다. 그러므로 본장에서는 백성들이 전주고소권을 확보해가는 과정을 살피고자 한다.

그간 과전법에 대한 연구자들의 관심은 매우 높았다. 과전법이 조선의 경제적 성격, 나아가 국가적 성격을 잘 보여주는 제도였기 때문이다. 그간 많은 연구들이 과전법과 수조권적 지배를 연결시키면서 과전법을 전시과와 유사한 제도로 이해하였고, 조선의 중세적 성격을 보여주는 제도로 이해하였다.[1]

그러나 과전법의 규정에는 연구자들이 크게 관심을 가지지 않은, 전시과와는 전혀 다른 규정들이 포함되어 있다. 그 한 예가 전객의 보호 규정이다. 과전법에는 전시과와 달리 전객을 보호하는 규정이 명시되어 있다. 전객을 보호하는 규정은 두 가지였다. 하나는 전주가 전객의 토지를 점탈하지 못하도록 한 규정과, 다른 하나는 전주가 전객에게 정한 양 이상을

---

1) 김태영 『조선전기 토지제도사연구』 지식산업사 1983.
   이경식 『조선전기 토지제도연구』 일조각 1986.
   김용섭 「토지제도의 사적 추이」 『한국중세농업사연구』 지식산업사 2000.

수조하지 못하도록 한 규정이었다.

　이 규정에 의해서 전객이 보호를 받는다면, 전주는 전객의 전지를 점탈하는 것은 물론, 규정으로 정한 이상의 수조도 불가능하였다. 따라서 전주가 전객을 인신적으로 지배하여 경제외적강제를 실현하기도 어려웠다. 이를 근거로 과전법은 처음부터 수조권적 지배를 허용하지 않았다고 주장할 수도 있다.

　그러나 대부분의 연구자들은 이 규정을 진지하게 검토하지 않았다. 오히려 연구자들은 전주가 전객의 전지를 탈취한 사례나, 전조를 과잉 징수한 사례들을 강조하면서 과전법체제 하에서 수조권적 지배가 관철되었다고 주장하였다.[2] 그러나 과전법의 핵심이 되는 규정을 가볍게 본다면, 과전법의 특징은 드러날 수 없다. 과전법은 전시과와 다를 것이 없는 제도로 이해되고, 중세적인 것으로 평가될 수밖에 없다.

　과전법에 보이는 전객을 보호하는 규정은 의미가 없었을까? 전객의 보호규정을 가볍게 이해한 것은 전근대 국가의 기능에 대한 선입관에 기인한 것으로 보인다. 즉 국가는 지배신분의 국가였으므로 지배신분이 피지배신분을 보호하는 보호규정을 어겨도 큰 문제가 아니었다는 생각이 그 근저에 있었다.

　물론 조선이 지배신분의 국가라는 것은 재론의 여지가 없다.[3] 그러나 조금 더 생각해보아야 할 것은 지배신분 전체의 이해관계와 지배신분 개인의 이해관계가 어떻게 작용하는가의 문제이다. 전근대국가에서 법은 지배신분 전체의 합의였다. 지배신분들은 왜 피지배신분을 보호하는 법을 만드는데 합의하였을까? 당연히 이는 피지배층의 성장과 저항에 따른 양보일 수밖에

　2) 이경식 위의 책.
　3) 최이돈 「조선 초기 특권 관품의 정비과정」 『조선시대사학보』 67, 2013.
　　 최이돈 「조선 초기 관원체계와 과전 운영」 『역사와 현실』 100, 2016.
　　 최이돈 「조선 초기 提調制의 시행과정」 『규장각』 48, 2016.
　　 최이돈 「세조대 직전제의 시행과 그 의미」 『진단학보』 126, 2016.

없었다. 또한 지배층도 일정 정도 이상의 수탈을 법으로 제한하지 않으면, 지배기반을 확보할 수 없고, 지배체제를 흔들어 지배신분의 지위를 보장하기 어렵다고 판단하였다. 즉 고려 말의 혼란을 경험한 조선의 지배신분들은 체제의 안정을 위해서 전객을 보호하는 규정에 합의할 수밖에 없었다.

그러나 지배신분의 집단적 이해관계는 지배신분 개인의 이해관계와 항상 일치되지는 않았다. 지배신분 개인의 관점에서 보면, 피지배신분의 수탈은 언제나, 어느 상황에서나 바람직한 것이었다. 그러나 지배집단의 이해관계를 대변하는 국가는 지배신분 개인의 수탈을 일탈로 규제하였다.

조선에서 지배집단의 이해관계는 왕이나 대신들을 대표하는 의정부의 이름으로 관철되었다. 조선전기를 통해서 왕과 대신 간에는 서로 국가 운영의 주도권을 장악하기 위한 치열한 경쟁이 전개되고 있었기 때문에,[4] 대신이나 왕족 개인의 일탈이 일단 노출되면 쉽게 넘어가기 어려웠다. 특히 성종대 이후에는 사림 역시 언론권을 바탕으로 국가 운영의 주도권 경쟁에 끼어들면서 노출된 일탈은 더욱 철저하게 규제되었다.[5]

이러한 관점에서 보면, 그간 인용된 전주가 전객의 전지를 침탈하거나 과도하게 수조를 한 사례들은 대부분 국가에 의해서 불법으로 적발되어 처벌을 받으면서 노출된 사례들이었다.[6] 그러므로 이 사례들은 지배신분의 지위를 보여주기 보다는, 오히려 국가가 지배집단 공동의 이해를 위해서 지배신분 개인의 일탈을 지속적으로 규제하였음을 잘 보여준다.

따라서 과전법의 성격을 분명히 정리하기 위해서 과전법의 전객 보호규정을 통해서 나타나는 佃客의 지위를 좀 더 객관적으로 검토하는 것이 필요하다. 다만, 한 가지 유념할 것은 전객이라는 용어는 세종 초반에 소멸되었다는 점이다. 태종 세종대를 통해서 전객의 지위가 상승하면서 전객

---

4) 최이돈「조선 초기 공치론의 형성과 변화」『국왕 의례 정치』이태진교수 정년기 넘논총 태학사 2009.
5) 최이돈『조선중기 사림정치구조연구』일조각 1994.
6) 이경식 위의 책.

이라는 용어는 소멸되었고 변화한 지위를 반영하여 전지소유자들을 '佃夫'
로 칭하였다.[7] 그러므로 본고는 전객은 물론 佃夫까지 묶어서 그 지위를
검토하고자 한다.

전부의 법적 지위는 고려 말 과전법에 나타난 전객의 보호규정에 언급
된 지위를 바탕으로 하였다. 그러므로 과전법의 전객 보호규정을 살펴서
그 의미가 무엇인지 검토해보고, 이러한 규정이 구체적으로 어떻게 적용
되고 있었는지 검토하고자 한다.

그러나 전주의 불법을 국가가 적발하고 처벌하기 위해서는 전부의 고소
권이 확보되어야 하였다. 즉 전주의 불법을 확인하는 절차가 필요하였다.
불법에 대한 고발은 피해를 입은 당사자인 전부가 할 수밖에 없었다. 과연
전부가 전주의 수탈에 대하여 저항하고 고소할 수 있었는가는 매우 중요
한 쟁점이 된다.

조선 정부는 규정을 만들고 이를 관철하기 위해서 불법적으로 손해를
입은 피해자의 고소를 활용하고 있었는데, 이러한 전주고소권이 전부의
보호규정을 지키는데 구체적으로 어떻게 작용하였는지도 검토하고자 한
다. 이러한 고찰을 통해서 과전법하의 백성의 정치적 지위가 분명해지고,
나아가 조선 초기 국가의 성격이 보다 분명해지기를 기대한다.

1. 田地의 占奪과 佃夫

1) 전지 점탈 금지 규정

佃夫의 지위는 전객의 지위 연장선상에 있었다.[8] 그러므로 전부의 지위

---

7) 최이돈 「조선 초기 佃夫制의 형성과정」 『진단학보』 127, 2016.
8) 최이돈 「조선 초기 전부제의 형성과정」 『진단학보』 127, 2016.

는 전객의 법적 지위에서부터 검토의 실마리를 찾아갈 수 있다. 佃客의 법적 지위는 과전법에 다음과 같이 규정되어 있다.

① 전객은 그가 경작하고 있는 토지를 別戶의 사람에게 자기 마음대로 판다거나 마음대로 줄 수 없다. 만일 사망하거나 이사하거나 호가 없어진 자나, 남은 땅을 많이 차지하여 고의로 황무지를 만들어 버린 자의 전지를 전주의 뜻을 따라 임의로 처분하는 것을 허용한다.9)

①의 내용은 전객의 의무조항으로 전주가 전객에 대하여 가지는 지위를 규정하고 있다. 전객은 임의로 자신의 전지를 처분할 수 없었다. 전지의 처분은 전주의 허락을 득하여야 하였다. 또한 전주는 전객의 경작에 관여하고, 경작이 부실한 경우 이를 빌미로 전지를 처분할 수 있는 권리가 있었다. 그러므로 전객의 전지 소유권은 완전하지 않았다. 전주는 전지의 처분 및 관리에 관여할 수 있는 전지에 대한 권리를 가지고 있었다. 전지의 소유권자를 전객이라고 부르는 이유는 여기에 있었다.

그러나 과전법에는 전객을 보호하는 전객의 권리 조항도 명시되어 있었다. 이는 두 가지 조항으로 다음과 같다.

② 田主가 佃客이 경작하는 밭을 빼앗으면, 1부에서 5부까지는 笞 20, 5부마다 1등을 더하여 죄가 杖 80에 이른다. (전주의) 職牒은 거두지 않는다. 1결 이상을 빼앗으면 그 田丁을 다른 사람이 갈마들어 받음을 허용한다.
③ 모든 공전 사전의 租는 논은 1결마다 糙米 30말, 밭은 1결마다 잡곡 30말이다. 이 밖에 함부로 거두는 경우는 贓罪로 논한다.10)

②과 ③의 내용은 전객을 전주로부터 보호하는 조항으로 전객의 법적

---

 9) 『고려사』 권78, 식화1, 전제 녹과전.
10) 상동조.

지위를 잘 보여주고 있다. 즉 전주는 전객의 소경전을 탈취할 수 없었고, 규정 이상의 수조를 할 수 없었다. 전주가 전객의 전지를 탈취하거나 과도한 수조를 하는 경우 처벌을 받았다. 과전법 상의 전객의 법적 지위는 ①의 의무와 ②,③의 권리로 규정되어 있었다.

②, ③의 전객의 권리를 적극적으로 검토하지 않았고, 그간 ①의 의무 조항에 근거해서 전주가 전객의 전지를 탈취할 수 있고, 과다한 수조를 실현할 수 있는 신분적 지위에 있다고 보았다. 당연히 이와 같은 전주의 지위를 근거로 조선을 신분적 지위에 근거한 경제외적강제가 시행되는 봉건적 사회로 이해하였다.[11]

이와 같은 주장의 뒤에는 지배신분의 이해관계가 국가의 이해관계와 항시 일치된다는 가정이 함축되어 있었다. 즉 국가는 지배신분의 국가이므로 지배신분의 이해관계는 국가의 이해관계와 일치된다고 생각한 것이다. 그러므로 피지배신분을 보호하는 규정을 지배신분이 어겨도 국가는 이를 크게 문제삼지 않을 것이라는 가정이 전제되고 있었다.

그러나 이러한 가정이 맞는 것일까? 과연 국가와 지배신분의 이해관계는 항시 일치하였을까? 좀 더 구체적으로 말하면, 과연 지배신분의 집단적 이익과 지배신분 개인의 이익이 항시 일치하는 것일까?

국가의 이해관계와 지배신분 개인의 이해관계가 일치한다고 이해하면, 조선 정부 즉 지배집단이 백성을 위해 모색하고, 노력한 결과들을 쉽게 사상해 버리기 쉽다. 전객의 권리와 의무를 균형 잡힌 관점에서 설명하는 것이 필요하다.

과전법에 규정된 전객을 보호하는 규정이 어떠한 의미를 가졌는지는 그 운영상을 조금만 살펴보면 쉽게 파악할 수 있다. 이를 위해서 먼저 전주가 전객의 전지를 탈취하지 못하게 한 규정은 어떠한 의미가 있었는가를 살펴보자. 이를 위해서 과전법에 보이는 전주가 전지를 탈취하지 못하도록

---

11) 이경식 위의 책.

한 규정을 다시 한 번 살펴보자.

> 田主가 佃客이 경작하는 밭을 빼앗으면, 1부에서 5부까지는 笞 20,
> 5부마다 1등을 더하여 죄가 杖 80에 이른다. (田主의) 職牒은 거두지
> 않는다. 1결 이상을 빼앗으면 그 田丁을 다른 사람이 갈마들어 받음을
> 허용한다.12)

우선 지적할 수 있는 것은 이 조항이 매우 상세하게 규정되어 있다는
점이다. 전주가 전객의 토지를 탈취하는 경우 1負에서부터 처벌하였고, 그
탈취한 양에 따라서 형량을 늘려갔다. 5부까지는 태 20대, 추가 5부마다
한 등급을 더하였고, 결과적으로 25부를 탈취하면 중형인 장형에 처하였
다. 장형도 역시 5부마다 형량을 추가하여 장 80대까지 이르도록 하였다.

1결 이상을 탈취한 경우는 그 과전을 빼앗아 다른 관원에게 주었다. 태
종대에 이르러 관원이 장형 이상의 죄를 범하면 직첩과 과전을 몰수하도
록 규정하였는데,13) 이에 따라서 과전을 25부 이상 탈취한 전주는 장형을
받게 되면서 직첩과 과전을 환수당하게 되었다.14)

특히 유념해야 할 것은 전주가 과전을 탈취하는 것은 臟罪의 범주에 해
당하는 것이었다. 전주는 관원의 지위에 있었고, 전지의 탈취는 지위에 근
거한 것이었으므로 이를 '관리로서 관민의 재물을 착복'한 것으로15) 이해
하였다.16) 국가에서 장죄에 대해서는 다른 죄에 비해서 더욱 엄격하게 처
리하였는데, 장죄의 경우 처벌이 자신에게만 내려지는 것이 아니라 아들

---

12) 상동조.
13) 『태종실록』권20, 태종 10년 10월 임술; 권26, 태종 13년 11월 무자.
   장죄 이상을 범하는 경우 과전을 거두지 않는 경우도 있었으나, 직첩을 거두는
   경우에는 과전도 같이 거두었다(『태종실록』권29, 태종 15년 6월 계유).
14) 『고려사』권78, 식화1, 전제 녹과전.
15) 『세종실록』권27, 세종 7년 2월 임인.
16) 과전에서 전조를 과하게 거두는 경우도 장죄에 처하였다.

과 손자에게도 미쳤다. 장리의 아들과 손자를 청요직에 임명하지 않았
고,17) 장리 아들의 과거 응시도 규제하였다.18) 이 규정은 『경국대전』에도
명시되었다.19) 그러므로 정부가 전지를 탈취하는 전주에게 부여하는 형벌
은 무거웠다.

그러나 이러한 규제는 개혁파가 과전법을 만들면서 계획한 것에 비하여
많이 약화된 것이다. 조준은 창왕 즉위년 7월 다음과 같이 전지를 탈취한
자를 강하게 처벌할 것을 제안하였다.

> 주장하는 관원이 땅을 주는데 1결을 더 준 경우나 1결을 더 받은 경
> 우나, 땅을 거두는 데서 1결을 빠뜨린 경우나 땅을 반환할 때에 1결을
> 감추어 둔 경우나, 부자가 관에 고하지 않고 사사로이 서로 주고받은
> 경우나, 아비가 죽었는데 그 아들이 아비가 받아먹던 토지를 국가에
> 반환하지 않은 경우나, 남의 땅 1결 이상을 빼앗은 경우나, 공전 1결을
> 감추어 둔 경우 등에 (위반한 자를) 모두 사형에 처한다.20)

위의 내용은 과전의 운영에서 불법을 행한 자들을 처벌하는 규정을 제
안한 것이다. 이 규정에 의하면 전지를 1결 이상 탈취한 자는 사형에 처할
것을 제안하고 있다. 이와 같은 제안은 사전의 폐단에서 오는 심각한 혼란
을 체험하면서, 개혁파가 전제의 질서를 바로 잡고야 말겠다는 결의를 보
여주고 있다.

그러나 이러한 무거운 형벌은 과전법을 계속 정리해가는 가운데 많이
가다듬어졌다. 개혁파는 『대명률』 등을 참고하면서 『대명률』과 유사한 수
준으로 전지 탈취자의 형량을 조정하였다.21)

---

17) 『세종실록』 권72, 세종 18년 6월 갑자.
18) 『세종실록』 권92, 세종 23년 2월 계미.
19) 『경국대전』 이전 중앙관직.
20) 『고려사』 권78, 식화1, 전제 녹과전.
21) 「대명률」 戶律 盜賣田宅條.

일단 전객 전지를 탈취하는 전주를 처벌하는 규정을 법으로 만든 것은 중요한 성과였다. 이를 근거로 국가는 체제의 안정을 위해서, 이를 어기는 개인을 왕과 정부의 이름으로 규제할 수 있었기 때문이었다.

이에 비하여 전시과에는 이와 같은 탈취를 금하는 규정을 두지 못하였다. 고려의 전시과는 경종대에 가서야 시행되었고, 이후 계속 다듬었으나 전객을 보호하는 규정을 두지 못하였다. 과전법에서 이와 같은 전객을 보호하는 규정을 명확하게 명시한 것은 과전법이 성격은 물론 국가의 성격을 잘 보여주는 것이었다.

2) 전지 점탈 규제의 실제

과전법에는 전주가 전객의 전지를 점탈하지 못하도록 한 보호규정을 두었는데, 과연 이러한 보호 규정이 얼마나 잘 지켜졌을까? 조선 초기를 통해서 전주가 전객의 전지를 빼앗은 사례는 조선왕조실록에 거의 나타나지 않는다.[22] 조선 초기에 전주가 전객의 전지를 탈취한 사례는 조말생의 사례가 거의 유일하다. 세종 12년 사헌부는 조말생이 전주로서 전객의 전지를 탈취하였다고 다음과 같이 탄핵하였다.

> 한미한 친척인 韓會의 전토를 2년 동안 田租를 바치지 않았다고 말을 만들어 빼앗아 경작하였사옵니다.[23]

"타인의 전택을 침탈한 자로, 田一畝, 屋一間 이하는 태 50, 매 전 5무, 옥 3간마다 일등을 가하고, 杖 80 徒 2년까지 죄를 준다. 관원의 경우는 2등을 가하여 처벌한다."

22) 조선 초기에 전지를 탈취해서 자신의 것으로 만드는 것은 쉽지 않았다. 전지를 탈취한 후 완전히 자신의 것으로 만들기 위해서는 관가에서 인증을 받는 입안 절차가 필요하였기 때문에 전지의 탈취는 흔적이 남았다(『세종실록』 권92, 세종 23년 3월 정미). 그러므로 전주들이 전지를 탈취하여 별문제 없이 완전히 자신의 것으로 만드는 것은 쉽지 않았다.

조말생은 전객 한회의 전토를 탈취하였다. 이 사건 전후의 과정을 검토해보면, 조말생은 한회로부터 2년간 전조를 내지 않은 이유로 3결 16부에 달하는 전지를 탈취하였다.24) 이를 파악한 대간이 세종 8년 조말생을 탄핵하자 세종은 대간의 요청을 받아들여 탈취물을 몰수하고 조말생을 유배보냈다. 당시 조말생은 병조판서로서25) 세종의 신임을 받는 대신이었으나 형벌을 피하지 못하였다.

이러한 사례는 전주가 전객의 전지를 탈취할 수 있었음을 보여준다. 특히 조말생이 대신의 지위를 이용하여 탈취한 것이므로 이를 지배신분의 신분적 토지의 탈취로 해석할 수 있다. 사실 과전의 운영제도 상 대신을 제외한 3품 이하의 관원들이 과전을 탈취하는 것은 쉽지 않았다. 즉 3품 이하 관원의 과전은 현직에 있는 경우만 전조를 받는 직전으로 운영되었으므로26) 구조적으로 전객을 강도 있게 장악하기 어려웠고, 나아가 과전을 탈취하기도 쉽지 않았다. 대신은 과전을 세전하였으므로 상대적으로 강하게 전객을 장악할 수 있었고, 나아가 과전의 탈취도 용이하였을 것으로 짐작된다. 대신인 조말생의 사례가 조선왕조실록에 보이는 것은 그러한 정황과 관련되는 것으로 짐작된다.

그러나 지배신분인 대신도 전객의 전지를 탈취하면 처벌을 받았다. 조말생은 관직을 삭탈 당하고 유배되었다. 당시 사헌부의 관원들은 이 정도의 처벌로 족하다고 생각하지 않았다. 대사헌 권도는 다음과 같이 강하게 조말생을 처벌할 것을 주장하였다.

그 죄를 논한다면 형률에도 正條가 있고, 또한 조종의 성헌에도 있는데, 전하께서 모두 이를 따르지 않으시니, 원컨대 형률 조문에 의거

---

23) 『세종실록』 권48, 세종 12년 4월 신묘.
24) 『세종실록』 권58, 세종 14년 12월 기해.
25) 『세종실록』 권31, 세종 8년 3월 갑인.
26) 최이돈 「조선 초기 관원체계와 과전 운영」 『역사와 현실』 100, 2016.

하여 絞刑에 처하시든지, 그렇지 못하면 成憲에 의거하여 刺字에 처하소서.27)

　　권도는 조말생을 사형에 처하자고 요청하고 있다. 권도나 조말생은 모두 지배신분이었으나, 지배신분 전체의 이해관계를 대변하여 권도는 조말생의 탈취를 개인적 일탈로 규정하고 강한 처벌을 요청하였다. 지배신분의 집단적 이해와 개인 조말생의 이해관계는 상충되었다. 지배신분의 합의인 법률을 위반하여 통치기반을 흔드는 개인에 대해서, 사헌부는 지배신분 전체의 집단적 이익을 관리하기 위해서 처벌을 요청하였다.

　　타인의 소유를 탈취하는 것은 전근대 사회에서 뿐 아니라 통시대적으로 거의 모든 사회에서 나타날 수 있다. 다만 이러한 사태에 어떻게 대응하는가에 따라서 국가의 성격과 그 시대적 수준을 알 수 있다. 조선 정부는 전지의 탈취를 금하는 명확하고 구체적인 법적 규정을 가지고 있었고, 실제로 이를 집행하고 있다. 즉 지배신분 전체의 이해관계를 대변하는 국가는 법을 위반하는 지배신분 개인의 행위를 묵인하지 않았다.

　　조선왕조실록에는 전주가 전객의 전지를 탈취한 사례는 극히 제한적으로 나타나고 있어, 사례들을 통해서 그 일반적 성격을 정리하기에 어려움이 있다. 물론 사례가 많이 노출되지 않는 것 자체도 의미가 있는 것으로 보인다. 즉 국가의 엄격한 처벌로 전주가 전객의 전지를 탈취하는 사례가 적었다고 해석되기 때문이다.

　　그러나 조금 더 당시 상황을 잘 이해하기 위해서 논의의 범위를 확대해서 전주와 전객 사이가 아닌, 일반적인 전지의 탈취 사례를 검토해보는 것은 전주의 전객 전지 탈취를 이해하는데 도움이 될 것이다.

　　타인의 전지의 탈취하는 경우 그 처벌은 전객의 전지를 탈취하는 것보다 엄하게 규정되었다. 『태종실록』에 의하면 전택을 侵占하는 경우 '杖 80

---

27) 『세종실록』 권32, 세종 8년 6월 갑자.

대와 徒 2년'28)의 처벌을 가하고 있었다. 『경국대전』에는 타인의 전택을 據執하는 경우 '杖 100 徒 3년'으로 처벌이 강화되었다.29)

당시 전지 탈취사례를 검토해보면, 탈취자의 신분은 주로 대신과 왕족으로 나타난다. 세종 10년 의금부는 동지총제 이군실이 전지를 탈취하였다고 다음과 같이 밝히고 있다.

> 동지총제 이군실이 오랫동안 강무장을 관장하니 그 위엄을 빙자하여 광주의 船軍 이규의 전지를 빼앗고, 또 금화현의 둔전을 청탁하여 얻어 양민을 시켜 경종하였습니다.30)

의금부는 이군실이 선군 이규의 전지를 탈취하였고, 또한 둔전을 차지하고 양민을 시켜서 경영하였음을 밝혔다. 이군실은 2품 대신의 지위를 바탕으로 전지를 탈취한 것으로 보인다. 세종은 죄를 지은 이군실을 파면시키고, 탈취한 전지는 본 주인에게 돌려주었다.

대간들은 이군실의 처벌이 파면만으로는 부족하다고 주장하면서 추가 처벌할 것을 요청하였다. 그러나 세종은 '태종조의 공로'를 거론하면서 거절하였다. 이에 대간들은 "元勳大臣일지라도 진실로 탐욕이 많고 포학하여 백성을 침해한다면 공이 그 죄를 가릴 수 없다고 생각합니다."라고 맞섰다. 이군실이 지배신분의 전체적 이해관계와 배치되는 행위를 하였으므로 처벌은 당연하였으나, 그간 지배신분 전체 즉 국가에 끼친 공을 고려하면서 그 형량을 결정하였다. 대간들은 그간의 공로와 별도로 범죄의 경중에 따라서 처벌해야함을 주장하였으나, 세종은 이군실의 공을 감안하여 파면에 그쳤다.31)

---

28) 『태종실록』 권17, 태종 9년 4월 계유.
29) 『경국대전』 형전 사천조.
30) 『세종실록』 권39, 세종 10년 2월 임술.
31) 『세종실록』 권39, 세종 10년 2월 을축.

대신이 전지를 탈취한 사례를 하나 더 살피면 성종 8년 조득림의 사례
를 들 수 있다. 사헌부는 경기 관찰사 이덕량을 추국할 것을 다음과 같이
요청하였는데, 그 배경을 사관은 다음과 같이 기록하고 있다.

> 이 앞서 수원 선군 김계남이 파산군 조득림이 자기의 전지를 빼앗아
> 차지하였다고 소송하여, 사헌부에서 교지를 받아 경기 관찰사 이덕량
> 으로 하여금 판결하게 하였는데, 4개월이 넘도록 이덕량이 판결한 바
> 가 없었으므로, 사헌부에서 이덕량을 추국하기를 계청하였다.[32]

이 내용에 의하면 파산군 조득림이 선군 김계남의 전지를 탈취하였다.
선군 김계남은 전지를 탈취한 조득림을 고소하였으나, 경기 관찰사 이덕
량은 판결을 미루었다. 이에 사헌부는 조득림을 비호한 이덕량을 추고할
것을 요청하였다. 성종은 사헌부의 탄핵에 의해서 이덕량을 감사직에서
파면하였다.[33] 새로 감사에 임명된 박중선은 바로 재판을 거행하였고, 그
결과에 따라서 정부는 조득림을 파직시켰다.[34] 이와 같은 사례는 대신이
며 세조대 공신인 조득림도 전지를 탈취하면 처벌을 받았음을 잘 보여준
다. 당연히 조득림을 비호하던 경기 관찰사 이덕량도 파직을 당하였다.
　전지의 탈취에 대신뿐만 아니라 왕실의 종친들도 참여하였다. 이는 세종
8년 세종이 충청도 감사에게 명한 다음의 내용을 통해서 확인할 수 있다.

> 도내 충주의 청룡, 금생, 용두, 엄정, 억정, 향림 등 사찰의 田地가
> 다른 사람들에게 부당하게 빼앗겼는데도, 수령이 금하지 않을 뿐만 아

---

32) 『성종실록』 권77, 성종 8년 윤2월 기미.
33) 상동조.
　　이덕량은 성종 7년 12월 24일에 경기 관찰사에 임명되었다(『성종실록』 권74, 성
　　종 7년 12월 계사). 조득림 사건의 판결 지연을 이유로 성종 8년 윤2월 22일에
　　파직되었고, 바로 그날 박중선이 경기 관찰사로 임명되었다.
34) 『성종실록』 권79, 성종 8년 4월 병오.

니라 비록 고소한 사람이 있더라도 시일을 지체하여 판결하지 않으며, 간혹 사정을 알면서도 지휘한 사람도 있다. 위의 항목의 것을 빼앗아 차지한 사람의 관직 성명과 사정을 알면서도 지휘한 사람과 시일을 지체하여 판결하지 않은 수령을 추핵하여 아뢰라.[35)]

세종을 사찰 전지의 탈취 사건을 조사하라고 명하고 있다. 세종이 이러한 명령을 내린 이유에 대하여 史官은 "임금이 효령 대군의 가신과 노자들이 부당하게 빼앗아 폐단을 만든다는 말을 들은 까닭으로 이러한 명령이 있었다."고 왕족이 전지 탈취에 관여하고 있음을 밝히고 있다.

이러한 세종의 명이 있자, 전지 수탈자에 대한 재판은 진행되었고, 재판의 결과에 따라서 사헌부에서는 다음과 같이 이들의 처벌을 요청하였다.

효령 대군의 가신 김이와 종 석이는 충주의 청룡, 엄정, 억정 등 절소속의 전지 도합 15여 결을 위의 절에 사는 중들이 아내를 가졌다고 허물을 돌리어 점탈하였습니다. (중략) 판충주 목사 김사청과 판관 김후생은 권세에 아부해서 김이 등의 행위를 금하지 않았을 뿐만 아니라 어물어물 감싸서 결급해 주었고, 원통함을 호소하는 중들을 도리어 잡아 가두어 침포한 기세를 길러 주었사오니, 율에 의해서 首犯 김사청은 장 80에 처하고 從犯 김후생은 장 70에 처하소서.[36)]

사헌부는 전지를 침탈한 효령대군의 가신과 가노들을 처벌할 것과 나아가 이를 묵인한 충주목사와 판관까지 처벌할 것을 요청하였다. 세종은 이를 수용하여 탈취자들을 처벌하였고, 이를 묵인한 목사와 판관을 파직하였다.

그러나 이 사건의 중심에는 효령 대군이 있었다. 김이 등은 대군의 위세를 업고 전지를 탈취하였다. 그러나 왕실의 위엄을 고려하여 효령대군의

---

35) 『세종실록』 권32, 세종 8년 5월 병오.
36) 『세종실록』 권34, 세종 8년 10월 계해.

처벌까지는 진행되지 않았다. 효령대군이 처벌되지 않았으나, 이러한 사례는 왕실의 위세를 힘입어도 전지를 탈취하면 처벌을 면치 못함을 잘 보여주었다.

왕실의 종친이 전지의 탈취에 관여하여 처벌을 받은 사례를 하나만 더 들어보자. 성종 1년 대간은 이준의 잘못을 다음과 같이 거론하고 있다.

세조께서 준을 당연히 주살해야 될 것임을 알지 못하는 바가 아니지마는, 특별히 우애의 천정이 지극하여 임영대군의 마음을 상할까 염려해서 준을 내버려두고 문죄하지 않았습니다. (중략) 준은 또 조그만 공로가 있는 것을 믿고서 스스로 근신하지 않고 僕從으로 하여금 백성의 전지를 약탈까지 하였고, 때로는 도리 아닌 말까지 하였습니다.[37]

대간은 귀성군 이준의 가신과 종들이 전지를 약탈하였다고 지적하고 있다. 당시 이준은 정치적인 견제로 이미 유배 중이었다. 그러므로 이 내용에도 정치적인 공격이 포함되었을 것으로 짐작된다. 그러나 당시의 정황상 허위로 종친을 모함하기는 어려웠을 것으로 보인다. 그러므로 이와 같은 동향은 종친이라도 전지를 탈취한 경우에는 문제가 되고 탄핵될 수 있었음을 잘 보여준다.[38]

물론 왕족이나 대신 등 지배신분이 아닌 경우도 전지의 탈취는 가능하였다. 타인의 재산을 탈취하는 일은 신분에 관계없이 상시적으로 일어날 수 있었다. 태종 1년의 김종남의 사례는 이를 보여준다. 동북면 도순문사인 김주승은 다음과 같이 김종남이 타인의 전지를 탈취하였다고 보고하였다.

진명포에 付處한 전 소감 김종남은 왕지를 따르지 않고 마음대로 출

---

37) 『성종실록』 권2, 성종 1년 1월 병신.
38) 전지 탈취에 대한 처벌 내용이 구체적으로 드러나지 않는다. 이준은 이미 유배되어 있었고, 반역의 죄로 몰려 주살을 논의하는 상황이었으므로, 전지의 탈취에 대한 처벌은 적은 일로 처리되었다.

입하고, 농사 때를 당하여 함부로 남의 전지를 빼앗으므로, 수령이 법을 받들어 금지하였으나 도리어 꾸짖고 욕하였습니다.[39]

이 내용에 의하면 소감의 지위를 상실한 김종남이 유배된 상황에서 남의 전지를 빼앗았고, 이를 적발한 수령을 오히려 욕하고 있다. 김종남은 이미 소감의 지위를 상실한 유배된 죄인의 몸이었으나 전지를 탈취하였다.

타인의 전지 침탈은 신분과 관계없이 얼마든지 일어날 수 있었다. 물론 이러한 침탈에 대하여 김종남의 경우에서처럼 정부는 적절히 대응하고 있었다. 조선왕조실록에는 지배신분이 아닌 자가 전지를 침탈한 사례는 극히 제한적으로 언급되고 있다. 이러한 이유는 대신이 아닌 자들의 전지 침탈이 적었기 때문이 아니라, 지배신분이 아닌 일상적인 침탈의 경우 법에 따라서 정상적으로 처리되었고, 대신의 처벌은 '계문치죄'의 규정에 의해서[40] 왕의 재판이 필요하였으므로 조정에서 논의의 대상이 되었기 때문이었다.

이와 같은 일반 전지 탈취의 사례들은 전주가 전객의 전지를 탈취하는 동향을 짐작케 한다. 당연히 전주의 전객 전지 탈취는 대신이나 왕실 종친 등 지배신분에 의해서 나타날 수 있었다. 국가는 전지의 탈취가 구체적으로 확인된 경우 그 책임을 물었다.

이상에서 볼 때, 과전법에서 전주가 전객의 전지 탈취하지 못하도록 한 규정은 잘 지켜지고 있었다. 전주는 전객의 전지를 탈취할 수 있었다. 그러나 국가의 성격을 이해하기 위해서 더 주목해야 할 것은 국가가 전지를 탈취한 지배신분에 대해 대응한 방식이다. 조선 초기에 전지를 탈취한 지배신분을 거의 예외 없이 처벌하였다.

당시 권력구조의 속성을 보아도 왕실 종친이나 대신이 전객의 전지를 탈취하는 경우 노출되면 처벌되는 것이 당연하였다. 즉 당시 왕과 대신은

---

39) 『태종실록』 권15, 태종 8년 4월 기해.
40) 최이돈 「조선 초기 특권 관품의 정비과정」 『조선시대사학보』 67, 2013.

서로 주도권을 장악하기 위하여 노력하였고,[41] 각각 왕권과 재상권을 강화하기 위해서 맞서고 있었다.[42] 그러한 상황에서 대신이나 왕족의 개인적 일탈이 노출되는 경우 왕이나 재상 어느 편에서도 쉽게 넘어가기 어려웠다. 더욱이 성종대부터는 사림이 정치세력으로 등장하여 언론권을 바탕으로 주도권 경쟁에 참여하면서 왕족이나 대신의 일탈에 대한 규제는 더욱 강해졌다.[43]

이상의 검토를 통해서 국가는 체제를 유지하기 위해 만들어 놓은 법을 준수하려고 지속적으로 노력하고 있었음을 확인하였다. 즉 조선의 지배신분들은 자신들이 합의한 법의 질서 내에서 통치하고자 노력하였고, 법을 넘어선 사적지배는 배제하고자 하였다. 이것이 조선 초기의 지배신분이 지향하였던 공공통치의[44] 실제였고, 조선의 국가적 성격이었다.

2. 過剰 收租와 佃夫

1) 과잉 수조 금지 규정

과전법에서 전객의 지위를 보여주는 다른 한 가지는 전주가 전객의 과잉 수조를 금하는 규정이다. 이를 다시 한 번 자세히 살펴보자.

모든 공전 사전의 租는 논은 1결마다 糙米 30말, 밭은 1결마다 잡곡 30말이다. 이 밖에 함부로 거두는 경우는 贓罪로 논한다.[45]

---

41) 최이돈 「조선 초기 공치론의 형성과 변화」 『국왕 의례 정치』 이태진교수 정년기념논총 태학사 2009.
42) 최이돈 『조선중기 사림정치구조연구』 일조각 1994.
43) 최이돈 앞의 책.
44) 최이돈 「조선 초기 공공통치론의 전개」 『진단학보』 125, 2015.

이는 공전과 사전에서 수조의 양을 규정하고 있다. 논에서는 1결당 조미 30두, 밭에서는 잡곡 30두로 정하였다. 이를 넘어가는 징수는 장죄로 규정 하였다. 그 형량이 구체적이지는 않지만 장죄로 규정한 것은 무거운 처벌 이었다. 이미 언급한 바와 같이 장죄는 그 처벌이 아들과 손자에게까지 미 쳤다.

이 내용 역시 창왕 즉위년에 조준이 제안한 것을 다듬은 것이었다. 조준 이 처음 제안한 것은 다음의 내용과 같다.

> 收租奴가 관청의 수조 지시에 관한 공문서를 받지 않았거나, 관청에 서 제정한 斗量에 맞는 斗를 쓰지 않은 자는 장형 100대에 처한다. 도 조 받는 종이 한 말 이상 더 받은 자는 장형 80대에 처하며, 토지를 받 은 자가 자기 종이 田租를 초과하여 받아들인 것을 알고서도 관청에 보 고하지 않을 때에는, 그를 장형 70대에 처한다.46)

이 내용을 보면, 수조를 관리하는 주체가 수조노인 것이 흥미롭다. 수조 노는 수조의 공문을 지참하고, 관청에서 지정한 두량의 말로 수조해야 하 였다. 이를 어기면 장형 100대에 처하였다. 1말 이상의 과다한 수조에 대 하여 장형 80대에 처하도록 하였다. 재미있는 것은 전주는 수조노가 과다 한 수조를 한 것을 아는 경우에 관청에 보고하도록 하고 있다. 수조의 행 위에 대한 책임은 모두 수조노에게 있고, 전주는 단지 '보고'의 책임만을 부과하고 있다. 물론 이를 보고하지 않으면 장형 70대에 처하고 있다.

이와 같은 내용은 앞에서 살핀 전주가 전객의 전지를 탈취한 경우에 대 응하는 방식과 전혀 다르다. 전지 탈취의 경우에 창왕 즉위년의 논의에는 사형을 제안하였고, 이후 완화되면서도 구체적으로 5負 단위로 세밀하게 그 형량을 정하였다. 그러나 과잉 수조에 대해서는 처음의 제안에서부터

---

45) 『고려사』 권78, 식화1, 전제 녹과전.
46) 상동조.

전주가 아니라 수조노에게 책임을 지도록 하였고, 과전법에도 세세한 내용 없이 두루뭉술하게 臟罪로 정리하였다.

이와 같은 내용은 당시 개혁파가 가지고 있었던 내적 갈등을 함축하여 보여준다. 개혁파는 창왕 즉위년에 개혁안을 제안할 때에 전시과의 회복을 그 목표로 하였다.[47] 그러므로 전지의 탈취에 대해서는 단호하게 대응하였으나, 전시과의 전통을 따라서 수조권적 지배를 용인한다는 의식을 가지고 있었던 것으로 추측된다. 그러므로 과잉 수조의 책임을 전주가 아닌 수조노에게 지우고 있었다.

이후 창왕 원년에 수조권적 지배를 제한하기 위해서 '科田京畿' 규정을 추가하여 수조권을 경기에 한정해서 제한 배정하는 것으로 결정하였다.[48] 그러나 경기에 부여한 수조권에 여전히 수조권적 지배를 허용해야 할지에 대해서는 명료하게 정리하지 못한 것으로 짐작된다. 그렇기 때문에 과잉 수조에 대해서 세세한 규정을 만들지 못한 것으로 보인다.

그러나 이 정도에 그친 위의 규정만으로도 매우 소중한 성과였다. 이로써 사전에서 1결당 30두로 수조의 양이 분명하게 정해졌다. 이와 같이 명료하게 사전에서의 수조량을 규정한 것은 전시과체제에서는 찾을 수 없는 것이다.[49]

고려 말의 이제현, 백문보, 조준 등 신진사대부는 1/10수조라는 이상론을 가지고, 고려 말 수조의 실태를 비판할 수 있었고[50] 이를 과전법에 담을 수 있었다. 그러므로 과전법에서 공전뿐 아니라 사전의 수조량을 분명하게 명시하고, 이를 어기는 경우 처벌하는 규정을 만든 것은 개혁파의 이상을 실현한 것이었다.

1결당 30두라는 규정을 조금 더 음미한다면, 이는 전지에서 거두어갈

47) 최이돈 「태종대 과전국가관리체제의 형성」 『조선시대사학보』 76, 2016.
48) 최이돈 앞의 논문.
49) 전시과의 수조율에 대한 논의는 이경식이 잘 정리하고 있다(『고려전기의 전시과』 서울대학교 출판문화원 2007, 94쪽).
50) 최이돈 「고려후기 수조율과 과전법」 『역사와 현실』 104, 2017.

수 있는 수조량의 상한선을 규정한 것이었다. 공전이나 사전의 수조는 해마다의 작황을 감안하는 답험손실이 진행되었고, 이에 따라서 실제적인 수조량은 변화가 있을 수밖에 없었다. 답험은 실제적으로 작황에 따른 손실분을 인정해서 감액을 정하는 것이었으므로, 답험에 의한 감액에 관계없이 이 규정에 따라서 과전법 체제 하에서 수조량은 1결당 최대 30두를 넘어갈 수 없었다.

즉 답험으로 수조의 감액이 없다면, 전객은 작황에 관계없이 1결당 30두를 내어야 하였다. 고려 말의 극도의 과잉 수조를 경험한 상황에서 볼 때, 개혁파가 1결당 30두의 수조 상한선을 법으로 명시한 것은 분명한 개혁이었다.

이 규정에서 특히 중요한 것은 공전과 사전에서 공히 같은 수조량을 명시하고 있다는 점이다. 이 규정으로 말미암아 사전 수조의 양을 여타 공전 수조의 양과 같이 비교하여 논의할 수 있었다. 즉 사전에서의 전주의 자의성은 공전과 비교되면서 보다 명백하게 드러날 수 있었다. 이는 이후 사전에서 과잉 수조에 대한 논의가 공전 수조와 비교되면서 진행된 것을 보면 분명하게 드러난다.[51]

또한 1결당 30두의 수조를 어긴 경우 '贓罪'라는 가볍지 않는 처벌을 분명하게 명시한 것도 의미가 있다. 국가가 공공통치를 기본 이념으로 정비하면서[52] 특히 관원의 사적지배는 가장 중요한 규제의 대상이었다. 관원의 사적지배는 결국 경제적 침탈로 연결되는 것이었으므로, 국가는 이를 장죄로 규정하고 특별히 관리하였다. 그러므로 과도한 수조를 장죄로 규정한 것은 매우 의미있는 조치였다.

물론 1결당 30두로 수조를 결정한 것은 창왕 즉위년 조준이 제안한 것에 비하여 과한 것이었다. 창왕 즉위년에 조준은 "공전이나 사전을 막론하

51) 최이돈 「태종대 과전국가관리체제의 형성」 『조선시대사학보』 76, 2016.
52) 최이돈 「조선 초기 공공통치론의 전개」 『진단학보』 125, 2015.

고 전조는 1결에 米 20두로 함으로써 백성들의 생활을 유족케 할 것입니다."53)라고 결당 20두를 제안하였다. 그러나 과전법에서는 1결당 30두로 인상되었다. 이와 같은 인상은 개혁파가 이를 보완하는 답험손실 규정을 고려하였기 때문이었다.

개혁파는 과전법을 만들면서 거의 동시에 답험손실 규정을 정비하였다. 과전법의 답험손실의 규정은 다음과 같다.

都評議使司가 損實을 十分 비율로 정하기를 청하였다. 손실이 1분이면 1분의 조를 감하고, 차례로 준하여 감하되 손실이 8분에 이르면 그 조를 전부 면제한다. 답험은 그 관의 수령이 심사, 검사, 판단하여 감사에 보고하고 감사는 위관을 보내 다시 심사한다. 감사의 首領官이 또 살펴서 답험이 사실이 아닌 경우에는 죄를 준다. 各品科田의 損實은 그 전주로 하여금 스스로 심사해서 조를 거두게 한다.54)

개혁파는 처음에 결당 20두의 정액제를 구상하고 있었으나, 작황을 고려해야 한다는 생각을 추가하면서 결당 30두의 상한선을 정하고, 작황에 따른 손실을 인정하는 것으로 정책을 전환하였다. 즉 그 해의 작황에 따라서 피해를 입은 비율에 비례해서 수조를 감해주는 규정을 만든 것이다. 비율에 따라 수조액을 감하고, 80%의 손실을 입으면 조를 면해주었다.

그러나 남는 문제는 답험의 주체였다. 답험의 주체를 공전에서는 수령, 사전에서는 전주로 규정하였다. 전주는 사전의 수조에서 답험을 수행할 수 있는 권한을 부여받고 있었다. 전주가 수조권을 통해서 위임받은 권한은 결당 30두라는 상한선 내에서 수조량을 결정하는 것이었고, 이는 물론 답험을 통해서 관철될 수 있었다. 그러므로 법적으로 전주에게 주어진 수조권적 지배의 실체는 이정도의 범위 안에 있었다. 따라서 과전법의 규정

---

53) 『고려사』 권78, 식화1, 전제 녹과전.
54) 『고려사』 권78, 식화1, 전제 답험손실.

을 인정한다면, 과전법체제 하에서 나타날 수 있는 과잉 수조의 문제는 이미 30두라는 상한선이 정해져 있었으므로, 전주에게 위임된 답험의 범위 내에서의 문제였다.

그러므로 과전법은 이와 같은 수조의 상한규정을 가지지 못하였을 뿐만 아니라 이를 위반하는 경우에 대한 처벌 규정도 가지지 못한 전시과와는 질적으로 다른 제도였다.

2) 과잉 수조 규제의 실제

과연 이러한 과잉 수조를 금하는 규정이 잘 지켜졌는가? 전주가 과잉 수조를 하고 있다는 언급은 조선왕조실록에 상당한 빈도로 나타난다. 이를 검토하여서 과잉 수조에 대한 규정이 어떻게 지켜졌는지 살펴보자. 유념할 것은 전주의 과잉 수조의 문제는 두 가지의 관점에서 섬세하게 살펴야 한다는 점이다. 즉 그 하나는 이미 법으로 정해진 1결당 30두를 넘어선 불법적인 수조이었는가? 다른 하나는 전주가 답험을 적절하게 시행하지 않아서 나타나는 과잉 수조였는가?[55] 과잉 수조는 이 두 가지 모든 경우에 가능하였다.

과전법이 시행되고 태조대에 이르기까지 과전법에 대한 불만은 제기되지 않았다. 오히려 당시의 관원들은 과전법의 시행에 대하여 매우 만족스러워하고 있었다.[56] 특히 공전수조 지역의 백성들의 지위는 수조권적 지배에서 벗어나게 되면서 높아지고 있었다. 그러한 동향을 보여주는 것은 태종 6년의 사헌부의 다음과 같은 지적이다.

---

55) 이하의 서술은 최이돈 「태종대 과전국가관리체제의 형성」 『조선시대사학보』 76, 2016 참조.
56) 『태조실록』 권8, 태조 4년 11월 무자.

해마다 손실을 답험할 때, 각 고을의 수령이 대체를 돌아보지 아니
하고 오로지 백성을 기쁘게 하기를 꾀하여, 給損이 과다해서 공가에
들어오는 것이 해마다 줄어듭니다.[57]

수령이 손실 답험을 허술하게 하고 있다는 지적이다. 조선이 건국되면
서 공전수조는 수령이 거두어야 하는 체제로 전환하여, 수령의 손실 답험
은 필수적이었다. 그러므로 손실답험의 규정을 다듬었고[58] 태종대에는 이
를 대폭 정비하였다. 태종은 그 5년에 사헌부의 제안에 따라서 답험의 방
식을 분수 답험에서 손실에 따라서 '損'을 주는 '隨損給損'방식으로 정비하
였다.[59]

이러한 규정에 따라서 답험은 운영되었으나, 위의 언급에 의하면 수령
은 '給損'을 과다하게 책정하여 공전수조에서 백성이 유리하게 답험을 운
영하고 있었다. 이러한 수령의 태도는 '백성을 기쁘게 하기를 꾀하여'라고
표현한 것에서 그 원인을 찾을 수 있다. 국초의 수령은 아직도 그 지위가
확고하지 못하였고, 토호나 향리가 지방에서 영향력을 행사하고 있던 상
황에서[60] 그들과 갈등을 일으키지 않고 임기를 마치기 위해서 급손을 후
하게 주고 있었다. 이와 같은 상황은 공전수조의 지역에서 농민은 이전과
달리 수조권적 지배에서 벗어나 경제적 지위를 높일 수 있었음을 보여준
다. 공전 지역의 백성들은 그러한 지위의 변화를 바탕으로 국가 운영의 부
담을 책임지는 담지층으로 성장할 수 있었다.

공전수조 지역에서 백성들의 사정이 호전되고 있는 상황은 경기 사전
수조 지역의 전객을 자극하였다. 전객들은 공전 수조 지역에서 일어나고
있는 변화를 의식하면서 자신들이 공전수조 지역보다 부당하게 높은 부담

57) 『태종실록』 권12, 태종 6년 12월 병술.
58) 『태조실록』 권2, 태조 1년 9월 임인.
59) 『태종실록』 권10, 태종 5년 9월 기유.
    최이돈 「조선 초기 損失踏驗制의 규정과 운영」 『규장각』 49, 2016.
60) 최이돈 「조선 초기 향리의 지위와 신분」 『진단학보』 110, 2010.

을 지고 있다는 것을 문제삼기 시작했다. 즉 태종 9년 경기 백성들은 자신들의 부담이 타 지역보다 과중하다는 이유로 과전을 타 지역으로 이전해 줄 것을 요청하였다. 이 제안은 다음과 같은 封事를 통해서 제기되었다.

　　경기의 백성들이 사복시의 馬草와 사재시의 薪으로 인해 곤한데다가, 무릇 과전을 받은 자는 거두는 것이 한정이 없으니 빌건대, 과전을 옮기어 경기 밖에 주소서.[61]

경기 백성은 자신들의 부담을 타 지역과 비교하면서 과전의 이전을 주장하고 있다. 이 내용에 의하면 경기의 백성은 타 지역에 비하여 사복시의 마초 등을 더 부담하고 있었다. 더 큰 부담은 수조의 부담이었다. '거두는 것이 한정이 없으니'라는 표현은 사전수조의 부담이 컸음을 보여주고 있다.

이 내용을 통해서 전주가 전객에게 과다한 수조를 하고 있는 것을 알 수 있다. 그러나 과다한 수조의 내용은 무엇이었는지 분명하지 않다. 규정된 1결당 30두 이상을 거두는 것이었는지, 1결당 30두는 넘지 않았으나 전주 답험의 감액이 적절히 시행되지 않아서 공전에 비해 과다하게 수조하는 것이었는지 분명치 않다.

그러나 이미 30두 이상을 거두는 것을 처벌하는 조항은 마련되어 있다는 점을 감안하면 과다 수조의 내용이 조금 선명해진다. 즉 1결당 30두 이상의 과다한 수조가 문제라면 이에 대한 처벌을 요청하면 되었다. 과전의 이급까지 주장할 필요는 없었다. 그러나 경기 백성들은 경기의 과잉 수조의 문제는 과전을 이급을 하지 않으면 해결되지 않는 것으로 이해하고 있었다. 그러므로 경기 백성이 주장하는 과잉 수조는 답험에서 비롯된 것으로 추측된다. 즉 경기 백성들은 전주의 답험에 기인한 과중한 부담을 문제삼은 것이었다.

---

61) 『태종실록』 권18, 태종 9년 7월 기축.

이러한 상황이 제시되자 태종은 이에 대한 대책을 의정부에 논의하도록
명하였다. 그러나 의정부의 대책은 다음과 같이 시원치 않았다.

> 田法은 國初에 정한 것이므로 갑자기 고칠 수 없으니, 조를 거두는
> 사람으로 하여금 양식을 싸가지고 가게하고, 佃客으로 하여금 공급하
> 지 말게 하소서.[62]

의정부는 경기백성이 다른 지역에 비하여 차대를 받고 있다는 것은 인
정하였으나, 조를 거두는 과정에서 나타나는 부담을 개선하는 것에 그치
고 있다. 전주 답험에 기인한 과잉 수조의 문제가 단순히 조를 거두는 과
정에서 나타나는 부담을 줄이는 것으로 해결될 수는 없었다.

주목되는 것은 의정부가 1결당 30두를 넘어서는 경우에 처벌한다는 규
정을 거론하지 않고, 이 정도 해결책만을 제시한 것이다. 이는 경기 백성
의 과잉 수조의 문제가 전주 답험에 기인하였기 때문이었다.

의정부는 경기 백성의 부담이 크다는 것은 분명이 인지하였으나, 답험
의 범위 내에서의 과다한 수조는 이미 과전법 상에 과전을 경기에 배치하
는 '과전경기'의 규정을 만들면서 예상할 수 있었던 문제였다. 그러므로 답
험의 범위 내에 있는 과잉 수조를 해결하는 것은 전주의 답험권을 손보아
야 하는 문제였다.

쉽게 좋은 해결 방안을 찾지 못했으나, 이와 같은 문제의 제기로 전주의
답험을 개선하는 것은 조정의 과제가 되었다. 이와 같은 상황 속에서 과잉
수조를 해결하는 논의에 새로운 전기를 마련한 것은 태종 15년 참찬 유관
이었다. 그는 다음과 같이 과잉 수조를 제한하기 위한 방안으로 관답험을
제안하였다.

---

62) 상동조.

경기에 있는 각 品의 科田은, 소재지 官司로 하여금 踏驗하게 한 뒤에 조세를 거두소서.[63]

이 내용은 유관이 육조를 통해서 의정부에 올린 진언이었다. 조정에서는 과잉 수조의 문제를 해결하기 위해서 지속적으로 논의하였고, 유관은 이를 해결하기 위한 방안으로 관답험을 제안한 것으로 보인다.

유관의 이와 같은 제안은 매우 의미있는 것이었다. 이는 과잉 수조의 초점이 전주의 답험에 있음을 분명하게 보여준다. 필자는 앞의 논의에서 과잉 수조의 문제를 답험의 범주 안의 문제이며, 수조량이 30두를 넘어서는 문제는 아니었다고 추측하였지만, 이는 정황적 증거를 통해서 추정한 것에 그치는 것이었다. 그러나 유관의 이와 같은 지적은 당시 과잉 수조의 핵심이 답험의 문제였음을 명료하게 보여준다. 의정부는 이러한 유관의 요청을 수용하여 "소재지 官司에서 손실답험을 하고, 답험 첩자를 만들어 주게 하소서."라고 관답험을 요청하였다.[64]

그러나 관답험에 대한 전주들의 반대는 거셌고, 이에 관답험이 결정된 2개월 후 이 문제를 다시 논의하였다.[65] 일부의 관원들은 그간의 과잉 수조의 실상을 언급하면서 관답험의 강행을 요청하였으나, 관답험의 시행으로 수조량이 줄 것을 예상한 전주의 반발이 거셌으므로, 호조에서는 일단 관답험의 시행을 보류하고 다음과 같이 과잉 수조를 막기 위한 다른 개선안을 제안하였다.

租를 거둘 즈음에 전주의 使者가 명백하게 답험하고, 조를 바칠 때에 전객으로 하여금 스스로 헤아리게 하고, 스스로 평미레질하게 하고, 그 중에 불공평하게 답험하여 과중하게 조를 거두고 잡물을 횡렴하는 자는

---

63) 『태종실록』 권29, 태종 15년 6월 경인.
64) 상동조.
65) 『태종실록』 권30, 태종 15년 8월 갑술.

수령이 고찰하소서. (중략) 예전 습관을 그대로 따라서 전주를 두려워하여 관가에 고하지 않는 자는 전객도 아울러 논하게 하소서.66)

이에 의하면 관답험을 포기하고, 두 가지 개선안을 제안하고 있다. 첫째, 조를 받칠 때, 전객이 스스로 그 수를 헤아리고, 평미레질도 직접 하도록 하고 있다. 과잉 수조는 수조량을 계량하는 과정에서도 일어나고 있었음을 알 수 있다. 둘째, 불공평한 답험으로 인한 과중한 수조와 잡물의 횡렴한 전주를 전객이 고소하게 하였다. 즉 '불공평한 답험'이 고소의 대상으로 규정되고 있다. 이미 1결 당 30두를 넘어서는 수조는 과전법의 규정에 의해서 고소할 수 있었으나, 답험은 전주에게 위임되어 있었다. 그러나 위와 같은 조치로 불공평한 답험이 고소의 대상으로 규정되고 있다. 이러한 결정은 분명하게 당시의 과다 수조 문제의 초점이 전주 답험의 공정성에 있었음을 보여준다.

관답험의 시행은 보류되고 있었으나, 사전의 과잉 수조 문제의 쟁점이 전주 답험의 문제로 정리되면서, 조정의 관심은 전주의 답험을 규제하는 방안으로 모아지고 있었다. 조정에 이러한 분위기가 형성되면서 관답험은 태종 17년 과전의 하삼도 이급을 결정한 직 후에 다음과 같은 태종의 명에 의해서 결정된다.

> 외방 과전의 수조하는 법을 세웠다. 두 議政에게 명하여 각 품 과전의 損失에 따라 수조하는 일을 의논하게 하였다. (중략) 전교하기를, "의논한 대로 시행하고 또 각 고을의 손실의 수에 따라 租를 거두라." 하였다.67)

외방으로 이급한 과전의 수조법을 논의하면서, 이급한 과전의 수조를

---

66) 상동조.
67) 『태종실록』 권34, 태종 17년 10월 을사.

고을의 손실에 따라서 정하도록, 즉 관답험에 의해서 결정하도록 명하였
다. 즉 외방의 과전에서부터 관답험이 시행되고 있다. 외방 과전의 관답험
은 경기 과전의 관답험으로 이어졌다.

관답험의 시행으로 당연하게 전주의 수조량이 줄어들 수밖에 없었다.[68]
그러므로 관답험이 시행된 이후에도 전주들의 반발은 지속되었다. 한 예
로 세종 1년 변계량은 "흉년이 들면 사전도 아울러 심사하고, 풍년이 들면
밭 임자에게 맡겨서 스스로 심사할 것을 허가하소서."[69]라고 관답험과 전
주답험을 병행해서 시행할 것을 제안하였다. 그러나 관원들을 이를 반대
하였다. 그 중 조말생은 다음과 같이 반대하였다.

> 만약 흉년에 아울러 심사하고 풍년에는 전주가 스스로 심사하는 것
> 을 허락하면, 이것은 흉년에는 납세를 정확하게 하고, 풍년에는 마음대
> 로 걷게 하는 것이라, 실로 中正한 방법이 아니니, 행할 수 없습니다.[70]

조말생은 전주 답험을 허락하는 것은 '마음대로 걷게 하는 것'이라고 전
주 답험을 분명하게 반대하였다. 관원들의 생각이 이러하였으므로 세종도
역시 이 문제를 다음과 같이 분명하게 정리하였다.

> 공전과 사전은 다 國田이다. 손실답험이 다른 것은 마땅치 않다. (중
> 략) 만세를 두고 변치 않는 법을 만들려고 한다면, 경차관으로 답험하게
> 하는 것보다 더 좋은 것은 없다. 법을 세우고 제도를 정하는 것은 오랫
> 동안 전하는 것을 필요로 하니 풍년과 흉년에 따라 다르게 하겠는가?[71]

세종은 공전과 사전을 모두 '國田'이라고 보았다. 그러므로 국전에서는

---

68) 『태종실록』 권34, 태종 17년 11월 병자.
69) 『세종실록』 권4, 세종 1년 7월 신유.
70) 상동조.
71) 『세종실록』 권5, 세종 1년 9월 신유.

손실답험도 같아야 한다고 주장하였다. 이와 같은 세종의 해석으로 사전에서 관답험의 시행을 확정하였다.

관답험이 시행되면서 수조의 기준이 분명하게 정리되었다. 사전에서의 과잉 수조의 문제는 1결당 30두의 상한선 규정과 관답험의 규정을 만들면서 큰 흐름이 정리되었다. 물론 과잉 수조의 문제는 이후에도 지속적으로 거론되었다. 그러나 이미 관답험이 시행되어 수조량이 분명하게 산출된 이후에 제기되는 과잉 수조의 문제는 이와 같은 규정을 정비하기 이전과는 내용과 질을 달리할 수밖에 없었다.

이후의 수조에 관한 논의는 새로운 단계로 전환된다. 즉 사전에서의 적정 수조의 문제에서 공전과 사전을 포괄하는 국가의 적정 수조의 문제로 전환된다. 세종 재위 기간 내내 논쟁의 대상이 된 공법의 논의가 그것이다. 공법 논의는 사전의 과잉 수조 논의의 연장선상에서 국가의 적정 수조를 검토하는 것이었다.[72]

물론 이 단계에서는 공전과 사전을 나누어 논의하지 않았다. 이는 이미 국가의 관점에서 공전과 사전 간의 수조량은 동등한 것으로 보았기 때문이었다.[73] 즉 정부는 사전에서 과잉 수조는 이미 해결된 문제로 인식하였다.

3. 佃夫 田主告訴權의 실제

佃夫의 법적 지위를 살펴보았다. 전부는 법으로 전주의 전지 침탈과 전주의 과잉 수조로부터 보호를 받고 있었다. 국가는 국가의 안정적 운영을 위해서 지배신분 개인의 침탈이나 수탈을 불법으로 규정하고 제재를 가하고 있었다. 국가는 전주의 불법을 적발하고 처벌하기 위해서 전부에게 전

---

72) 최이돈「세종대 공법 연분 9등제의 시행과정」『조선초기 과전법』경인문화사 2017.
73) 최이돈 위의 논문.

주고소권을 부여하고 있었다. 그러므로 마지막으로 전부에게 부여되었던 전주고소권의 실제를 살펴보자.

조선에서의 재판제도는 잘 정비되어 있었다. 백성들은 일단 수령에게 재판을 받을 수 있었다. 백성들은 수령의 재판에 불만이 있으면, 상위 재판정에 항소할 수 있었다. 백성은 상위의 재판정인 감사, 나아가 사헌부에 재심을 받을 수 있었다. 이러한 절차를 거친 후 여전히 불만이 있으면, 신문고, 상언, 격쟁 등 왕의 재판을 받는 공식 비공식의 절차도 있었다.

물론 유교 가족주의적 이념에서 자녀가 가장을 고소하거나, 노비가 주인을 고소하는 것, 나아가 부민이 수령을 고소하는 것에는 제한이 있었다. 그러나 그러한 경우에도 신체나 재산상의 피해를 입은 것은 여전히 고소할 수 있었다. 노비의 경우 주인에게 신체상, 재산상 피해를 입은 것을 고소할 수 있었고,[74] 부민은 수령에게 신체상, 재산상 피해를 입은 것을 고소할 수 있었다.[75] 서양 중세의 농노는 오직 영주의 재판만 받을 수 있었고, 영주가 최종 재판권을 가지면서 경제외적 강제가 가능했다는 점을 고려한다면, 조선의 재판제도는 중세적 수준을 넘어선 것이었다.

전부가 전주를 고소한 사례를 검토하면서 전주고소권의 실제를 살펴보자. 먼저 전주가 전부의 전지를 점탈한 경우를 살펴보자. 앞에서 살핀 바

---

74) 최이돈 「조선 초기 천인천민론의 전개」 『조선시대사학보』 57, 2011.
　　"만약에 본주가 자식이 있는 자의 재산을 침탈한다면 노비라도 자손이 狀訴하는 것을 허락하소서."(『세조실록』 권11, 세조 4년 1월 기축).

75) 최이돈, 「조선 초기 수령고소 관행의 형성과정」, 『한국사연구』 82, 1993.
　　"부민의 고소란 곧 수령이 범한 과오를 보복하려고 고하는 것을 이르는 것이요, 자기의 억울한 사정을 호소하는 것을 이르는 것이 아니다. 만약 억울하게 그 부모를 욕보이거나, 직첩을 뺏거나, 함부로 요역에 보내거나, 백성들의 토지를 침해 강탈하는 등의 일은 비록 다시 다른 법을 세우지 않더라도 자연 행할 수 있을 것이라." (중략) 앞서 이를 논의하는 사람들이 말하기를, "贓吏 이외의 것도 역시 고소를 허용하면 풍속이 몹시 박해질 것이요, 고소하지 않으면 억울한 정을 펴지 못할 것이라."하여, 드디어 河演의 논의를 좇아 "자기의 억울한 일도 고소하여 伸救할 수 있도록 허용하라."명하였다(『세종실록』 권51, 세종 13년 3월 병자).

와 같이 전주가 전부의 전지를 점탈한 사례는 세종 12년 조말생이 전객 한회의 전지를 탈취한 사건이 거의 유일하다. 이 내용을 보면, 조말생이 한회의 전지를 탈취한 것은 밝히고 있으나, 이러한 비리가 한회의 고소에 의해서 밝혀진 것인지는 분명하지 않다.[76]

그러므로 전주 전객의 관계에 있지 않는, 다른 사람의 전지를 탈취한 사례들을 통해서 간접적으로 상황을 살필 수밖에 없다. 전주 전객의 관계에 있지 않은 경우 전지를 탈취한 사례는 앞에서 살핀 것과 같이 상당수 있으며, 고소자가 분명하게 밝혀진 사례들도 보인다.

그 대표적인 것이 성종 8년 조득림의 사례를 들 수 있다. 사헌부는 경기 관찰사 이덕량을 추국할 것을 다음과 같이 요청하였는데, 그 배경을 사관은 다음과 같이 기록하고 있다.

　　이 앞서 수원 선군 김계남이, 파산군 조득림이 자기의 전지를 빼앗아 차지하였다고 소송하여, 사헌부에서 교지를 받아 경기 관찰사 이덕량으로 하여금 판결하게 하였는데, 4개월이 넘도록 이덕량이 판결한 바가 없었으므로, 사헌부에서 이덕량을 추국하기를 계청하였다.[77]

이 내용에 의하면 파산군 조득림이 선군 김계남의 전지를 탈취하였고, 선군 김계남은 전지를 탈취한 조득림을 고소하였다. 고소에 따라서 파산군 조득림은 처벌을 받았다.

한 사례만 더 살피자면, 전부들은 대신 뿐 아니라 왕족의 전지 탈취에도 고소할 수 있었다. 이는 세종 8년 사찰의 토지를 점탈한 효령대군의 가신들을 처벌한 사례를 통해서 확인할 수 있다. 사헌부에서는 다음과 같이 이 사건의 고소자가 중들이었음을 밝히고 있다.

---

76) 『세종실록』 권48, 세종 12년 4월 신묘.
77) 『성종실록』 권77, 성종 8년 윤2월 기미.

효령 대군의 가신 김이와 종 석이는 충주의 청룡, 엄정, 억정 등 절 소속의 전지 도합 15여 결을 위의 절에 사는 중들이 아내를 가졌다고 허물을 돌리어 점탈하였다. (중략) 판충주목사 김사청과 판관 김후생은 권세에 아부해서 김이 등의 행위를 금하지 않았을 뿐만 아니라 어물어 물 감싸서 결급해 주었고, 원통함을 호소하는 중들을 도리어 잡아 가 두어 침포한 기세를 길러 주었사오니, 율에 의해서 首犯 김사청은 장 80에 처하고 從犯 김후생은 장 70에 처하소서.[78]

효령대군의 가신과 가노들이 사찰의 전토를 탈취하자 중들은 이를 고소 하여 결국 전토를 탈취한 효령대군의 가신과 가노들을 처벌할 수 있었다. 효령대군의 위세를 업은 전지의 탈취에 대해서도 피해자는 고소하여 이를 바로 잡을 수 있었다.

위의 조득림의 사례나 효령대군의 사례는 전지를 침탈당하는 경우 피지 배신분인 선군이나 승려 등 피해자가 고소의 주체로 나서고 있음을 보여 준다. 이와 같이 피지배신분은 가해자인 지배신분을 고소하는 지위를 확 보해 가고 있었다. 이러한 상황을 고려한다면, 전주가 佃夫의 전지를 침탈 한 경우에도 佃夫는 고소로 대응하였다고 짐작된다.

전지 탈취에 대한 피지배신분의 고소가 일상적이었다고 이해한다면, 앞 에서 살핀 세종 12년 조말생이 전객 한회의 전지를 탈취한 사건도 다시 해석해볼 수 있다. 즉 기록에는 한회가 고소하였다는 언급은 없지만, 고소 가 일상적이었다는 점을 고려한다면, 한회는 단순히 피해자일 뿐 아니라 이 사실의 고소자였을 것으로 짐작된다. 즉 한회의 고소로 조말생의 비리 가 드러난 것으로 이해할 수 있다.[79] 따라서 佃夫는 전주를 고소할 수 있 었고, 고소에 따라서 전지를 탈취한 전주는 처벌되었다고 볼 수 있다.[80]

---

78) 『세종실록』 권34, 세종 8년 10월 계해.
79) 『세종실록』 권48, 세종 12년 4월 신묘.
80) 조선왕조실록에 고소자가 분명하게 드러나는 사례는 적다. 피해자가 고소하는 것 이 일상적인 것이 되면서, 대부분의 경우에 피해자의 이름만을 명시하고 고소자

佃夫는 전지의 탈취뿐 아니라 과잉 수조를 한 전주를 고소할 수 있었다. 앞에서 언급한 바와 같이 전객은 일단 과전법에서 근거하여 '1결당 30두'를 넘는 경우에 고소할 수 있었다. 또한 태종 15년 이후에는 1결당 30두 이내에서 '불공평한 답험'으로 수조한 경우에도 전주를 고소할 수 있었다.

이와 같이 과잉 수조에 대한 고소권은 확보되었으나, 전객이 구체적으로 전주를 고소하였을까? 과잉 수조에 대한 고소 사례는 조선왕조실록에 많지 않다. 태종 12년에 각림사의 수조가 과하다고 전객들이 전주를 고소한 사례가 아래와 같이 보인다.

> 원주 각림사 주지 석휴가 와서 아뢰었다. "頑愚한 승도들이 신이 서울에 나아갔을 때, 전세를 후하게 거두어서 전객이 관에 고소하였고, 또 요역도 다단합니다."하니 왕이 승정원에 명하여 원주에 馳書하기를, "후하게 거두어들인 일은 핵문하지 말라."명하였다.81)

각림사에서 전객들에게 과다하게 수조하였다. 각림사가 수조권을 가지

를 분명하게 기록하지 않은 결과이다. 전지의 침탈을 당하면 피해자가 고소자로 나서는 것이 당연하였으므로, 조선왕조실록에 피해자가 고소자인 것을 일일이 밝힐 필요가 없었다.

위에서 검토한 조득림과 효령대군의 사건에 고소자가 명시된 것은 특별한 사례였기 때문이었다. 위의 두 사례는 하위 재판과정에서 수령과 감사 등의 부정이 드러나면서, 고소자가 적법한 절차를 거쳐서 고소하였는지를 분명히 명시할 필요가 있었다. 즉 고소자가 하위 재판에 불복하여 사헌부에 항소를 하는 경우, 피해자가 상위 재판기관에 재판을 요청하기 위해서는 하급 재판 기관의 재판을 받은 절차가 필요하였다. 즉 하급기관에 고소하는 절차를 지키지 않고, 상위 재판기관에 직접 고소하는 것은 '越訴'로 처벌을 받았다. 그러므로 이러한 절차를 확인하는 과정에서 고소자의 이름이 노출되었다.

그러나 고소가 일상화되어 있는 상황에서, 위와 같이 특별한 문제가 있지 않다면, 조선왕조실록에 구체적으로 고소자를 밝힐 필요는 없었다. 단순히 피해자를 언급하는 것만으로도 이 사건을 피해자가 고소하였음을 함축하였기 때문이다.

81) 『태종실록』 권24, 태종 12년 10월 기사.

게 된 것은 태종이 왕위에 오르기 전에 독서하던 곳으로, 태종의 특별한 배려에 의한 것으로 짐작된다.[82] 각림사에서는 왕의 비호를 믿고 전객에게 과다하게 수조를 하였다.

이에 전객들이 과다하게 수조한다는 이유로 전주를 원주 목사에게 고소하였다. 고소에 의한 재판이 진행되는 과정에서 각림사 지주인 석휴는 이러한 사정을 태종에게 알렸고, 태종은 목사에게 각림사의 승려들을 처벌을 하지 말 것을 명하였다.

이 경우 과다한 수조의 구체적인 내용이 무엇이었는지는 분명하지 않다. 그러나 1결당 30두를 넘어가는 과잉 수조는 아닌 듯하다. 이미 태종 9년부터 전주의 답험에 의한 과잉 수조가 문제로 제기되었고, 경기의 백성들이 경기 과전을 이전해 달라는 논의가 제기된 맥락에서 본다면, 이때의 문제 제기도 답험 범위 내의 과잉 수조로 이해된다. 그러나 이 시기는 아직 답험 범위 내의 과잉 수조에 대해서는 정부의 입장이 마련되지 않았다. 그러므로 태종도 이를 더 문제삼지 않도록 지시할 수 있었고, 관원들도 더 이상 이에 대한 이의를 제기하지 않았다.

과잉 수조로 고소된 사례를 하나만 더 들면, 세종 10년에는 효령 대군이 과전의 불법 과잉 징수로 고소를 당하였다. 사헌부에서는 다음과 같이 효령대군의 과잉징수를 고발하고 있다.

> 효령 대군 이보의 하인들이 과전에서 수조할 때 쌀과 콩 10여 석을 불법 징수하였습니다. 일이 赦令이 내리기 전에 있었으므로 치죄할 수는 없으나, 청하건대 불법 징수한 쌀과 콩은 배상시켜 각각 본 주인에게 돌려주게 하소서.[83]

사헌부는 효령대군 이보의 하인들이 과전의 수조 시에 '쌀과 콩 10여석

---

82) 상동조.
83) 『세종실록』 권40, 세종 윤4월 을유.

을 불법 징수'하였음을 밝히고 있다. 이러한 지적은 피해자가 사헌부에 고소한 것을 조사하여 보고한 것으로, 이 불법은 佃夫가 고소하였다. 이미 태종 15년부터 불공평한 답험에 의한 과잉 수조를 범죄로 규정하였고, 관답험까지 시행하고 있었으므로, 위의 과잉 수조는 답험의 범위 내의 과잉 수조로 이해된다. 그러므로 과잉 수조한 양도 '10여 석'으로 정확하게 제시되었다.

세종은 효령대군의 과잉 수조가 이미 사면령이 내리기 전에 일어난 일이었음을 고려하여 효령대군을 처벌하지는 않고, 불법 징수한 곡물만 보상하도록 처리하였다.

이상에 볼 때, 佃夫는 전주의 전지 침탈과 과잉 수조에 대하여 구체적으로 고소할 수 있었다. 국가는 전부 보호 규정을 지키기 위해서 전부의 고소를 허용하고, 고소된 경우에 이를 절차를 따라서 처리하였다. 물론 전부들은 대신이나 왕족 등 지배신분의 불법 행위도 고소할 수 있었고, 국가는 고소를 수용하여 지배신분을 처벌하였다.

맺음말

1. 이상과 같이 佃夫의 법적 지위를 검토해 보았다. 전부의 법적 지위는 과전법에 보이는 전객의 보호규정을 바탕으로 정비되었다. 과전법에는 전객을 보호하는 조항이 명시되어 있었다. 전주는 전객의 소경전을 탈취할 수 없었고, 규정 이상의 수조를 할 수 없었다. 전주가 전지를 탈취하거나 과도한 수조를 하는 경우 처벌을 받았다.

그러므로 전부의 법적 지위를 살피기 위해서, 먼저 과전법에 나타나는 전객의 보호규정을 살펴서 그 의미가 무엇인지 검토해보고, 이 규정이 구체적으로 어떻게 적용되고 있었는지를 검토하였다. 또한 법적 규정을 적용하기 위해서 피해를 입은 당사자인 전부가 문제를 제기할 수 있는 고소권이 있었는지도 검토하였다.

2. 과전법에 규정된 전객을 보호하는 규정은 어떠한 의미였을까? 먼저 전주가 전객의 전지를 탈취하지 못하게 한 규정을 자세히 살펴보았다. 과전법에는 전주가 전객의 전지를 탈취하는 것을 금하고, 탈취한 경우의 처벌을 자세히 규정하고 있다. 전지를 1부 탈취하면 태형에 처하였고, 25부 이상을 탈취하면 중형인 장형에 처하였다. 특히 유념해야 될 것은 전주가 과전을 탈취하는 것은 贓罪에 해당하였다.

전주가 전객의 전지를 점탈하지 못하도록 한 보호규정은 실제로 잘 지켜졌을까? 전주가 전객의 전지를 탈취한 사례는 조말생의 사례가 거의 유일하다. 병조판서 조말생은 전객 한회의 전지를 탈취한 것으로 드러나 처벌을 받았다. 조말생은 병조판서로서 세종의 신임을 받는 대신이었으나 형벌을 피하지 못하였다.

전주가 전객의 전지를 빼앗은 사례가 적으므로 조금 더 당시 상황을 잘 이해하기 위해서 전주와 전객 사이가 아닌, 일반적인 전지의 탈취 사례도 검토해 보았다. 당시 전지 탈취사례를 검토해보면, 탈취자의 신분은 주로 대신과 왕족 등 지배신분으로 나타난다. 정부는 전지를 탈취한 자를 대신, 왕족을 막론하고 적법한 절차를 거쳐서 처벌하였다.

조선 초기를 통해서 과전법에서 전주가 전객의 전지를 탈취하지 못하도록 한 규정은 잘 지켜지고 있었다. 조선 초기의 전객은 전주의 전지 침탈로부터 국가의 보호를 받고 있었다.

3. 과전법에서 전객의 지위를 보여주는 다른 한 가지는 전주가 전객의 과잉 수조를 금하는 규정이다. 공전과 사전에서 수조의 양을 1결당 30두로 정하고, 이를 넘어가는 수조는 과잉 수조로 규정하여 처벌하였다.

이와 같이 명료하게 사전에서의 수조량을 규정한 것은 전시과에서는 찾을 수 없다. 고려 말 신진사대부들은 1/10수조라는 이상론을 가지고, 사전개혁을 추진하고 이 규정을 과전법에 담을 수 있었다. 그러므로 과전법에서 공전뿐 아니라 사전의 수조량을 분명하게 명시하고, 이를 어기는 경우 처벌하는 규정을 만든 것은 개혁파의 이상을 실현한 것이었다.

1결당 30두라는 규정은 전지에서 거두어갈 수 있는 수조량의 상한선을 규정한 것이었다. 공전이나 사전의 수조는 해마다의 작황을 감안하는 손실답험이 진행되었고, 이에 따라서 실제적인 수조량은 변화가 있을 수밖에 없었다. 그러나 답험에 의한 감액에 관계없이 이 규정에 따라서 과전법 체제 하에서 수조량은 1결당 최대 30두를 넘어갈 수 없었다. 고려 말의 극도의 과잉 수조를 경험한 상황에서 개혁파가 1결당 30두의 수조 상한선을 법으로 명시한 것은 분명한 개혁이었다.

이 규정이 특히 중요한 것은 공전과 사전에서 공히 같은 수조량을 명시하고 있다는 점이다. 이 규정으로 말미암아 사전 수조의 양을 여타 공전 수조의 양과 같이 비교하여 논의할 수 있었다. 즉 사전의 수조에서 보이는 전주의 자의성은 공전과 비교되면서 보다 명백하게 드러날 수 있었다. 또한 1결당 30두의 수조를 어긴 경우 '贓罪'라는 가볍지 않은 처벌을 분명하게 명시한 것도 의미가 있었다.

그러나 남는 문제는 손실답험의 주체였다. 답험의 주체를 공전에서는 수령, 사전에서는 전주로 규정하였다. 이에 따라 전주가 수조권을 통해서 위임받은 권한은 결당 30두라는 상한선 내에서 답험을 통해서 수조량을 결정할 수 있는 권한이었다. 그러므로 법적으로 전주에게 주어진 수조권적 지배의 실체는 답험의 범위 안에 있었다.

4. 과연 이러한 과잉 수조를 금하는 규정이 잘 지켜졌는가? 유념할 것은 전주의 과잉 수조의 문제는 두 가지의 관점에서 섬세하게 살펴야 한다는 점이다. 즉 그 하나는 이미 법으로 정해진 1결당 30두를 넘어선 불법적인 수조였는가? 다른 하나는 전주가 답험을 적절하게 시행하지 않아서 나타나는 1결당 30두 이내에서의 과잉 수조였는가? 과잉 수조는 이 두 가지

모든 경우에 가능하였다.

과전법이 시행되고 태조대에 이르기까지 과전법에 대한 불만은 제기되지 않았다. 오히려 당시의 관원들은 과전법의 시행에 대하여 매우 만족스러워하고 있었다. 특히 공전수조 지역의 백성들의 지위는 수조권적 지배에서 벗어나게 되면서 높아지고 있었다. 공전수조의 답험은 수령이 담당하고 있었는데, 수령의 답험은 사전의 답험보다 給損을 후하게 주고 있었다. 이와 같은 상황에서 공전 수조 지역의 백성들은 경제적 지위를 높이면서, 국역을 담당하는 담지층으로 성장할 수 있었다.

공전수조 지역에서 백성들의 사정이 호전되고 있었으나, 사전 수조 지역의 전객들은 수조권적 지배 하에서 사정이 좋지 않았다. 경기의 전객들은 공전 수조 지역에서 일어나고 있는 변화를 의식하면서 자신들이 공전 수조 지역보다 높은 부담을 지는 것을 부당하게 여기고 문제를 삼기 시작했다. 경기 백성은 태종 9년 자신들의 부담을 타 지역과 비교하면서 부담의 원인이 되고 있는 과전을 타 지역으로 이전해 달라고 요청하였다.

경기 백성이 지적하는 과잉 수조의 내용은 무엇이었을까? 이미 30두 이상을 수조하는 것을 처벌하는 조항은 마련되어 있었으므로, 30두 이상의 과다한 수조가 문제라면 이에 대한 처벌을 요청하면 되었다. 과전의 하삼도 이급까지 주장할 필요는 없었다. 그러나 경기 백성들은 경기의 과잉 수조의 문제를 과전 이급을 하지 않으면 해결되지 않는 것으로 이해하고 있었다. 즉 경기 백성들은 전주의 답험에 기인하는 30두 이내에서 부과되는 과다한 수조를 문제 삼은 것이었다. 이와 같은 상황은 이미 이 시기에 이르면, 1결당 30두 이상을 거두는 과잉 수조는 법에 의해서 처리되고 있었음을 의미하였다.

경기 백성들이 문제를 제기하면서 정부는 경기 백성의 부담이 크다는 것은 분명이 인지하였으나, 답험의 범위 내에서의 과다한 수조는 이미 과전법 상에 과전을 경기에 배치하는 '科田京畿'의 규정을 만들면서 예상할 수 있었던 문제였다. 그러므로 답험의 범위 내에 있는 과잉 수조를 해결하는 것은 간단한 문제가 아니었다. 전주 답험의 범위에서 나타나는 과잉 수조를 해결하는 방안을 마련하는 것은 수조권에 대한 새로운 해석과 결단이 필요한 문제였다.

이후 지속적인 논의를 통해서 이 문제는 조금씩 해결되었다. 태종 15년에는 호조의 제안에 따라서 '불공평한 답험'을 범죄로 규정하고, 불공평한 답험을 한 전주를 전객이 고소하도록 하는 '전주고소권'을 만들었다.

더욱이 태종 17년에는 과전을 하삼도에 이급하면서, 지방에서부터 관답험을 시행하였다. 물론 지방의 관답험은 그대로 경기도에도 적용되었다. 관답험의 시행은 전주의 답험에 기인한 과잉 수조의 문제를 해결하는 큰 계기가 되었다.

물론 과잉 수조의 문제는 이후에도 지속적으로 거론되었다. 그러나 이미 관답험이 시행되어 적정 수조량이 분명하게 산출된 이후에 제기되는 과잉 수조의 문제는 이와 같은 규정을 정비하기 이전과는 내용과 질을 달리할 수밖에 없었다.

이후의 수조 방식에 관한 논의는 새로운 단계로 넘어갔다. 적정 수조의 문제가 사전에서 국가수조로 전환되었다. 즉 세종 재위 기간 내내 논쟁의 대상이 된 공법의 논의가 그것이다. 공법 논의는 사전에서 과잉 수조 논의의 연장선상에서 국가의 적정 수조를 검토하는 것이었다. 이는 당시 공권력의 성격과 조선의 국가적 수준을 잘 보여주는 중요한 논의였다.

5. 국가는 국정의 안정적 운영을 위해서 지배신분 개인의 침탈이나 수탈을 불법으로 규정하고 제재를 가하였다. 전부는 전주고소권을 부여받고 있었다. 마지막으로 전부고소권의 실제를 검토해보았다.

먼저 전주가 전부의 전지를 침탈한 경우를 살펴보았다. 전주가 전부의 전지를 점탈한 사례는 세종 12년 조말생이 전객 한회의 전지를 탈취한 사건이 거의 유일하였다. 이 내용을 보면, 피해자의 이름은 밝혀지고 있으나,

고소자가 누구인지 밝히지 않고 있다.

그러나 전객의 전지가 아닌, 타인의 전지를 탈취한 경우를 조사해보면, 전지를 탈취당한 피해자는 대신, 왕족 등 신분의 고하를 막론하고 가해자를 고소하였고, 정부는 가해자를 적법한 절차에 의해서 처리하는 것이 일반적이었다.

이러한 상황을 고려할 때, 앞에서 조말생이 한회의 전지를 탈취했다고 피해자만을 거론하고 있지만, 고소자가 한회였음을 짐작할 수 있다. 따라서 전지를 탈취당한 전부는 전주를 고소할 수 있었고, 고소에 따라서 전지를 탈취한 전주는 처벌되었다.

전부는 전지의 탈취뿐 아니라 과잉 수조를 한 전주도 고소할 수 있었다. 앞에서 언급한 바와 같이 일단 과전법에서 근거하여 '1결당 30두'를 넘는 경우에 전객은 전주를 고소할 수 있었다. 또한 태종 15년 이후에는 1결당 30두 이내에서도 '불공평한 답험'으로 과잉 수조를 한 경우에도 전객은 전주를 고소할 수 있었다. 과잉 수조에 대한 고소 사례는 조선왕조실록에 많지 않으나, 그 사례들을 검토해보면 과잉 수조를 한 전주는 법에 의해서 처벌되고 있었다.

이상의 검토를 통해서 볼 때, 국가는 전지의 침탈이나 과잉 수조를 금하는 규정을 만들었을 뿐 아니라 실제로 이를 충실하게 운영하여 전부를 보호하고 있었다. 전부 역시 주어진 전주고소권을 통해서 자신들을 고소의 주체로 성장시켜가고 있었다. 전부의 전주고소권 확보는 부민의 수령고소권의 확보와 더불어 조선 초기 백성의 정치적 지위를 보여주는 중요한 성과였다(최이돈「조선초기 전부의 법적 지위」『조선초기 과전법』경인문화사 2017).

제6장 公論政治의 형성

머리말

조선 초기 민의 정치적 지위는 자위권인 재판권과 자기실현권인 참정권을 통해서 가늠해볼 수 있다. 앞의 장에서 조선 초기 백성의 재판권을 수령고소권과 전주고소권을 통해서 살펴보았다. 조선 초기 백성들은 투쟁을 통해서 세종대까지 수령과 전주를 고소할 수 있는 지위를 확보하였다. 백성들은 세종대까지 재판권을 확보하면서 그 다음 단계인 참정권의 확보를 위해서 나섰다. 조선 초기 백성의 참정권은 공론정치의 형성을 통해서 추진되었다.

그간 성종대 사림의 등장과 그로 인해서 나타나는 정치의 변화는 연구자들의 관심을 끄는 주제였다. 연구가 정치세력, 정치구조, 정치운영 등에 걸쳐서 진행되었다. 본장에서 검토할 공론정치에 대한 연구도 진행되었다. 사림은 정치적 영향력을 강화시키기 위하여 재야 사림까지 정치에 참여시키는 체제를 구축하기 위해서 노력하였다. 즉 사림은 공론정치를 통해서 사림이 정치참여층으로 역할을 할 수 있는 정치구조를 만들고자 하였다.

공론정치의 형성에 대한 연구는 최이돈[1], 김돈, 설석규 등의 의해서 진행되었다. 설석규는 공론정치를 儒疏를 중심으로 고찰하였다. 그는 중종대에서 명종대에 이르는 시기의 유소의 동향과 성격을 사림의 성장이란 측면에서 검토하였다.[2] 김돈은 유생층의 공론형성을 정치참여층의 확대라는

---

1) 최이돈 「16세기 공론정치의 형성과정」『국사관논총』34, 1992.
2) 설석규 「16세기 전반 정국과 유소의 성격」『대구사학』44, 1992.

관점에서, 중종대와 명종대로 나누어서 검토하였다.[3]

그러므로 이와 같은 연구성과를 바탕으로, 사림이 정치참여층으로 참여하는 과정을 공론정치의 형성을 통해서 살펴보고자 한다. 특히 공론을 형성하는 주체를 잘 살펴보고자 한다. 그간의 연구에서 공론정치의 주체를 사림으로 설정하였고, 사림을 중하급관원, 품관, 재지 지식인 등을 망라하는 개념으로 이해하였다. 이러한 집단으로 구성되는 사림의 신분을 어떻게 이해할 수 있을까?

기존의 신분제연구에서는 흥미롭게도 사림과 훈구를 같은 신분으로 보았다. 통설에서는 사림과 훈구를 같은 지배신분으로 보았고,[4] 양천제론에서는 사림과 훈구를 같은 양인으로 보았다.[5] 그러나 훈구 대신들은 분명하게 혈통적 특권을 법으로 보장받고 있었다. 이에 비하여 사림은 혈통적 특권을 법으로 보장받지 못하고 있었다. 그러므로 통설과 양천제설은 공히 신분을 법적, 혈통적인 기준에 의해서 구분하고 있지 않았다.

저자는 최근 법에 의해 특권이 부여된 집단을 지배신분으로 볼 수 있다는 가설을 제시하였다.[6] 조선 초기의 지배신분은 2품 이상의 대신에 한정된다고 주장하였다. 이러한 가설에 의하면 3품 이하의 관원은 지배신분이 아니었다. 관직을 벗어나면 과전을 상실하였고, 법적인 특권 역시 전혀 가지지 못하였고, 따라서 군역에도 편제되고 있었다. 그러므로 품관은 물론 재지 지식인들은 신분적으로 狹義良人이었고, 경제적으로 佃夫에 불과하였다. 즉 일반백성과 법적으로 별다른 차이를 가지지 못하였다. 다만, 사림은 협의양인 중에서 경제적으로 여유가 있어서 성리학을 공부하여 학식을

---

3) 김돈 「16세기 전반 정치권력의 변동과 유생층의 공론형성」 서울대학교 박사학위
   논문 1993.
   김돈 『조선전기 군신권력관계 연구』 서울대학교출판부 1997.
4) 이성무 『조선 초기 양반연구』 일조각 1980.
5) 한영우 『조선시대 신분사연구』 집문당 1997.
6) 최이돈 『조선전기 특권신분』 경인문화사 2017.

갖춘 층으로 이해할 수 있다.

이러한 가설 위에서 본다면, 공론정치는 이미 재판권을 확보한 백성들의 상층에 있던 사람이 정치적 지위를 강화하기 위하여 참정권에 접근하는 과정으로 이해할 수 있다. 그러므로 본장에서는 이러한 관점을 유념하면서 공론형성층이 확대되는 과정을 검토하고자 한다. 공론형성층의 확대 과정을 참상, 참하관이 공론을 형성하는 과정과 재야사림이 공론을 형성하는 과정으로 나누어 검토하고자 한다. 또한 이렇게 형성된 공론을 수용하기 위해서 사림이 공론 수용기구를 어떻게 조성하였는지를 검토하고자 한다. 마지막으로 공론정치의 정립이 붕당의 형성과 어떻게 연관되는지를 검토하고자 한다.

이러한 논의를 통해서 조선 초기 백성들의 정치적 지위가 분명하게 드러나기를 기대하며, 나아가 조선 초기 국가의 성격이 분명해지기를 기대한다.

1. 公論形成層의 확대

1) 조선 초기의 공론

성종대부터 사림의 등장으로 정치구조가 변하고 있었고, 그 이면에서 천거제가 추진되어 사림의 정치참여가 확대되어졌다. 사림은 이에서 그치지 않고 재야사림의 의사까지를 정치에 수용하려고 하였다. 이러한 사림의 노력은 公論政治로 추진되었다. 공론정치 체제는 성종대부터 그 모습을 드러내기 시작하여 중종대에 정비되었다.

공론정치는 성종대 이후 구체화되었으나 조선 초기부터 언급되었다. 그러므로 태조대에서 성종대에 이르는 기간 동안 언급된 공론에 대하여 면

저 검토하고자 한다. 조선 초기부터 공론정치는 정치인들이 추구하였던
이상정치의 모형으로 이해되었다. 공론이 중요하게 인식된 것은 고려 말
부터 나타난 새로운 주자학적 정치론으로 인한 것이었다.

신진사대부들은 정치를 하늘의 뜻을 이루는 것으로 이해하였다. 즉 왕
과 관원들은 자신들의 지위가 하늘로부터 주어진 天位이며 天職으로 생각
하였고, 이들은 하늘의 백성인 천민을 하늘의 뜻을 따라서 다스리는 임무
를 받았다고 생각하였다.[7] 그런데 하늘의 뜻인 天心은 人心으로 반영된
것으로 이해하였다.[8] 그러므로 인심의 결집인 공론에 따른 정치의 구현을
이상시하였다.

공론은 人心이 결집된 것으로, 一國의 사람들이 당연하다고 생각하는
것으로 간주되었다.[9] 그러므로 공론은 정치행위에서 무엇보다도 우선하는
것으로 바로 國是였다.[10] 따라서 공론에 따라서 國是가 정해졌고, 이에 입
각한 정치가 시행될 때에 국가가 바르게 다스려지는 것으로 이해되었
다.[11] 관원들이 공론이 國体를 유지하는 것으로 보거나,[12] 공론을 국가의
元氣로 이해하는 것은 이러한 인식에 기인한 것이었다.[13]

공론은 인심이 결집된 것이므로 국가의 구성원 모두를 포함하는 기반을

---

7) 최이돈「조선초기 공공통치론의 전개」,『진단학보』125, 2015.
8)『단종실록』권9, 단종 원년 11월 병자.
　　公論所在則, 天心之所在.
9)『성종실록』권262, 성종 23년 2월 임술.
　　一國之人, 以爲当然者, 謂之公論.
　　『성종실록』권65, 성종 7년 3월 정미.
　　臣等聞書曰, 天命有德, (중략) 天之所命所討, 非諄諄然命之討之, 以人心公
　　議卜之而已.
10)『성종실록』권262, 성종 23년 2월 임술.
11) 상동조.
　　公論行則國是定, 而治化從而美矣.
12)『성종실록』권282, 성종 24년 9월 을미.
　　自古維持國体者, 公論也.
13)『성종실록』권268, 성종 23년 8월 경신.

가져야 할 것으로 이해되었고 '儒者皆有公論',14) '士林之公論'이나15) '一鄕
之人, 宜有公論' 이라는16) 생각이 일반적이었다. 따라서 크고 적은 일을
막론하고 卿士와 庶民에게 의논한다는17) 인식이 형성되었고, 국가에서는
이들의 공론을 받아들일 수 있는 체계를 갖추는 것을 당연하게 여겼다. 이
러한 맥락에서 서민들은 敎書의 대상이었으나18) 이들에게는 上言의 길도
열려져 있었다.

그러나 조선 초기 현실에서 공론의 역할과 민의 지위는 이러한 이상과
는 달랐다. 민의 上言은 현실적으로 제한되어, 이들이 공론의 구성원이라
는 것은 이념적인 표방에 불과하였다. 이념적으로는 모든 민은 공론의 형
성층이었고 민심이 공론이었지만, 이들의 의사표출과 그것의 정치로의 수
렴은 현실적으로 시행되지 않았다.

그 단적인 예가 '部民告訴禁止法' 이었다. 이 규정은 민들이 수령의 잘
못을 고소할 수 없게 한 것으로, 민들이 수령에게 부당한 불이익을 당하여
도 중앙에 호소할 수 없었다. 여기서 部民은 일반 양인은 물론 지방의 품
관까지 포괄하는 것이었다.

이와 같이 자신이나 이웃의 문제를 거론하기 힘든 상황에서, 양인들이
상소나 다른 방법을 통해서, 국가의 정책이나 현안을 거론한다는 것은 불
가능한 것이었다. 종종 求言이 내려져서 의사를 수렴하고 있었지만, 그것
도 형식적인 것에 그쳐, 상소를 하는 부류도 관원들에 국한되는 것이 보통
이었고, 구언에 의한 상소까지도 문제를 삼는 경우가 있었다.

조선 초기 현실에서 공론은 왕, 대신과 언관에 국한 되어있었다. 즉 이
들만이 공론의 형성층이었던 것이다. '代天理物하는 자로 인식되는 왕

---

14)『세조실록』권39, 세조 12년 8월 무진.
15)『세종실록』권123, 세종 31년 3월 병신.
16)『세종실록』권45, 세종 11년 9월 정묘.
17)『세종실록』권94, 세종 23년 윤10월 경진.
18)『태조실록』권1, 태조 원년 7월 정미.
　　敎中外大小臣僚閑良耆老軍民.

은[19] '天의 뜻을 따라서 통치해야 하였고, 天心과 人心의 반영인 공론을 수용하고, 공론을 결정하는 공론의 주인으로 인식되었다 [20]. 그러므로 공론의 수용여부는 왕이 하늘을 대신한다는 명분이었고, 통치의 정통성과 연결되는 것이었다.

주로 의정부와 육조의 당상인 대신들은 국사를 왕과 논의한다는 입장에서, 공론을 유지한다는 명분을 가졌고, 공의를 왕에게 건의해야 할 것으로 기대되었다.[21] 대신들은 담당업무에 대해서 정책을 만들어 제안하였고, 담당하지 않는 사안에도 收議를 통해서 영향력을 행사하였다. 이들은 논의에서 私論이 아닌 公論을 대변해야 할 것이 요구되었다.[22] 그러므로 공론형성층이 분명하지 않았던 당시에, 대신들의 공통된 의견이 공론으로 인식될 수밖에 없었다. 따라서 이들에게 있어서 공론의 의미도 왕의 경우에서와 같이 통치의 정당성을 확보하는 이념에 불과하였다.

왕이나 재상이 보여주었던 것과는 다른 성격의 공론을 대간에서 찾을 수 있다. 대간은 왕의 耳目으로 인식되었고[23], 耳目의 역할은 공론을 모다 왕에게 이르게 하는 것으로 파악되었다.[24] 이러한 입장에서 이들은 지위가 낮았지만 국정을 논하는 위치를 부여 받고 있었다.[25]

---

19) 『성종실록』 권221, 성종 19년 10월 신축.
20) 『연산군일기』 권9, 연산군 원년 9월 계사.
　　人君公議之主.
21) 『성종실록』 권221, 성종 19년 10월 신해.
　　爲大臣者, 亦当謨遠猷斟酌事体輕重, 建白公議, 納君無過, 乃其職也.
22) 『성종실록』 권255, 성종 22년 7월 경자.
　　伝曰, 凡事議于大臣者, 欲聞公論也.
　　『연산군일기』 권25, 연산군 3년 7월 갑인.
　　思愼曰, 凡收議者, 欲可否相濟而採公論也.
23) 『정종실록』 권3, 정종 2년 정월 기축.
24) 『성종실록』 권222, 성종 19년 11월 경오.
25) 『경국대전』 이전 경관직.
　　掌論執時政.

즉 대간은 언론을 맡아 나라의 공의를 전달하는 지위를 부여 받았고,26) 따라서 국민의 공론을 수용하는 기구인 公論所在로 인식되었다.27) 또한 대간의 언론은 一國臣民의 공의를 대변하는 것으로 이해되었다.28) 따라서 대간의 언론은 공론이었고, 대간 언론의 폐지는 공론의 폐지로 인식되었다.29) 그러므로 대간의 의견은 국가의 다스려짐을 위해서 중요한 것으로 인식되었고, 각종 정책과 인사를 결정하는 경우에, 대간들은 자신들의 견해를 밝히고 영향력을 행사하는 것을 사명으로 하였다.

그러나 이러한 대간의 임무에도 불구하고 조선 초기에는 이들의 권력구조적 지위가 취약하였고, 공론형성층도 구성되지 않아 이들의 언론은 표방과는 달리 그 기능을 다하지 못하였다. 특히 대간은 대신이나 왕과 의견이 다를 경우 크게 견제를 받았다.30) 왕과 재상들은 견해가 다른 경우 대간의 언론을 언론기관의 공통된 공론이라는 것도 부정하고, 대간 개인적인 의견으로 몰아서, 문제된 사안을 먼저 제안한 자를 다른 대간들로부터 분리하여 처벌하는 경우도 많았다.31) 이러한 상황에서 대간은 공론을 대변하는 기능을 못하였다. 따라서 조선 초기 실질적인 공론의 형성층은 대신에 한정되었고, 성종 초까지만 하여도 대신들의 收議가 공론을 수렴하는 자리로 인식되었다.

---

26) 『성종실록』 권221, 성종 19년 10월 병진.
27) 『정종실록』 권3, 정종 2년 정월 기축.
28) 『단종실록』 권14, 단종 3년 4월 임진.
    臣等雖無狀, 所論一出於國人之公議.
29) 『성종실록』 권268, 성종 23년 8월 무술.
    公論廢則言路塞.
30) 그 한 예로 문종대에 沈溫에게 직첩을 돌려주는 문제로 대간이 반대하자, 문종은 "予於此事, 非自謂善處之也, 取朝廷公論耳."라고 자신이 공론을 수렴한 것으로 주장하면서, "老大臣之言, 不得爲公論而, 新進小儒之言, 乃爲公論耶, 此議甚謬."라고 대신들의 의견도 공론임을 강조하였다(『문종실록』 권8, 문종 원년 7월 신유).
31) 남지대 앞의 논문 149쪽.

2) 참상 참하관의 공론형성

조선 초기의 이러한 양상은 공론형성의 바탕이 되는 공론형성층이 구성되지 않은데 기인하였다. 이러한 상황에서 공론이 갖는 의미는 지극히 제한적이었고, 대신들의 정책결정이나 언론기관의 이념적 표방이상을 넘어서기 어려웠다. 그러나 사림이 등장하여 언론권이 강화되고, 낭관권이 형성되어 권력구조가 변화하면서, 공론은 단순한 이념적 표방이상의 의미를 지니게 되면서 새로운 단계로 전개되었다. 즉 구체적으로 공론을 형성하는 공론형성층이 드러나게 되었고, 이들의 의견이 정치에 반영되었다.

이 변화가 사료에 '外議' 라는 용어의 사용을 통해서 구체적으로 나타났다. 外議는 공론과 같은 의미였으나, 공론형성층의 확대과정에서 나타나는 변화를 반영하는 이 시기 특징적 용어였다. 外議는 글자의 뜻대로 외부의 의견 이라는 의미였다. 이는 기존의 공론형성층으로 인정되었던 왕, 대신, 언관 이외의 일반관원의 의논이라는 의미였고, 나아가 조정밖 사림의 의견이라는 의미였다.

검토의 편의를 위해서 먼저 관원의 의견이라는 측면을 살펴보자. 관원은 크게 대신과 당하관으로 나눌 수 있다. 대신은 정치를 행하는 직책으로 인식되어 있었고, 이들은 부서를 대표하거나 혹은 收議를 통해서 인사나 정책에 의사를 표출하였고, 여기서 합의된 것은 공론으로 인정되었다.

그러므로 外議에 해당하는 관원은 당하관에 한정되었다. 당하관은 행정을 하는 직책으로 언관을 제외하고는 의사표출이 거의 불가능하였다. 당하관들은 왕의 구언에 응하는 경우나, 왕과 만나는 輪對의 기회를 통해서 의견을 표시할 수 있었지만, 이 기회는 왕의 자의에 의해서 좌우되어서, 이를 통해 국가 현안에 대한 의사를 충분하게 표현할 수는 없었다. 이들은 맡은 부서의 실무자로 자신의 의사를 사안의 작성에 반영할 수도 있었으나, 그것이 안건으로 채택되는 여부는 대신들에 달려 있었다. 따라서 당하관들은 행정실무자에 불과하였고, 국가정책의 결정에 영향력을 주거나 결정된 사항에 이의를 표할 수 없었다. 즉 실제적으로 공론형성층이 될 수 없었다.

그러나 언론권이 강화되고 낭관권이 형성되어 권력구조가 재편되면서, 관원들의 의사표출도 활성화되어 당하관들의 의견이 대간의 언사에 반영되어, 정책결정에 영향을 주기 시작하였다. 중종 3년(1508) 11월 경연 중 박원종은 다음과 같이 당시 변화한 관원들의 논의구조를 언급하고 있다.

> 문신이 사사로이 서로 모여서 조정의 득실을 의논합니다. 대간들이
> 이러한 의견을 받아들여 府中에서 논의하여 언론하고 있습니다.[32]

이 자료는 공식적인 논의의 토대가 마련되어 있지 않은, 당하관급 관원들이 사사로이 모여서 논의를 하고 있었고, 그 논의를 대간이 수용하고 있음을 보여준다. 박원종이 이러한 모습을 '太平의 氣象'이 아니라고 비난하였다.[33] 새로운 변화에 대해 대신들은 부정적이었다.

그러나 대간 성세창은 공론은 멈추게 할 수 없는 것이라고, 당시의 관원들 간의 논의를 인정하면서 오히려 박원종의 발언을 비난하였다.[34] 언관들은 이들의 논의를 공론으로 인정하고 언관의 활동에 수용하고 있었던 것이다. 대신들도 이러한 논의구조를 비판하고는 있었으나, 논의 내용 자체는 '淸議'로[35] 파악하고 있어 긍정적으로 인식하는 면도 있었다.

이러한 중종 초기의 자료는 단편적인 것이기는 하지만, 당하관들이 비공식적 모임의 활성화를 통해서, 공론 형성층으로 등장하고 있는 것을 잘 보여주고 있다. 이 현상은 이 시기에 돌발적으로 나타난 것이라기보다는

---

32) 『중종실록』 권7, 중종 3년 11월 경신.
33) 상동조.
34) 상동조.
35) 상동조.

이미 성종 말부터 형성되었으나, 구체적으로 표출되지 않던 것이 사림이 중종반정을 성공한 자신감에서 구체적으로 표출된 것으로 생각된다.

좀 더 구체적인 양태를 살피기 위해 당하관을 참상관과 참하관으로 나누어 살펴보자. 먼저 참상관이 경우를 살펴보자. 참상관의 핵심구성원은 의정부와 육조의 낭관들이었다. 이들은 자천제를 기반으로 하여 낭관권을 형성하면서, 상호간에 역할의 동질성을 통해서 결속되었고, 결속을 통해서 공론형성층의 역할도 하고 있었다. 이들은 '作會'를 통해서 결속을 다지고 있었다. 六曹郎官作會, 舍人作會 등의 作會는 낭관 상호의 침목모임이었다.36) 낭관은 이를 통해서 다져진 결속을 바탕으로, 중요 사안에 대해서 공론을 형성하는 역할을 하였고, 이는 六曹郎官啓나 疏 등을 통해서 표출되었다. 낭관들이 중종 13년(1518) '소격서' 문제나37) 중종 14년 '공신삭직'의 문제를 거론한 것이 그 예였다.38) 육조낭관의 결속 위에 의정부의 낭관들이 참여하면서 '政府舍人六曹郎官等'의 上疏도 되어졌다.39) 이러한 모습은 참상관들이 공론을 형성하고 이를 상소를 통해서 표현하는 모습을 보여주었다.

그러나 이들이 공론형성층이 된다는 것은, 집단으로 자신의 의사를 상소를 통해 직접 표현하였다는 것만을 의미하지 않는다. 이러한 방식은 오히려 특별한 경우였고, 더욱 중요한 것은 이들의 논의가 공론수용기구를 통해서 정책에 반영되는 것이었다. 그러한 방식의 움직임이 더욱 일반적이고 빈번하였을 것으로 생각된다.

그러한 활동의 한 사례는 명종 4년 대간이 피렴하면서, 外議의 주체로 병조낭관을 거론한 것을 들 수 있다. 참상관들이 공론을 형성하였고 이러

---

36) 『중종실록』 권45, 중종 17년 8월 신사.
　　최이돈 「16세기 郎官權의 형성과정」 『한국사론』 14, 1986.
37) 『중종실록』 권34, 중종 13년 9월 무술.
38) 『중종실록』 권37, 중종 14년 11월 계사.
39) 『명종실록』 권1, 명종 즉위년 7월 기사.

한 의견이 대간에 의해서 外議로 받아들여지고 있었다. 그 구체적인 모습이 앞에서 언급한 것과 같이 '문신이 사사로이 모여서' 조정의 득실을 논의하는 모습이었을 것으로 짐작되고, 이를 대간을 수용한 것으로 보인다.40)

참하관도 공론형성층이 되었다. 參下官의 경우에는 홍문관, 예문관, 승문원, 성균관, 교서관 등의 관원들이 그 핵심을 이루고 있었다. 이 중 홍문관은 언관화이후 언사를 주도하면서 나머지 부서와 구별되었다. 남은 4부서는 四館으로 호칭되면서 같은 보조를 취하고 있었다. 사관은 과거급제 후 바로 배치되는 부서로, 그 관원들은 성균관에서 공부를 같이 한 관계로 일찍부터 유대가 있었고, 사관에 배치되면서 免新祀도 같이 하는 등 유대를 가졌다. 그들의 임무는 각기 다른 것이었지만, 사관은 공통으로 유생들을 糾正하여 名敎를 유지하는 역할을 하면서41) 같이 협조하는 관계에 있었다. 그러므로 사관의 참하관들은 관원과 유생들 간의 연결고리로서 역할을 자신들이 하는 것으로 생각하였다. 사관 관원들은 이러한 인식을 같이 공유하고 활동하면서 서로 간에 유대를 깊이 가질 수 있었다. 이들 간의 모임은 친목으로 시작하였으나 중종대이후 정치구조가 변하면서는 정치적인 발언의 주체로 나서기 시작했다.

사관 참하관의 모임의 대표는 예문관의 관원들이었다. 예문관 참하관의 인선은 자천제로 운영하였고, 직무상 왕의 가까이 있어 사초를 기록하였으므로 四館 중 대표적인 위치에 있었다.

그러므로 예문관원은 상소를 통해서 자신들의 의견을 표현하였다. 예문관 참하관의 상소는 성종대에 나타나기 시작하였다. 성종 19년 임사홍의 문제가 조정에서 야기되자, 예문관에서 자신의 입장을 다음과 같이 표현하였다.

---

40) 『명종실록』 권9, 명종 4년 6월 정묘.
41) 『성종실록』 권146, 성종 13년 9월 경자.

> 신등은 사관의 직에 있어 친히 교서를 전교 받아 史册에 기록하는
> 데, 전후의 차이가 있으면 盛德에 누가 됩니다.[42]

예문관은 왕의 행적을 서술하는 사관으로서 왕의 행적을 기록하는데,
누가될 사안에 대하여 발언을 한다는 입장을 표현하고 있다. 예문관도 관
서의 하나이었으므로 자신들의 부서에 관련되는 일에 대해서는 발언할 수
있었다. 그러나 예문관의 역할은 특이하였다. 예문관은 왕의 행적을 기록
하는 사관의 일을 하였고, 사관이 기록하는 왕의 행적은 국정 전반에 걸친
모든 일이었다. 따라서 이 논리에 따른다면 사관이 무슨 사안이나 논의할
수 있다는 결론에 도달한다. 이러한 예문관의 발언은 공론이 활성화되는
분위기 속에서 인정되었다. 따라서 예문관은 이로 인해 계속 언사를 할 수
있는 선례를 갖게 되었다.

성종 23년 11월에도 '禁僧'의 문제가 제기되자 예문관에서 상소하여 자
신들의 의견을 피력하였다. 여기에서도 다음과 같이 자신들의 언사의 이
유를 달고 있다.

> 신등은 사관의 직에 있으면서 매일 経筵에 입시하여 왕의 거동을 서
> 술하고 있다. 앞에서는 禁僧의 법을 만들었다고 쓰고, 연속해서 禁僧
> 을 폐지하였다고 쓴다면, 万世之下에 사람들이 전하를 어떠하다고 평
> 하겠습니까?[43]

예문관의 입장은 '왕의 거동'을 서술하는 史官임을 강조하는 것으로, 앞
에서 살핀 성종 19년의 것과 같았다. 이와 같이 언사를 할 때마다 그 언사
의 이유를 적는 것은, 조정의 분위기가 아직 이들이 언사를 당연한 것으로
용인하는 분위기가 아니었음을 보여준다.

---

42) 『성종실록』 권223, 성종 19년 12월 경자.
43) 『성종실록』 권271, 성종 23년 11월 을미.

이후 예문관에서는 자신들이 侍從임을 강조하면서 언론의 타당성을 강조했다. 이는 홍문관이 시종이라는 입장을 강조하면서 언관화한 상황을 이용한 것이었다. 즉 홍문관이 시종으로서 언론을 행사하므로 자신들도 시종이니 언론을 행사하겠다는 주장이었다.

연산군 3년에 예문관이 언론을 하면서, 예문관이 '職在侍從之列者'[44]라고 자처한 것은 그 좋은 사례였다. 중종 13년에 예문관에서 소격서의 문제로 계를 올리자 중종이 "너희는 시종으로 있으면서 내가 허락하지 않는 뜻을 모르는가?"라고[45] 언급한 것도 그러한 맥락이었다. 즉 중종이 이들이 시종임을 인정하였고, 또한 시종의 입장에서 한 언론 역시 인정한 것이었다. 이들이 시종으로 인식되는 것은 시종인 홍문관을 '公論所在'로 인식하고 있던 당시의 분위기의 연장선상에 있었다.

이러한 인식이 형성되어 있었으므로 연산군 3년 승정원에서는 "임금이 史官을 두려워하지 않으면 무엇을 두려워하겠습니까?"[46]라고 예문관의 상소를 받아들일 것을 요구하고 있다. 이것은 이들의 언론을 당연한 것으로 인식한 위에서 가능한 발언이었다.

물론 이러한 예문관 단독 활동으로 인해서 사관의 유대가 사라지지 않았다. 여전히 예문관이 四館을 대표해서 공론을 표현하는 기능 역시 유지되었다. 예문관은 중종 10년 11월 '폐비'의 문제를 거론하면서 자신들이 참하관을 대변하고 있음을 다음과 같이 거론하였다.

> 신등은 末官이고 자신의 직책이 아닌데 언사를 하는 것은 황송하고 미안하지만 단지 大小臣僚의 의사를 전하고 싶은 것입니다.[47]

---

44) 『연산군일기』 권24, 연산군 3년 6월 기해.
45) 『중종실록』 권34, 중종 13년 8월 을미.
　　伝曰, 爾等在侍從, 已知予不允之意.
46) 『연산군일기』 권24, 연산군 3년 6월 을해.
47) 『중종실록』 권23, 중종 10년 11월 경술.

여기서 예문관은 '末官'임을 분명히 명시하면서 '大小臣僚의 의사' 즉 공론을 전달하는 것을 자신의 임무로 자처하였다. 여기서 '大小臣僚의 의사'를 반영한다는 지적은 당시의 정치구조에서 본다면, 당상관이나 참상관들은 따로 자신의 의사를 개진할 수 있었으므로, 이들이 반영하고 있는 것은 주로 참하관 특히 사관의 의사였다고 볼 수 있겠다.

이러한 위치에 서있었으므로, 이들은 연산군 원년 7월 노사신을 비판하는 상소에서, 예문관은 다음과 같이 참하관들의 위상을 정립하고 있다.

> 왕은 元首이며 삼공육경은 股肱心膂이며, 대간과 시종은 耳目이고, 내외의 有司들은 筋肌支節의 血脈이다.[48]

대신과 대간을 몸에 비유하여 거론한 사례는 많지만, 이 자료에서처럼 내외의 유사까지 거론한 경우는 보기 드문 예인데, 내외의 유사들은 당시의 공론을 주장한다고 파악되었던, 대신, 대간, 시종 등을 제외한 모든 관원들을 지칭하는 것이었다. 이러한 언급의 주체가 예문관이고, 당시 예문관에서 四館을 중심으로 하는 참하관의 입장을 수용했던 상황을 감안한다면, 사관을 중심으로 하는 참하관의 입장에 대한 정리였다고 볼 수 있겠다. 四館은 이러한 정리를 통해서 자신들도 '血脈'으로서, 정치결정에 일정한 영향력을 행사하는, 공론형성층으로서 역할에 정당성을 확보해 갔다.

이상의 검토에서 참상관과 참하관의 의견이 정책이나 인사의 결정에 영향을 주는 공론으로 작용하는 것을 알 수 있었다. 이들은 상소를 통해서 직접 자신들의 의사를 표출할 수도 있었고, 또한 공론수용기구인 삼사나 낭관 등을 통해서 의사를 반영할 수 있었다. 즉 이들은 공론을 형성하는 공론형성층으로서 정치결정에 압력집단으로 작용하였던 것이다.

이들이 공론형성층으로 등장하면서 이들은 당연히 향촌 사림의 이해관

---

48) 『연산군일기』 권7, 연산군 원년 7월 무술.

계를 반영하였다. 그러나 재야의 사림은 이러한 공론이 수용되는 분위기 속에서 스스로 공론을 형성할 수 있는 공론형성층으로 성장해가고 있었다. 이는 다음절에서 살펴보자.

3) 在野士林의 公論 형성

(1) 성균관 유생의 공론

중하급관원이 공론형성층이 되는 변화 이면에서 재야사림도 공론형성 층이 되어갔다. 재야사림의 동향은 중앙의 성균관을 중심으로 하는 유생 들과 지방 유생으로 나누어 살필 수 있다. 먼저 성균관 유생들의 경우를 살펴보자. 교육기관인 성균관을 중심으로 결집된, 중앙의 유생들은 이전부 터 '斥佛'의 문제 등 일부의 주제에 한정되었으나 국가정책에 의견을 개진 하였다.

그러나 성종말기부터 성균관의 구성원이 달라졌고, 성균관 운영방식이 달라졌다. 성종 말부터 성균관은 지방의 사림으로 채워졌고, 운영도 齋會방 식에 따라 유생의 衆論에 의해 자치적으로 운영되었다. 이러한 변화 속에 서 성균관을 지방의 사림이 주도하였다.[49] 그러므로 성균관 유생들은 자연 스럽게 삼사와 낭관에 진출한 사림파와 밀접한 관계를 맺으면서, 사림파와 훈구파의 대립에서 사림파의 입장에 공감하고 있었다. 이러한 변화를 바탕 으로 성균관 유생들은 이전과는 다른 양상을 보여주기 시작하였다.

이를 잘 보여주는 것이 성종 23년 '禁僧'의 문제에 대한 성균관의 동향 이었다. 성균관 유생 이목은 '禁僧' 문제에 찬성한 대신 윤필상을 '奸鬼'라 고 격렬히 비난하였다. 이에 성종은 유생들을 문책하였는데, 이 때 이목은 다음과 같이 성균관의 입장을 피력하였다.

---

49) 최이돈 「16세기 士林派의 薦擧制 강화운동」 『한국학보』 54, 1989.

人主가 士庶를 耳目으로 삼고, 대신을 팔 다리로 삼았으며, 스스로
는 元首가 되었습니다. (중략) 子産이 향교를 헐지 않고 학교를 고금의
群議所在로 보았으며, 徐元述 역시 正論은 국가의 元氣인데 원기의
일맥이 大學에 있다고 보았습니다.[50]

이목은 기존에 대간과 시종이 '耳目'이라는 일반적인 관념을 깨고, 士庶
를 耳目이라고 주장하고 있다. 즉 성균관의 기능을 언론을 수행하는 삼사
와 같은 수준으로 해석하고 있다. 이러한 주장의 당연한 귀결로 성균관을
'群議所在' 즉 '公論所在' 즉 공론이 있는 곳이라고 중국의 고사를 들어서
주장하였다. 자신들이 공론형성층임을 강조하고 있다.

이전부터 성균관이 유학의 '根本之地'라는 입장에서, 불교를 배척하는 문
제에 대해서는 의견을 제시하였지만, 성균관이 '耳目'이라는 견해나, 성균관
이 '공론소재'라는 주장은 일반적인 인식은 아니었다. 이와 같은 변화는 훈
구파와 사림파의 대립이 격화되어 가는 상황에서, 성균관 유생들의 정치의
식이 고양되어 가고 있었음을 보여준다. 이러한 동향은 이미 성종 말기부
터 성균관 유생들이 공론형성층으로 성장해가고 있었음을 보여준다.

이러한 변화는 중종반정이후 더욱 활성화되었다. 특히 기묘사림에 의해
서 천거제가 활성화되어 성균관의 유생들이 관원으로 천거가 빈번해지면
서 성균관 유생들은 더욱 적극적으로 조정에서 논의하는 문제에 의견을
개진하였다. 중종 4년 '忌晨齋'의 문제로 언관들이 언사를 계속하여도 왕
이 수용하지 않는 상황이 전개되자, 성균관 유생들은 상소를 하여 자신들
의 견해를 피력하였다.

이에 중종은 "대간과 시종이 말하여도 듣지 않았거늘 너희가 하는 말을
듣겠는가?"라고 거부하였다.[51] 이에 성균관 유생들은 중종 4년 다음과 같
이 자신들의 言事의 정당성을 강조하였다.

---

50) 『성종실록』 권272, 성종 23년 12월 병오.
51) 『중종실록』 권8, 중종 4년 7월 병오.

公論所在는 芻蕘之賤이라도 경하게 여기서는 아니 되고, 公論所不在는 공경의 귀함이라도 중히 여겨서는 안 됩니다. 그 핵심은 格君하여 匡國하는데 있습니다. (중략) 무릇 대간과 시종은 왕의 잘못한 일이 크든지 적든지 모두 간쟁하는 것이 마땅합니다. 그러나 우리들은 일이 국가의 흥망이나 吾道의 성쇠에 관계되어, 좌시하고 구하지 않을 수 없는 경우에만 말하므로, 어찌 대간이나 시종보다 중하지 않겠습니까?52)

유생들은 공론이 '芻蕘之賤'에게도 있을 수 있음을 강조하면서, 성균관 언사의 정당성을 주장하였다. 특히 자신들은 중요한 일에만 한정해서 언사를 하므로, 오히려 자신들의 언사가 대간이나 시종보다도 더 중요하다고까지 주장하였다. 이러한 주장은 유생들의 의식성장을 잘 보여주고 있다. 중종은 이러한 성균관의 주장을 수용하여 기신제의 문제를 처리하였다. 이는 중종이 성균관 유생들을 공론형성층으로 인정한 조치였다. 이후 유생들은 이러한 선례를 기반으로 정치 현안에 대해서 공론형성 기능을 계속하였다.

성균관 유생들의 공론이 인정되면서, 유생들이 정치에 대하여 개별적으로도 자신의 의견을 피력하는 일도 나타나기 시작하였다. 그 좋은 사례가 중종 10년 유생들이 別試의 답안지를 통해서 대간을 비난한 것이다. 박상과 김정이 端敬王后 愼氏를 복위시킬 것을 요청하자 대간이 이들을 탄핵하였다. 이에 유생들 30여명이 당시 시행된 별시의 답안을 통해서 대간을 비난하였다. 이는 전에 없던 일로 조정에 문제가 되었다. 더구나 殿試에서까지 策을 통해서 대간을 비난하는 답안이 나오자53) 조정에서는 논의가 분분하게 되었다.

재상들은 이것을 부당한 것으로 인식하였다. 영사 정광필은 언론이 대간에 돌아간 것도 말세의 일이라고 전제하면서 유생의 의사표현을 비판하

---

52) 『중종실록』 권8, 중종 4년 7월 정미.
53) 『중종실록』 권23, 중종 10년 9월 정해.

였다. 그러나 상당수 관원들은 유생들의 주장을 긍정적으로 평가하였다. 중종도 근본적으로 대간의 입장을 수용하는 편이었다. 중종은 다음과 같이 유생의 공론을 수용하는 입장을 표하였다.

> 유생이 조정의 시비를 논의하니, 이는 조정에 부정한 일이 있어 처처에 공론이 있는 것이다. 어떻게 公論을 막을 수 있겠으며 公論之人을 벌할 수 있겠는가.54)

중종은 유생의 의견을 公論으로 보고, 유생이 조종의 문제를 의논하는 것을 당연하게 인정하였다. 이러한 중종의 발언은 유생이 조정문제를 논하는 것을 인정하는 조치였다. 당시 조정에서는 "기묘사림이 국정을 주도하고 있어, 국가의 權柄이 모두 台閣에 있어서 대신은 말없이 두려워하고 있다."라고55) 史官이 표현할 정도로 사림이 언론을 통해서 활발히 활동하고 있었다. 이러한 분위기 속에서 유생의 논의를 긍정적으로 수용하였고, 이 문제를 殿試에서 제기한 이충건도 과거에 합격할 수 있었다. 이러한 사례는 유생들이 성균관이라는 틀을 매개로 하지 않고도, 의견을 개진할 수 있는 길을 열었다는 점에서 의미가 있는 현상이었다.

유생이 공론형성층으로 중앙 정치의 사안에 대하여 의견을 표시할 수 있는가의 문제는 중종 12년 다시 한 번 이성언이 상소를 통해 정리되었다. 수원부사 이성언은 당시의 공론이 활성화되는 분위기를 다음과 같이 비판하였다.

> 정부는 정부의 일을 자유롭게 하지 못하고, 육부는 육부의 일을 자유롭게 하지 못하고, 대간은 대간의 일을 자유롭게 하지 못합니다. 일을 의논하는 것은 반드시 外議에 따라 의논하고, 일을 행하는 것은 반

---

54) 『중종실록』 권23, 중종 10년 9월 무자.
55) 상동조.

드시 외의에 따라 행하니, 그 자리만 지키고 있을 뿐이고 정사는 밖의
논의에 따라 결정됩니다.56)

이성언은 조정의 논의가 '外議'에 이해서 좌우되는 상황을 문제로 지적
하고 있다. 이와 같은 내용은 공론형성층이 활성화되고 조정이 중요한 사
안의 결정에 외의에 귀를 기울이고 있었음을 알 수 있다. 여기의 외의에는
당연히 유생들의 공론까지 포함되어 있었다. 그러므로 조광조가 이성언의
주장을 논박하면서 '초야의 賤士'라도 '조정의 문제'를 의논할 수 있다고57)
주장하였다.

이러한 분위기 속에서 이후에도 유생들은 개별적으로도 조정의 문제에
의사를 표현하였다.58) 물론 유생의 의견개진에 대한 조정에서의 수용여부
는 정치변동에 따라서 달라지는 것이었지만, 이들의 의견을 조정에서는
일단 공론으로 인정하고 있었다.

이와 같이 중앙의 유생들이 성균관을 통해서나 개별적으로 정책에 대한
의사를 표현할 수 있었고, 이러한 의견이 공론으로 인정되는 상황에서, 지
방 사림의 의사도 공론으로 인정되지 않을 수 없었다. 이를 다음절에서 살
펴보자.

(2) 지방 유생의 공론

다음으로 지방유생의 공론형성을 살펴보자. 지방의 유생들은 求言에 응
할 때나, 자기문제의 억울함에 대해서는 상소를 할 수 있었으나, 기본적으
로 국가 정치 현안을 논의한다는 것은 허용되지 않았다. 그러나 성균관이
자신의 입장을 새롭게 정리하고, '공론소재'라고 자처할 무렵에 지방유생

---

56)『중종실록』권30, 중종 12년 10월 임자.
57)『중종실록』권30, 중종 12년 11월 임진.
　　雖草菜賤士, 堯舜君民之志, 莫非分內之事, 則豈不議朝廷之事乎.
58)『중종실록』권32, 중종 13년 2월 갑신.

들도 다른 상황에 들어가고 있었다.

지방에서도 이미 조선초부터 지방적인 공론인 '鄕論'의 형성을 이념적으로 인정하고 있었으나,[59] 당시 중앙정치에서 공론이 이념에 그치고 만 것처럼, 지방의 향론 역시 이념에 불과한 것이었다. 그러나 성종 초엽부터 사림이 중앙에 진출하여, 한편으로는 중앙의 정치구조의 변화에 주력하였고, 한편으로는 지방의 자치적 운영구조 형성에 노력하면서, 새로운 변화가 나타나기 시작하였다. 사림은 중앙정치에서 공론에 의한 통치를 추구한 것과 마찬가지로, 향촌의 통치 역시 향론에 따르는 자치적 운영을 이상시하였다.

그러한 구체적인 방법으로 留鄕所의 복립을 제기하고[60] 유향소가 향론의 중심이 되기를 기대하였다. 그러나 이루어진 유향소의 복립은 그 인원의 선발이 京在所에 의해서 좌우되는 것이 원칙이어서, 사림이 바라는 역할을 수행하기에는 어려운 구조였다. 이러한 제약 속에서 일부 지역에서는 사림이 유향소를 장악하고 이를 중심으로 지방의 자치를 실시하기도 하였으나 대세를 점하기 어려웠다.

이들이 유향소를 통해서 이룩하려 했던 것은 사림의 결속에 따른 鄕論에 의한 향촌의 통치였다.[61] 사림은 이 방법만이 당시 지방의 문제였던 수령이나 권력형 토호의 비리를 해결할 수 있다고 보았다. 그러므로 유향소 복립 후에 사림은 유향소를 통한 향사례, 향음주례를 시행하면서 향촌의 주도권을 잡기에 노력하였다. 향사례, 향음주례를 통해서 향론에 의한 향촌통치의 기반을 마련하고자 하였다.

---

59) 『세종실록』권123, 세종 31년 3월 기유.
　　一鄕必有公論.
60) 이태진 『한국사회사연구』1986, 156~166쪽.
61) 『新增東國輿地勝覽』예천.
　　留鄕所, 卽古党正之遺意也. 鄕有頑嚚, 自恣不孝悌不睦不姻不任恤者, 此堂得以議之.

이러한 사림의 의도는 성종 21년 윤효손의 다음과 같은 언급에 잘 나타
난다.

　　향음주례는 나이가 높고 덕행이 있는 자가, 향사례는 '好礼不亂'한
　자가 참여하는데, 참여하는 자는 物議를 무서워하여 게으르지 못하고,
　불참자는 힘써서 행하려고 합니다.[62]

여기의 '物議'는 향촌의 공론 즉 '향론'이었다. 향사례, 향음주례는 物議
로 표현된 지방의 향론에 입각한 예전이었다. 예전의 시행을 통해서 향론
에 의해서 향촌이 질서를 잡아가고 있었다.

그러나 사림은 향사례, 향음주례의 추진도 여의치 않자, 일부에서는 새
로이 司馬所를 만들어 이를 중심으로 향촌의 자치적 운영을 추구하였다.
사마소 역시 향론의 형성을 통한 자치적 운영을 위한 기구였다. 이점은 연
산군 4년 윤필상이 사마소를 비난하면서 '私相聚集, 群飮橫議'라고[63] 표현
한데서 잘 드러난다. 여기의 '橫議'는 향론이었는데, 윤필상이 훈구파의 입
장에서 이를 부정적으로 표현하였다.

이러한 사림의 자치노력은 일단 戊午士禍로 위축되었지만, 연산군을 축
출한 이후에는 사림이 더욱 자신감을 가지고 추진하였다. 중종대에 들어
가면 鄕論의 형성이 지방에서 일반화되는 분위기였고, 중종 4년에는 원악
향리의 치죄까지 향론에 의해서 하는 것이 어떠하냐고 중앙에 건의를 할
만큼, 향론에 의한 향촌운영이 일반화되어가는 추세였다.[64]

이러한 향론이 활성화되는 향촌의 분위기를 잘 보여주는 것이 다음의
중종 11년 10월의 중종이 관찰사에게 내린 교서이다.

---

62) 『성종실록』 권245, 성종 21년 윤9월 계미.
63) 『연산군일기』 권31, 연산군 4년 8월 계유.
64) 『중종실록』 권9, 중종 4년 8월 정해 기축.
　　元惡鄕吏治罪之法, 著在大典, 当隨其事發, 依法嚴治, 不可只憑鄕所鄕校之議.

　　도내의 無賴之徒들이 유생을 가칭하며 州郡에 횡행하며 轉食하는
데, 수령의 대접이 소홀하면 분을 내고, 公論을 가탁하여 망령되이 毁
譽하니 수령이 두려워한다.65)

　이 내용에 의하면 유생을 가칭하는 '무뢰지도'들이 군현에서 문제를 일으
키고 있었다. '공론'을 가탁하였기 때문에 이들을 수령이 함부로 제지하지
못하고 심지어 두려워하고 있었다. 여기서 '유생을 가칭'하는 무리들에 의
해서 '공론을 가탁하는 현상은 조정에서 문제로 삼을 만큼 빈번하였던 것
으로 짐작된다. 이러한 현상은 향촌에서 유생들이 공론을 형성하여 향촌의
문제를 제기하면, 수령도 무시하지 못하는 상황이 전개되고 있었음을 보여
준다.
　그러므로 이 자료는 지방에서 유생들이 공론을 형성하고 있었고, 이러
한 향론이 지방의 통치에 중요한 역할을 하고 있음을 알 수 있다. 물론 아
직 향론의 수렴 방식이나 향론에 입각한 향촌의 운영에 미숙한 상황이어
서, 이와 같이 '공론'을 가탁하는 '무뢰지도'들도 빈번하게 나타나고 있었던
것으로 짐작된다.
　이러한 상황을 고려한다면 공론을 거론하고 있지는 않지만, 중종 9년 2
월 정광필이 경연중 지적한 다음의 자료도 향론이 활성화된 향촌의 양상
을 잘 보여준다.

　　근래 외방에서 유생이라 칭하는 자들이 州縣을 돌아다니면서, 조금
이라도 뜻에 맞지 않는 일이 있으면, 비방하고 헐뜯으며 院이나 驛에
글을 써서 붙이니, 이러한 풍속은 아름답지 않은 것입니다.66)

　여기서도 앞의 기록과 유사하게 '유생이라 칭하는 자'가 주현의 문제를

---

65) 『중종실록』 권26, 중종 11년 10월 병인.
66) 『중종실록』 권20, 중종 9년 2월 임술.

222 제2부 公共統治의 실제

일으키고 있음을 보여준다. 이는 중앙정부의 관점에서 부정적으로 파악되고 있으나, 이 자료 역시 향론이 활성화되면서 향촌이 변화하는 모습을 잘 보여준다. 아직 공론을 수렴하고 처리하는 방법이 미숙하여, '비방'이나 '헐뜯는 것'으로 보이는 일면도 있었으나, 잘못된 것을 院이나 驛에 글로 써 붙일 만큼 매우 적극적인 동향을 보여주고 있다. 이상에서 검토한 두 가지 자료를 통해서 중종 중반에 이르면 향촌에서 향론이 활성화된 것을 잘 알 수 있다.

이러한 상황에서 향론의 형성하는 기구도 확대되었다. 성종대에 향론을 형성하는 중심 기구는 유향소였으나, 중종대에는 유향소와 더불어 향교가 제기되고 있어 주목된다.[67] 유향소는 품관이 중심이 된 조직이었으나, 향교는 유생들이 중심이 되었으므로 이는 공론구성원이 확대되는 현상이었다.

이러한 현상은 성종대의 유향소가 제기능을 못하는 상황에 연유하였다. 유향소가 제기능을 못하자, 사마소가 향론 주체로 등장하였다. 즉 품관중심의 유향소에서, 생원, 진사 중심의 사마소로 주체가 전환된 것은 일단 진전이었다. 사마소에서 한 단계 더 나아간 것이 향교였다. 구성원이 생원, 진사에 국한되었던 사마소보다 향교는 교생을 구성원으로 하였다.

생도가 향론의 구성원으로 등장하는 것은 단순히 공론형성층의 확대에 그치는 것은 아니었다. 이는 질적인 면에서도 의미가 있는 변화였다. 즉 기존의 생도에 대한 연구에서 생도의 구성원을 사류와 일반 양인이었다고 밝히고 있기 때문이다.[68] 향교는 양인이 주요 구성원이었다. 이러한 내용은 대사간 문근이 언급한 다음의 내용으로 알 수 있다.

> 향교는 피역하는 곳이어서, 문자를 아는 자는 향교에 이름을 두는 것을 부끄러워 피하려고 애씁니다. 그러므로 훈도와 교수는 樵童과 牧竪의 무리를 모아 그 수를 충당합니다.[69]

---

67) 상동조.
68) 이범직 「조선전기의 校生身分」『韓國史論』 3, 1976, 340~342쪽.

이 내용은 향교 교생의 주된 구성원이 양인이었음을 보여주고 있다. 주된 구성원 '樵童과 牧竪의 무리'들이어서 '문자를 아는 자'는 오히려 향교에 소속되지 않으려 하고 있다고 말하고 있다. '피역'을 거론한 것도 같은 맥락이었다. 그러므로 이러한 지적을 인정한다면 향론의 중심이 향교까지 확대되는 것은, 향론의 구성원이 일반양인에게까지 확대되고 있었음을 시사해 주는 것으로 볼 수 있다.

이와 같이 향교의 교생이 향론의 구성원에 포함되는 것을 정부도 인정하고 있다. 그러므로 중종 10년에 지방에 '유일천거'를 시행하면서 이를 담당하는 주체로 품관과 더불어 생도도 같이 거론하였다.[70] 이는 정부가 정부의 정책을 지방에서 시행하는 주체로, 품관은 물론 향교의 생도까지 인정하고 있음을 잘 보여준다.

교생이 공론의 주체가 되고 있다는 점은 양인까지 공론형성층이 되고 있음을 함축하고 있는데, 이러한 관점에서 앞에서 살핀 공론의 주체를 거론한 자료를 다시 한 번 세심하게 살필 필요가 있다. 중종 9년 2월 정광필이 경연 중 언급한 자료나 중종 11년 관찰사가 언급한 자료를 다시 한 번 살펴볼 필요가 있다. 먼저 중종 9년의 자료에서 문제가 되는 이들을 '유생이라 칭하는 자'들이라고[71] 표현하고 있다. 여기서 유생이라고 칭하는 자들이라는 애매한 표현이 주목된다. 이는 정광필이 향촌에서 공론을 사칭하면서 문제를 일으키는 이들이 유생이라고 볼 수 없으나, 그들은 스스로 유생으로 칭하고 있었다. 이러한 표현은 그 구성원이 교생까지 포괄하면서 양인들도 그 구성원에 포함되었기 때문에 이러한 표현을 한 것으로 추측해본다.

또한 중종 11년 관찰사가 언급한 자료에도 향론을 표방하는 이들이 '유

---

69) 『중종실록』 권29, 중종 12년 8월 을축.
70) 『중종실록』 권22, 중종 10년 5월 계축.
　　其府(開城府), 品官及生徒皆薦(閔伯和)節行, 于留守權弘.
71) 『중종실록』 권20, 중종 9년 2월 임술.

생을 가칭'하며[72] 라고 표현하고 있다. 이 역시 유생으로 보기에는 충분하지 않으나, 유생으로 자칭할 수 있는 조건을 가지고 있었기 때문에 이러한 호칭을 사용하였을 것으로 짐작된다. 이러한 표현 역시 그 구성원에 양인 교생들이 같이 끼어 있는 상황에 연유한 것으로 해석해도 무리가 없다고 생각된다. 공론을 형성하는 무리에 유향소의 품관, 사마소의 생원, 진사 등이 구성원으로 포함되어 있었으나, 그렇지 않은 무리도 끼어 있게 되면서 중앙정부의 입장에서는 이를 '유생이라 칭하는' 혹은 '유생을 가칭하는' 등의 표현을 사용한 것으로 짐작된다.

그러한 관점에서 볼 때 위의 자료들은 향론 구성원에 양인이 끼어있음을 보여주는 자료로 이해될 수 있다. 즉 이러한 애매한 호칭은 이 시기의 공론형성층의 구성원의 확대를 잘 보여주는 것으로 이해된다. 중종 11년 정광필 역시 공론정치가 활성화된 모습을 설명하면서 다음과 같이 애매한 표현을 사용하였다.

> 신이 지금 풍습을 보건대, 배우는 자로부터 사대부에 이르기까지 아름답지 못한 풍습이 많습니다. 생원, 진사로서 군현에 드나들며 헐뜯고 기리기를 제 마음대로 하므로, 요사이 法司에서 극력 금지하고 있습니다. 다만 조정은 온 나라의 근본이 되는 것인데, 성균관 유생들이 독서는 하지도 않고 과거에 민첩한 자가 있으며, 또한 더벅머리 총각들이 조정 정사를 비방하기를 일삼습니다.[73]

지방과 중앙에서 공론이 활발하게 형성되는 모습을 잘 보여주고 있다. 지방에서는 "군현을 드나들며 헐뜯고" 중앙에서는 "조정정사를 비방하는" 모습을 구체적으로 언급하고 있다. 정광필은 그 주체로 생원, 진사, 유생,

---

72) 『중종실록』 권26, 중종 11년 10월 병인.
73) 상동조.
　　朝廷者, 四方之根本, 而成均館儒生輩, 有不待讀書而捷科者, 且總丱之徒, 亦以非議朝政爲事, 朝士輕薄之風, 亦多礼讓之習掃地, 外方亦然.

총각 등을 거론하고 있다. 특히 여기서 총각이라는 애매한 표현이 주목된다. 이는 생원, 진사, 유생 외에 다른 계층으로 앞에서 살핀 것과 같은 양인 교생과 같은 부류를 지칭한 것으로 이해된다.

이러한 관점에서 볼 때, 중종 4년 3월 박원종의 다음과 같은 지적도 같은 맥락에서 흥미롭다.

> 延安府의 앞에는 나무가 많은데 머리가 희고 배가 나온 노부들이 나무아래 다수 모여서 수령의 잘잘못을 논하고, (잘못이 있으면) 상경하여서 고소합니다. 金海 역시 그러합니다.74)

이 자료는 지방에서 수령에 대한 鄕論을 정하고 있는 모습을 보여준다. 이 기록에서도 앞에서 본 것 같은 애매한 호칭인 '老父'가 향론의 주체로 등장한다. '노부'라는 애매한 호칭은 앞에서 살핀 '총각'이라는 호칭과 비슷한 성격을 보여준다. 여기서 노부의 신분은 분명하지 않다. 이들이 유향소나 향교에서 의논하지 않는 것을 보아 유향소 품관이나 심지어 향교 교생도 아닌 듯하다.

그러므로 이 자료 역시 앞에서 살핀 애매한 호칭들이 사용되었던 자료들과 연관시켜서 좀 더 적극적으로 해석할 수 있다. 즉 이미 양인 교생이 향론의 형성에 구성원으로 참가하였다는 것을 연결시켜서 해석한다면, '노부'는 교생의 연장선상에 있는 늙은 양인으로 해석할 수 있다. 향론이 활성화되면서 양인 교생이 주체로 참가하는 상황에서 나이가 많은 양인도 향론의 주체로 참가하지 못할 이유는 없었다.

그러므로 이상의 자료를 종합하여 볼 때 공론이 활성화되면서 재야 사림도 공론형성층이 되고 있었고, 공론형성층이 확대되고 있었다. 향론의 형성층은 품관과 생원, 진사, 교생 등이 주된 계층이었고, 뚜렷하게 계층을

---

74) 『중종실록』 권8, 중종 4년 3월 계축.

지목하기 어려운 무리도 향론형성에 참여하고 있었다. 향론에 참여하는 품관 이하의 계층들은 신분적으로는 모두 협의양인이었다. 이들은 모두 신분적으로 피지배층으로 그 지위가 다르지 않았으므로, 향론형성층이 확대되는 과정에서 이들 간에 특별한 갈등은 노출되지 않았다.

2. 공론 수용기능의 확대

공론형성층이 구체화되고 확대되어, 당하관들은 물론 재야 사림까지 공론형성층으로 인정되면서, 공론을 수용할 수 있는 기능도 확대되었다. 조선 초기에 있어서 공론을 수용하는 경우, '公論所在'라 지칭하였는데, 그 의미는 공론이 있는 곳, 나아가 공론을 수용하여 대변하는 곳이라는 의미였다. 즉 대신이 공론소재였다는 의미는 대신들의 의견이 공론이었고, 나아가 대신이 공론을 수용하는 역할을 하였음을 의미하였다.

양사를 '公論所在'라고 칭하는 경우에도 그러하였다. 즉 대간들이 공론을 담당하고, 또한 공론을 수용하여 대변하는 역할을 한다는 의미였다. 언관들은 공론을 모우고 대변해야 하는 사명이 있었지만, 공론형성층이 활성화되지 않는 상황에서, 대간들의 집약된 의사가 공론으로 인정되었다. 물론 조선 초기에 대간들은 권력구조의 제한 속에서, 자신들의 의사를 집약하여 반영하는 역할도 충분히 하지 못하였다. 조선 초기에는 대신과 대간이 공론소재로 인정되어 공론을 수용하는 역할을 하였으나 그 기능은 제한되었다.

그러나 성종대에 들어 사림이 중앙정치에 등장하여, 성종의 지원을 받아 언론기관을 중심으로 서용되고, 공론형성층도 서서히 형성되면서 새로운 변화가 나타났다. 변화는 먼저 대간들에게서 나타났다. 대간들은 우선 대간의 언론을 활성화하려고 노력하였다. 먼저 대간들은 언론행사에서 '箚

子'를 사용하는 방법을 확보하여, 자신들의 의사를 간편하면서도 정확하게 전달하려고 노력하였다. 또한 대간의 합의 제도인 圓議制를 강화하여, 언론이 대간의 합의된 의견이라는 인식을 확보해가고 있었다.

또한 언사가 대신과 갈등을 일으키는 경우, 대간 발언의 근원인 言根을 캐물음으로 언사가 위축되기 쉬운 문제를, '不問言根'이라는 관행을 확보함으로 대간 언론이 활성화될 수 있는 환경을 조성해갔다.[75] 이러한 성과를 통해서 대간의 언론기능이 강화될 수 있었다. 대간 언론이 활성화되면서 자연스럽게 대간이 공론수용기구로서의 기능도 원활하게 수행할 수 있었다.

그 위에 성종 중엽부터는 홍문관이 언론기능을 하게 되면서, 언론을 더욱 활성화되었다. 홍문관은 경연을 통해서 왕을 교육하는 것이 주된 임무였다. 그러나 경연은 君德을 輔養하는 것을 임무로 하였고,[76] 따라서 홍문관원은 경연을 통해 자신들의 의사를 개진할 수 있었다. 특히 중요한 사안에 대해서는 疏를 올려 자신들의 의사를 표현할 수 있었다. 이러한 홍문관의 언사에 대해서 성종도 "홍문관은 고문의 직에 있으니 내가 생각하지 못한 일을 말하는 것이 가하다."라고[77] 수용하는 모습을 보여주었다. 그러므로 홍문관은 '君德'을 세운다는 목적에서 시작한 언사가 확대되면서, 홍문관도 기초적인 언론을 행하는 기구로 인정되었다.

홍문관의 언론 초기 활동은 양사가 제안한 사항의 수용을 촉구하여, 양사의 언론을 지원하는데 그치는 것이 보통이었다.[78] 그러나 때로는 홍문관에서 양사가 제기하지 못한 새로운 사안을 제기하기도 하였고,[79] 이 경우 당연히 언사를 담당하는 양사가 문제를 제기하지 않은 태만을 지적하

---

75) 최이돈「성종대 弘文館의 言官化 과정」『진단학보』 61, 1986.
76)『성종실록』권161, 성종 14년 12월 계유.
77)『성종실록』권223, 성종 19년 12월 계사.
78) 弘文館이 兩司의 言事를 지원하는 일은 일반적이어서 일일이 지적할 수 없지만,
    『성종실록』권144, 성종 13년 8월 기유조를 그 한 예로 들 수 있다.
79)『성종실록』권161, 성종 14년 12월 계유.

는 것이 일반적이었다.80) 이는 홍문관이 양사를 지원하는 단계를 넘어서
독자적인 활동을 하는 것으로, 홍문관이 언론기관이 될 가능성을 보여주
는 것이었다.

이와 같이 홍문관의 언론활동이 본격화되면서, 먼저 대간이 홍문관 언
사의 정당성을 인정하였다.81) 대간은 홍문관에 '淸議82) 즉 공론이 있음을
인정하였다. 홍문관의 언론 기능을 분명하게 부여한 이는 성종이었다. 성
종은 성종 19년에 나는 너희를 재상과 같이 대우하니 "대간과 같이 외부
일을 듣는 데로 말하라."83)고 홍문관에 적극적인 언사를 요구하였다. 이러
한 상황에서 홍문관은 성종 21년부터 '公論所在'로 간주되었다.84) 또한 성
종 22년에는 "홍문관에 言責이 있다."85)는 언급까지 보이게 되면서 홍문
관의 언관화는 진행되었다. 이는 홍문관이 새로운 공론수용기구로 등장한
것을 의미하였다.

홍문관의 언관화는 여기서 그치지 않고, 양사와 긴밀한 관계를 맺으면
서, 양사의 공론수용기능을 더욱 제고하는 역할을 하였다. 그러한 중요한
계기가 된 것은 홍문관에서 '兩司彈劾權'을 확보한 것이었다. 양사탄핵권
은 당연히 언사를 해야 할 사안에, 양사가 언사를 하지 않는 경우에 홍문
관에서 양사를 비판하면서 제기되었다. 이미 성종 14년 홍문관에서 대간
이 언론활동을 해야 할 문제에 태만하다고 비난하자, 대간이 사직한 사례
가 있었으나,86) 이는 홍문관이 적극 언론활동을 시작한 성종 19년에서부

---

80) 상동조.
　　臣等雖非台諫之比, 然台諫默無一言, 而臣等叨參経幄, 以輔養君德.
81) 『성종실록』권223, 성종 19년 12월 갑진.
82) 『성종실록』권285, 성종 24년 12월 기축.
　　弘文館淸議所在, 斥臣獻誅, (중략) 在職心實未安.
83) 『성종실록』권223, 성종 19년 12월 계사.
84) 『성종실록』권242, 성종 21년 7월 기사.
85) 『성종실록』권252, 성종 22년 6월 무신.
　　弘文館有言責.
86) 『성종실록』권160, 성종 14년 11월 무신.

터 본격적으로 문제가 되었다.[87] 홍문관이 양사의 언론을 비판한 것에 대하여, 대간은 "홍문관은 공론의 所在之地인데 우리를 비난하니 직에 나아갈 수 없다."고 사직을 청하였고,[88] 성종까지 이에 공감하면서 양사를 파직하면서 홍문관의 대간탄핵권이 형성되었다.

대간탄핵권으로 홍문관이 대간 언사를 관리하면서 단순히 양사의 언론을 간섭하는 것이 아니라 양사언론을 적극 지원하였다. 그 위에 성종 22년부터는 홍문관원이 대간직으로 진출하게 되면서 이 양자의 관계는 유기적인 조화를 이루게 되었다. 이 변화 위에서 양사 중심의 언론의 한계를 극복하고 성종 말기에는 홍문관과 양사는 삼사로 인정되면서 대간 언사의 양과 질이 획기적으로 변화하였다. 물론 이는 언관의 공론수용기능이 강화되었음을 반영하는 것이었다.

삼사의 언론이 공론의 수용기능을 활성화하면서, 낭관들도 공론의 수용기구로 등장하였다. 낭관의 핵심은 육조와 의정부의 낭관이었다. 의정부와 육조는 소관사항에 대해 공론을 수용해서, 안건을 상정하고 처리해야 할 의무가 있었다. 즉 공론수용기구로서의 사명이 있었다. 그러나 앞에서 언급한 대로 공론형성층이 구체화되지 않은 상황에서, 이 부서들은 공론수용기능을 하지 못하고, 대신들의 합의된 의논이 바로 공론이었다.

그러나 낭관권이 형성되면서 새로운 변화가 야기되었다. 본래 낭관은 각 부서의 장관인 대신을 보좌하는 역할을 하여 낭관은 정책에 대하여 가부를 결정하는 것은 불가하였다. 그러나 낭관들이 自薦制를 통한 인사의 자율성을 확보하여 낭관권을 형성하면서, 각 부서의 일의 결정에 영향력을 행사하게 되자 다른 상황이 전개되었다.[89] 육조에서 입안되는 사안에 대하여, 낭관은 공론을 수용하여 대변하면서 당상관과 가부를 논할 수 있게 되었다. 육조의 공론 수렴 기능이 낭관을 통해서 행해졌다.

---

87) 최이돈 「성종대 弘文館의 言官化 과정」 『진단학보』 61, 1986.
88) 『성종실록』 권242, 성종 21년 7월 기사.
89) 최이돈 「16세기 郞官權의 형성과정」 『한국사론』 14, 1986.

　낭관들은 각부서의 일도 공론에 입각하여 처리해야 함을 원칙으로 하고
있었다. 명종 5년 영경연사 상진은 이조에서 낭관들이 공론에 의해서 인사
하는 모습을 다음과 같이 묘사하고 있다.

　　신이 일찍이 이조 판서가 되어 注擬할 때에 郎廳이 外議라고 하면
　서 "아무는 아무 직임에 합당하고 아무는 아무 관직에는 적합하지 않
　습니다."라고 하면 신은 그것이 불가한 줄은 알았지만 이미 관습이 되
　었으므로 애써 따랐습니다. 무릇 주의할 때에는 반드시 外議을 위주로
　하고 있습니다.90)

　이 내용에 의하면 이조에서 인사를 낭관이 주도하고 있었고, '外議' 즉
공론에 따라서 시행하고 있었다. 낭관들이 낭관권을 바탕으로, 공론수용에
적극적으로 나서고 있었고, 당상관도 이에 수긍하고 있었다.
　이와 같은 동향은 중종 12년 이조판서 한세환이 注擬에 임하여 "대간의
뜻을 모르니 어찌하나, 옥당에서는 어떻게 말하고 있는가?"91) 등을 물어
걱정하면서 注擬를 지체하였다는 기록에 잘 나타난다. 또한 중종 39년 이
판 신광한이 贊成의 擬望을 놓고 "이일은 마땅히 衆論을 두루 얻어야 하
는데 중론을 모르니 어찌해야 하는가?"92)라고 의논한 것도 유사한 사례였
다. 이러한 예들은 낭관이 공론수용을 하게 되면서, 대신들까지도 인사에
임하면서 공론을 수용하기 위해서 노력하는 모습을 잘 보여준다.
　물론 각 부서에서 대신들은 낭관이 수용한 공론을 따르지 않는 경우도
많았다. 이 경우 낭관들은 대간의 지원을 받아서, 자신들의 의사를 관철하
려고 노력하였다. 이러한 사례는 중종 12년 이조판서 한세환이 대간의 탄
핵을 받아 갈릴 때에, 그 배경을 설명해 주는 다음 史論에 잘 나타난다.

---

90) 『명종실록』 권10, 명종 5년 6월 갑진.
91) 『중종실록』 권31, 중종 12년 윤12월 정유.
92) 『중종실록』 권104, 중종 39년 8월 기사.

　　한세환이 注擬에 임하니 (중략) 사성 유부와 첨정 채침이 명사였지만
時議에 배척을 받았고, 이에 낭관들은 이들을 지방의 교수에 의망하려
하였다. 한세환은 반대하여 이들에게 그렇게 하는 것이 불가하다고 저
지하였다. 낭관들이 이를 크게 싫어하여 物論을 일으키니, 대간이 한세
환을 어둡다고 탄핵하여 바꾸었다.93)

　　유부, 채침 등이 '時論', '物論' 등 공론의 배척을 받자, 낭관들은 이들을
외직으로 내치려하였다. 그러나 이판 한세환이 이를 막자 낭관이 공론을
관철하기 위해서 대간의 도움을 받았다. 즉 대간이 이판을 탄핵하여 이판
을 바꾸었고, 이판을 바꾼 이후 공론에 의한 인사를 시행하였다. 이러한
사례는 공론의 수용이라는 관점에서 낭관과 언관이 긴밀하게 협조한 것을
잘 보여준다.

　　낭관들이 이렇게 공론수용 기능을 활성화하자, 이러한 낭관의 공론수용
기능을 '淸議로 표현하기도 하였다. 선조 15년 이이는 "청의가 낭료에게
있고 장관에게 없습니다."94)라고 표현하였고, 선조 16년 도승지 박근원도
"淸議가 郎官에게서 많이 나왔습니다."95)라고 표현하였다. 이러한 표현은
낭관들이 삼사와 더불어 '청의' 즉 공론을 수용하는 기능을 하고 있음을
잘 지적하고 있다.

　　낭관의 공론 수용기능은 그 정치적인 비중이 높고 활동이 빈번한 이조
의 경우 두드러지게 나타나고 있었다. 그러나 그러한 변화는 모든 부서에
서 공통이었다. 포괄적인 표현이기는 하지만 당시의 낭관의 동향을 명종
2년 "郎官이 堂上의 말을 듣지 않습니다."96)라고 표현하였다. 이는 당시의
낭관이 공론을 수용하면서 당상관과 대립되는 현상이 각 부서에서 공통이
었음을 보여준다.

---

93) 『중종실록』 권31, 중종 12년 윤12월 정유.
94) 『선조수정실록』 권16, 선조 15년 정월.
95) 『선조수정실록』 권17, 선조 16년 6월.
96) 『명종실록』 권6, 명종 2년 12월 경술.

심지어 의정부의 낭관인 舍人의 경우도, 공론의 수용을 위해서 정승과 맞서는 경우가 있었다. 명종 4년 사헌부는 다음과 같이 의정부의 상황을 지적하고 있다.

　　정승의 낭청이라 말하지만 정승의 명을 따르지 않고, 비록 先生을 존대한다고 하지만 존대하지 않고 따로 一司를 만들어 폐단을 야기하고 있습니다.97)

이는 의정부의 낭청인 사인과 검상이 사인사를 만들어 정승의 명령을 따르지 않았음을 보여준다. 이러한 자료들은 이병조 외의 다른 부서의 낭관들도 自薦制를 기반으로 자율권을 확보하면서, 이병조의 낭관과 같이 각부서의 일을 공론을 수용을 추진하면서 대신들과 대립하고 있음을 잘 보여준다.

결국 낭관들은 낭관권을 토대로 공론수용기능을 하고 있었다. 이러한 현상은 삼사가 공론을 수용하여 이미 결정된 정책이나 인사에 대하여 견제한 것에서 한걸음 더 나아가, 낭관들에 의해서 실무의 결정과정에서, 공론을 수용하는 진전된 모습을 보여주는 것이었다. 삼사 언론과 낭관들이 공론수용기능을 하면서 공론의 형성이 활성화되고, 공론형성층 역시 확대될 수밖에 없었다.

3. 公論政治의 정립과 朋黨

1) 士禍와 공론

언관과 낭관의 핵심인물이었던 사림이 기묘사화로 패퇴하면서, 공론형성

---

97)『명종실록』권9, 명종 4년 12월 계미.

층의 의사표출도 제약되었고 공론의 수용기능도 위축되었다. 그러나 기묘
사림의 패퇴가 바로 언론권이나 낭관권의 폐지를 의미한 것은 아니었다.[98)]
따라서 공론수용 기능 역시 살아있었고 사림의 공론형성 기능도 유지되었
다. 그러므로 여전히 사림의 의사는 '外議로 정책에 반영되고 있었다.

그러나 사화 직후에는 공론정치가 위축되어 있었다. 이는 外議가 부정
적으로 인식되고 있는데서 잘 알 수 있다. 기묘사림과 공론은 불가분의 관
계에 있었으므로, 사화 후 이에 대해 비판을 하는 것은 당연하였다. 이러
한 입장은 한동안 지속되었는데, 중종 18년 다음의 홍문관의 상소는 이를
잘 보여준다.

　　　언론에 거하여 사람들의 부축임에 따라서 인물을 탄핵하고, 外議가
　　이와 같다 하였으니, (중략) 지금의 사림 중에는 外議를 언급하면 痛心
　　唾罵하는 자들이 있습니다.[99)]

기묘사림을 '朋邪之輩'로 부정적으로 표현하고 있다. 이들을 그렇게 보
는 중요 이유로 이들이 '외의'를 빙자하여, 편파적으로 인물을 탄핵하였다
는 것이다. 이는 기묘사림이 공론을 수용하여 정치에 반영한 것을 사화이
후 반대편의 입장에서 부정적으로 비판한 것이었다.

기묘사화 이후 공론을 부정적으로 파악하는 인식을 중종도 공유하고 있
었다. 이는 중종 23년 중종의 다음과 같은 언급에 잘 나타난다.

　　　내가 보건대, 전에 조광조 등이 홍문관에 있을 때 '외의'를 핑계대어
　　번번이 대간을 논박하였다. 따라서 대간이 직무에 오래 있지 못하고
　　홍문관에 견제되었다. 그 끝의 폐단을 어찌 이루 말할 수 있었겠는가
　　마는, 그때는 보는 자가 괴이하게 여기지 않아서 마침내 큰 폐단을 이

---

98) 최이돈 「16세기 郞官權의 형성과정」『한국사론』14, 1986.
99) 『중종실록』 권48, 중종 18년 6월 을묘.

234 제2부 公共統治의 실제

루었다.[100]

중종도 '외의'를 비판하고 있다. 특히 홍문관이 대간의 언론을 지원하면
서 공론정치가 활성화되고 있는 현상까지도 같이 묶어서 비판하고 있다.
이 역시 外議와 공론을 부정적으로 파악하고 있음을 잘 알 수 있다.

그러므로 홍문관 등에서는 공론정치를 유지하기 위해서, 외의와 공론을
나누어 보려는 시도도 하였다. 중종 18년 홍문관의 다음과 같은 언급을 들
수 있다.

> 신 등이 근래에 상차하여 이전 대관의 잘못을 논하였는데, 전하께서
> 대신에게 그 차자를 보이시고, 面對까지 하신 끝에, 차자 가운데 기록
> 한 "物論이 따르지 않는다."는 말을 지적하고, 대신이 이를 '외의'라고
> 하였습니다. 신 등은 그 말을 듣고 놀라움을 금할 수 없었습니다. 대신
> 이 말한 '외의'라는 것이 과연 무엇을 가리킨 말입니까? 지난번에 朋邪
> 의 무리들이 언로의 자리에 있으면서 남의 사주를 받아서 "時政과 人
> 物을 탄핵하고 스스로 '외의'가 이와 같다."하였습니다.[101]

홍문관에서 대간의 언론을 활성화하기 위해서 대간을 비판하면서 '物論'
이라는 구절을 사용하였다. 물론은 공론을 의미하였다. 이러한 구절에 사
용한 것은 外議가 부정적으로 이해되면서, 이것을 공론과 구분하고자 하
는 조치였다. 그러나 대신들이 이를 '外議로 해석하자, 홍문관에서는 대신
들이 이것을 外議로 보는 것은 언론을 막기 위한 압력으로 해석하고, 이에
반발을 하고 있다. 즉 '외의'는 공론은 다른 것으로 주장하고 있다. 즉 외의
는 편파적인 의견으로, 공론과 다른 것으로 정리하면서 홍문관의 공론수
용기능을 지속하려고 하였다.

---

100)『중종실록』권63, 중종 23년 10월 무오.
101)『중종실록』권48, 중종 18년 6월 을묘.

전반적인 여건은 어려웠지만, 공론정치의 틀은 완전히 무너지지 않고, 세월이 가면서 공론이 다시 형성되고 제 역할을 찾아가고 있었다. 중종 26년 장령 정만종은 다음과 같이 공론이 외의의 형태로 다시 정립되고 있음을 거론하고 있다.

그리하여 사림 유식자라도 '紛紜有議'을 하게 되는데 하물며 무식한 사람들이겠습니까? 재상이 그런 말을 들었으면서도 시비를 분별하지 않으니, 저들이 시비를 모르기 때문에 그런 것인지, 아니면 外議에 현혹되어 그런 것인지를 모르겠습니다.102)

정만종은 김안로의 복귀 문제로 공론이 형성되고 있음을 거론하고 있다. '사림 유식자'들이 공론을 형성하고 있었고, 이는 '외의'로 재상들에게 영향을 미치고 있었다. 중종 26년경에 이르면 다시 사림의 공론이 外議의 형태로 다시 형성되고 있음을 보여준다.

여기서 외의라고 표현하고 있으나, 부정적인 의미는 약화되고 있다. 그러므로 당시에 홍문관에서 역시 "國是가 정해지지 못하여 群議가 疑異하고 外議가 朋興합니다."라고103) 말하거나 "外議가 모두 미편하게 여깁니다."라는104) 등 표현을 사용하고 있었다. 서서히 정국이 안정되면서 공론이 형성되고 있었고, 이러한 상황에서 외의라는 용어도 부담 없이 다시 사용하고 있었다.

이러한 '外議'라는 용어의 사용은 일반관원들에게서도 마찬가지였다. 윤구가 옥중에서 상소를 하면서 '外議皆云'이라고 外議를 거론하고 있는 사례나,105) 좌의정 남곤이 중종과의 대화중에 "조석지간에 명령이 불일하여

---

102)『중종실록』권72, 중종 26년 11월 무진.
　　　掌令鄭万鐘曰, 今者大臣不爲國家大事, 故外議不定, (중략) 雖士林有識者, 亦紛紜有議.
103)『중종실록』권54, 중종 20년 7월 을축.
104)『중종실록』권63, 중종 23년 10월 무오.

外議가 분요합니다."라고 말한 사례106) 등이 이를 잘 보여준다. 대신들 역시 '鄭世虎의 문제'를 논하면서 "이것은 비단 대간만의 뜻이 아니라 外議도 그러합니다."라고 주장하였다. 이러한 동향은 사림이 사화를 극복하고 공론을 활성화하면서 관원들은 '외의'를 수용하여 정책에 반영하고 있음을 보여주었다.107)

2) 權臣과 공론

이상과 같이 사화이후에 세월이 흐르면서, 사림은 공론의 기능을 회복하였다. 그러나 중종 말부터 김안로, 윤원형, 이양 등 權臣이 등장하면서 공론정치의 활성화는 제한되었다. 중종말기에는 권신 김안로가 등장하여 대간직을 장악하고, 낭관직에도 자신의 세력을 침투시키기 위해서 노력하였다. 그러므로 언관은 물론 낭관들도 공론수용기능을 제대로 못하는 상황이 전개되면서,108) 공론정치도 제대로 활성화되기 어려웠다.

김안로가 국정을 좌우하면서 대신들은 '不爲國家大事'하거나109) '傍觀'하고110) 있었다. 국정의 논의에서도 '無異論'하면서111) 상황에 순응하고 있었다. 그러나 사림은 김안로를 견제하기 위해서 노력하였고 공론이 外議로 형성되면서 정책의 결정에 압력으로 작용하였다. 그러므로 김안로도 대간직을 장악하여 공론을 주도하지 않고서 권신으로서의 지위를 유지할 수 없었다.112) 그러므로 김안로는 자신의 세력을 대간직에 침투시키기 위

---

105) 『중종실록』 권38, 중종 15년 3월 기묘.
106) 『중종실록』 권40, 중종 15년 7월 경인.
107) 『중종실록』 권81, 중종 31년 3월 정묘.
108) 최이돈 「16세기 郎官權의 성장과 朋党政治」 『규장각』 12, 1989.
109) 『중종실록』 권72, 중종 26년 11월 무진.
110) 『중종실록』 권72, 중종 27년 2월 신사.
111) 『중종실록』 권86, 중종 32년 11월 무자.
112) 『중종실록』 권86, 중종 32년 11월 무자.

해서 노력하였다.

김안로의 퇴진 이후 공론은 제자리를 찾았다. 김안로 퇴진 이후 공론정치가 활성화되는 것은 중종 32년 홍언필은 다음과 같이 지적하고 있다.

오늘날 街談巷論이 꺼리는 바가 없으니 이것은 다스림에 이르는 조짐입니다. (중략) 근래 유생 역시 기탄없이 논하니 더욱 즐거운 일입니다.[113]

홍언필은 공론을 '街談巷論'이라고 표현하면서 '꺼리는 바가 없으니'라고 공론이 활성화되고 있음을 지적하고 있다. 특히 "유생 역시 기탄없이 논하니"라고 유생들이 활발하게 공론을 형성하고 있음을 밝히고 있다. 사림파인 홍언필은 이러한 상황을 '즐거운 일입니다.'라고 표현하였다.

이러한 상황에서 유생들은 단순히 제기된 정책에 의사를 표명하는데서 나아가 새로운 정책도 제안할 수 있었다. 그 한 예로 중종 33년 유생들이 기묘사림의 서용을 건의하였다. 이에 대해 조정에서는 논의가 분분하였다. 일부의 관원들은 이러한 유생들의 동향에 대하여 부정적이었다. 이를 다음 황헌의 언급이 잘 보여준다.

근일에 조종의 대사를 유생이 말을 함에 따라서 행하고 있습니다. 이러한 즉 사람마다 모두 국사를 의논함이 가할 것이니 그러면 國体가 어찌될 것입니까? (중략) 비록 公論이라고 하나 초야에서 국사를 논하는 조짐이 커가는 것은 불가합니다.[114]

政院曰, 危亂之時, 權奸爲之主張, 以瓜牙腹心, 布列言地, 欲爲之事, 無不爲之, 使言者先爲發論, 權奸從而贊之, 外托公論, 必請從之.

113) 『중종실록』 권86, 중종 32년 12월 기미.
今則街談巷論, 無有所忌, 此乃致治之漸耳, (중략) 近來儒生亦不憚所論, 此尤可喜之事也.

114) 『중종실록』 권86, 중종 33년 정월 병신.

황헌은 유생의 의논이 '공론'임을 인정하고 있으나, 조정의 대사를 유생의 제안에 따라서 행하는 것은 불가하다고 주장하였다. 이러한 의견에 중종도 동의하였다. 중종은 "기묘인을 서용하는 것은 당연하나, 布衣가 조종의 일을 논하는 것은 폐가 없지 않으리라."[115]고 이에 동의하였다.

유생들이 조정의 문제를 먼저 제기하는 것에 대해서는 부정적이었지만 이를 막거나 처벌하는 분위기는 아니었다. 그러므로 유생들은 기묘사림 서용의 문제를 건의한 다음 달에, 김안로에게 아부하던 이들의 탄핵을 다시 거론할 수 있었다. 이때에도 일부 관원들은 우려를 표현하였으나, 전반적인 논의의 분위기는 다음의 성세창과 중종의 대화를 통해서 알 수 있다.

> "국가의 큰일이 모두 조정에서 나오고 그중 한 가지 일이 유생에게서 나와 시행된다 해도 진실로 무방할 것입니다."하니, 상이 일렀다. "대사가 이미 정해졌어도 구언할 즈음에 조정에서 미처 거행하지 못한 것을 유생들이 상소를 올린 것은 안 될 것이 없으나, 이를 빌미로 하여 조정에 간여한다면 반드시 뒤에 폐단이 있을 것이다. 조정의 의논은 유생이 상소를 올린 것을 나쁘다고 하는 것은 아니다."[116]

성세창은 유생이 정책을 제기하는 것을 긍정적으로 언급하였다. 이에 대하여 중종도 '뒤에 폐단'을 염려하였으나, 유생이 상소를 올린 것을 비판하지는 않았다. 즉 유생이 조정의 문제를 먼저 거론하는 것은 것을 문제 삼고 있었으나, 유생의 논의를 공론으로 인정하고 있어, 왕과 관원들은 기본적으로 이러한 유생들의 동향을 인정하였다

그러므로 사림은 공론을 통해 적극적으로 조종의 문제를 제기하고 나아가 그 문제를 관철하려고까지 노력하였다. 그 한 예로 인종 원년 성균관 유생들이 이항의 복직을 반대하였고, 이를 관철하려고 노력하였다. 이에

---

115) 상동
116) 『중종실록』 권87, 중종 33년 2월 갑자.

대하여 인종은 다음과 같이 답하였다.

　너희들이 首善하는 곳에 있으면서 옛일을 좋아하고 時事를 논하여
疏章을 세 번이나 올렸는데 말이 간절하고 의리가 곧으니, 배운 바가
바른 것이 어찌 이보다 더할 수 있겠는가. (중략) 그러나 太學은 '공론
소재'라 하지만 시비를 정하는 데에는 본래 조정이 있으니, 시비를 말
하는 것은 좋으나 반드시 시비를 정하려 하는 것은 諸生의 일이 아니
다. 너희는 우선 물러가서 다시 생각하라.[117]

　성균관에서는 이항의 복직을 반대하면서 3차례나 상소를 올렸다. 이에
대하여 인종은 대학이 '공론소재'임을 인정하였으나, 결정은 조정에서 하는
것임을 강조하였다. 이러한 사례는 유생들이 적극적으로 조종의 문제를 제
기하고 나아가 그 문제를 관철하려고 노력하고 있음을 보여준다. 이러한
동향은 권신 김안로가 퇴진하면서 공론정치가 활성화되고 있음을 잘 보여
준다.

　김안로 퇴진 이후 명종대에 들어서 윤원형이 권신으로 등장하였다. 윤
원형이 권신으로 등장하여 "權歸外戚 政由私門 士類盡去"[118]하는 상황이
전개되면서, 공론정치는 다시 위축되었고 '外議'는 부정되었다. 명종 5년
우의정 상진은 "무릇 外議는 천하가 무도한 때에 나타났습니다."라고 극단
적으로 외의 즉 공론을 부정하였다.[119] 그는 다음과 같이 공론의 주체는
달라져야 한다고 생각했다.

　무릇 천하에 공론이 하루라도 없어서는 안 되나, 위에 있은 즉 다스

---

117) 『인종실록』 권1, 인종 원년 3월 기묘.
　　答曰, 大學雖曰公論所在, 是非之定自有朝廷, 言是非則得矣. 期於定是非
　　則, 非諸生事也, 汝等姑退而更思之.
118) 『명종실록』 권3, 명종 원년 2월 경자.
119) 『명종실록』 권10, 명종 5년 6월 갑진.

려지고 아래 있은 즉 어지러워집니다.[120]

상진은 공론이 위에 있어야 한다고 주장하였다. 즉 유생이나 중하급관원이 공론형성층이 되는 것을 부정적으로 보았다. '위에'라는 표현은 공론이 대신들에게 있어야 한다는 생각을 표현하고 있었다. 이러한 견해는 상진만의 견해가 아니었다. 영경연사 이기도 "재상의 지위에 있은 연후에야 그 일을 행함이 가한데 지금은 그 지위에 있지 않아도 高論을 좋아합니다."[121]라고 공론을 '高論'으로 비판하면서 공론이 대신에게 있어야 함을 강조하고 있다.

윤원형 집권 하에서 대신들이 이러한 입장이었으므로, 당연히 유생들의 공론을 부정하였다. 명종 5년 우의정 상진은 다음과 같이 사림의 공론을 비난하였다.

> 我國 습속의 병폐는 輕薄하고 議論을 좋아하는데 있습니다. (중략) 멀리 山林에서 아래로 商旅에 이르기까지 모두 盡言하고 숨기지 않은 것이 가합니다. 그러나 같이 모여서 사사로이 논의하고, 망령되게 국정의 시비를 논하는 것은 불가합니다.[122]

상진은 '山林'이나 '商旅'에 이르기까지 언론이 허용되어 있다는 점은 인정하였다. 그러나 그는 '사사로이 논의' '국정의 시비' 등을 부정하면서 실제로 재야에서 공론이 형성되는 것을 인정하지 않고 있었다. 이는 결국 앞에서 언급한 것과 같이 대신의 공론만을 인정하는 것이었다. 이러한 분위기 속에서 조정에서는 '外議'를 조정을 움직이려 하는 '浮議', '邪論'으로까지 비판하였다.[123]

---

120) 『명종실록』 권10, 명종 5년 5월 무인.
121) 『명종실록』 권10, 명종 5년 6월 무술.
　　身居宰相之位然後, 可行其事, 而今則不在其位, 好爲高論, 弊源出於己卯.
122) 『명종실록』 권10, 명종 5년 5월 무인.

당시 조정에서는 공론정치를 부정하면서 공론수용기구에서 外議를 수용하는 것도 부정하였다. 먼저 대간이 外議를 수용하는 것을 문제로 삼았다. 명종 2년 홍문관에서는 외의에 의해서 위축되는 대간의 언론을 다음과 같이 비판하였다.

　　대간이 말하고 싶은 일이 있어도 두려워하고 위축되어서 사람들을 따라 항시 外議가 어떠한가만 살피고 감히 자신의 뜻을 전달하지 못하고 있습니다. 이러한 습속이 이미 중종조에 생겼으니 공론이 어찌 생기겠습니까?124)

홍문관에서 대간이 外議를 수용하는 것을 비판하고 있다. 대간이 공론수용기구로서 외의를 살피는 것은 당연하였는데 이를 비판하고 있다. 이는 앞에서 살핀 대신들에게 공론이 있어야 한다는 주장과 같은 입장에서, 대간이 유생이나 하급관원의 공론을 살피는 것을 비판한 것이었다. 즉 대간이 外議 주체인 유생이나 중하급관원들의 의견을 무시하도록 요구한 것이었다. 특히 홍문관이 이러한 주장을 한 것이 주목되는데, 이는 이미 홍문관이 윤원형세력에 장악되었음을 보여준다.

윤원형 일파는 이와 같이 대간이 공론수용기능을 하는 것을 문제로 삼으면서, 대간이 유생의 상소나125) 중하급관원들의 '外議에 의해서 사퇴를 청하는 것을 막고 있었다.126) 이러한 동향 역시 유생이나 중하급관원의 공

---

123) 『명종실록』 권7, 명종 3년 4월 갑술.
　　侍講官金澍, 此等浮言, 皆欲動朝廷而發也, 自上鎭靜則, 邪論自戢矣.
124) 『명종실록』 권5, 명종 2년 5월 무인.
125) 『명종실록』 권5, 명종 2년 5월 무인.
　　舍人鄭惟吉, 將三公意啓曰, 以儒生上疏諫院引嫌, (중략) 儒生語侵言官, 而言官輒引嫌, 則其漸將至於論在儒生, 極爲不当, 請令台ща勿避, 答曰啓意至当.
126) 『명종실록』 권9, 명종 4년 6월 정묘.
　　大司憲陳復昌啓, (중략) 臣之意以爲, 大抵責非台諫之論, 若顯出於弘文館一會 則可以辭避也, 兵曹郎官雖有言者, 亦非衆論, 諫院一二人, 相語於酒

론을 대간이 수용하지 못하도록 하는 조치였다.

또한 낭관들이 공론을 수용하는 것도 문제로 삼았다. 특히 전조의 낭관이 공론을 수용하여 인사에 반영하는 것을 문제로 삼고 있었다. 명종 5년에 상진은 전조낭관이 인사할 때에, "外議가 이 사람은 이 직에 가하다 하고, 저 사람은 저 직에 불가하다고 합니다."[127]라고, 낭관들이 외의에 따라 주의하는 동향을 비판하고 있다. 이는 윤원형 일파가 낭관의 공론수용기능을 비판한 것이었다.

그러나 이러한 상황에서도 사림은 기존의 관행을 유지하면서 공론정치의 구조를 유지하려고 애썼다. 명종 10년 홍문관에서 銓曹를 비난하면서, 다음과 같이 말한 것은 그 대표적인 사례였다.

> 오호라 공도가 행해지지 않고 있습니다. 시비가 전도되고 銓曹의 注擬가 群議에 따르지 않고 있습니다.[128]

여기의 '群議'는 공론의 다른 표현이었다. 그러므로 이러한 홍문관의 비판은 인사가 공론에 의해서 시행되지 않고 있는 상황에 대한 비판이었다. 이는 전조의 내부에서 낭관이 공론에 의해서 인사하려고 노력하였지만, 대신들의 제약으로 여의치 않았다. 그러므로 홍문관에서 이를 비판하면서 바로 잡으려 노력하였다.

이러한 노력은 계속되어 사림은 공론이 '輿情'임을[129] 주장하면서 다수

間, 亦不如院中完席之論, 不可以此遽爲辭避.
127) 『명종실록』 권10, 명종 5년 6월 갑진.
　　尚震曰 (중략) 臣嘗爲吏曹判書, 注擬之時, 郎廳以外議言曰, 某也可爲某職, 某也不合某官云, 臣知其不可, 習俗已成, 故黽勉從之, 凡注擬必以外議爲主.
128) 『명종실록』 권29, 명종 10년 11월 신해.
　　弘文館上箚 (중략) 嗚呼公道不行, 是非顚倒, 銓曹注擬, 不循群議.
129) 『명종실록』 권33, 명종 21년 11월 신해.

의 의견에 따를 것을 강조하였고, 이러한 다수의 토대로서 사림을 강조하면서 공론의 수용하여 '士氣'를 높일 것을 촉구하였다.[130]

낭관들도 낭관권을 유지하면서 권신들과 대결구조를 유지하여,[131] 공론수용기능을 유지하려 애썼다. 낭관은 인사가 공론에 의해서 되어야 함을 강조하면서[132] 공론에 의한 인사를 유지하려고 애썼다. 또한 이판이 권신에게 지시받아 인사를 처리하는 것도 政体에 불합한 일이라고 비판을 하였다.[133] 이러한 노력으로 사림은 결국 권신들을 몰아낼 수 있었다. 명종대 윤원형과 이양의 퇴진시키면서 공론정치는 재정립되었고, 언관과 낭관들은 다시 공론을 수용하는 역할을 하게 되었다. 이에 따라 공론형성층도 자유롭게 의견을 개진하였으며 공론정치는 활성화되었다.

3) 朋党과 공론

선조 초부터 권신이 물러가고 사림이 주도권을 잡게 되면서 공론에 의한 정치가 정립된다. 그러나 공론정치의 정립은 몇 차례의 공론의 의미에 대한 확인하는 과정을 거친 후에 가능하였다. 즉 선조 초기는 사림이 언론권, 낭관권은 물론 재상권까지 장악하였다. 그간 공론은 언관권, 낭관권과 긴밀한 관계를 가지면서, 권신들이 장악한 재상권과 대립되는 관계를 가

---

130) 『명종실록』 권29, 명종 18년 10월 경술.
　　承政院回啓曰, 士氣公論同條共貫, 士氣振起, 則公論自張, 士氣摧喪, 則公論鬱塞.
131) 최이돈 「16세기 郎官權의 성장과 朋党政治」 『규장각』 12, 1989.
132) 『명종실록』 권23, 명종 12년 11월 신해.
　　諫院啓曰, 政曹郎官古称淸選, 其於薦望之際, 必採公論薦之.
133) 『명종실록』 권24, 명종 13년 8월 무오.
　　大司諫尹仁恕曰, 吏曹判書安玹, 欲使權柄不出於己, 故有關輒議于三公,
　　而不敢自專, 銓曹之權, 似移於大臣, 此最妨於政体也.
　　여기서 三公이라고 칭하고 있으나 당시 尹元衡이 右議政이었다.

졌는데, 이제 사림이 재상권까지 장악하면서, 공론과 재상권의 관계를 정
립할 필요가 제기되었다.

재상권까지 사림이 장악하였으나, 국정의 운영에서 재상권을 장악한 선
배 사림과 언관권, 낭관권을 장악한 후배 사림 간에 갈등이 없을 수 없었
다. 그러한 갈등 속에서 대신들이 공론의 정당성을 다시 문제를 삼을 수
있었다. 선조 2년 6월 金鎧의 다음과 같은 지적은 그 대표적인 사례였다.

> 雜議가 三公을 존중히 여기지 않고 비방합니다. (중략) 대간이 대신
> 의 잘못을 논하는 것은 당연하나, 집에서 私議를 하는 것은 인심을 요
> 란하게 할 뿐이니 해서는 안 되는 일입니다.[134]

여기서 김개는 삼공 대신을 비판하는 사림의 의견을 '雜議' '私議'로 비
판하고 있다. 물론 '집에서'라는 단서를 달고 있으나, 공론이 형성되는 논
의구조에 대하여서 비판하였다. 이러한 김개의 주장은 당시 대신들의 일
반적인 의사를 대변한 것이었다. 즉 이는 대신들이 정책의 논의에서 언관,
낭관 등과 대립하면서, 언관과 낭관들이 공론을 근거로 대신과 대립하는
것을 문제로 삼은 것이었다.

이러한 김개의 발언에 대하여 낭관과 대간들은 크게 반발하였다. 대간
들은 김개를 크게 비판하였는데, 그 중 기대승은 다음과 같이 반박하였다.

> 東漢의 末에 党禍가 일어나서 諸賢을 모두 죽였고, 때가 혼란하여
> 공론이 초야에 있었으나, 일거에 이들까지 죽이자 동한 역시 망하였습
> 니다. 唐 말에도 淸議가 성하다는 것을 듣지 못하였는데, 朱全忠이 淸
> 流로 지목하여 馬驛에서 죽이고 황하에 던지니 당이 역시 망했습니다.
> 자고로 이러한 일이 한 둘에 그치지 않았는데, 사람들로 하여금 私議를
> 말하지 못하게 하는 것은 聖明之下에 감히 할 수 없는 말입니다.[135]

---

134)『선조실록』권3, 선조 2년 6월 신사.

기대승은 대신들이 공론을 私議라고 비판하고 있으나, 사의는 '청의' 즉 공론이라고 주장하고, 漢이나 唐이 私議를 말하지 못하게 하여서 망하게 되었다고 주장하였다.

이와 같은 대신들과 언관 낭관들과의 갈등은 선조 5년까지 계속되었다. 선조 5년에도 이준경은 상소를 올려서 대신의 입장에서, 낭관들과 언관들을 붕당으로 몰아서 견제하려 하였다. 이러한 동향에 대하여 이이는 대신 이준경이 비판하는 '붕당'이라는 무리는 "모두 일시의 淸望이며 공론을 주장하는 자입니다."라고[136] 오히려 이준경을 비판하였다.

이러한 동향은 대신들이 중심이 되는 재상권과 당하관들이 중심이 되는 언론권, 낭관권 간에 주도권을 잡기 위한 대립이었다. 언관들은 자신들의 의견이 공론이라는 것을 강조하면서 대신들을 비판하고 탄핵하였다. 언관들은 공론이 '초야'에도 있다는 것을 강조하면서, 시비를 정하고 邪正을 구별하는 기준은 공론에 있는데, "공론이 한 번 발하면 대신도 막을 수 없고 人主도 굽힐 수 없습니다."라고[137] 공론과 그에 따른 공론정치를 강조하였다. 이러한 대신들과 당하관들 간의 갈등은 시간이 지남에 따라서, 이준경 등 핵심 재상들이 물러가면서 해소되어 공론정치가 자리를 잡아갔다.

그러나 선조 8년 이후 붕당정치가 전개되면서 공론의 의미는 다시 한번 정리가 필요하였다. 그것은 선조 초기의 이준경 등 대신들이 퇴진하고, 선조 초기의 삼사와 낭관권을 장악하고 있던 무리들이 서서히 재상으로 진입하면서, 새롭게 낭관과 언관에 진입하는 신진들과 갈등을 일으키면서, 붕당이 형성되고 있었기 때문이었다. 이 양자는 서서히 東과 西로 분파를 일으키면서 그 대립이 격화되고 있었다.

이러한 상황에서 재상권을 기반하고 있었던 서인은 언관권과 낭관권을 기반으로 하였던 동인을 공격하면서 공론을 비판하였다. 이는 선조 12년

---

135) 상동조.
136) 『선조수정실록』 권6, 선조 6년 7월.
137) 『선조실록』 권8, 선조 7년 6월 기미.

이이의 다음과 같은 상소에 잘 나타났다.

> 人心이 동의하는 바를 公論이라 하고 공론이 있는 바를 일컬어 國
> 是라고 합니다. 국시는 일국의 사람들이 모의하지 않아도 같이 그러하
> 다고 하는 바입니다. (중략) 오늘의 소위 국시라는 것은 이와 달라 主
> 論者는 스스로 옳다고 하나, 듣는 자는 혹은 따르고 혹은 따르지 않습
> 니다.138)

이이는 당시 朋党이 전개되면서 사림이 나누이고, 그에 따라서 주장하
는 바도 달라지고 있는 모습을 이렇게 논하였다. 이이는 선조 초기에는 낭
관과 언관의 지위에 있으면서, 선배 대신들의 공론에 대한 공격을 막았던
인물이었으나, 대신의 지위에 오르면서, 후배인 낭관들과 언관들이 주장하
는 공론에 대하여, 그 공정성을 문제삼고 있는 것이었다. 물론 이 시기에
는 이이가 아직 동서를 중재하는 입장을 버리지 않는 시기였으므로, 동서
를 중재하는 입장에서 공론에 대한 비판은 심하지 않았다.

그러나 이이가 동서의 중재에 실패하고, 서인으로 몰린 이후인 선조 15
년의 공론에 대한 공격은 매우 신랄하였다.

> 소위 浮議는 그 나온 곳을 모르며 처음에는 미미하나, 점점 성해져
> 서 마지막에는 廟堂을 흔들고 台閣을 움직이게 되면, 온 조정이 움직
> 여 대항할 수 없으니, 부의의 權은 태산보다 중합니다. (중략) 오호라
> 일찍이 '政在台閣'이면 憂亂이라 하였는데 '政在浮議'면 어떻게 되겠습
> 니까?139)

이이는 공론을 '부의'라고 강하게 비난하고 있다. 공론정치는 사림이 공
론을 형성하였고, 그것을 삼사와 낭관들이 수용하여 대변하면서 활성화되

---

138) 『선조수정실록』 권13, 선조 12년 5월.
139) 『선조수정실록』 권16, 선조 15년 9월.

었으므로, 당연히 동인세력의 기반이 되고 있었다. 그러므로 동서가 분열되고 대립이 거세지면서, 동인은 공론을 의탁하면서 서인을 공격하고 있었다. 그러므로 서인인 이이의 입장에서 보면, 당시 동인이 주도하는 공론은 편파적이고 타당성을 잃은 건강한 여론이 아니었다. 그러므로 이이는 그것은 '浮議'라고 주장하였다.

이이는 이러한 사태의 원인을 "縉紳이 不睦하고 國是가 靡定하여 浮議가 橫流합니다."라고[140] 보았다. 즉 동서로 붕당이 형성되어서 서로 반목하고 있었으므로, 공론이 공정한 여론인 '國是'가 되지 못하고 있다고 보았다. 이것은 단지 이이만의 의견이 아니라 서인의 의견이었다. 선조 16년 成渾도 "지금 말하는 자는 스스로 공론이라고 하지만 그 말이 불공하고 불평함이 이와 같으니 장차 어떻게 인심을 굴복시킬 수 있겠습니까?"라고[141] 공론의 편파성을 지적하였다.

이러한 서인의 태도에 대해 동인은 호된 비판을 가했다. 선조 15년 홍문관에서 공론은 "万乘의 존귀에 있어도 굴복하여 따라야 할 것인데, 오히려 재상의 지위에 있는 자가 공론을 멸시하기를 기탄없이 하니 가한가?"라고[142] 이이를 비난하였다.

그러나 이러한 이이를 중심으로 한 공론에 대한 서인의 비난은 이이가 죽으면서 꺾인다. 이이가 죽으면서 서인의 세력은 위축되었고, 이에 비하여 동인은 젊은 사람을 계속 충원하면서 그 세력이 확대되고 있었기 때문이었다.

이러한 상황에서 서인은 오히려 공론과 연결을 모색하면서, 자신들의 입지를 공론에 가탁하려고 애썼다. 그 논리의 초점은 자신들도 사림이라는 것이었다. 이점은 이미 선조 12년 이이가 다음과 같이 밝히고 있는 바였다.

---

140) 『선조수정실록』 권17, 선조 16년 4월.
141) 『선조수정실록』 권17, 선조 16년 7월.
142) 『선조수정실록』 권16, 선조 15년 9월.

> 신이 들으니 자고로 국가가 믿고 지탱하는 자는 士林입니다. 사림은 국가의 원기입니다. 사림이 盛하고 和하면 국가는 다스려지고 사림이 다투고 분열되면 국가는 어지러워지며, 사림이 패하고 없어지면 국가는 망합니다. (중략) 심의겸을 許하는 자들은 전배사류이고, (중략) 김효원을 許하는 자들은 후배사류이며, 전후배가 모두 사류입니다.143)

이이는 기본적으로 동인과 서인이 모두 사림이라는 것을 강조하였다. 단지 사류가 나누어져 있을 뿐이라는 것이었다. 이러한 생각은 이이가 아직 동서의 중재를 모색할 당시의 생각이었다. 자신이 서인으로 몰리면서 중재를 포기하고, 선조의 신임을 의탁하여 동인을 공격하는 상황에서는, 동인을 꺾는데 몰두하였고 이러한 동질성을 강조하는 주장은 표출되지 않았다. 그러나 이이가 죽은 뒤에 서인의 위세가 약해졌고 동인이 국정을 주도해 가자, 서인들은 이러한 논리를 차용하여서 자신들의 입지를 펼쳤다. 그 대표적인 사례가 선조 20년 李貴의 다음과 같은 상소였다.

> 서인은 사류이며 동인 역시 사류입니다. (중략) 오늘날에 이르러 사림으로 이이와 성혼을 알고 존경하는 이들을 서인이라 합니다. 오늘날 조야의 公論之人이 그들입니다.144)

이러한 주장은 이이의 생전에 부정하려 하였던 공론정치를 수용하려는 태도였다. 즉 자신들도 공론에 근거한 공론정치를 수용하고 그에 입각한 정치를 펼치겠다고 주장하고 있다.

서인이 자신들의 기반을 공론에서 찾고 공론과 연결을 지으려고 노력하고 있었다. 이러한 노력으로 사림은 동인만을 지지하지 않았다. 그 구체적인 사례로 성균관 내에서도 의견이 갈리고 있었다. 선조 16년 성균관에서

---

143) 『선조수정실록』 권13, 선조 12년 5월.
144) 『선조수정실록』 권21, 선조 20년 3월.

이이를 비난하는 상소를 올리자,[145] 며칠 뒤 성균관에서는 다시 상소를 올려서 앞에 올린 상소가 대학 유생의 공론이 아니었다고 밝히고 있다.[146] 이러한 사례는 서인이 공론과 연결을 모색하면서, 성균관의 유생들 사이에서 논의가 합일되지 못하는 현상을 잘 보여준다.

이러한 상황에서 동인과 서인이 모두가 사류라는 서인의 주장은 일단 공론을 서로 인정하면서 동인과 서인간의 갈등을 해소하고자 하는 모색이었다. 이러한 모색을 통해서 붕당정치와 공론정치가 연결될 수 있었다. 이후에는 공론을 각 붕당 정책의 근거로 삼는 붕당정치가 전개되어, 결국 공론정치는 붕정정치의 정립으로 연결되었다.

이러한 상황에서 공론이 ‘草野’에 있다는 것,[147] 성균관이 ‘공론소재’라는 것,[148] 공론은 대신이나 왕조차도 따라야 할 것[149] 등의 공론정치의 기본적 합의가 형성되었다. 또한 이러한 합의가 형성되면서 왕이나 대신들은 사안을 처리하는 데에 있어서, ‘外議’가 어떠한지를 살피는 것을 당연시하였다. 선조 21년 ‘卜相’의 문제가 있자 선조는 재상들에게 “外議가 어떤 사람을 뽑기를 바라는가?”라고 공론의 뜻을 알고자 하였고, 재상들 역시 이에 대해서 “外議를 참작하여서 복상을 하겠습니다.”[150]고 답하고 있다. 이러한 사례는 선조 중후반이 되면 왕과 대신들이 국정을 공론을 살피면서 결정하는 공론정치가 정립되었음을 잘 보여준다.

---

145) 『선조실록』 권17, 선조 16년 8월 정사.
146) 『선조실록』 권17, 선조 16년 8월 을미.
147) 『선조실록』 권3, 선조 2년 6월 신사.
148) 『선조실록』 권17, 선조 16년 8월 정사.
149) 『선조실록』 권8, 선조 7년 6월 기미.
150) 『선조실록』 권22, 선조 21년 5월 계사.

맺음말

1. 이상으로 재판권을 확보한 백성이 공론정치를 통해서 참정권에 접근하는 모습을 살펴보았다. 이를 정리하면 다음과 같다. 조선 초기에는 공론정치가 시행될 수 있는 여건이 형성되지 않았다. 조선 초기에도 공론에 대한 이념은 있었다. 공론을 天心을 반영하는 人心을 모은 것으로 이해하였고, 원론적으로 백성은 모두 공론형성층으로 이해하였다. 민의 의견인 공론에 따라서 공론정치를 하는 것을 이상으로 여겼다.

그러나 조선 초기에 있어 실제적으로 공론형성층이 정비되지 못하였다. 공론정치는 이상에 그쳤다. 따라서 공론은 왕, 재상 등의 의견이었다. 왕은 공론을 수용하여 공론에 따라 국정을 운영해야 하였다. 재상들 역시 국사를 논의하면서 공로에 따라서 정책을 결정해야 하였다. 그러나 공론형성층이 형성되지 않았던 조선 초기에는 왕과 대신들의 합의된 의견이 공론이었다. 따라서 당시의 공론은 왕과 대신들에게 통치의 정당성을 확보하기 위한 이념에 불과하였다.

물론 대간도 공론을 형성하였다. 대간은 왕의 耳目으로 인식되고 있었고, 耳目의 역할은 公議를 거두어서 왕에게 이르게 하는 것으로 파악되었다. 그러나 대간은 이와 같은 임무에도 불구하고, 권력구조상 지위가 취약하여 공론을 수용하는 기능을 다하지 못하였다.

2. 이러한 양상은 공론형성의 바탕이 되는 공론형성층이 구성되지 않은데 기인하였다. 그러나 사림이 정치에 진출하고, 영향력을 확대하면서 양상이 달라지기 시작하였다. 사림은 언론권과 낭관권을 형성하면서 공론수용기능을 시작하자, 공론이 형성되고 공론형성층도 만들어지기 시작하였다. 공론형성층은 중하급관원들과 재야사림에서 모두 만들어졌다.

먼저 중하급 관원들이 공론형성층이 되는 과정을 살펴보았다. 관원 중 중하급관원인 당하관은 대신들과 달리 행정실무만을 담당하여 자신들의 의견을 정책에 반영하기 어려웠다. 그러나 당하관들도 서서히 그 지위를 높여가면서 정책에 자신들의 의사를 표현하는 공론형성층이 되어갔다. 참상관의 경우 의정부와 육조의 낭관 등 핵심부서에서 낭관권을 형성하여 그 지위를 높여갔다. 낭관들은 낭관들 간에 역할의 동질성을 기반으로 하여 결속하였고, 정치문제에 대하여 자신들의 의견을 모아 상소하게 되면서 공론형성층으로 부각되었다.

참하관의 경우에도 유사한 변화가 진행되었다. 참하관의 핵심부서인 예문관, 승문원, 성균관, 교서관 등의 참하관이 四館으로 같이 묶여서 활동하면서 결속하기 시작하였다. 이들은 과거급제후 바로 임명되는 기관으로 유생의 관리에 동참하면서, 상호 밀접히 연결되어 보조를 같이 하고 있었다. 이중 예문관은 사관을 대표적 지위에 있었는데, 이들이 성종대부터 상소를 통해서 언론활동을 시작하였다. 당시의 활성화되는 공론수용의 분위기에서 이들의 언론은 수용되었다. 이후 예문관을 중심으로 하는 四館의 참하관들은 공론형성층으로서 역할을 하였다.

3. 이와 같이 참상관과 참하관들이 공론형성층이 되면서, 이면에서 점차 재야사림들도 공론형성층으로 등장하였다. 재야사림을 성균관 유생과 지방 유생으로 나누어 검토하였다. 먼저 성균관 유생의 경우를 살펴보았다. 성균관을 중심으로 결집된 중앙의 유생들은 이전부터 제한적이나마 국가정책에 의견을 개진하였다. 그러나 성종말기부터 성균관의 구성원이 지방의 사림들로 채워지고, 성균관이 公論에 의해 운영되면서 달라지기 시작했다. 결국 사림인 성균관의 유생들은 삼사의 사림파와 밀접한 관계를 맺어 훈구파를 공격하는데 동참하였고, 그 과정에서 성균관의 정치적 위상을 높이면서, 공론형성층으로 인정받게 되었다.

4. 지방유생들의 경우에도 같은 변화가 나타났다. 지방에서도 성종대부터 지방 공론인 鄕論이 구체화되고 있었다. 성종대부터 士林들은 중앙에 진출하면서, 지방의 자치적 운영의 확보에도 노력하였다. 사림은 그 구체적

인 방법으로 留鄕所의 복립, 鄕飮酒禮 鄕射禮의 시행, 司馬所의 설치 등을
추진하였다. 사림들이 이를 통해서 이룩하려 했던 것은 鄕論에 의한 향촌
의 통치였다. 성종대의 성과는 戊午士禍로 위축되었지만, 연산군을 축출하
고 중종대에 이르면, 지방사회는 사림의 공론인 鄕論에 의해서 운영되고
있었다.

이러한 상황에서 향론의 구성원도 확대되는 추세였다. 성종대 향론의
중심 기구는 유향소였으나, 중종대에는 유향소와 더불어 향교도 향론을
수렴하는 기구로서 작용하였다. 이는 향교의 생도가 향론의 구성원으로
등장하는 것을 의미하였다. 당시 생도의 상당수가 양인으로 구성되었다.
그러므로 이러한 변화는 단순히 구성원의 확대에 그치는 것은 아니었고,
공론의 구성원의 질적인 면에서도 의미있는 변화였다.

이러한 중앙과 지방에서의 변화는 별개가 아니었고, 이들의 의사는 합
하여져 공론으로 개진될 수 있었고, 정부에서는 기본적으로 유생의 公論
을 인정하고 수용하려고 노력하였다.

5. 공론형성층이 확대되고 공론이 활성화되는 것은 공론수용기구의 확
대와 불가분의 관계에 있었다. 공론형성층이 확대되면서 이에 따라서 공
론수용기구 역시 확대되었다. 먼저 대간이 공론수용기구로의 역할을 분명
하게 수행하게 되었다. 대간은 조선 초기에서부터 공론을 수용하는 역할
을 할 것이 기대되었으나, 대간의 권력구조 상의 지위가 취약하여, 그 역
할을 충분히 수행하기 어려웠다. 따라서 조선 초기 대간은 공론수용기구
로서의 기능이 약하였다.

그러나 성종대에 들어 사림이 중앙정치에 등장하여, 성종의 지원을 받
아 언론기능을 강화하면서 공론수용기능이 활성화되었다. 대간들은 箚子
를 사용, 圓議制 강화, 不問言根 관행 등을 확보함으로 언론기관의 입지를
강화해갔고, 이러한 성과를 따라 양사의 언론기능이 강화되고 있었고, 공
론 수용기능도 활성화되고 있었다.

성종 중엽부터는 홍문관이 언론기능을 하게 되면서 새로운 변화가 일어 났다. 홍문관의 본기능은 경연이었으나, 경연의 연장선상에서 기초적인 언 론기능도 행하였다. 물론 초기의 홍문관의 언론 활동은 兩司의 언론을 지 원하는데 그치는 것이 보통이었다. 그러나 세월이 흐르면서 홍문관이 언 론을 적극 행하였고, 이것이 왕과 관원들에 의해서 인정되면서 성종 21년 경에 이르면, 홍문관은 언관기관으로 인정되었다.

홍문관이 언론기관으로 인정되면서, 대간이 충분하게 언론활동을 하지 못하는 경우 대간을 지원할 뿐 아니라, 대간의 언론이 미진한 것을 비판도 하였다. 홍문관이 대간 언론에 대하여 비판하는 것이 상례화되면서, 홍문 관은 '臺諫彈劾權'까지 확보하게 되었다. 특히 홍문관원은 성종 22년부터 는 대간직 진출이 허용되었다. 이로써 홍문관과 대간 사이에 유기적인 관 계를 형성하게 되었다. 결과적으로 홍문관은 양사와 더불어 삼사의 하나 가 되었고 삼사의 중심되었다. 언론은 삼사체제를 갖추면서 양사언론의 한계를 극복할 수 있었고, 언론기능이 강화되면서, 삼사는 공론을 수용하 는 기구의 역할도 원활히 수행할 수 있었다.

6. 중종대에는 낭관들도 공론을 수용하는 기능을 수행하였다. 낭관들은 각 부서의 장관인 대신들을 보좌하는 역할을 하였다. 그러나 중종대에 이 르면 自薦權를 확보하여 대신의 인사에서부터 자유로워지면서, 낭관의 정 치적 지위를 높여 낭관권을 확보하였다. 낭관들은 삼사와 밀접한 연결을 가지고 대신을 견제하면서, 각 부서의 일의 결정에 영향력을 행사하게 되 었다.

낭관들은 낭관권을 형성하면서 공론을 수용하는 기능을 하였다. 낭관들 은 자신들이 행하는 자천제도 공론에 의한 인선으로 인식하고 있었다. 그 러므로 공론에 의해서 인선된 낭관들은 당연히 공론을 수용하여 각부서의 일을 처리해야 하였다. 낭관들은 공론을 수용하여 대신들과 대립하면서 공론을 관철하기 위해서 노력하였다.

결국 낭관들은 낭관권을 형성하면서 공론수용기능을 하고 있었다. 이는 삼사가 이미 결정된 정책이나 인사에 대하여 공론을 반영하려고 노력한 것과 달리, 낭관들은 정책이 결정되기 전에 실무의 결정과정에서 공론을 반영하는 것으로 한 단계 진전된 것이었다.

7. 이러한 변화를 기반으로 중종 중반까지 공론정치가 형성되었다. 그러나 사화와 권신의 출현으로 공론정치는 쉽게 정착되지 못했다. 특히 권신이 득세하는 과정에서 공론의 형성은 불법적인 것으로까지 치부되었다. 그러나 사림은 어려운 상황에서도 공론을 제기하고 활성화하려고 노력하였고, 나아가 상황을 변화시키기 위해서 노력하였다. 결국 선조대에 이르러 사림이 정치적 주도권을 잡으면서, 공론정치는 재정립되었다.

사림의 집권으로 공론정치는 자리를 잡았으나, 동인과 서인으로 붕당이 형성되면서 공론에 대한 재해석이 필요하였다. 공론을 주도했던 동인과 공론에서 소외되었던 서인 사이의 이해가 다른데서 나온 갈등이었다. 서인은 공론정치를 비판하기도 하였으나, 결국 공론을 인정할 수밖에 없었고, 자신들도 본질적으로 동인과 같은 사림임을 인정하고, 나아가 자신들도 공론형성층임을 천명하면서 공론을 자신들의 존립의 기반으로 삼지 않을 수 없었다. 이후 각 붕당은 공론을 자신들의 정치기반으로 삼았다. 즉 붕당정치는 결국 공론정치 위에서 나타난 새로운 정치운영방식으로 정착되었다.

8. 이상으로 사림이 공론정치를 추진하는 과정을 살펴보았다. 사림은 공론정치를 통해서 자신들의 이해관계를 정치에 반영할 수 있었다. 즉 사림은 공론형성층이 되면서 참정권을 확보하여 정치적 지위를 높일 수 있었다.

이와 같은 변화의 의미를 분명하게 정리하기 위해서는 사림의 신분적 지위를 살필 필요가 있다. 기존의 신분제 연구에서는 사림과 훈구의 신분을 같은 것으로 이해하였다. 통설에서는 훈구와 사림은 모두 지배신분으로, 양천제론에서는 모두 양인으로 이해하였다. 그러므로 훈구와 사림의 대립은 같은 신분 내의 대립에 불과하였다.

그러나 최근의 신분제 연구에 의하면 훈구는 지배신분이었고, 사림은 피지배신분이었다.[151] 사림은 중하급관원, 품관, 향촌 지식인을 망라하는 것이었다. 이들은 모두 신분적 특권을 가지고 있지 않았다. 그러므로 향론의 구성원은 별다른 제한 없이 점차 확대되는 추세를 보여주었다. 즉 향론의 구성원은 유향소의 품관에서, 사마소의 생원, 진사, 그리고 향교 교생까지 확대되고 있었다. 향교의 교생의 신분은 일반양인 즉 협의양인을 포괄하는 것이었다. 이러한 공론 구성원의 확대가 별다른 갈등 없이 가능하였던 것은 이들 상호간에 신분적 지위가 기본적으로 같았기 때문이었다. 사림은 백성의 상위계층이었다. 이러한 관점을 적용한다면, 훈구와 사림의 대립은 피지배신분의 지배신분에 대한 도전이었다. 그러므로 사림은 죽음까지 몰아가는 치열한 싸움을 약 1세기 간 지속할 수 있었다.

이상을 정리할 때 조선 전기 백성들은 생산력의 발전에 힘입어 경제적 지위를 향상시켰고, 여기서 한걸음 더 나아가 정치적 지위를 높이기 위해서 노력하였다. 백성들은 세종대까지 수령과 전주를 고소할 수 있는 재판권을 확보하였고, 성종대부터는 참정권을 확보하기 위해서 도전하였다. 결과적으로 선조대에는 공론정치를 붕당정치를 통해서 구현하면서 정치적 발언권을 확보한 것으로 이해할 수 있다(「16세기 공론정치의 형성과정」『국사관논총』34, 1992).

---

151) 최이돈 『조선전기 특권신분』 경인문화사 2017.

제7장 公共統治의 구조와 실제

머리말

최근 연구에 의하면 조선 초기의 국가적 성격은 경제와 신분에서 고려와 달랐다. 조선의 경제와 신분은 중세적인 성격을 탈피하고 다음시대로 나아가는 모습을 선명하게 보여주었다.

먼저 조선의 경제는 고려와 달랐다.[1] 이는 조선의 과전법체제가 고려의 전시과체제와 다른 것에서 잘 나타났다. 과전법은 전지의 분배방식, 전지의 관리방식, 전부의 지위 등에서 전시과와 달랐다. 조선의 정부는 과전의 관리를 전부 위임하지 않고, '과전국가관리체제'를 만들어 전주가 전부를 인신적으로 지배할 수 있는 여지를 제한하였다. 이러한 상황 속에서 전부의 지위도 상승하였다. 전부는 전주의 전지 침탈이나 과다한 수조에 대하여 전주를 고소할 수 있는 지위를 확보하였다. 그러므로 과전법하의 전부의 지위는 경제외적강제를 당하는 중세적 지위를 벗어나 있었다.

조선 초기의 신분제는 고려와 달랐다.[2] 조선의 신분제는 고려의 신분제에 비하여 능력을 보다 존중하는 체제로 발전하였다. 고려에 비해서 조선의 지배신분은 축소되었고 중간지배신분도 소멸되었다. 국가의 생산을 주로 담당하는 白丁의 지위도 상승하여 협의양인이 되면서, 고려의 丁戶에 해당하는 지위를 누리게 되었다. 물론 천인의 지위도 향상되었다. 조선 초기의 신분제는 혈통과 능력을 공히 존중하는 신분체계가 되면서 혈통이

---

1) 최이돈 『조선초기 과전법』 경인문화사 2017.
2) 최이돈 『조선전기 신분구조』 경인문화사 2017.

신분의 주된 기준인 중세적 틀을 벗어나 새로운 단계로 나아가고 있었다.

조선 초기의 정치의 모습은 어떠한 것일까? 경제와 신분에서의 변화는 당연히 정치의 변화와 조응할 수밖에 없었다. 경제와 신분에서 조선은 이미 중세적 질서를 벗어나서 새로운 단계로 나아가고 있었다면, 이에 조응하는 조선의 정치 역시 당연히 중세적인 모습을 벗어나 새로운 단계로 나아가고 있었을 것으로 가정된다.

저자는 중세정치의 특징을 '사적지배'로 규정하고 근대정치의 특징을 '공공통치'로 이해하고 있다. '사적지배'는 합의에 의한 통치인 법적 지배를 벗어난 자의적 지배로 규정할 수 있다. 중세의 영주는 불수불입의 특권을 부여받고, 농노를 자의적으로 다스리고 있었다. 농노는 중앙정부와 직접적인 관계를 가지지 못하였다. 농노의 권리와 의무는 국가에 의해서 규정되지 못하였고, 영주의 자의에 의해서 결정되었으므로 균질하지 못하였다. 특히 농노는 영주의 사적인 명령에 대하여 자위권을 가지지 못하였다. 농노에게는 하급재판권에 불과한 영주재판권만 부여되었으므로 수탈에 대하여 합법적으로 영주에게 저항할 수 없었다. 이러한 사적지배의 정치구조에서 경제외적 강제는 오히려 당연한 것이었다.

조선 초기 정치의 성격을 이해하기 위해서 가장 중요한 쟁점은 백성들의 정치적 지위가 어떠하였는가를 살피는 것이다. 즉 백성이 지배신분의 자의적 통치 즉 사적지배에서 벗어나고 있었는가를 검토하는 것이 가장 손쉬운 일이다.

고려 백성의 정치적 지위는 아직 선명하게 정리되지 못하고 있다. 그러나 그간의 연구를 살펴보면 고려의 백성이 사적지배를 탈피하였다고 보기 어렵다. 고려의 주된 생산자층인 백정은 국가의 직접적인 통치를 받지 못하고, 혈통적 지위를 세전하면서 그 지역을 장악하고 있는 향리의 통치를 받고 있었다. 백정은 국가와 직접적인 의무와 권리관계를 맺지 못하였다.

국가는 지역단위별로 경제적 부담을 지운 것에 그치고 있었으므로, 백정이 지는 경제적 부담은 법적으로 분명하게 명시되지 않았다. 그 상황에서 백정이 지는 부담은 향리의 자의적 관리 하에 있을 수밖에 없었다. 부담이 명료하게 규정되지 못한 상황에서 백정이 통치자이며 전주인 향리의자의적 침탈에 대하여 저항하기도 쉽지 않았을 것으로 추측된다. 물론 이와 같은 추정은 향리 지배 하에서 백정들이 가지는 지위가 정리되면서 명료하게 밝혀지겠지만, 현재로서는 고려 백정의 정치적 지위가 중세적 모습을 벗어났다고 생각하기 어렵다.

본연구는 조선 초기 백성이 사적지배를 벗어나 공공통치를 받는 지위로나아가는 과정을 설명하고자 한 것이다. 즉 조선 초기에 공공통치의 이념이 정비되고 그 이념이 백성의 지위에 실제적으로 적용되는 과정을 구명하고자 한다.

공공통치의 이념은 조선의 새로운 정치론으로, 권력론이었으며 통치론이었다. 이 이념의 기본 구조는 고려 말 신진사대부들에 의해서 제기되었다. 그 핵심을 고려 공민왕대의 신진사대부인 윤소종은 다음과 같은 언급하고 있다.

> 하늘은 백성을 살리기는 하나, 그 백성들로 하여금 각자의 살아갈
> 길을 마련해 주지는 못합니다. 그러므로 반드시 聖人으로 하여금 그
> 임금이 되어서, 하늘을 대신하여 백성을 다스리게 합니다. 때문에 그
> 지위를 '天位'라 하고 그 백성을 '天民'이라 합니다. 그리고 관직을 설
> 치 분장시키는 것은 '代天工' 즉 天工을 대행하는 것입니다.[3]

이 내용에는 신진사대부들의 정치론이 잘 설명되고 있다. 이 내용은 ①지배신분인 왕과 관원의 관계를 권력론을 설명하고 있으며, 또한 ② 지배신분과 피지배신분인 백성의 관계를 통치론으로 설명하고 있다. 여기서 가장 중요한 것은 하늘을 중심으로 왕, 관원, 백성의 지위와 역할이 설명하고

---

3) 『고려사』 권120, 열전33 윤소종.

있다는 점이다. 특이한 것은 관원이나 백성의 지위를 왕에게 종속된 것으로 설명하지 않고, 하늘과의 관계를 가지고 설명하고 있다. 그러므로 관원과 백성의 지위는 이전과 다를 수밖에 없었다.

먼저 권력론으로 왕과 관원 간의 권력관계를 설명하고 있다. 왕과 관원의 지위를 하늘과 연관시켜서 설명하고 있다. 왕의 지위를 '天位'로 설명하고 있다. 이러한 설명은 특별한 것은 아니었다. 왕의 지위를 하늘과 연결하여 그 통치의 정당성을 확보하는 것은 이전부터 흔한 설명이었기 때문이다.

주목되는 것은 관원의 지위를 하늘을 대신하는 '代天工'의 지위로 설명하였다는 점이다. 관원도 하늘로부터 부여된 지위를 가지고, 하늘의 뜻을 시행하는 존재로 설명되었다. 관원의 지위를 '王臣'으로 설명하지 않고 있다. 관원은 왕에 대하여 책임을 지는 존재가 아니라 하늘에 대하여 책임을 지는 존재로 정리하고 있다. 즉 관원의 지위를 왕에게 종속된 관계로 설명하고 있지 않았다. 그러므로 왕과 관원의 관계는 상하관계보다 수평관계가 크게 강조되고 있었다.

관원이 하늘에 대하여 책임을 지는 존재가 되면서 왕의 지위가 절대적인 것이 아니라 상대적인 것이 되었다. 왕도 하늘에 종속된 존재로 규정되었다. 그러므로 왕은 자신의 뜻이 아니라 하늘의 뜻을 가지고 다스려야 하였다. 따라서 왕에게 제한적인 조건이 부여되었다. 왕은 하늘의 뜻을 알고, 행할 수 있는 '聖人'이어야 하였다. 왕이 절대적인 존재가 아니라 하늘에 종속된 존재이었으므로 왕이 왕될 수 있는 조건이 부여되고 있었다. 현실에서 왕은 성인이 아니었으므로, '聖學'을 공부하고 그에 입각해서 백성을 통치해야 하였다. 이러한 조건은 왕이 성학을 공부하여 성인이 되지 못한다면, 왕이 왕의 지위를 유지하지 못할 수도 있다는 의미를 함축하고 있었다.

이와 같이 왕의 지위가 제한되면서 왕과 관원 간에 새로운 관계가 정립되어야 하였다. 왕과 관원은 하늘의 뜻에 따라서 백성을 다스리기 위해서 협조하여야 하였다. 이는 권력에 대한 새로운 인식이었으므로, 새로운 권력론이 형성될 수밖에 없었다. 군신공치론이 그것이다. 이는 왕과 관원이 하늘의 뜻을 이루기 위하여 협조하는 '共治'를 이상으로 하는 권력론이었다. 정치를 하늘과 연결해서 해석하면서 신진사대부들은 새로운 권력론을 제시하였다.

이 내용에는 피지배신분의 지위도 이전과는 다르게 설명하고 있다. 피지배층을 '天民' 즉 하늘의 백성으로 규정하고 있다. 백성을 '王民'으로 규정하지 않았다. 이는 피지배층인 백성이 왕에게, 나아가 지배층에게 종속된 존재로 인식하지 않았고 하늘에 속한 존재로 인식하고 있다. 지배층의 통치 인식이 달라지고 있었다.

백성이 자신들에게 종속된 존재들이 아니었고 하늘에 속한 지위를 가지고 있었으므로, 왕과 관원들은 '자의'가 아니라 '하늘의 뜻'에 따라 백성을 다스려야 하였다. '사적지배'가 아닌 '天心的 지배'를 행하여야 하였다.

당시 사대부들은 '天心'은 '人心'에 반영되는 것으로 이해하였으므로, 천심적 지배를 위해서는 '인심'을 모은 衆論에 의해 통치해야 하였다. 중론에 의한 통치는 지배신분의 합의인 '법'에 의한 통치, 나아가 보다 넓은 인심을 모은 '공론'에 의한 통치를 지향해야 하였다. 그러므로 법에 의한 통치나 공론에 의한 통치는 결국 '사적지배'가 아닌 '공공통치'로 연결되었다. 그러므로 사대부는 백성을 천민으로 이해하면서 천민론에 근거한 공공통치론 '天民論的 公共統治論'를 새로운 통치론으로 수용할 수밖에 없었다. 물론 이와 같은 정치론 하에서 백성의 지위는 이전보다 향상될 수밖에 없었다.

왜 사대부들은 이와 같이 권력론과 통치론을 새로운 정치론으로 구상하였을까? 이와 같은 새로운 정치론의 구상은 고려 말 폐단의 가장 중요한 원인이, 왕과 관원들의 사적 권력에 의한 '사적지배'에 있었음을 인식한 결과였다. 신진사대부들은 왕과 권문세족이 백성을 사적으로 지배하면서, 사회의 모순을 심화시켰고, 결국 고려를 파국으로 몰고 갔다고 생각하였다. 왕과 관원의 사적지배를 제한하기 위해서 백성에게 일정한 지위를 부여하고, 왕과 관원의 권력을 적절한 수준에서 제한해야 한다고 생각하였다.

그러므로 새로운 정치론의 핵심은 백성을 '天民'으로 규정하고 그 지위를 인정하는 것이었다. 백성은 王民이 아니고 天民이라는 것을 보장하기 위해서는, 우선 왕의 사적지배를 견제해야 하였다. 그러므로 관원은 王臣이 아니라, 하늘로부터 그 지위를 부여받은 '代天工'의 지위를 가지는 존재여야 하였다. 따라서 관직은 왕이 부여하는 것이 아니라, 하늘이 내린 '公器'이었고, 국가의 영토도 '王土'인 '私天下'가 아니라 '公天下'여야 하였다. 그러므로 이와 같이 백성이 천민이라는 입론을 근거로 형성된, 조선 전기의 정치론은 결국 하늘의 뜻을 따르는 '공공통치'를 지향할 수밖에 없었다. 그러므로 조선 초기 '천민론적 공공통치론'은 이러한 배경에서 제안되었다.

물론 이와 같은 의미를 가지는 천민론적 공공통치론은 고려 말에 그 단초가 제시되었을 뿐이었다. 정치론에 맞추어 새로이 권력론을 구성하여 관원의 지위를 정하고, 새로이 통치론을 만들어 백성의 실제적 지위를 부여하기 위해서는 많은 시간이 필요하였다. 조선의 관원들은 이를 시간을 가지고 다듬어가면서 그 내용을 채워갔다. 물론 정치론은 경제구조나 신분구조와 별도로 만들어질 수 없었다. 그러므로 정치론은 경제와 신분의 변화와 연계되면서 다듬어졌다. 조선의 정치론은 태종, 세종대에 그 윤곽을 갖추기 시작하였고, 성종대를 거쳐 중종대에 이르러 분명하게 정립되었다.

그러므로 본고는 공공통치의 정비과정을 몇 가지 주제로 나누어서 상세하게 검토하고자 한다.

1. 먼저 왕과 관원 간의 권력론의 정비과정을 '군신공치론'으로 정리하고자 한다. 천민론적 공공통치론의 정립을 위해서 왕과 관원 간의 역할에 대한 정비가 필요하였다. 즉 지배신분 내의 권력관계가 정립되지 않고는

공공통치론을 논하기 어렵기 때문이었다.

'군신공치론'은 왕과 신하가 같이 통치한다는 권력론이었다. 그간 왕과 관원 간의 권력에 대한 연구가 많았지만,[4] '君臣共治'라는 용어를 처음 사용한 이는 이태진이었다. 그는 사림의 정치로 인하여 권력구조가 변화하고, 왕의 지위도 변화하고 있음을 주목하면서 이를 설명하기 위하여 이 용어를 사용하였다.[5] '군신공치'라는 용어는 이후 연구자들에 의해서 그 유용성이 인정되어, 이병휴[6] 김정신[7] 등의 연구에서 이용되었다. 그러나 아직 용어를 제시하는 데에 그치고 있어서, 군신공치론의 내용이 무엇인지, 또한 그 형성과정이나 변화과정에 대해서도 밝히지 못하고 있다.

그러므로 먼저 고려 말에 군신공치론이 어떻게 논의되었는지 검토해보고, 또한 조선 초기에 나타난 군신관계를 검토하면서, 군신공치론이 어떻게 구체화되는지를 구명하고자 한다. 마지막으로 사림이 등장하는 성종대의 군신공치론은 이전과 어떠한 차이가 있었는지 그 변화를 검토해 보고자 한다. 이러한 고찰을 통해서 조선 초기의 공치론이 어떻게 형성, 변화하였는지 이해할 수 있기를 기대한다.

2. 다음으로 주목되는 것은 공치론이 전개되면서, 당시의 왕과 관원들이 권력의 대상이 되는 '관직'과 '세상'을 어떻게 이해하였는지 검토하고자 한다. 사대부들은 공치론을 주장하면서 권력의 대상되는 '관직'과 '세상'에 대해서 이전과는 다르게 이해하였다.

자료를 보면 사대부들은 관직은 하늘이 부여하는 '公器'로, 세상은 왕의 세상인 '私天下'가 아닌 '公天下'로 이해하였다. 관직이나 세상을 왕에게 속

---

4) 한영우 『정도전사상의 연구』 서울대학교 출판부 1999.
　　도현철 『고려 말 사대부의 정치사상연구』 일조각 1999.
　　도현철 「정도전의 정치체계 구상과 재상정치론」 『한국사학보』 9, 2000.
5) 이태진 「조선왕조의 유교정치와 왕권」 『한국사론』 23, 1990.
6) 이병휴 「16세기 정국과 영남사림파의 동향」 『조선전기 사림파의 현실인식과 대응』 일조각 1999.
7) 김정신 「조선전기 사림의 公認識과 君臣共治論」 『학림』 21, 2000.

한 것으로 설명하는 '王臣' '王土'라는 용어도 보이지만, 이는 매우 제한적으로 사용되었다. 그러므로 이를 공치론과 연결하여서 公器論, 公天下論으로 검토하고자 한다.

또한 당시 사대부들은 '공기론'과 '공천하론'을 실현하기 위해서 이를 '공론'과 연결시키고 있었다. 즉 공기론과 공천하론의 이념은 공론을 통해서 구체화되고 있었다. 그러므로 '공기론'과 '공천하론'이 공론과 어떻게 만나고 있었는지도 검토하고자 한다. 이를 통해서 조선의 사대부들이 지향한 권력구조를 이해할 수 있을 것으로 생각한다.

3. 조선 초기 정치론은 지배신분을 위한 권력론과 피지배층을 위한 통치론으로 구성되어 있었다. 통치론의 정비는 결국 피지배층의 지위를 결정하는 과정이었다. 당시 피지배층의 지위는 '天民'이라는 호칭에 함축되어 있었다. 그러므로 피지배층의 지위를 천민론을 중심으로 검토하고자 한다.

피지배층은 양인과 천인으로 구성되어 있었다. 이들의 정치적 지위를 살피기 위해서 먼저 천인의 지위를 '賤人天民論'을 중심으로 검토해보고자 한다. 그간 조선 초기의 천인에 대한 연구는 활발하였으나,[8] 그간의 연구

---

8) 정현재 「선초 내수사 노비고」 『경북사학』 3, 1981.
　　정현재 「조선 초기의 노비 면천」 『경북사학』 5, 1982.
　　정현재 「조선 초기의 외거노비의 개념 검토」 『경상사학』 창간호 1985.
　　임영정 「조선 초기의 관노비」 『동국사학』 19,20합집 1986.
　　이성무 「조선 초기 노비의 종모법과 종부법」 『역사학보』 115, 1987.
　　이성무 「조선시대 노비의 신분적 지위」 『한국사학』 9, 1987.
　　이영훈 「고문서를 통해본 조선 전기 노비의 경제적 성격」 『한국사학』 9, 1987.
　　김용만 「조선시대 사노비 일 연구」 『교남사학』 4, 1989.
　　전형택 「조선 초기의 공노비 노동력 동원 체제」 『국사관논총』 12, 1990.
　　송수환 「조선 전기의 왕실 노비」 『민족문화』 13, 1990.
　　김동인 「조선 전기 사노비의 예속 형태」 『이재룡박사 환력기념논총』 1990.
　　지승종 『조선 전기 노비신분연구』 일조각 1995.
　　역사학회편 『노비 농노 노예』 일조각 1998.

는 천인이 최하위의 신분으로서 어떠한 차대를 받았는가를 규명하는데 초
점을 맞추었다. 즉 그간의 연구는 조선 초기의 천인의 지위가 고려에 비하
여 어떻게 달라졌는가를 구명하는 데에 관심이 적었다.

그러나 사대부들은 고려 말 천인들이 보여준 역동적인 모습을 신분에
반영하면서, 천인도 천민으로 보는 '賤人天民論'을 제기하였다. 즉 노비도
천민 곧 '하늘의 백성'이라는 인식이었다. 이는 노비가 최하위신분이기는
하였지만, 엄연히 천민으로서 기본적인 인권을 가지고 있다는 선언이었다.

천인의 지위를 밝히기 위해서, 천인에 대한 정부의 정책이 어떻게 전개
되어 가는가를 몇 가지로 나누어서 검토하고자 한다. 먼저 천인을 국민으
로 파악하는 '賤人國民論'을 살펴보고, 또한 천인도 예치의 대상이 된다는
'禮治賤人論'을 검토하고자 한다. 마지막으로 개인의 소유인 사천까지도
국민이었으므로, 국가 관리의 대상이 된다는 '私賤國家管理論'을 검토하고
자 한다. 이를 통해서 조선초기 천민론으로 표현되는 통치론을 구명하고
자 한다.

4. 백성이 천민으로 인정되면서 그 지위가 상승하였는데, 이는 재판권과
정치참여권으로 구체화되었다. 재판권은 자신의 지위를 방어하는 소극적
인 권리였고, 정치참여권은 자신의 지위를 확대하는 적극적인 권리였다.
먼저 백성의 재판권을 수령고소권과 전주고소권으로 나누어서 살펴보고자
한다. 수령은 백성을 통치하는 지위에 있었고, 전주는 수조권으로 백성을
지배하는 지위에 있었다. 그러므로 백성의 자위권인 재판권에서 가장 중
요한 부분은 수령과 전주를 고소할 수 있는 수령고소권과 전주고소권의
확보였다.

먼저 백성이 수령고소권을 확보해가는 상황을 검토해보고자 한다. 수령
은 왕의 대리인이었고, 또한 지배층의 이해관계를 일차적으로 대변하는
지위에 있었기 때문에, 왕이나 관원들은 수령의 부정에 대하여 부민고소
금지법을 만들어 백성들의 고소를 허용하지 않았다. 그러나 백성들은 이

에 대하여 끈질기게 저항하였다.

연구자들은 '申聞鼓'와9) '部民告訴禁止法'에10) 대한 연구를 통해서 그 변화의 일단을 밝혔다. 특히 이태진은 留鄕所復立을 구명하면서 이에 대하여 거론하면서 학계에 관심을 모았다. 한상권은 부민고소에 대하여 체계적으로 연구하였으나, 부민고소금지법을 해결하기 위한 백성들이 노력을 입체적으로 평가하지 못하여, 백성들은 수령을 고소하는데 제한을 받았다고 주장하였다.11) 물론 부민고소금지법은 조선후기까지 없어지지 않았다. 그러나 백성들은 저항을 통해서 이미 조선초기에 수령의 불법을 실제적으로 고소할 수 있는 지위를 확보하였다. 그 과정을 검토해보자.

5. 다음으로 양인의 재판권을 전주고소권의 형성과정을 통해서 살펴보자. 그간 연구는 과전법을 수조권적 지배와 연결시키면서 과전법이 조선의 중세적 성격을 보여주는 제도로 이해하였다.12) 따라서 납조자인 전부는 수조권적 지배를 당하는 지위에 있는 것으로 이해하였다.

그러나 과전법에는 전객의 보호 규정이 있었다. 전객을 보호하는 규정은 두 가지였다. 하나는 전주가 전객의 토지를 점탈하지 못하도록 한 규정과, 다른 하나는 전주가 전객에게 정한 양 이상을 수조하지 못하도록 한 규정이었다. 이 규정에 의해서 전객이 보호를 받는다면, 전주는 전객의 전지를 점탈하는 것은 물론, 규정이상 수조하는 것도 불가능하였다. 그러므로 과전법의 전객 보호규정은 잘 지켜졌는지, 또한 전주가 불법을 행할 때 전객은 전주를 고소할 수 있는지를 검토하고자 한다.

6. 천민적 공공통치론이 전개되면서, 백성들은 먼저 자위권으로 재판권

---

9) 한우근 「신문고의 설치와 그 실제적 효능에 대하여」 『이병도박사화갑기념논총』 1956.
10) 이태진 앞의 책.
11) 한상권 『조선후기 사회와 소원제도』 일조각 1996.
12) 김태영 『조선전기 토지제도사연구』 지식산업사 1983.
    이경식 『조선전기 토지제도연구』 일조각 1986.
    김용섭 「토지제도의 사적 추이」 『한국중세농업사연구』 지식산업사 2000.

을 확보하였다. 자위권을 확보한 백성들은 이에서 나아가 자기실현권인 정치참여권을 얻기 위하여 노력하였다. 즉 백성들은 태종대와 세종대에 걸쳐서 재판권을 확보하면서, 한걸음 더 나아가 성종대부터는 정치참여권의 확보에 나섰다. 백성의 정치참여는 공론정치의 형성과정을 통해서 실현되었다.

공론정치의 형성에 대한 연구는 최이돈[13], 김돈, 설석규 등의 의해서 진행되었다. 설석규는 공론정치를 儒疏를 중심으로 고찰하였고[14] 김돈은 유생층의 공론형성을 검토하였다.[15] 그러므로 기왕의 연구를 바탕으로 공론정치의 전개과정을 살피고자한다. 백성의 참정권이라는 관점에서 특히 공론형성층이 된 사림의 신분에 유념하면서 검토하고자 한다.

이상의 몇 가지의 과제를 통해서 조선 초기 천민적 공공통치론의 구조를 정리하고, 나아가 공공통치의 실제를 구명하고자 한다. 이를 통해서 조선 초기의 권력론과 통치론이 분명해지고, 이러한 정치론 하에서 백성의 정치적 지위가 밝혀지면서, 조선의 국가적인 성격도 더욱 선명해지기를 기대한다.

1. 공공통치론의 구조

1) 君臣共治論의 형성과 변화

군신공치론은 고려 말 신진사대부들에 의해서 제기되었다.[16] 공치론은

---

13) 최이돈「16세기 공론정치의 형성과정」『국사관논총』34, 1992.
14) 설석규「16세기 전반 정국과 유소의 성격」『대구사학』44, 1992.
15) 김돈「16세기 전반 정치권력의 변동과 유생층의 공론형성」서울대학교 박사학위논문 1993.
　　김돈『조선전기 군신권력관계 연구』서울대학교출판부 1997.

성리학을 기반으로 하는 새로운 정치론이었다. 고려 말 신진사대부는 왕과 관원들이 수행하는 정치행위를 공치로 표현하였다. 신진사대부는 하늘의 뜻을 매개로 天位, 天職, 天民을 연결시켜서 이해하였고, 천민인 백성을 관리하는 입장에서 천위를 가진 왕과 천직을 받는 관원을 연결시키고 있었다.

이러한 새로운 정치 인식 위에서, 왕과 관원 간에 포괄적인 행정행위를 공치로 표현하기도 하였다. 물론 이와 같은 공치론은 권력론과 거리가 있는 것이었다. 단지 왕과 관원 간의 행정관계를 포괄적으로 설명한 것이 불과하였다. 그러므로 이때의 공치라는 용어는 아직 권력론으로서의 의미를 가진 '권력론적 공치론'은 아니었다. 그러므로 이때의 공치론은 포괄적인 행정행위를 설명하는 '행정론적 공치론'이었다.

그러나 신진사대부들은 위화도 회군 이후 권력을 장악하면서, 공치의 의미를 좀 더 분명히 정리하기 시작하였다. 그 과정에서 사대부들은 관원의 대표인 재상을 왕과 더불어 국정을 '공치'하는 주체로 해석하였다. 이는 신진사대부들이 권력론으로 공치론을 인식해가고 있음을 보여준다. 그러나 고려 말에 보이는 공치론의 중심은 여전히 '행정론적 공치론'이었고, 권력론을 설명하는 공치론의 용례는 제한되었다.

흥미롭게도 사대부들이 권력을 잡고 조선을 건국하였으나, 권력론으로 공치론이 주목되지 않았다. 정도전은 공치라는 용어를 사용하였으나, 이는 수령의 역할을 설명하면서 사용하는 정도에 그치고 있다. 여전히 행정론적 공치론의 용례에 그치고 있었다. 이러한 현상은 건국기의 정도전을 비롯한 개혁파의 입장을 반영한 것으로 보인다. 정도전은 재상이 주도하는 국정의 운영을 이상시하였기 때문에, 왕과 재상이 권력을 나눈다는 권력론적 공치론에 동의하지 않은 것으로 짐작된다. 물론 태종도 쿠데타로 집

---

16) 이하 서술 최이돈 「조선 초기 공치론의 형성과 변화」 『국왕 의례 정치』 이태진교수 정년기념논총 태학사 2009 참조.

권하면서 공치론에 주목하지 않았다. 태종 역시 정도전과 반대로 왕이 주도하는 국정의 운영을 이상시하였기 때문에 공치론에 관심을 두지 않았다.

그러나 태종 후반기에 들어서 정치가 안정되어, 재상이 왕과 더불어 국정의 주체로 부각되면서, 실제적인 권력을 공유하는 현실을 반영한 '권력론적 공치론'이 서서히 주목되었다. 물론 '권력론적 공치론'이 모색되면서 행정론적 공치론의 용례는 줄어들었고, 결국 권력론적 공치론이 공치론의 중심 용례가 되었다.

세종대에 들어서 공치론은 좀 더 깊이 있게 고찰되면서 정교하게 정리되었다. 세종대의 권력관계는 의정부서사제가 시행되면서 왕과 재상 간의 균형을 찾아 가고 있었다. 공치론도 이러한 상황을 반영하여 왕과 재상의 관계를 좀 더 섬세하게 정리되었다. 그 과정에서 『맹자』, 『서경』 등 공치와 연관되는 경전의 내용이 적극적으로 검토되었으며, 공치에서 왕과 재상 간의 역할도 정리하였다. 즉 양자 간에 기본적 지위는 동질한 것으로 인정하면서, 그 양자의 역할을 '元首'와 '股肱'의 관계로 정리하였다.

세종대 말기에서부터는 공치의 주체가 확대되는 동향이 나타난다. 즉 왕과 재상 외에 육조와 대간이 공치의 주체로 언급되기 시작한다. 이러한 변화는 태종대 이래 육조의 기능이 상대적으로 강화되고, 집현전의 기능이 확대되면서 언론기능이 강화되는 당시 정치 현실을 반영하는 것이었다. 그러나 문종, 세조대를 거치는 정치변화 속에서 육조, 대간은 그 지위가 축소되면서, 공치 주체에서 탈락하였고, 육조와 대간이 공치의 주체로 다시 정립되는 것은 성종대까지 기다려야 하였다.

성종대에 들어서 사림이 등장하고 홍문관을 중심으로 언론권이 강화되면서, 대간은 물론 홍문관까지 공치의 주체로 인정되었다. 대간이 공치의 주체로 인정되면서, 대간은 공치론에 근거해서 더욱 강력한 언론을 행할 수 있었다.

대간이 공치의 주체로 등장한 것은 중요한 파급효과를 낳았다. 즉 이후 핵심관직들은 공치의 주체로 인정될 수 있었다. 낭관권을 형성한 낭관이나, 조선 후기부터 정치적 영향력을 가진 산림 등이[17) 공치의 주체로 인정되었다.

공치론으로 이미 왕과 관원 사이에도 새로운 관계가 형성되었는데, 이러한 관계가 좀 더 진전되면서, 왕과 관원 사이에 '君臣相與, 如朋友相交'와[18) 같은 왕과 관원 사이를 師友論적으로 인식하는 정치론이 전개될 수 있었다. 따라서 공치론은 붕당론과 연결되면서 '引君爲黨論'과[19) 같은 적극적인 견해를 수용하여 활용할 수 있는 근거가 될 수 있었다.

또한 공치론은 하늘과 연결되는 정당성을 근거로, 왕이 언론을 수용하지 않을 때에 '不立殿下之朝廷'[20)과 같은 논리를 내세우고, 언관들이 사퇴로서 자신의 의사를 강하게 표현할 수 있는 논리적 근거가 될 수 있었다. 또한 공치론은 왕이 하늘의 뜻을 거스르는 행위에 대하여, 왕을 퇴위 시키는 '反正'의 중요한 논리도 될 수 있었다. 공치론의 근거 경전인『맹자』가 패정을 하는 군주를 '獨夫'로 파악하여, 혁명을 정당화하는 경전이기도 하였던 것은 우연이 아니었다.

2) 公共統治論의 전개

새로운 권력론이 공치론으로 정비되면서 사대부들은 공치론을 공기론, 공론, 공천하론 등과 연결시켜 권력론을 좀 더 정교하게 정비하였다.[21)

먼저 공기론이 형성되는 과정을 살펴보자. 조선 초기부터 관직을 '公器'로 보는 자료는 자주 보인다. 관직을 사사로운 것이 아니라 공공의 것으로

---

17)『현종개수실록』권26, 현종 13년 6월 을유.
18)『중종실록』권32, 중종 13년 2월 임오.
19)『인조실록』권20, 인조 7년 윤4월 정묘.
20) 한충『송애집』乞遞忠淸水使因伸救趙光祖疏.
21) 이하 서술 최이돈「조선 초기 공공통치론의 전개」『진단학보』125, 2015 참조.

보는 입장이었다. 그러나 초기의 용례들은 관원들이 인사에 임하여 私情에 좌우되지 않고, 공정한 인사를 할 것을 강조하는 정도의 의미를 가지고 있었다. 그러므로 이와 같은 공기의 용례를 권력론과 연관시키기는 힘들다.

그러나 문종대에 이르면 변화가 보인다. 관원들은 관직이 공기라고 주장하면서 이를 왕에게도 적용하여, 왕도 사사롭게 인사를 해서는 안 된다고 주장하고 있다. 공기를 관원들의 인사에 한정하여 언급하던 것을 왕에게까지 확대하여 적용하고 있다. 당시 모든 관원을 '王臣'으로 이해하고, 따라서 관직은 왕이 내려주는 것이라는 인식에 변화가 나타나고 있다. 이제 관직은 하늘의 것인 공기라는 인식이 확립되면서 왕도 공기인 관직을 다룸에 있어서 사사롭게 해서는 안 된다는 인식이 정리되었다.

이는 매우 중요한 변화였다. 봉건국가에서 공공통치와 사적지배는 명확하게 구분되지 않고 겹쳐서 나타나는 것이 보통이었다. 그러나 조선의 관원들은 공공통치와 사적지배를 구분하려 하였고, 그 첫 단계로 관직이 왕 개인의 것이 아님을 분명히 하는 주장을 공기론으로 제기한 것이다. 이러한 공기론의 형성으로 관직에 대한 인식의 변화가 나타났고, 이는 결국 관직을 운영하는 권력의 본질에 대한 인식의 변화로 진행될 수 있었다. 즉 공기론의 정립으로 권력을 새롭게 해석하는 새로운 권력론이 형성되고 있었다.

이후 공기론은 관직의 임명에 한정되었지만, 조정의 논의에서 중요한 쟁점으로 작용하였다. 특히 성종대 사림이 등장하면서 공기론은 대간의 인사 관련 언론에 빈번하게 등장하였다. 사림은 왕이 인사에서 공적인 입장을 벗어나는 경우, 왕이 관직을 '私物化'한다는 비판하였고, 또한 왕이 정당하게 인사를 하지 않으면, 왕이 가진 권위를 상실할 수 있다는 경고까지도 하였다. 실제로 이러한 경고의 연장선상에서 연산군대에는 反正이 추진될 수 있었다.

주목되는 것은 이러한 관원들의 주장을 왕도 수용하고 있었다는 점이다. 세조는 관직은 물론 특히 왕위도 공기임을 인정하였다. 세조는 쿠데타로 왕위에 올라 왕권강화에 관심이 컸던 왕인데, 공기론을 수용하여 왕위도 관직의 연장선상에서 공기임을 인정하였다. 이러한 상황은 조선 초기 공기론이 단순히 관원들의 주장에서 그치지 않고, 왕도 인정하는 공인된 권력론으로 그 자리를 잡아가고 있음을 보여준다. 특히 왕이 왕위를 공기로 인정한 것은 왕도 국가의 체제의 일부임을 인정한 것으로, 국왕 권력의 정당성도 국가가 부여하는 것으로 정리되고 있음을 보여준다.

다음으로 공기론과 공론의 관계를 살펴보자. 관원들은 공기론이 정치적으로 실제적인 의미를 가지기 위해서는 여기서 한걸음 더 나아갈 필요가 있었다. 공기론과 공론을 하늘의 뜻으로 연결시켰다. 즉 공기는 하늘이 주는 것이었으므로, 이를 바르게 운영하기 위해서는 하늘의 뜻을 파악하는 객관적인 방법의 정리가 필요하였다. 관원들은 하늘의 뜻이 '人心'에 나타난다고 주장하였다. 즉 인심에 내재한 '天性'은 하늘의 뜻을 알 수 있는 방법이라고 보았다. 그러므로 이를 파악하기 위해서 '衆議'를 청취해야 한다고 주장하였다. 관원들은 '獨治'가 아닌 '공공통치'를 주장하였다. 당연히 왕의 독단적인 결정은 '私議'로 규정하였다. 여기서 공기론은 公論과 만나게 된다. 결국 공기론은 하늘의 뜻을 매개로 해서 공론정치와 만나고 있었다. 공기론은 공론정치를 통해서 하늘에 뜻에 맞추어 관직을 분배할 수 있는 방식을 구체화할 수 있었다.

마지막으로 공기론과 '공천하론'의 관계를 살펴보자. 관원들은 관직을 '국가의 공기'로 정리하고, 나아가 '천하의 공기'로도 표현하였다. 이는 '국가'보다 좀 더 포괄적이 의미를 가진 '천하'를 사용하여 공공성을 강조한 것이었다. 여기서의 천하는 '公天下'를 의미하는 것이었다. 즉 이미 왕위도 국가와 하늘에 속한 공기였으므로, 여기의 천하는 '私天下'가 아닌 '公天下'의 의미를 가지는 것이었다.

'公天下論'에 대한 관심은 이미 건국기에 정도전에 의해서 언급되었다.

정도전은 권력의 향배에 크게 관심을 가지고 있었다. 정도전은 재상중심의 권력구조를 지향하였고, 그러한 권력구조가 가능할 수 있는 이념적 배경으로 '공천하론'을 구상하고 있었다. 그러나 태종의 등장으로 정도전의 공천하론은 이어지지 못하고 잠복되었다. 세종대부터 공천하론은 다시 언급되었고, 문종대에 이르러 공기론이 정비되면서 공천하론과 연결되었다. 공기론이 주로 관직에 한정된 공공성을 주장한 것이라면, 공천하론은 관직을 넘어서는 국가의 운영 전반에 걸쳐서 공공통치를 주장하는 근거가 될 수 있었다.

이상에서 볼 때, 당시의 왕과 관원들은 공기론, 공론, 공천하론을 앞세워 공공통치론을 새로운 정치이념, 새로운 권력론으로 정비해가고 있었다. 이와 같은 변화는 사적지배와 공공통치가 뒤섞여 대혼란을 일으켰던 고려말의 상황을 거치면서, 조선 건국의 주체들은 이를 이전 시기보다 보다 분명하게 분리할 필요가 있음을 깊이 인식한 결과였다. 이러한 모색을 통해서 조선은 공공성 위에서 그 통치의 정당성을 확보해가고 있었다.

3) 賤人天民論의 전개

다음으로 공공통치론이 어떻게 백성들에게 적용되었는지 살펴보자. 이는 지배신분의 통치론을 통해서, 또한 조선 초기 백성의 실제적 정치적 지위를 통해서 밝힐 수 있다. 고려말 조선초 피지배층의 지위는 '天民'으로 인식되었다. 천민으로 인식된 피지배층의 지위를 구체적으로 살피기 위해서, 천민을 양인과 천인의 경우로 나누어 살필 수 있는데, 우선 천인의 지위를 賤人天民論을 중심으로 검토해보자.[22]

천인천민론은 "노비가 아무리 천하다 하여도 天民"이라는 인식이었다.

---

22) 이하 서술 최이돈 「조선 초기 천인천민론의 전개」 『조선시대사학보』 57, 2011 참조.

즉 노비도 '하늘의 백성'으로 하늘이 낼 때에는 양인과 동등한 지위를 가졌다는 주장이었다. 이러한 인식은 고려 말 천인들이 봉기와 저항을 통해서 보여준 역동성을 조선의 건국주체들이 인정하면서 형성된 것이었다. 천인천민론은 태종대에 그 윤곽이 드러났으며, 세종에 이르러 그 내용이 구체적으로 정비되었다. 조선의 신분제가 태종대에서 세종대에 걸쳐 정리되었다는 점을 고려한다면, 천인천민론도 같은 시기에 부각되어서 천인의 지위를 정리하는 시금석이 되었다.

조선 초기 천인천민론과 같이 천인신분을 규정하는 기본이념은 '貴賤之分論'이 있었다. 귀천지분론은 貴賤을 하늘이 세운다는 인식으로, 천인천민론과 대립적인 이념이었다. 조선 초기의 위정자들은 두 가지의 모순된 생각을 동시에 인정하였다. 천인과 천인 주인을 나누는 신분제적 현실을 인정하면서, 천인과 천인 주인이 모두 천민으로 동등하다는 이상도 버리지 않았다. 조선 초기 천인의 신분적 지위는 귀천지분론의 현실과 천인천민론의 이상 사이에서 형성되고 있었다.

천인천민론은 정비되면서 몇 가지의 모습을 보여주었다. '賤人國民論', '禮治賤人論', '私賤國家管理論' 등이 그것이다. '천인국민론'은 천인도 國民이라는 인식이었다. 즉 천인을 국가의 구성원으로 인정하는 것이다. 당시에는 왕을 하늘을 대신하여 天民을 다스리는 존재로 정의하고 있었으므로 천민인 천인은 당연히 국가 구성체의 일원이 될 수 있었고, 또한 향촌공동체의 구성원이 될 수 있었다. 특히 천인은 公賤과 私賤을 구분하지 않고 국민으로 파악되었다. 공사천 모두를 天民으로 보았으므로 공사천 모두를 국민으로 호칭하는 것은 오히려 당연한 것이었다. 천인을 국민으로 보는 것은 고려에서는 찾을 수 없었다. 고려대에 천인은 국가의 구성원으로 인정받지 못하였고, 당연히 국민으로 불릴 수 없었다.

천인이 국민이라는 인식이 국가의 정책에 영향을 주는 것은 당연하였다. 천인을 국민으로 파악할 때에 국가가 시행하는 정책에서 천인이 소외될 이유는 없었다. 이러한 국가의 입장은 세종이 복지정책을 논의하면서 "사람을 구휼하는 법전에 양인과 천인의 다름이 있어서 실로 타당하지 못하다."23)는 지적에 극명하게 잘 나타났다.

賤人이 天民으로 인식되면서 나타나는 또 다른 변화는 禮治賤人論이었다. 천인도 예의 질서에 참여할 수 있다는 생각이었다. 하늘이 낸 모습은 모두가 天民으로 동질적인 것이었으므로, 천인도 하늘의 질서를 땅에서 구현한 것으로 이해되는 예를 배우고 예를 실천할 수 있는 존재로 이해되었다. 당시 예의 질서는 법보다 상위에 있는 사회질서의 근간이었으므로 여기에 천인이 주체로 부각된다는 것은 매우 중요한 변화였다.

천인이 예의 질서에 참여하는 현상은 여러 가지 면에서 나타났다. 국가가 천인을 충신, 효자 등에 선발 대상으로 인정하였고, 천인에게도 삼년상을 지내도록 권장하였으며, 천인을 양로연 등의 국가 예전에 참여시켰다. 국가에서 천인을 충신과 효자 등의 대상으로 선발하는 경우에, 국가는 천인에게 포상뿐 아니라 그 행적을 기리는 旌閭도 세워주었다. 정려를 세운다는 의미는 귀감이 되는 행동을 지역 공동체가 기리고 본받도록 하는 조치였다. 그러므로 여기에 천인이 포함된다는 것은 천인의 행적도 신분에 관계없이 모든 공동체의 구성원들이 본받고 기리는 대상이 될 수 있음을 보여주었다.

천인이 예를 실천하는 주체가 되었다는 것은 예전에 참여하는 것에서 그치는 것이 아니라 그 연장선상에서 부여되는 정책적 혜택을 양인과 동등하게 받았다는 것을 의미하였다. 한 예로 천인이 양로연에 참가한 것은 단순히 잔치에 참가한 것이 아니라 이 예전으로 베풀어지는 특전을 양인과 구분 없이 받을 수 있다는 것을 의미하였다. 양로연에 참여한 노인들에게는 특별한 포상으로 관직이 부여되었는데, 당연히 천인들에게도 관직이 주어졌다.

---

23)『세종실록』권72, 세종 18년 6월 신해.

주목되는 것이 천인은 관직을 가질 수 없는 신분이었다는 점이다. 천인에게 관직을 주기 위해서 먼저 천인의 신분을 면하는 면천의 조치를 취하는 것이 필요하였다. 국가에서는 천인에게도 양인과 동등하게 관직을 주기 위해서 천인에게 면천을 허용하는 조치도 불사하였다. 이러한 사례는 천인이 예전에 참여한다는 것이 어떠한 의미를 가지는가를 잘 보여준다. 특히 천인에게 예전에 따른 혜택을 부여하기 위해서 신분을 상승시키는 조치도 불사하였다는 점은 천인천민론에 근거한 예전의 질서가 귀천지분론에 근거한 신분 질서보다 더욱 본질적인 것으로 인식되었음을 잘 보여준다.

천인이 天民으로 인식되면서 나타나는 다른 한 가지 이념은 공천이 아닌 사천의 경우에도 국가에서 관리한다는 사천국가관리론이었다. 사천은 개인의 소유이었다. 그러나 사천은 天民이면서 국민이었으므로 개인의 소유라는 조건에만 제한될 수 없었다. 즉 사천에 대한 사천 주인의 요구와 국가의 요구가 서로 배치될 경우에 국가의 요구가 상위에 있었다.

사천국가관리론이 제기되면서 고려에서는 볼 수 없었던 사천에 대한 다양한 국가정책이 나올 수 있었다. 국가에서는 사천을 그 주인으로부터 보호할 수도 있었고, 사천을 국가의 필요한 일에 적극 동원할 수 있었다. 국가에서 사천을 사천의 주인으로부터 보호하는 정책은 세종대부터 구체화되었다. 세종대에 노비에게 가혹행위를 하거나 살해하는 주인을 처벌하는 규정을 만든 것이 그 예였다. 성종대에는 노비를 살해한 주인은 물론 그 죄를 엄폐한 친족도 처벌하였다.

사천국가관리론에 근거해서 국가는 사천을 보호하는 소극적인 정책 뿐 아니라, 국가가 필요할 때에는 사천을 적극적으로 동원하고, 그에 상응하는 대가로 신분해방을 시키기도 하였다. 국방을 위해서나, 북방의 사민을 위해서나, 각종 국가의 사업을 위해서 국가는 사천 주인의 의사와 관계없이 사천을 동원하고 있었다. 특히 사천을 동원하는 경우 국가에서는 동원에 응한 사천에게 다양한 포상을 하고 있었는데, 공이 큰 경우에는 사천을 면천하여 양인이 되도록 하는 포상도 하였다. 이러한 포상은 사천 주인의 의사와 배치될 수밖에 없었다. 이외에도 국가에서는 사천국가관리론에 입각하여서 개인이 천인을 소유할 수 있는 수를 제한하려는 논의도 지속하였다. 이 논의는 태종대, 세종대에는 물론 중종대까지 지속되었는데, 이 역시 사천국가관리론에 입각한 것이었다.

이상의 검토에서 볼 때에 천인도 天民으로 인식되면서 천인의 지위는 상승하였다. 천인은 최하위신분이었지만, 하늘의 백성으로서 인권을 인정받고 있었다. 그러므로 천인도 예의 질서를 실현할 수 있는 인간으로 인정받았고, 나아가 국가와 공동체의 구성원이 될 수 있었다. 그러므로 천인도 국가의 복지정책 등 혜택을 받았다. 사적인 지배관계에 놓인 사천의 경우도 예외는 아니었다. 국가는 사천도 국민이었으므로 사천국가관리체제를 마련하여 보호하고 적극 국가정책에 동원하였다. 이와 같은 천인 지위의 상승은 天民論的 公共統治論이 천인에게까지 적용되면서 나타난 변화였다.

2. 공공통치의 실제

1) 守令告訴權의 형성

다음으로 백성에게 천민의 지위를 부여할 때 나타나는 변화를 수령고소권을 통해서 살펴보자. 백성의 지위는 소극적인 자기 방어권인 재판권과 적극적인 자기 실현권인 참정권을 통해서 살필 수 있다. 조선 초기 공공통치론이 제기되면서 백성의 재판권에 큰 변화가 나타났다. 백성은 수령고소권과 전주고소권을 확보할 수 있었다. 백성에게 수령은 통치권자였고, 전주는 수조권자이었으므로 백성이 이들을 고소할 수 있는 권리를 가진다는 것은 자기방어권을 확보하는 것이었다.

먼저 백성이 수령고소권을 확보하는 과정을 검토해보자.[24] 백성들은 재판을 받을 수 있는 권리를 꾸준히 확대하여 왔는데, 조선 초기에서 중요한 과제의 하나는 백성이 자신에게 피해를 입힌 수령에 대한 고소권을 확보하는 것이었다.

조선이 건국되면서 관원들은 백성의 재판권을 정리해갔다. 건국초기 가장 먼저 재판과 관련해서 제기된 사항은 항소권이었다. 항소권이 요청된 것은 고려 말의 혼란기를 거치면서 어지러워진 良賤의 분별로 인한 것이었다. 양천의 분별은 근거 자료가 부족하여 재판이 어려웠고, 재판의 결과에 대한 불복도 많았다. 재판에 불복하는 이들이 이의를 제기하면서 항소권의 문제가 제기되었다.

항소권을 요청하는 민의 요구는 거세었고, 개혁을 표방하였던 정부는 이를 수용하지 않을 수 없었다. 그러므로 정부는 항소제로 신문고를 설치하면서 재판제도 전반을 정비하였다. 신문고는 양천의 분별을 위한 항소제도로 설치되었고 실제로 그렇게 사용되었다. 그러나 신문고의 설치 규정은 항소권을 규정하고 있을 뿐 아니라 다양한 문제에 대한 고소까지도 규정하고 있었다. 그러므로 이 규정은 양천의 문제에 국한되지 않고 다양한 문제에 광범위하게 적용될 수 있었다.

당시 재판권의 관점에서 양천의 문제를 넘어서 민에게 가장 중요한 문제는 수령의 부정에 대한 고소문제였다. 고려 말 향촌의 주된 문제였던 품관, 토호층의 私權을 배제하기 위해서, 정부는 수령권을 강화하였으나, 수령권이 강화되면서 수령의 부정이 가장 중요한 문제로 제기되었다. 이러한 상황에서 민은 신문고의 규정에 의거하여 수령의 부정까지 고소하게 되었다.

---

24) 이하 서술 최이돈 「조선 초기 수령고소 관행의 형성과정」 『한국사연구』 82, 1993 참조.

물론 신문고를 먼저 이용한 것은 물론 토호와 품관이었으나, 이어서 백성들도 신문고를 수령의 고소에 사용하였다. 민까지 수령고소의 주체로 등장하자 정부에서는 이에 대한 대책이 필요했고, 백성들의 수령고소를 금하는 '部民告訴禁止法'을 만들게 되었다. 이는 형식적인 관점에서 보면 신문고의 규정과 대립되는 것이었으나, 당시에는 그렇게 인식되지 않았고, 병치되는 것으로 이해되었다. 즉 당시 신문고의 항소 조항이 상하질서를 인정하는 범위 안에서 허용된 것으로 이해되었다.

그러나 현실적으로 수령의 부정이 더욱 심각해지면서 정부에서는 대책이 필요하였다. 정부에서는 부민고소금지법을 유지하면서, 수령 부정의 문제를 어사의 파견을 통해서 처리하려고 노력하였다. 그러나 어사를 통한 수령 불법의 규제도, 민이 어사에게 수령을 고소할 수 있도록 하지 않으면 좋은 결과를 얻기 어렵다는 결론에 도달하게 되었다. 그러므로 세종 5년 '風聞告訴'를 허용하여 백성이 어사에게 수령을 고소할 수 있도록 하였다. 그러나 임시적이고 임의적으로 파견되는 어사를 통해서 수령의 불법을 해결하는 것은 한계가 있었다.

풍문고소의 허용으로 민의 요구를 다 수용하기 어려웠으므로, 백성은 '고소저항'을 계속하였다. 처벌을 받으면서도 민은 고소를 강행하였다. 정부는 고소가 지속되는 군현을 규제하면서 고소를 막으려 하였으나 이러한 대응만으로는 사태를 해결할 수 없었다. 그러므로 정부에서는 고소의 일부를 허용하는 방안을 논의하기 시작하였다. 이 논의에서 수령의 가장 중요한 부정으로 '貪暴'이 거론되었으나, 지배층의 입장에서 이에 대한 수령의 고소를 허용하는 것은 부담이 되었다. 그러므로 결국 自己訴冤을 허용하는 것으로 정리되었다. 이는 재판의 재심청구를 허용하는 것으로, 그나마 잘못한 수령은 처벌하지 않는 단서가 붙었다.

그러나 수령의 부정문제는 단순히 잘못된 판결의 문제가 아니었고, 개인에 대한 부정만도 아니었다. 수령의 부정은 방납, 군역 등 공동체적인 것이 더욱 중요한 문제였다. 그러므로 세종 말에 들어서 민의 저항은 더욱 치열해 졌다. 그것은 '고소저항', '수령모독', '무력시위' 등으로 나타났다. '고소저항'은 고소자가 처벌을 받지만 수령에 대한 고소가 일단 수리되는 관행을 이용하여 민들이 처벌을 불사하고 수령의 부정을 고소하는 현상이 었다. 물론 수령은 고소자를 막기 위해서 민을 구금하고, 형벌을 가하는 등 강력히 대응하였으나 고소는 강행되었다.

'수령모독'은 수령이 보낸 차사원을 구타하거나, 수령을 욕하거나, 수령을 구타 등의 다양한 양상으로 나타났다. 정부에서는 이러한 백성들의 동향에 대하여 강력히 대응하였다. 그러나 민의 대응은 이 수준에서 그치지 않고 '무력시위'까지 나타났다. 백성들은 무장을 하고 무리지어 수령을 습격하고 수령이 가져가는 駄物을 약탈하는 형태로 나타났다. 이 방법은 당시 자연재해로 유민과 도적의 발생이 빈번한 상황에서 모순을 가속시키는 수령에 대한 민의 적극적인 저항이었다.

이러한 상황이 지속되자 수령들까지도 수령고소를 허용하자고 요청하였다. 이는 수령고소의 필요성이 지배층 내에서도 상당한 정도 인정되었음을 보여준다. 그러므로 정부는 세종 말년에 수령고소의 범위를 '자기소원'에서 '자기원억'으로 확대하는 조치를 취하였다. 자기소원이 재심청구권을 의미하는 것이었다면, 자기소원은 수령의 부정에 대하여 좀 더 확대된 범위에서의 고소를 가능하게 하였다. 이를 통해서 배성들은 '徵布'나 '濫刑' 등의 문제에 수령을 고소할 수 있었다.

자기원억에 대한 수령고소의 허용은 수령의 부정을 막는 기초적인 조치가 되었다. 그러나 이 역시 제한된 범위의 고소에 한정되었으므로, 민의 저항은 세조대에도 지속되었다. 세조는 이를 심각하게 생각하여 비상적인 조치를 취하였다. 이는 分臺의 파견과 直告制, 抽籤告訴制 등의 허용이었다. 분대의 파견은 이전의 行臺 파견의 한계를 보완하여 어사를 일정지역에 일정기간 머물면서 수령의 부정을 감찰하는 것으로 상당한 성과가 있었다. 그러나 분대의 파견이 일시적이고 일정지역에 한정된 조치였으므로 분명한 한계가 있었다.

세조는 그 2년에 직고제를 시행하였다. 직고의 허용은 자기원억에 한하여 왕에게 직접 고소를 허용하는 조치로 이에 백성들은 적극 고소에 참여하면서 수령 고소가 활성화되었다. 이는 단시간 동안만 시행된 비상조치였으나 고소의 활성화에 크게 기여하였다.

세조는 또한 그 12년에 추첨직고제를 시행하였다. 이는 세조 2년 직고제에 이은 조치로, 고소자 중에서 일부를 추첨하여 왕에게 직고하도록 허용하는 제도였다. 이 조치 역시 고소의 활성화에 크게 기여하였다. 이와 같은 세조의 각별한 조치를 통해서 이 무렵에 이르면 수령의 불법에 대한 고소가 활성화되었고, 수령을 고소가 무고인 경우도 백성의 처벌을 완화되면서 수령고소는 더욱 활성화될 수 있었다.

고소가 활성화되면서 이러한 변화를 법적으로 수용하는 것이 필요하였다. 그러나 정부는 부민고소금지법을 파기하는 것보다는 이미 허용된 고소의 범위인 '자기원억'의 의미를 확대해석하는 것으로 대응하였다. '원억'의 의미를 확대해석하여 수령의 '貪汚, 虐民'까지를 포괄하는 개념으로 해석하였다. 수령 부정의 핵심이 경제적 부정인 '貪汚'와 이를 사법권을 가지고 관철하는 '虐民'이었으므로 이는 수령의 부정 전반에 대하여 실질적으로 고소를 허용하는 조치였다.

그러나 백성의 자기원억 고소는 여전히 '自己'라는 제한이 남아있었다. 자기의 범주는 본인뿐 아니라 가족은 물론 법적 친족인 4촌까지를 포함하는 것으로[25] 고소를 근본적으로 제한하지는 않았다. 그러나 수령의 부정은 상당부분 개인에게 한정된 문제가 아니라 공동체의 문제였다. 그러므로 이에 대해서도 백성들은 지혜를 모아 극복해갔다. 백성들은 '자기'의 문제를 고소하면서 교묘하게 공동체의 문제를 같이 제기하거나, 혹은 백성들이 공

---

25) 최이돈 「조선 초기 법적 친족의 기능과 그 범위」 『진단학보』 121, 2014.

동으로 공동체의 문제를 제기하면서 '자기'라는 규정을 극복해갔다.

이렇게 수령을 고소할 수 있는 상황이 전개되면서, 성종대에 이르면 수령고소가 만연하여 수령고소를 악용하는 폐단도 지적되는 상황이 전개되었다. 즉 백성들이 수령의 부정을 고소하겠다고, 수령을 위협하여 수령에게 뇌물을 받거나, 부세에서 빠져나가는 경우도 나타나고 있다. 심지어 수령고소를 업으로 삼는 이가 있다는 지적도 보인다. 이러한 상황은 성종대에 이르면 백성들이 실제적으로 수령고소권을 확보하였음을 보여준다. 백성들은 거의 모든 수령의 부정에 대하여 고소할 수 있었다.

중종대에 이르면 수령고소의 문제는 한 단계 더 진전된 모습을 보여주었다. 중종대에 공론정치가 형성되면서 지방에서 향론이 형성되었고, 백성들은 수령이 공동체에 부담을 주는 부정을 향론으로 제어하고 있었다. 즉 백성들은 향론을 모아서 수령을 고소하고 있었다. 따라서 백성들은 수령고소에서 가지는 '자기'라는 제약을 향론을 통해서 극복하고 있었다. 따라서 백성들은 법적으로는 여전히 '부민고소금지' 규정하에서 '자기원악'의 대한 고소만 허용되고 있었으나, 그 제한을 공론정치를 바탕으로 향론을 결집하여 해소하고 있었다.

특히 이러한 상황은 백성의 자위권인 재판권과 백성들의 자기실현권인 참정권이 내적으로 서로 연결되고 있음을 잘 보여준다. 즉 백성들은 이미 세조, 성종대에 성취한 수령고소권을 통해서 그 정치적 지위를 높이고 있었고, 이어서 중종대에는 공론정치를 형성하면서 그 지위를 더욱 확고히 하고 있었다.

2) 田主告訴權의 확보

다음으로 백성의 재판권을 살피기 위해서 전부가 전주고소권을 확보해가는 과정을 검토해보자.[26] 전부의 법적 지위는 과전법에 명시되어 있었다. 과전법에는 전객을 보호하는 조항이 명시되어 있었다. 전주는 전객의 소경전을 탈취할 수 없었고, 규정 이상의 수조를 할 수 없었다. 전주가 전지를 탈취하거나 과도한 수조를 하는 경우 처벌을 받았다.

그러므로 전부의 법적 지위를 살피기 위해서, 먼저 과전법에 나타나는 전객의 보호규정을 살펴서 그 의미가 무엇인지 검토해보고, 이 규정이 구체적으로 어떻게 적용되고 있었는지를 검토하고자 한다. 특히 전부가 전주에게 불법적 피해를 입을 때에 전부는 전주고소권을 가지고 있었는지 검토하고자 한다.

과전법에 규정된 전객을 보호하는 규정은 어떠한 의미였을까? 먼저 전주가 전객의 전지를 탈취하지 못하게 한 규정을 자세히 살펴보자. 과전법에는 전주가 전객의 전지를 탈취하는 것을 금하고, 탈취한 경우의 처벌을 자세히 규정하고 있다. 전지를 1부 탈취하면 태형에 처하였고, 25부 이상을 탈취하면 중형인 장형에 처하였다. 특히 유념해야 될 것은 전주가 과전을 탈취하는 것은 贓罪에 해당하였다.

전주가 전객의 전지를 점탈하지 못하도록 한 보호규정은 실제로 잘 지켜졌을까? 전주가 전객의 전지를 탈취한 사례는 조말생의 사례가 거의 유일하다. 병조판서 조말생은 전객 한회의 전지를 탈취한 것으로 드러나 처벌을 받았다. 조말생은 병조판서로서 세종의 신임을 받는 대신이었으나 형벌을 피하지 못하였다.

전주가 전객의 전지를 빼앗은 사례가 적으므로 조금 더 당시 상황을 잘 이해하기 위해서 전주와 전객 사이가 아닌, 일반적인 전지의 탈취 사례도 검토해 보았다. 당시 전지 탈취사례를 검토해보면, 탈취자의 신분은 주로 대신과 왕족 등 지배신분으로 나타난다. 정부는 전지를 탈취한 자를 대신, 왕족을 막론하고 적법한 절차를 거쳐서 처벌하였다.

---

26) 이하 서술 최이돈「조선초기 전부의 법적 지위」『과전법체제』경인문화사 2017 참조.

조선 초기를 통해서 과전법에서 전주가 전객의 전지를 탈취하지 못하도록 한 규정은 잘 지켜지고 있었다. 조선 초기의 전객은 전주의 전지 침탈로부터 국가의 보호를 받고 있었다.

과전법에서 전객의 지위를 보여주는 다른 한 가지는 전주가 전객의 과잉 수조를 금하는 규정이다. 공전과 사전에서 수조의 양을 1결당 30두로 정하고, 이를 넘어가는 수조는 과잉 수조로 규정하여 처벌하였다.

이와 같이 명료하게 사전에서의 수조량을 규정한 것은 전시과에서는 찾을 수 없다. 고려 말 신진사대부들은 1/10수조라는 이상론을 가지고, 사전 개혁을 추진하고 이 규정을 과전법에 담을 수 있었다. 그러므로 과전법에서 공전뿐 아니라 사전의 수조량을 분명하게 명시하고, 이를 어기는 경우 처벌하는 규정을 만든 것은 개혁파의 이상을 실현한 것이었다.

1결당 30두라는 규정은 전지에서 거두어갈 수 있는 수조량의 상한선을 규정한 것이었다. 공전이나 사전의 수조는 해마다의 작황을 감안하는 답험손실이 진행되었고, 이에 따라서 실제적인 수조량은 변화가 있을 수밖에 없었다. 그러나 답험에 의한 감액에 관계없이 이 규정에 따라서 과전법 체제 하에서 수조량은 1결당 최대 30두를 넘어갈 수 없었다. 고려 말 극도의 과잉 수조를 경험한 상황에서 개혁파가 1결당 30두의 수조 상한선을 법으로 명시한 것은 분명한 개혁이었다.

이 규정이 특히 중요한 것은 공전과 사전에서 공히 같은 수조량을 명시하고 있다는 점이다. 이 규정으로 말미암아 사전 수조의 양을 여타 공전 수조의 양과 같이 비교하여 논의할 수 있었다. 즉 사전의 수조에서 보이는 전주의 자의성은 공전과 비교되면서 보다 명백하게 드러날 수 있었다. 또한 1결당 30두의 수조를 어긴 경우 '臟罪'라는 가볍지 않은 처벌을 분명하게 명시한 것도 의미가 있었다.

그러나 남는 문제는 손실답험의 주체였다. 답험의 주체를 공전에서는 수령, 사전에서는 전주로 규정하였다. 이에 따라 전주가 수조권을 통해서 위임받은 권한은 결당 30두라는 상한선 내에서 답험을 통해서 수조량을 결정할 수 있는 권한이었다. 그러므로 법적으로 전주에게 주어진 수조권적 지배의 실체는 답험의 범위 안에 있었다.

과연 이러한 과잉 수조를 금하는 규정이 잘 지켜졌는가? 유념할 것은 전주의 과잉 수조의 문제는 두 가지의 관점에서 섬세하게 살펴야 한다는 점이다. 즉 이미 법으로 정해진 1결당 30두를 넘어선 불법적인 수조였는가? 전주가 답험을 적절하게 시행하지 않아서 나타나는 1결당 30두 이내에서의 과잉 수조였는가? 과잉 수조는 이 두 가지 모든 경우에 가능하였다.

과전법이 시행되고 태조대에 이르기까지 과전법에 대한 불만은 제기되지 않았다. 오히려 당시의 관원들은 과전법의 시행에 대하여 매우 만족스러워하고 있었다. 특히 공전수조 지역의 백성들의 지위는 수조권적 지배에서 벗어나게 되면서 높아지고 있었다. 공전수조의 답험은 수령이 담당하고 있었는데, 수령의 답험은 사전의 답험보다 給損을 후하게 주고 있었다. 이와 같은 상황에서 공전 수조 지역의 백성들은 경제적 지위를 높이면서, 국역을 담당하는 담지층으로 성장할 수 있었다.

공전수조 지역에서 백성들의 사정이 호전되고 있었으나, 사전 수조 지역의 전객들은 수조권적 지배 하에서 사정이 좋지 않았다. 경기의 전객들은 공전 수조 지역에서 일어나고 있는 변화를 의식하면서 자신들이 공전 수조 지역보다 높은 부담을 지는 것을 부당하게 여기고 문제를 삼기 시작했다. 경기 백성은 태종 9년 자신들의 부담을 타 지역과 비교하면서 부담의 원인이 되고 있는 과전을 타 지역으로 이전해 달라고 요청하였다.

경기 백성이 지적하는 과잉 수조의 내용은 무엇이었을까? 이미 30두 이상을 수조하는 것을 처벌하는 조항은 마련되어 있었으므로, 30두 이상의 과다한 수조가 문제라면 이에 대한 처벌을 요청하면 되었다. 과전의 하삼도 이급까지 주장할 필요는 없었다. 그러나 경기 백성들은 경기의 과잉 수조의 문제를 과전 이급을 하지 않으면 해결되지 않는 것으로 이해하고 있었다. 즉 경기 백성들은 전주의 답험에 기인하는 30두 이내에서 부과되는 과다한 수조를 문제 삼은 것이었다. 이와 같은 상황은 이미 이 시기에 이르면, 1결당 30두 이상을 거두는 과잉 수조는 법에 의해서 처리되고 있었음을 의미하였다.

경기 백성들이 문제를 제기하면서 정부는 경기 백성의 부담이 크다는 것은 분명이 인지하였으나, 답험의 범위 내에서의 과다한 수조는 이미 과전법 상에 과전을 경기에 배치하는 '科田京畿'의 규정을 만들면서 예상할 수 있었던 문제였다. 그러므로 답험의 범위 내에 있는 과잉 수조를 해결하는 것은 간단한 문제가 아니었다. 전주 답험의 범위에서 나타나는 과잉 수조를 해결하는 방안을 마련하는 것은 수조권에 대한 새로운 해석과 결단이 필요한 문제였다.

이후 지속적인 논의를 통해서 이 문제는 조금씩 해결되었다. 태종 15년에는 호조의 제안에 따라서 '불공평한 답험'을 범죄로 규정하고, 불공평한 답험을 한 전주를 전객이 고소하도록 하는 '전주고소권'을 허용하였다.

더욱이 태종 17년에는 과전을 하삼도에 이급하면서, 지방에서부터 관답험을 시행하였다. 물론 지방의 관답험은 그대로 경기도에도 적용되었다. 관답험의 시행은 전주의 답험에 기인한 과잉 수조의 문제를 해결하는 큰 계기가 되었다.

물론 과잉 수조의 문제는 이후에도 지속적으로 거론되었다. 그러나 이미 관답험이 시행되어 적정 수조량이 분명하게 산출된 이후에 제기되는 과잉 수조의 문제는 이와 같은 규정을 정비하기 이전과는 내용과 질을 달리할 수밖에 없었다.

이후의 수조 방식에 관한 논의는 새로운 단계로 넘어갔다. 적정 수조의 문제가 사전에서 국가수조로 전환되었다. 즉 세종 재위 기간 내내 논쟁의 대상이 된 공법의 논의가 그것이다. 공법 논의는 사전에서 과잉 수조 논의의 연장선상에서 국가의 적정 수조를 검토하는 것이었다. 이는 당시 공권력의 성격과 조선의 국가적 수준을 잘 보여주는 중요한 논의였다.

이상에서 볼 때, 佃夫는 법으로 전주의 전지 침탈과 전주의 과잉 수조로부터 보호를 받고 있었다. 국가는 국정의 안정적 운영을 위해서 지배신분 개인의 침탈이나 수탈을 불법으로 규정하고 제재를 가하였다.

이상에서 볼 때, 전주의 불법을 국가가 적발하고 처벌하기 위해서 국가는 전부에게 전주고소권을 부여하였다. 그러나 전부는 전주를 실제로 고소할 수 있었을까? 전부가 전주를 고소할 수 없다면, 전부에 대한 법적 보호 규정은 의미를 가지기 어려웠다. 그러므로 전주고소권의 실제를 검토해보자.

먼저 전부는 전주의 전지의 점탈에 대하여 고소할 수 있었을까? 앞에서 살핀 바와 같이 전주가 전부의 전지를 점탈한 사례는 세종 12년 조말생이 전객 한회의 전지를 탈취한 사건이 거의 유일하였다. 이 내용을 보면, 피해자의 이름은 밝혀지고 있으나, 고소자가 누구인지 밝히지 않고 있다.

그러나 전객의 전지가 아닌, 타인의 전지를 탈취한 경우를 조사해보면, 전지를 탈취당한 피해자는 대신, 왕족 등 신분의 고하를 막론하고 가해자를 고소하였고, 정부는 가해자를 적법한 절차에 의해서 처리하는 것이 일반적이었다.

이러한 상황을 고려할 때, 앞에서 조말생이 한회의 전지를 탈취했다고 피해자만을 거론하고 있지만, 고소자가 한회였음을 짐작할 수 있다. 따라서 전지를 탈취당한 전부는 전주를 고소할 수 있었고, 고소에 따라서 전지를 탈취한 전주는 처벌되었다.

전부는 전지의 탈취뿐 아니라 과잉 수조를 한 전주도 고소할 수 있었다. 앞에서 언급한 바와 같이 일단 과전법에서 근거하여 '1결당 30두'를 넘는 경우에 전객은 전주를 고소할 수 있었다. 또한 태종 15년 이후에는 1결당 30두 이내에서도 '불공평한 답험'으로 과잉 수조를 한 경우에도 전부는 전주를 고소할 수 있었다. 과잉 수조에 대한 고소 사례는 조선왕조실록에 많지 않으나, 그 사례들을 검토해보면 과잉 수조를 한 전주는 법에 의해서 처벌되고 있었다.

이상에 볼 때, 국가는 전주의 전지 침탈과 과잉 수조를 불법으로 규정하였고, 전부는 불법을 행한 전주를 적극 고소하고 있었다. 또한 국가는 전부가 고소하는 경우 규정에 따라서 전주를 처벌하였다.

국가는 전지의 침탈이나 과잉 수조를 금하는 규정을 만들었을 뿐 아니라 실제로 이를 충실하게 운영하여 전부를 보호하고 있었다. 전부들 역시 자신을 고소의 주체로 성장시켜 자신에게 피해를 가하는 이들에게 신분에 관계없이 저항하고 고소할 수 있는 지위를 확보하고 있었다.

전지를 침탈하거나 전조를 과하게 받은 지배신분에 대한 처벌은 엄하였다. 전지를 침탈하거나 전조를 과하게 받는 경우 '贓罪'로 처벌하였다. 공공 통치를 지향하던 정부는 지배신분의 사적지배를 규제하였다. 사적지배는 결국 경제적 침탈로 나타났는데, 정부는 관원의 경제적 침탈에 대해서 특별히 장죄로 규정하고 별도로 관리하였다. 장죄는 본인뿐 아니라 자손에게까지 제약을 주는 무거운 것이었다. 장죄를 받은 죄인의 자손은 과거를 볼 수 없고, 청요직에 나아갈 수 없었다. 즉 장죄를 범하면 자신은 물론 자손까지 지배신분이 될 수 있는 진출 통로가 혈통적으로 봉쇄되었다.

조선의 정부는 공공통치를 위해서 상하의 다양한 재판의 절차를 마련하였다. 전부는 수령, 감사, 사헌부 등의 최소한 3차례의 재판의 기회가 있었고, 그 외에 신문고, 상언, 격쟁 등 왕의 재판을 받을 수 있는 별도의 기회도 있었다. 전부는 자신의 지위를 지키기 위해서 재판을 적극 이용하였고, 다양한 재판의 기회로 인해서 지배신분의 불법은 쉽게 노출될 수 있었다. 서양 중세의 농노들이 받을 수 있는 재판은 영주의 재판에 한정되었고, 오히려 이를 통해서 영주의 경제외적강제가 가능하였던 것과 비교하면, 조선의 재판 제도는 이와는 질적으로 다른 것이었다. 그러므로 이러한 재판권을 확보한 조선 초기 백성의 지위는 중세의 수준을 벗어난 것이었다.

3) 公論政治의 형성

마지막으로 수령고소권과 전주고소권을 확보한 백성이 참정권을 확보하기 위해서 노력한 모습을 검토해보자. 이는 공론정치의 형성과정을 통해서 잘 나타났다.[27] 조선 초기에는 공론정치가 시행될 수 있는 여건이 형성되지 않았다. 당시의 이념에서 볼 때, 공론은 天心을 반영하는 人心을 모은 것이었다. 그러므로 원론적으로 민은 모두 공론형성층이었다. 따라서 민의 의견이 공론이었고, 이에 의해서 공론정치를 하는 것이 정치이상이었다.

그러나 조선 초기에 있어 공론형성층이 정비되지 못하였다. 따라서 당시 공론은 왕, 재상, 언관 등의 의견이었다. 왕은 공론을 수용하여 공론에 따라 국정을 운영해야 하였다. 왕이 하늘을 대신하여 하늘의 뜻을 이루는 것이 소명이었으므로, 당연히 인심에 반영된 하늘의 뜻을 공론으로 수용하여야 하였다. 재상들 역시 국사를 논의하면서 공로에 따라서 정책을 결정해야 하였다. 그러나 공론형성층이 분명하지 않았던 조선 초기에는 왕과 대신들의 합의된 의견이 법이며 공론이었다. 따라서 당시의 공론은 왕과 대신들에게 통치의 정당성을 확보하는 이념에 불과하였다.

물론 대간의 공론은 이와는 다소 달랐다. 대간은 왕의 耳目으로 인식되고 있었고, 耳目의 역할은 公議를 거두어서 왕에게 이르게 하는 것으로 파악되었다. 그러나 대간은 이와 같은 임무에도 불구하고, 권력구조에서 볼 때 지위가 취약하여, 그 기능을 다하지 못하였다.

이러한 양상은 공론형성의 바탕이 되는 공론형성층이 구성되지 않은데 기인하였다. 그러나 사림의 등장으로 언론권이 강화되고 낭관권이 형성되면서 다른 양상이 전개되었다. 공론형성층이 중하급관원들과 재야 사림의 모두에서 형성되었다.

---

27) 이하 서술 최이돈 「16세기 공론정치의 형성과정」『국사관논총』 34, 1992 참조.

먼저 중하급 관원들이 공론형성층이 되는 과정을 살펴보자. 관원 중 중하급관원인 당하관은 대신들과 달리 행정실무만을 담당하여 자신들의 의견을 정책에 반영하기 어려웠다. 그러나 당하관들도 서서히 그 지위를 높여가면서 정책에 자신들의 의사를 표현하는 공론형성층이 되어갔다. 참상관의 경우 의정부와 육조의 낭관 등 핵심부서에서 낭관권을 형성하여 그 지위를 높여갔고, 낭관들 간에 역할의 동질성을 기반으로 하여 결속하면서, 정치문제에 대하여 자신들의 의견을 모아 상소하는 공론형성층의 역할을 하게 되었다.

참하관의 경우에도 유사한 변화가 진행되었다. 참하관은 핵심부서인 예문관, 승문원, 성균관, 교서관 등 四館으로 같이 묶여서 활동하면서 결속하기 시작하였다. 사관은 과거급제후 바로 임명되는 기관으로 유생의 관리에 동참하면서, 상호 밀접히 연결되어 보조를 같이 하고 있었다. 이중 예문관은 사관을 대표하는 지위에 있었는데, 이들이 성종대부터 상소를 통해서 언론활동을 시작하였다. 당시의 활성화되는 공론수용의 분위기에서 이들의 의견은 수용되었다. 이후 예문관은 四館을 대표해서 참하관의 공론을 대변하는 역할을 하게 되었다.

이와 같이 참상관과 참하관들이 공론형성층이 되면서, 이면에서 점차 재야사림들도 공론형성층으로 등장하였다. 재야사림을 성균관 유생과 지방 유생으로 나누어 검토할 수 있다. 먼저 성균관을 중심으로 결집된 중앙의 유생들은 이전부터 '불교'와 관련해서 제한적이나마 국가정책에 의견을 개진하였다. 그러나 성종말기부터 성균관의 구성원이 지방의 사림으로 채워지고, 성균관이 公論에 의해 운영되면서 달라지기 시작했다. 사림인 성균관 유생들은 삼사의 사림파과 밀접한 관계를 맺어 훈구를 공격하는데 동참하였고, 그 과정에서 성균관의 정치적 위상을 새롭게 하면서 공론형성층으로 인정받게 되었다.

지방유생들의 경우에도 같은 변화가 나타났다. 지방에서도 성종대부터 지방 공론인 鄕論이 구체화되고 있었다. 성종 초엽부터 사림들은 중앙에 진출하면서, 지방의 자치적 운영의 확보에도 노력하였다. 사림은 그 구체적인 방법으로 留鄕所의 복립, 향음주례, 향사례의 시행, 사마소의 설치 등을 제기하였다. 사림들이 이를 통해서 이룩하려 했던 것은 사림의 의견인 鄕論에 의한 향촌의 통치였다. 성종대의 성과는 戊午士禍로 위축되지만, 연산군을 축출하고 중종대에 이르면, 지방 사림은 지방의 공론인 향론을 형성하여 지방 사회의 운영에 큰 영향을 미치게 되었다.

이러한 상황에서 향론의 구성원도 확대되는 추세였다. 성종대 향론의 중심은 유향소였으므로 그 주구성원은 품관이었으나, 생원 진사의 모임인 사마소가 합류하였고, 중종대에는 향교도 향론을 수렴하는 기구로서 기능하였다. 향교의 생도가 향론의 구성원으로 등장한 것을 의미있는 변화였다. 당시 생도의 상당수는 일반양인이었다. 그러므로 이러한 변화는 단순히 구성원의 확대에 그치는 것은 아니었고, 공론형성층의 구성에서 질적 의미가 있는 변화였다.

이러한 중앙과 지방에서의 변화는 별개가 아니었고, 이들의 의사는 합하여져 士論으로 중앙정치에 개진될 수 있었다. 정부에서는 기본적으로 유생의 의견을 公論으로 인정하여 수용하려고 노력하였다.

공론형성층이 확대되면서 공론수용기구도 확대되었다. 먼저 대간이 공론수용기구로의 역할을 분명하게 수행하게 되었다. 대간은 조선 초기에부터 공론을 수용하는 역할을 할 것이 기대되었으나, 대간의 권력구조 상의 지위가 취약하여, 그 역할을 충분히 수행하기 어려웠다. 따라서 대간은 공론수용기구로서의 기능이 약하였다.

그러나 성종대에 들어 兩司는 사림이 언관으로 진출하고, 성종의 지원을 받으면서 언론기능을 강화할 수 있었다. 대간들은 箚子 사용, 圓議制 강화, 不問言根 관행 등을 확보함으로 언론을 활성화하였다. 이러한 성과를 따라 양사의 공론 수용기능도 활성화되고 있었다.

홍문관이 만들어지면서 언론은 더욱 강화되었다. 홍문관의 본기능은 경연이었으나, 경연의 연장선상에서 기초적인 언론기능도 행하였다. 물론 초기 언론 활동은 兩司의 언론을 지원하는데 그치는 것이 보통이었다. 그러나 세월이 흐르면서 홍문관의 독자적인 언론을 왕과 관원들이 인정하게 되었고, 성종 21년경에 이르면 홍문관이 언관화하였다.

홍문관은 기본적으로 대간을 지원하였으나, 대간이 충분하게 언론활동을 하지 못하는 경우에는 대간을 비판하는 기능도 하였다. 홍문관이 대간 언론을 비판하는 것이 상례화되면서 이는 '臺諫彈劾權'으로 정리되었다. 특히 성종 22년부터는 홍문관원이 대간직으로 진출하는 것이 허용되면서, 홍문관과 대간 사이에 유기적인 관계를 형성하게 되면서, 홍문관을 양사와 더불어 삼사의 하나가 되었고 홍문관이 삼사의 중심되었다. 이로서 기존의 양사중심의 언론은 삼사체제를 갖추면서 양사언론의 한계를 극복하고, 삼사 언론기능은 강화되었다. 당연히 삼사는 공론을 수용하는 기구의 역할도 원활히 수행할 수 있었다.

중종대에는 낭관들도 공론의 수용기능을 수행하였다. 낭관들은 각 부서에서 장관인 대신들을 보좌하는 역할을 하였다. 그러나 중종대에 이르면 自薦權를 확보하여 대신의 인사에서부터 자유로워지면서 그 지위가 높아졌다. 나아가 삼사와 밀접한 연결을 가지면서 '郎官權'을 형성하여, 대신을 견제하면서 각 부서의 일의 결정에 공론을 수용하면서 영향력을 행사하게 되었다.

낭관들은 대신들과 대립하면서 자신들의 의견이 공론임을 표방하였다. 즉 자신들이 공론을 수용하는 기능을 하고 있음을 강조하였다. 낭관들은 자신들이 시행하는 자천제도 공론에 의한 인선으로 인식하고 있었다. 그러므로 공론에 의해서 인선된 낭관들은 당연히 공론을 수용하여 각부서의 일을 처리해야 한다고 인식하였고, 이를 추진하였다.

결국 낭관들은 낭관권을 형성하면서 공론수용기능을 하고 있었다. 이는

삼사가 이미 결정된 정책에 대하여 언론을 통해서 공론을 반영하여 바로
잡으려고 노력한 것과 달리, 낭관들은 정책이 결정되기 전에 실무의 결정
과정에서 공론을 반영하는 것으로 한 단계 진전된 것이었다.

　이러한 변화를 기반으로 중종 중반까지 공론정치가 형성되었다. 그러나
사화와 권신의 출현으로 공론정치는 쉽게 정착되지 못했다. 특히 권신이
득세하는 과정에서 공론의 형성은 불법적인 것으로까지 치부되었다. 그러
나 사림은 어려운 상황에서도 공론은 제기하고 활성화하려고 노력하였고,
나아가 정국을 변화시키기 위해서 노력하였다. 결국 선조대에 이르러 사
림이 정치적 주도권을 잡으면서 공론정치는 재정립되었다.

　사림의 집권으로 공론정치는 자리를 잡았으나, 동인과 서인으로 붕당이
형성되면서 공론에 대한 재해석이 필요하였다. 공론을 주도했던 동인과
공론에서 소외되었던 서인 사이의 이해가 다른데서 나온 갈등이었다. 서
인을 공론정치를 비판하기도 하였으나 결국 공론을 인정할 수밖에 없었고,
자신들도 본질적으로 동인과 같은 사림임을 인정하고, 나아가 자신들도
공론형성층임을 천명하면서 공론을 자신들의 존립의 기반으로 삼지 않을
수 없었다. 이후 각 붕당은 공론을 자신들의 정치기반으로 수용하지 않을
수 없었다. 즉 붕당정치는 결국 공론정치 위에서 나타난 새로운 정치운영
방식으로 정착되었다.

　이상으로 사림이 공론정치를 추진하는 과정을 살펴보았다. 사림은 공론
정치를 통해서 자신들의 이해관계를 정치에 반영할 수 있었다. 그러므로
사림은 공론형성층이 되면서 참정권을 확보하여 정치적 지위를 높일 수 있
었다.

　참정권을 통해서 정치적 지위를 높인 사림의 신분은 지배신분이 아니었
다. 조선 초기에 신분적 특권을 가진 지배신분은 대신에 한정되었다. 그러
므로 훈구는 지배신분이었고, 사림은 피지배신분이었다. 사림은 중하급관
원, 품관, 향촌 지식인을 망라하는 것이었다. 이들은 모두 신분적 특권을

가지고 있지 않았다. 그러므로 향론의 구성원은 유향소의 품관에서, 사마소의 생원, 진사, 그리고 향교 교생까지 확대될 수 있었다. 이러한 공론형성층의 확대가 별다른 갈등 없이 가능하였던 것은 이들 상호간에 신분적지위가 기본적으로 같았기 때문이었다.

그러므로 성종대까지 백성들은 수령과 전주를 고소할 수 있는 재판권을 확보하였고, 성종대부터는 참정권에 도전하여 결과적으로 공론정치를 형성하고, 정치적 발언권을 확보해간 것으로 이해할 수 있다.

맺음말

이상의 내용을 정리하면서 결론을 맺고자 한다. 고려 말 신진사대부들은 백성을 '天民'으로 이해하는 새로운 정치론을 제시하였다. 물론 이는 아이디어 차원의 구상이었으므로, 그 내용과 실제를 정비하는데 많은 시간이 걸릴 수밖에 없었다. 이는 태종대부터 본격 정리되기 시작하였고, 성종대를 거쳐 중종대에 이르러 '천민론적 공공통치론'으로 정비되었다.

1. 사대부가 구상한 정치론은 권력과 통치 전반에 대한 새로운 생각이었으므로, 이를 권력론과 통치론의 두 부분으로 나누어 살필 수 있다. 즉권력론으로 지배신분 내의 왕과 관원 간의 권력관계를 살피고, 또한 통치론으로 지배신분과 피지배신분 간의 관계를 살필 수 있다.

먼저 권력론을 검토하는 일환으로 왕과 관원 간의 권력관계를 '군신공치론'으로 정리해보았다. 공치론은 천민론을 기반으로 하는 새로운 권력론이었다. 고려말의 혼란 속에서 개혁을 추진하였던 사대부들은 왕과 관원의 관계에 대한 새로운 해석이 필요함을 인식하였다. 신진사대부들은 하늘의 뜻을 매개로, 천민을 다스리는 왕과 관원의 지위를, 天位와 天職로 나누어 해석하였다. 관원을 왕에 종속된 존재로 보지 않고, 왕과 관원을 각각 하늘과 연결 지어서 해석하면서, 관원은 왕이 아니라 하늘에 대하여 그 책임을 지는 존재로 정리하였다. 그러므로 왕과 관원이 하늘의 뜻을 이루기 위해서 같이 통치한다는 '共治論'이 형성될 수 있었다.

그러나 고려말의 공치론은 아직 구상의 단계에 있는 것으로 행정전반의 작용을 칭하는 것으로 '행정론적 공치론'이라고 부를 수 있다. 고려말에는 왕과 관원이 권력을 실제적으로 분점한다는 의미를 가진 '권력론적 공치론'은 아직 실현되지 않았다.

조선이 건국되면서 주도권을 놓고, 왕과 재상의 관계를 설정하는 문제가 구체화되었다. 그러나 조선의 설계를 주도한 정도전은 공치보다는, 오히려 재상 주도의 정치체제를 강조하였고, 태종 역시 집권하면서 왕의 주도를 강조하면서, 태종 초기까지 권력론적 공치론이 부각되지 못하였다. 그러나 태종 후반부터 정치가 안정되면서, 재상이 국정의 주체로 부각되었고, 왕과 재상이 실제적인 권력을 공유하는 모습이 드러나면서, '권력론적 공치론'이 제기되기 시작하였다.

세종대에는 의정부서사제가 시행되면서, 왕과 재상 간의 권력구조에 대한 논의가 좀 더 섬세하게 정리되었다. 즉 양자 간에 기본적 지위는 동질한 것으로 인정하면서, 그 양자의 역할을 '元首'와 '股肱'의 관계로 정리하였다. 이후 성종대에 사림이 등장하고 홍문관을 중심으로 언론권이 강화되면서, 삼사의 대간들이 공치의 주체로 부각되었다. 대간이 공치의 주체로 인정되면서, 이후 정치적 영향력이 있는 주요 관직들은 공치의 주체로 수용될 수 있었다.

군신공치론이 정립되면서 왕과 관원 사이에도 새로운 관계가 형성될 수 있었다. 중종대에는 왕과 관원 사이를 '朋友'로 표현하는 인식도 형성되었고, 붕당론과 연결되면서 '引君爲黨論'과 같은 적극적인 견해를 수용할 수 있는 여건도 마련될 수 있었다. 또한 공치론은 하늘의 뜻을 이루는 동반자적 관계를 상정하고 있었으므로, 왕이 하늘의 뜻을 거스르는 행위를 하는 경우, 관원은 왕의 퇴위를 추진하는 '반정'의 중요한 논리로도 작용될 수 있었다.

2. 다음으로 공치론의 연장선상에서 공기론, 공천하론, 공론 등에 대하여 살펴보았다. 권력론을 이해할 때, 권력의 대상이 되는 관직, 세상 등을 어떻게 이해하는 지가 매우 중요한 쟁점이 될 수 있다. 이를 공기론과 공천하론으로 정리해보았다.

조선 초기부터 관원들은 관직을 '公器'로 보았다. 관직을 왕의 자의에 의해서 내려주는 것이 아니라, 하늘이 내려주는 공공의 것으로 보았다. 그러므로 관원들은 왕도 관직을 사사롭게 내려주는 인사를 해서는 안 된다고 주장하고 사사로운 인사에 대해서 저항하였다.

이는 매우 중요한 변화였다. 봉건국가에서 공공통치와 사적지배는 명확하게 구분되지 않고 겹쳐서 나타나는 것이 보통이었다. 그러나 조선의 관원들은 공치론의 연장선상에서 공공통치와 사적지배를 분명하게 구분하려하였다. 관직을 왕 개인의 것이 아니라 공기로 주장하는 것은 권력의 본질에 대한 새로운 인식을 제시하는 것이었다.

그 연장선상에서 세조대에는 세조가 왕위도 공기임을 인정하였다. 왕이 왕위를 공기로 인정한 것은 왕도 국가의 체제의 일부임을 인정한 것으로, 국왕 권력의 정당성이 국가부터 부여된 것임을 확실히 한 것이었다. 그러므로 관원들은 바른 인사가 시행되지 않을 때에, 왕도 공기를 바르게 다루지 않으면 왕이 가진 권위를 상실할 수 있다고 경고할 수 있었다. 실제로 이러한 경고의 연장선상에서 연산군에 대한 반정이 추진될 수 있었다.

공기론에서 한걸음 더 나아간 것이 '公天下論'이었다. 공천하론은 세상을 왕의 천하로 보는 '私天下論'과 대비되는 개념이었다. 공천하론은 이미 정도전에 의해서 주목되었으나, 문종대 공기론이 정비되고 공기론의 영역을 확대하는 과정에서 구체화되었다. 공기론이 관직에 한정하여 공공성을 주장한 것이라면, 공천하론은 관직을 넘어서 국가 전반운영 전반에 대해서, 공공통치를 주장하는 근거가 될 수 있었다.

공기론과 공천하론이 제시되었으나, 이것이 이념에 그치지 않고, 실제적인 의미를 가지기 위해서는 이를 담보할 수 있는 방법이 필요하였다. 관원들은 그 방법으로 공론정치를 구상하였다. 즉 공치론, 공기론, 공천하론 등은 모두 하늘과 연결되면서 그 정당성을 확보하고 있었는데, 하늘의 뜻을 실현하는 방법이 공론정치라고 보았다.

즉 관원들은 하늘의 뜻이 '人心'에 나타난다고 주장하였고, 인심을 모은 '衆議'가 하늘의 뜻이라고 이해하였다. 따라서 '중의' 곧 '공론'이 하늘의 뜻이었다. 관원들은 왕의 독단적인 결정을 '私議'로 규정하였고, 왕은 사의에 의한 통치인 '獨治'를 배제하고, 중의에 의한 '공공통치'를 해야 한다고 주장하였다. 그러므로 공치론, 공기론, 공천하론 등은 公論政治를 통해서 그 이념을 실현할 수 있었다. 따라서 천민론적 공공통치론은 결국 공론정치를 통해 실현되고 있었다.

3. 조선 초기 권력론은 이상에서 살핀 것과 같이 공치론, 공기론, 공천하론, 공론 등을 통해서 구현되었다. 이러한 변화 속에서 통치론도 정비되었다. 통치론은 지배층과 피지배층의 관계 속에서 정립되었는데, 당시 피지배층의 지위는 '天民'이라는 용어에 함축되어 있었다. 물론 천민의 용어가 의미하는 바는 천민 지위의 실상을 통해서 파악할 수 있다. 당시 천민은 양인은 물론 천인까지를 망라하는 것이었다. 그러므로 우선 천인의 지위를 '賤人天民論'을 중심으로 검토해보았다.

천인천민론의 핵심은 '노비도 天民'이라는 인식이었다. 즉 노비도 '하늘의 백성'이었으므로, 이들을 하늘이 낼 때에 그 지위는 양인과 다르지 않다고 보았다. 이는 천인의 인권에 대한 새로운 해석인 천부인권선언이었다.

천인천민론은 정비되면서 몇 가지의 모습을 보여주었다. 賤人國民論, 禮治賤人論, 私賤國家管理論 등이 그것이다. 천인국민론은 천인도 國民이라는 인식이었다. 즉 천인을 국가의 구성원으로 인정하였다. 왕을 하늘을 대신하여 天民을 다스리는 존재로 정의하고 있었으므로, 천민인 천인도 당연히 국가 구성체의 일원인 국민이었다. 그러므로 천인은 국가에서 국민을 대상으로 시행하는 복지정책 등 다양한 국정의 대상이 될 수밖에 없었다.

賤人이 天民이었으므로 나타나는 또 다른 변화는 예치천인론이었다. 천인도 예의 질서에 주체가 될 수 있다는 생각이었다. 천인도 하늘이 낸 천민이었으므로, 당연히 하늘의 질서를 땅에서 구현하는 예전에 참여하는 주체가 될 수 있었다. 그러므로 조선에서 천인은 고려에서와는 달리 국가에서 시행하는 예전에 참여하였고, 예우의 대상이 되었다.

마지막으로 천인이 天民으로 인식되면서 나타나는 다른 한 가지 이념은, 公賤은 물론 私賤도 국가에서 관리한다는 '사천국가관리론'이었다. 사천은 개인의 소유였다. 그러나 사천은 먼저 천민이면서 국민이었다. 그러므로 개인의 소유라는 조건에만 제한될 수 없었다. 즉 사천에 대한 주인의 요구와 국가의 요구가 서로 배치될 경우에 국가의 요구가 상위에 있었다. 사천국가관리론에 근거해서 국가는 사천을 주인으로부터 보호하는 정책을 시행할 수 있었고, 또한 국가가 필요할 때에는 사천을 국가의 정책에 동원할 수 있었다. 물론 국가는 사천이 세운 공에 대하여 대가를 지불하고 있었는데, 그 대가에는 신분해방도 포함되어 있었다.

이상의 검토에서 볼 때에 조선 초기 천인의 지위는 고려의 천인에 비하여 높아졌다. 물론 천인의 지위 상승은 피지배층의 지위 상승을 의미하였다. 이는 조선 초기에 천민론에 근거하여 새로운 통치론이 정립되어가고 있었음을 보여준다.

4. 천민론이 전개되면서 백성의 지위가 상승하였고, 이는 재판권과 참정권의 정비로 구체화되었다. 백성은 자신을 지킬 수 있는 자위권으로 재판권을 확보하였고, 나아가 자기실현권인 참정권의 확보를 위해 노력하였다. 백성이 확보한 재판권을 수령과 전주의 고소권을 중심으로 검토하였다.

먼저 백성들이 수령고소권을 확보하는 과정을 살펴보았다. 조선 초기 백성이 자신들의 통치자인 수령을 고소할 수 있었을까? 정부는 고려 말의 주된 문제였던 품관, 토호 등의 私權을 배제하기 위해서, 수령권을 강화하였고, 세종대에는 '部民告訴禁止法'을 만들어 백성의 수령고소를 금지하였다.

수령권이 강화되면서 오히려 수령의 부정이 심각해지는 부작용이 나타났다. 그러나 정부는 부민고소금지법을 유지하면서, 어사의 파견 등을 통해서 문제를 처리하고자 하였다. 어사를 통한 수령 불법의 규제 역시 백성들의 고소를 필요로 하는 것이었으므로, 백성들이 어사에게 수령을 고소할 수 있도록 허용하지 않으면서 좋은 결과를 얻기 어려웠다.

수령의 부정이 지속되자, 백성들은 수령고소로 인한 처벌을 받으면서도 수령고소를 강행하였다. 처벌에도 불구하고 일단 수령의 부정이 드러나면 정부는 이에 대응하여야 하였다. 그러므로 백성들은 이를 드러내기 위해서 고소를 강행한 것이었다. 이러한 상황이 지속되자 정부에서는 수령고소의 일부를 허용하였다. 세종 중반에 '自己訴冤'을 허용한 것이 그것이었다. 그러나 자기소원은 수령 재판에 대한 재심청구를 허용한 것에 불과하였고, 재판을 잘못한 수령도 처벌하지 않는 미온적인 것이었다.

수령의 부정은 단순히 재판을 잘못한 문제에 한정되지 않았다. 또한 개인에 대한 부정에 그치지 않았고, 수령의 부정은 방납, 군역 등 공동체에 부담을 주는 집단적인 문제가 많았다. 그러므로 세종 말 민의 저항은 더욱 치열해졌다. 그것은 '고소저항'은 물론, '수령모독', '무력시위' 등으로 나타났다. 정부에서는 이러한 백성들의 저항을 강력히 탄압하였으나, 민의 대응이 무력시위로까지 나타나자, 수령고소금지법에 대하여 재고할 수밖에 없었다.

그러므로 정부는 세종 말년에 수령고소의 범위를 '자기소원'에서 '자기원억'으로 확대하는 조치를 취하였다. 자기원억은 수령의 부정에 대하여 좀 더 확대된 범위에서의 고소를 가능하게 하였다. 이를 통해서 백성들은

'徵布'나 '濫刑' 등의 문제에 수령을 고소할 수 있었다.

수령고소의 길이 본격적으로 열리자, 백성들은 고소를 적극 이용하면서 그 범위를 넓히기 위해서 노력하였다. 백성들의 노력에 따라서 정부는 그 고소의 범위를 더욱 확대할 수밖에 없었다. 정부는 '자기원억'의 고소라는 기본규정은 유지하였으나, '자기원억'의 범위를 수령의 '貪汚', '虐民'까지를 포괄하는 개념으로 확대 해석하였다. 수령 부정의 핵심이 경제적 침탈인 '貪汚'와 이를 사법권을 통해서 관철하는 '虐民'이었으므로, 이와 같은 조치는 수령의 부정에 대한 고소를 거의 전면적으로 허용한 조치였다.

물론 백성들은 여전히 '自己'라는 고소 주체의 제한을 받고 있었다. 그러나 '자기'의 범주는 피해자 가족은 물론, 법적 공동체로 인정되는 4촌의 친족까지 포함하는 것이었으므로, 근본적으로 고소를 제약하는 규제는 아니었다. 그러나 수령의 부정은 상당한 부분 공동체의 문제였으므로 백성들은 공동체에 피해를 주는 수령부정을 공동으로 대응하면서 '자기'의 제한을 극복해갔다. 특히 중종대에 이르면 공론정치의 진전으로 지방에서 백성들은 향론을 형성할 수 있게 되었는데, 백성들이 향론을 형성하면서 '자기'의 고소 제한은 실제적으로 소멸되었다.

따라서 백성들은 여전히 법적으로는 '자기원억'이라는 규정하에 있었으나, 공론정치 형성 이후 백성들은 실제적으로 수령의 부정에 대해 고소권을 확보할 수 있었다. 이러한 상황은 백성의 자위권인 고소권이 향론정치라는 참정권의 확보와 내적으로 연결되는 것이었음을 잘 보여주었다.

5. 다음으로 백성이 가지는 재판권을 전주고소권을 통해서 살펴보았다. 백성은 과전법체제하에서 佃客으로 전주의 수조권적 지배하에 있었다. 그러므로 전객이 전주를 고소할 수 있었는지는 수령고소권과 더불어 백성의 재판권을 살피기 위해서 중요한 주제가 된다.

흥미로운 것은 과전법에는 전주로부터 전객을 보호하는 규정이 명시되어 있었다. 과전법에는 전주가 전객의 전지를 탈취하지 못하게 하였고, 과도한 수조 역시 제한하였다. 물론 전주가 전지를 탈취하거나, 과도한 수조를 하는 경우 처벌하는 규정도 명시하였다.

그러므로 전주의 불법에 대하여 전객이 실제로 고소할 수 있었는지를 검토하는 것이 중요한 과제이다. 조선 초기 자료를 볼 때 전주가 전객의 전지를 탈취하거나, 타인의 전지를 탈취하는 경우 전주는 처벌을 받았다. 전지를 탈취하는 주체는 다양하였으나 대신이나 왕족의 경우에도 처벌을 받았다.

또한 과전법에는 공전과 사전에서 받을 수 있는 최대수조의 양을 1결당 30두로 정하고 있었는데, 전주가 30두를 넘어서는 과잉 수조하는 경우에 처벌하였다. 물론 전주는 답험권이 부여되어 있었으므로, 1결당 30두 내에서는 작황에 따라서 답험하여 전객의 수조량을 정할 수 있었다. 그러나 흥미로운 것은 태종대에 이르면 1결당 30두 내에서 답험을 과도하게 시행하여 수조하는 것도 규제하였다. 정부는 전주가 답험을 과다하게 책정하는 것을 '불공평한 답험'으로 규정하고, 불공평한 답험을 한 전주를 전객이 고소할 수 있도록 '전주고소권'을 허용하였다. 나아가 정부는 태종 후반에는 전주의 불공평한 답험을 근본적으로 해소하기 위해서, 전주의 답험권마저 빼앗고 관답험을 시행하였다.

이와 같이 정부는 전객을 보호하기 위해서, 매우 적극적으로 과전의 관리에 관여하였다. 그러므로 조선 초기를 통해서 전부는 전지의 탈취뿐 아니라 과잉 수조를 한 전주도 고소할 수 있었다.

6. 이상에서 조선 초기 백성들은 수령고소권과 전주고소권을 확보하였다. 백성들은 자위권인 고소권을 확보하면서 한걸음 더 나아가 자기실현권인 참정권에 접근하였다. 참정권의 확보는 양인의 상층인 사림에 의해서 주도되었다. 사림은 신분적으로 특권신분이 아닌 협의양인이었고, 경제적으로 田主가 아닌 佃夫였다. 물론 일부의 사림은 품관이었다. 품관들은 현직에 있을 때에는 과전을 보유하는 전주이었으나, 대신들과는 달리 현

직을 벗어나면 과전을 상실하였으므로 기본적 지위는 전부였다. 그러므로 사림은 협의양인의 상위계층이었다.

사림은 백성들의 참정권을 위해서 공론정치의 시행을 추구하였다. 백성의 여론을 공론으로 정치에 반영하여, 백성의 정치적 지위를 높이고자 하였다. 즉 백성들의 간접적인 정치 참여를 공론정치를 통해서 실현하고자 하였다.

조선 초기에도 공론정치를 이상적인 정치로 이해하고 있었으나, 아직 실제적인 공론형성층이 구성되지 못하여 공론정치는 시행되지 않았다. 그러므로 조선 초기에는 왕과 대신들의 합의된 의견이 공론이었다. 즉 공론은 왕과 대신들의 통치에 정당성을 부여하는 이념에 불과하였다. 물론 대간도 공론을 수렴한다고 표방하고 있었으나, 대간의 정치적 지위는 대단히 취약하였으므로, 실제적으로 공론을 형성하는 기능을 감당하기 어려웠다.

그러나 백성들의 지위가 향상되고, 사림이 정치권에 진입하면서 상황은 달라졌다. 사림이 정치에 참여하면서 권력구조와 정치운영방식의 개혁을 추진하였다. 특히 공론정치를 이루려고 노력하면서, 중하급관원과 재야사림이 모두 공론형성층이 되어갔다.

먼저 중하급관원이 공론형성층이 되었다. 중하급관원들은 대신들을 보좌하는 역할을 하였으므로, 정치적 영향력을 가지지 못하였다. 그러나 홍문관이 언관화되면서 언관권이 강화되고 낭관들까지 낭관권을 형성하면서, 언관과 낭관들은 정치에 자신들의 의견을 주장할 수 있는 공론형성층으로 부상하였다. 또한 이러한 변화 속에서 참하관인 예문관 등 四館도 결집하면서, 정책에 자신들의 목소리를 내는 공론형성층이 되었다.

이러한 변화는 재야사림에도 미쳤다. 먼저 서울의 유생들이 성균관을 중심으로 결집하면서, 제한적이나마 국가정책에 의견을 개진하기 시작하였고, 특히 성종말기부터 지방의 사림이 성균관의 주된 구성원이 되면서, 성균관 유생들은 공론형성층으로 자리를 잡았다.

지방유생들의 경우에도 같은 변화가 진행되었다. 지방에서도 성종대부터, 지방 공론인 鄕論이 결집되기 시작하였다. 재야사림들은 성종대부터 留鄕所의 복립, 향음주례 향사례의 시행, 사마소의 설치 등을 추진하면서, 鄕論에 의한 향촌의 통치를 추구하였다. 특히 연산군을 축출한 중종대에 이르면, 지방사회의 여론인 鄕論이 형성되어 향촌의 운영에 크게 영향을 끼치고 있었다.

이러한 상황에서 향론의 구성원도 확대되는 추세였다. 성종대 향론의 중심은 유향소의 품관들이었으나, 중종대에는 향교의 학생들이 향론을 형성하는 주체로 추가되었다. 당시 향교의 학생들은 대다수가 협의양인이었으므로, 향교의 생도가 향론의 구성원으로 참여하는 것은 향론의 양과 질에서 의미있는 변화였다.

공론정치는 중종 말, 명종 초 士禍와 權臣의 출현으로 쉽게 정착되지 못했다. 그러나 사림은 공론정치의 정립을 위해서 노력하였고, 결국 선조대에 이르러 정치적 주도권을 잡으면서, 공론정치는 재정립되었다. 공론정치의 정립으로 이에 상응한 새로운 정치운영체제로 붕당정치가 전개되었다. 붕당정치는 각 붕당이 공론을 자신들의 정치기반 삼으면서, 공론정치의 형성에 따른 새로운 정치운영방식으로 자리를 잡았다.

7. 이상으로 조선 전기 '天民論的 公共統治論'이 정비되고, 이를 바탕으로 공공통치가 시행되어서 천민인 백성이 그 정치적 지위를 확대해가는 과정을 살펴보았다. 이는 백성을 '天民'으로 규정하는 대전제 위에서 구상된, 새로운 권력론과 통치론을 구현해가는 과정이었다.

신진사대부들은 백성을 천민으로 규정하고, 백성을 다스리는 왕은 천위를, 관원은 천직을 가진 자로 정리하였다. 이러한 사대부의 생각은 그 초기에는 선언에 불과하였다. 그러나 조선을 열면서 관원들은 이 선언을 실제적인 제도로 정비하기 위해서, 태조에서 중종대에 이르는 상당한 시간이 필요하였다.

먼저 사대부들은 왕과 관원 간의 실제적인 권력관계를 형성하기 위해서, 공치론, 공기론, 공천하론, 공론 등의 개념을 내세워 새로운 권력관계를 정비하였다. 왕을 중심으로 하는 '王臣', '王土'의 이념을 버리고, 권력, 관직, 천하 등을 하늘과의 관계 속에서 새롭게 해석하였다. 따라서 왕과 관원은 모두 하늘에 대하여 책임지는, 동질적 지위를 가지고 백성을 '共治' 하는 존재로 정리하였다.

이와 같은 권력론은 고려 말의 대혼란을 몸소 겪으면서, 왕과 관원의 '사적권력'과 '사적지배'가 대혼란의 원인이 되었음을 깊이 반성한 결과였다. 사대부들은 '사적지배'와 '공공통치'를 구분하고자 하였다. 그러므로 관직은 '공기'로, 천하는 '공천하'로 분명하게 정리할 수 있었다. 또한 공치론, 공기론, 공천하론 등의 이념을 구체적으로 실현하는 방법으로 '공론'을 주목하고, 이를 공론정치로 구체화하였다. 따라서 사대부들은 공론정치를 통해서 공공통치를 실현하고자 하였다.

이러한 권력론이 정비되면서 통치론도 달라질 수밖에 없었다. 통치론은 실상은 지배층이 피지배층의 지위를 어느 정도 인정하는가에 좌우되었다. 조선 초기 백성들은 자신들의 지위의 향상을 위해서 투쟁하였고, 지배층도 백성을 '천민'으로 규정하면서 그 지위를 일정 수준으로 높이는데 동의할 수밖에 없었다.

조선 초기 백성의 지위는 일단 재판권으로 표현되었다. 백성들은 정치적으로 수령의 통치 하에 있었고, 경제적으로 전주의 수조권 하에 있었다. 그러므로 재판권의 수준은 백성들이 수령이나 전주를 고소할 수 있는가에 좌우되었다. 조선 초기 백성들은 치열한 투쟁을 통해서 수령의 불법은 물론, 전주의 불법도 고소할 수 있는 재판권을 확보하였다. 따라서 백성들은 자위권을 확보하면서 법으로 보호받는 '공공통치'의 틀 안에 있었다.

그러나 백성을 보호하는 공공통치의 틀인 법은 지배신분의 합의로 이루지고 있었다. 즉 백성들은 아직 법을 만드는 주체로 성장하지 못하였다.

그러므로 백성들이 자위권인 재판권을 확보하면서, 그 지위를 더욱 높이기 위해서 참정권에 접근해갔다. 이는 백성들의 상층부인 사림에 의해서 주도되었다. 사림은 품관까지 포함되고 있었으나 품관 역시 지배신분이 아니었다. 품관의 신분적 지위는 지배신분이 아닌 '협의양인'이었고, 그 경제적 지위는 현직과 더불어 과전을 반납하면서 기본적으로 '전객'이었다.

그러므로 사림은 정치적 지위를 확보하기 위해서 성종대부터 정치에 진출하였고, 권력구조와 운영구조를 바꾸기 위해서 노력하였다. 사림은 수차례 사화를 당하면서도 그 노력을 멈추지 않았다. 사림은 백성들의 정치적 지위를 높이기 위해 공론정치를 형성하려고 노력하였다. 백성의 의견이 정치에 반영될 수 있는 공론정치체제를 만들고자 하였다. 노력의 결과 중종대에는 공론정치가 형성되고, 향촌에서도 향론에 의해서 운영되는 향론정치를 구현할 수 있었다. 향론의 형성층은 품관과 교생이 주류였는데, 대부분 교생들의 경제사회적 지위는 일반백성과 다름이 없었다.

이상에서 볼 때에 새로운 정치론으로 '천민론적 공공통치론'이 제기되었고, 백성들은 저항을 통해서 그 내용을 확보해가고 있었다. 새로운 정치론에 입각한 권력론과 통치론은 '사적지배'와 '공공통치'를 구분하고, 공공통치를 지향하였다. 공공통치가 정립되면서 백성은 이미 경제외적강제를 당하는 지위를 벗어나, 정치에 참여할 수 있는 지위에 접근해가고 있었다.

서양 중세 정치의 특징은 영주의 사적지배를 공인하고, 그러한 체제 내에서 경제외적강제도 허용하는 것이었다. 이에 비하면 조선의 정치론과 그에 입각한 정치는 이미 중세적 수준을 넘어선 것이었다.

그러나 조선에서는 아직 왕과 특권신분이 존재하였고, 여전히 사적지배를 벗어나지 못한 신분도 존재하였다. 그러므로 조선 초기의 백성들은 아직 완전한 공공통치에는 이르지 못하였다. 공공통치의 완전한 실현은 근대정치의 소산이라는 것을 유념할 때, 완전히 공공통치를 실현하는 것은 아직도 많은 시간이 필요하였다.

그러나 조선 전기에 왕과 관원 사이에 이미 백성을 '천민'으로 이해하고, 공공통치를 지향하는 큰 합의가 이루어지고 있었다는 것은, 조선의 정치론과 정치가 이미 중세의 큰 틀은 벗어나 새로운 역사적 단계에 들어가고 있었음을 보여준다. 그러므로 조선 전기에 형성된 '천민론적 공공통치론'과 그에 입각한 '공공통치'를 '근세정치'로 이해해도 좋을 것이다.

제3부

士林政治論

제8장 사림의 정치사상

머리말

성종대부터 사림이 중앙정치에 진출하면서 많은 정치변화가 있었다. 이러한 정치개혁의 이면에서는 개혁을 추진하는 논리들이 전개되고 있었다. 사림은 이러한 논리들을 정리하면서 정치이념 및 정치사상을 구상해가고 있었다. 그러므로 그간 연구자들은 사림이 추진한 개혁정치에 대하여 관심을 가졌을 뿐 아니라, 이러한 개혁을 추진한 정치이념과 사상에도 관심을 기울여왔고, 상당한 연구가 축적되고 있다.

그간 사림정치사상연구는 인물 중심적으로 연구가 진행되면서 종합적으로 정치사상을 정리하지는 못하였다. 그러나 그간 사림정치에 대하여 체계적 연구가 진전됨에 따라서 정치사상을 종합적으로 이해하는 것도 이제는 시급한 과제가 되고 있다. 그러므로 본장에서는 그간 연구를 바탕으로 정치사상 및 이념을 종합해보면서, 사림의 정치사상을 이해하는 틀을 모색해보고자 한다.

사림파의 정치사상을 종합적으로 검토할 때, 가장 먼저 제기되는 것은 정치사상을 정리하는 틀, 정치사상의 세부적인 영역을 어떻게 구분할 것인가의 과제이다. 연구의 각 시기마다 정치의 과제가 다르고, 그에 따라서 논의되는 정치사상의 내용이 달랐고, 이를 바라보는 각 개인의 입장이 달랐기 때문에 사림정치사상을 정리하는 하나의 틀을 마련하는 것은 쉽지 않는 과제이다.[1]

---

1) 홍순민 「조선후기 정치사상 연구현황」『한국 중세사회 해체기의 제문제』 한울

그러므로 일단 그간의 연구를 토대로 포괄적이면서, 체계적인 틀을 모색해가야 할 것으로 생각이 된다. 조선전기의 정치사상에 대한 기왕의 연구로부터 포괄적인 연구의 틀을 도움을 받으려고 할 때, 큰 도움이 되는 것은 이병휴의 연구이다. 그는 그간 사림 정치사상에 대한 일련의 연구를 통해서, 사림의 정치사상을 가장 포괄적으로 정리하였다. 특히 그는 김정국의 정치사상을 연구하면서 정치상을 검토하는 틀로서, 명분론, 군주론, 관직론과 관인론, 인재론, 개혁론 등의 모형을 제시하고 있다.2) 그러므로 이를 적극 이용하고 다른 연구자들의 연구에서 나오는 영역들을 보완하면서, 정리의 틀을 만들어 보는 것은 유용할 것으로 생각된다.

그러나 이러한 틀을 가지고 접근할 때에 부족한 부분들도 있다. 한 예로 군주론과 관인론은 각각 별도의 영역이지만, 권력론의 관점에서는 상호관련을 가지는 것으로 이를 종합적으로 고찰하는 것이 필요하다. 그러므로 기왕의 연구자들에 의해서 제시된 각 요소들을 고려하되, 정치의 전 영역을 체계적으로 고려해서 정리해보는 것이 불가피하다. 이점에서 도움이 되는 것은 한국역사연구회에서 정리한 분야별 정리의 틀이다.3) 그러므로 이 정리틀을 이용하고 이병휴와 다른 연구들을 통해 정리된 연구영역들을 참고해 보면 다음과 같이 정리할 수 있다.

  1) 권력론(군신공치론, 성학군주론)
  2) 운영론(붕당정치론, 공론정치론, 군자소인론)
  3) 개혁론(변법론, 변통론)

1987.
2) 이병휴「사재 김정국의 개혁론과 그 성격」『조선전기 사림파의 현실인식과 대응』 일조각 1999.
3) 정치의 주체인 정치세력, 그리고 정치주체가 활동하는 공간으로서의 정치적인 틀인 정치제도 및 정치구조, 그리고 정치의 운영되어가는 과정을 설명하는 정치운영으로 나누어 정리하고 있다(『한국중세사회 해체기의 제문제』 한울 1987).

이와 같은 정리의 틀을 짜볼 수는 있지만, 현재까지의 연구의 수준이 각 항목을 같은 수준으로 연구하고 있는 것은 아니어서, 모두 갖추어 정리하는 것은 어렵다. 현재 연구의 수준에서 권력론, 운영론, 개혁론 등을 정리할 수 있는 정도까지 종합해보자.

1. 정치권력론

사림의 등장으로 일어나는 변화로 먼저 권력구조가 달라지고 있었다. 이에 대한 연구에 의하면 사림은 왕과 재상으로 양분되고 있는 권력구조의 문제점을 지적하면서, 더욱 분화된 권력구조를 추구하였다. 먼저 사림은 성종대에 양사 중심의 언론기구를 활성화하고, 나아가 홍문관을 언관화하면서 언론권이라고 할 수 있는 제3의 권력기구를 형성하였다. 그리고 중종대에는 낭관의 기능을 확대하여 낭관권을 형성하고, 언론권과 긴밀한 연결을 이루면서, 언론권과 낭관권을 사림의 진출과 활동의 교두보로 활용하였다.[4)]

왕권에 대한 변화도 연구되어서 중종대 이후의 정치변화 중 군신간의 권력관계가 고찰되었다. 거듭되는 사화와 관원주도의 중종반정으로 군신 권력관계는 새롭게 정립되어갔다. 권력관계에서 어느 일방이 절대화되어 전제왕권적 또는 권신적 경향으로 나아가는 것을 지양하고, 상대성을 전제로 한 군신권력관계가 형성되어 갔다. 중종반정, 기묘사화, 그리고 명종대의 擇賢說의 제기 등을 계기로, 단계적으로 상대화된 군신 권력관계가 정비되었다.

이러한 권력구조의 변화에 대하여 사림은 어떠한 논리를 가지고 이러한 변화를 설명하려고 하였을까? 지금까지 연구에 의하면 이를 설명하는 데

---

4) 최이돈 『사림정치』 경인문화사 2017.

에 유효한 개념은 '군신공치론' '현철군주론' '성학군주론' 등이다. 이는 사림정치에서 권력론이 우선적으로 왕과의 권력관계를 적절히 설명하는 데서 출발하고 있음을 알 수 있다. '군신공치론'은 왕과 관원이 권력의 공동주체로서 등장한다는 점에서 권력의 분치를 강조한 것이다. 왕과 관원 특히 왕과 대신의 분치라는 입장은 이미 조선 초기부터 정도전 등에 의해서 언급되고 있었고, 실제로 조선 초기의 정치는 왕과 대신 간의 주도권 다툼적인 성향이 컸다. 사림이 등장하면서 이것이 '군신공치'라는 입장에서 정리되는 것으로 보인다.

'성학군주론'은 권력의 근거에 대한 인식을 다루고 있다. 즉 왕의 권력은 인정하되, 이것이 어떠한 조건에서 운영되어야 하는가의 문제를 다루고 있다. 조선 초기이래 천명의 대행자로서 권력의 정당성을 부여받은 왕은 성인이어야 하였다. 그러나 현실의 왕은 성인이 아니었으므로, 성인이 되도록 노력하는 '현철군주'나 '성학군주'가 되어야 하였다.

'성학군주론'에서는 왕이 성인이 되기 위하여 사대부와 동일하게 유학 즉 성학을 공부해야 하는 존재임을 전제로 하고 있다. 군주도 사대부와 같이 성학을 공부하고 이를 실현하기 위하여 노력해야 하는 존재로 정리되면서, 왕의 권력은 제한적인 것으로 이해하였다. 즉 왕은 천명을 부여받는 존재로서의 독특한 지위를 가지고 있었으나, 왕도 성학을 배우고 노력함으로서 천명을 실현할 수 있는 존재로 위치 지움으로서, 그 기본적 지위는 사대부에서 멀지 않는 것으로 이해하였다. 그러므로 왕은 하늘의 뜻을 이루기 위해서 관원과 같이 노력해야 하는 동질적인 모습이 강조되면서 이는 자연스럽게 군신공치론과 연결되었다.

1) 군신공치론

사림의 등장으로 권력구조가 변화하고 그에 대한 대응 논리로 군신공치론이 제시되었다. 군신공치론을 처음 거론한 것은 이태진이었다.[5] 그는 사림의 등장으로 왕과 관원 간에 권력론이 변하고 있음을 설명하고, 특히 붕당이 설정되는 권력구조를 설명하는 틀로서 '군신공치'라는 개념을 제시하고 있다. 그는 "붕당에 대한 새로운 인식이 이론적으로나 현실적으로 군신공치의 사상을 바탕에 강하게 깐 것이라는 것은 재론의 여지가 없다."라고 붕당과 군신공치론의 관계를 언급하였다.

그는 이를 좀 더 설명하면서 "모든 정치는 국왕에서 비롯한다는 종래의 관념에 대한 하나의 도전 내지는 수정 요구의 의미를 가지는 것이었다. 이러한 도전이나 요구는 결국 군신공치주의를 지향하는 것으로 이를 체계화하는 데는 거의 같은 입장을 추구한 송대 신유학 특히 정주성리학에 크게 힘입었다."고 군신공치론의 이념적 근거를 정주성리학에서 찾고 있다.

이와 같은 제안은 이미 확인되고 있는 권력구조의 변화를 설명할 수 있는 논리로 주목된다. 그러나 아직 군신공치론이라는 용어를 거론한 것에 그치고 있다. '군신공치'라는 개념이 용어에 그치지 않고 당시의 정치현상을 설명할 수 있는 정치사상으로 정리되기 위해서, 그 내용이 당시의 구체적인 자료를 통해서 정리되어야 할 필요성이 있다. 또한 군신공치론을 붕당을 설명하기 위해서 사용하고 있으나, 이미 권력구조의 변화가 가시적으로 나타나고 있는 성종대부터 이러한 변화에 상응하는 논리가 개발될 수 있었음을 감안하면서, 좀 더 앞 시기부터 검토하여 군신공치론이 포괄적으로 사림의 정치권력론을 설명하는 사상으로 정립될 수 있는지에 대한 검토가 필요하다.

이 용어의 유용성에 대해서는 후속되는 연구자들에 의해서 확인되고 있다. 이병휴는 을사사화와 영남사림파의 대응을 설명하면서, '군신공치'를 바탕으로 왕권을 압박하고, 낭관-언관체제를 바탕으로 훈척세력의 정조 중심의 정국운영에 비판적인 입장을 보인, 사림파의 성장은 왕권의 강화를

---

5) 이태진 「조선왕조의 유교정치와 왕권」 『한국사론』 23, 1990.

의도하는 국왕과 정국의 주도권을 확립하려는 훈구파를 연계하도록 하였다."라고 언급하였다.[6] 군신공치라는 용어를 사림과 왕의 관계를 설명하는 데에 적극적으로 사용하고 있다.

김정신은 조광조와 이언적의 정치사상을 연구하면서, "군권과 신권이 相助相制의 균형을 이루는 정치운영론으로서의 君臣共治論을 제시하고 있다.[7] 그는 논문의 제목에까지 군신공치론이라는 용어를 사용하고 있어서, 이 문제를 비중 있게 다루고 있다는 인상을 주나, 이 논문은 군신공치를 밝히는 논문은 아니고 公認識의 변화를 설명하는 데에 주력하였고, 그 변화의 결과를 설명하기 위한 목적에서, 군신공치론이라는 개념을 이용하였다. 또한 그는 군신공치론을 정치운영론으로 파악하였다. 그는 共天位, 治天職하는 정치를 군신공치로 개념화하면서 붕당성립 이전 시기까지 이를 적용하였다.

위와 같은 연구의 상황을 볼 때에 군신공치론은 변화한 권력구조의 상황을 설명하기에 적절한 개념으로 이해되나, 아직 그 내용의 연구에는 미진한 점이 있다. 가장 먼저 선행할 것은 좀 더 다양한 자료를 통해서 군신공치의 기본적인 개념을 정리하는 작업이다. 이와 병행해서 이미 조선 초기부터도 군권과 신권의 갈등문제는 논란이 되고 있었음을 감안할 때에, 이 개념이 사림의 정치에만 관계되는 개념인지도 검토하여야 할 것이다. 나아가서 군신공치론이 정주성리학적인 영향의 소산으로 이해되고 있으나, 구체적으로 군신공치라는 개념이 정주성리학에서 사용되고 있었는지, 군신공치론이 조선의 정치상황에서 맞추어 개발된 우리만의 용어인지도 검토해야 할 것이다.

최이돈은 군신공치론의 연원과 정립과정을 살폈다. 그는 이미 고려말 신진사대부들에 의해서 공치론이 제기되었음을 지적하고, 공치론을 행정

---

6) 이병휴 「16세기 정국과 영남사림파의 동향」『조선전기 사림파의 현실인식과 대응』 일조각 1999.
7) 김정신 「조선전기 사림의 公認識과 君臣共治論」『학림』 21, 2000.

론적 공치론과 권력론적 공치론으로 나누어 고찰할 수 있다고 주장하였다. 또한 공치론이 세종, 성종대에 걸쳐서 권력론으로 정립되는 과정도 정리하였다. 그는 공치론을 변화한 왕과 관원간의 권력관계를 설명하기 위한 새로운 권력론으로 이해하였다.[8]

2) 성학군주론

정치권력론의 관점에서 주목이 되는, 다른 하나의 사림의 권력론은 성학군주론이다. 조선초의 정치사를 왕권과 신권의 길항관계로 정리할 때에, 왕권의 이론적인 근거를 어떻게 이해하고 있었는지의 문제를 살피는 것은 매우 중요하다. 성학군주론의 뿌리는 이병휴에 의해서 먼저 '현철군주론'으로 정리되었다. 이병휴는 사림이 추구하였던 군주론으로 현철군주론을 제시하면서, "군주의 기본적 자세, 즉 학문을 가까이 하고 성군현철의 행실 행적을 체인하며, 부단한 자기 성찰을 통하여 덕을 쌓음으로써 천의에 합일하도록 하는 노력이 강조되었다."고 언급하였다. 천명에 의해서 왕이 된 것은 인정하지만, 그것으로 완성된 것이 아니고 학문과 덕을 쌓아서, 천의에 합일되는 존재가 되도록 노력해야 하는 존재로서 왕의 위치를 설정하였다.[9]

이병휴는 이러한 현철군주론을 이루는 매체로 경연에 주목하고, "경연을 단순한 학문교육기관으로서의 제1차적 기능을 넘어서서, 교화, 간쟁 등 제2차적 기능이 강조되게 되는 성격상의 변화를 가져오게 되었다."고 언급하였다. 경연을 현철군주론을 이루는 매개체로서 이해하고 있는 것이다. '현철군주론'에는 대학을 바탕으로 하는 '성학'이라는 개념이 추가되지 못한

---

8) 최이돈 「조선 초기 공치론의 형성과 변화」『국왕 의례 정치』이태진교수 정년기념논총 태학사 2009.

9) 이병휴 『조선전기 기호사림파연구』일조각 1984.

한계가 있었지만, 이를 통해서 뒤에 언급될 '성학군주론'의 기본적인 이해가 정립되어 있어, 군주권의 변화와 이에 따른 인식의 변화가 잘 설명되고 있다.

현철군주론은 이태진에 의해서 수용되면서 성학군주론으로 발전할 수 있는 계기를 마련한다. 이태진은 조광조의 현철군주론을 주목하면서 "『대학』을 마련하여 군주도 성학의 세계로 이끄는 주자의 王政觀의 가치가 새롭게 주목된 것이다."라고 해석을 하면서, 현철군주론의 전개가 『대학』의 적극적인 활용과 연결됨을 파악하고 있다. 그는 대학의 이해에 대하여 기묘사림의 역할을 주목하면서, "기묘사림의 정치이념과 활동에는 『소학』 중심의 대응과 『대학』적인 방도가 섞이는 하나의 과도적 양상이 노출되고 있다."고 기묘사림의 역할을 자리매김하고 있다.

또한 이후 『대학』 중심 즉 성학 중심의 정치이념의 전개에는 이언적의 역할이 컸음을 주목하고 있다. 즉 이언적의 대학론에 의해서 그 사상적 기반이 닦여진 것으로 파악하고 있다.[10] 이태진은 군주론의 변화에 『대학』에 대한 이해가 핵심적인 것이었음을 밝혔고, 『대학』을 성학으로 여러 곳에서 지칭하였으나, 현철군주론이라는 용어는 사용하고 있을 뿐 성학군주론이라는 용어로 정식화하지는 않았다. 그러나 현철군주론에서 성학군주론으로 넘어갈 수 있는 중요한 초석을 놓았다.

이병휴는 사림의 정치사상에 대한 후속연구인 『조선전기 사림파의 현실인식과 대응』[11]에서 군주론을 좀 더 구체화하고 있다. 특히 개혁론의 일부로 군주론을 언급하고 있는데, 사림이 '현철군주론'을 지향하여서 군주를 요순의 경지까지 끌어 올릴 수 있다고 믿었고, 또한 끌어올리려고 노력하였으며, 이를 위해서 경연을 적극 활용하였다고 밝혔다. 현철군주론의 이상형으로서 요순이 거론되면서, 현철군주론의 실체가 보다 분명하게 정

---

10) 이태진 「李晦齋의 聖學과 仕宦」 『한국사상사학』 1, 1987.
11) 이병휴 『조선전기 사림파의 현실인식과 대응』 일조각 1999.

리되고 있다.

현철군주론을 성학군주론으로 정리한 것은 정재훈이다.[12] 정재훈은 「조선전기 유교정치사상 연구」에서, 『대학』의 이해과정을 중심으로 성학론이 대두되는 변화를 다루면서 성학군주론의 실상을 구체화하였다. 그는 15세기의 체제교학화된 성리학적 학풍이 성종대 사림의 등장으로 점차 다른 향상을 띠게 되었다고 보았다. 특히 『대학』은 군주에게 성학을 새롭게 인식시키는 중요한 책으로 주목되었고, 성리학의 심학화 경향과 더불어 『대학』에 대한 이론적인 모색을 통해서 성학론이 대두되었다고 보았다.

성학군주론이 구체화되는 시기로 중종대의 기묘사림을 주목하고, 조광조에 이르러 군주성학이 본격적으로 제기되었는데, 이는 "군주가 理學에 전심하여 군주의 心을 수양"할 것을 요청하는 것이었다고 파악하였다. 이러한 성학은 이언적, 이퇴계, 이율곡 등을 통해서 심도있게 정치사상으로 집대성된 것으로 이해하였다.

또한 성학론에서 왕은 道라는 학문적인 기준 즉 보편적인 기준에 따르는 존재로 이해되었고, 誠意와 正心으로 학문을 계속 강습하여야 하였으므로, 왕의 권력은 제한될 수밖에 없었다고 파악하였다. 또한 당연히 왕의 학문을 닦는 자리인 경연은 중시될 수밖에 없다고 파악되었다. 정재훈의 연구는 이병휴, 이태진에 의해서 지적된 쟁점인 『대학』의 역할에 대한 주목, 경연에 대한 중시, 기묘사림의 역할에 대한 이해 등을 그대로 이어받아, 체계적이고 밀도 있는 고증을 통해서 성학군주론을 정립하는 기여를 하였다.

이상의 일단의 연구들에 의해서 성학군주론은 그 자체의 성격규명은 일단락된 것으로 보인다. 앞으로의 과제는 성학군주론이 가지는 의미를 좀 더 구체화하기 위한 노력이 필요하다. 먼저 앞 시기의 군주론과의 비교가 필요하며, 또한 동시대의 사림정치 내에서 성학군주론이 가지는 의미를

---

12) 정재훈 「조선전기 유교정치사상 연구」 서울대학교 대학원 박사학위논문 2001.

정확히 하는 작업이 필요할 것으로 생각된다. 조선이 성리학에 기초한 국가인 만큼 조선 초기의 군주론 역시 성리학적인 군주론일 수밖에 없는데, 이때의 군주론을 어떻게 설명할 수 있는가 여하가 성학군주론의 역사상을 선명하게 하는 길이라고 생각된다. 또한 성학군주론은 사림정치의 일부분으로 자리매김을 하고 있는데, 성학군주론을 군신공치론 등의 정치권력론, 붕당론 등의 정치운영론 등과의 관련지어 설명한다면, 성학군주론의 위상이 보다 선명하게 정착될 수 있으리라고 생각한다.

2. 정치운영론

사림이 등장하면서 나타나는 권력구조의 변화는 당연히 정치운영방식의 변화를 수반하는 것이었는데, 이것이 공론정치와 붕당정치 형태로 나타났다. 공론에 입각한 정치의 운영 이것이 공론정치였다. 그간의 연구에 의하면 사림이 중앙정치에 등장하면서 새로운 정치세력으로 부각되면서, 여론에 의한 정치운영을 추구하였고, 재야 사림의 여론을 공론으로 수용하려 노력하였다.

공론에 의한 통치를 이상시하는 것은 이미 조선 개국기에서부터 나타났지만, 공론형성층이 재야사림과 성균관 유생을 중심으로 형성되고, 이를 언론삼사와 낭관들이 수용하면서, 공론 정치는 사림의 중요한 정치운영방식으로 자리 잡기 시작하였다. 이러한 변화는 성종대에서부터 나타나기 시작하여, 중종대에는 상당한 정도 자리를 잡았고, 선조대에 이르면 붕당정치와 연관되면서 중요한 정치운영방식으로 정립된 것으로 밝혀지고 있다.

붕당정치는 붕당의 상호 견제와 조화 속에서 정치를 운영하는 방식으로, 사림에 의해서 정치적 주도권이 장악된 선조대 이후에 나타나는 정치운영 방식으로 이해되고 있다. 물론 붕당정치라는 용어를 초기에는 넓은 의미에서 사림정치와 같은 뜻으로, 사림이 정치를 장악한 이후에 나타나는 정치체제 전반을 의미하는 것으로 사용하기도 하였다. 그러나 최근에는 이에 대한 연구가 진전되면서, 사림정치의 일부분인 운영방식에 한정하여서 사용하는 사례들이 늘고 있다.

1) 공론정치

사림이 정치세력으로 자리를 잡으면서, 재야사림은 공론형성층이 되어 공론이 활발하게 형성되고 공론에 의한 정치도 가능해 졌다. 이러한 변화를 처음으로 지적한 것은 최이돈이다. 그는 공론정치를 정치참여층의 확대라는 각도에서 접근하여, 공론의 개념, 공론형성층, 공론의 수용기구, 공론과 붕당정치의 관계 등을 중심으로 사림의 등장이후 공론이 활성화되고 정착되는 과정을 정리하였다.[13]

그는 조선 초기부터 공론은 인심이며 천심으로, 모든 민은 공론형성층일 수 있다는 인식이 있었으나, 정치구조가 실제적으로 공론을 수용하도록 형성되지 않아서, 조선 초기에는 공론정치가 제대로 형성되지 못하였다고 파악하였다. 사림의 등장이후에 공론정치가 형성되기 시작하였는데, 이는 먼저 공론을 형성하는 층이 관원층 내부에서, 그리고 재야의 사림에서 만들어졌다고 보았다.

공론형성층에 의해서 형성된 공론은 언관과 낭관 등을 통해서 수용되었다고 보았다. 공론이 형성되면서 이에 입각한 정치인 공론정치가 전개될 수 있었으나, 명종 중종대의 훈신과 권신의 등장으로 공론정치는 부분적으로 진행되었으나, 선조대에 이르러 사림이 정치적 주도권을 잡게 되면서 공론정치가 정착되었다고 보았다. 또한 붕당정치가 공론을 바탕으로

---

13) 최이돈 「선조 초 공론정치의 강화」 『16세기 사림의 진출과 정치구조의 변동과정』 서울대학교 박사학위논문 1991.

운영되면서, 공론정치에 입각한 정치의 운영은 붕당정치와 밀접한 관련
하에 정착되었다고 주장하였다.

김돈은 유생층의 공론형성을 중심으로 공론정치의 실상을 밝혔다. 김돈
은 사림정치와 붕당정치의 전개는 군신 권력관계의 변동과 유생층의 공론
형성을 통한 정치참여층의 확대라는 정세의 반영이라고 보면서, 구체적으
로 유생의 공론을 통한 정치참여를 중종대와 명종대로 나누어서 검토하였
다. 그는 중종대의 유생층의 정치참여는 종종 25년 이후 기묘명현의 소통
을 주장하면서 나타났고, 유생들의 집단상소를 통해서 소통논의가 제기되
어 결과적으로 기묘명현이 소통되고, 김안로가 축출되면서 유생들이 정치
참여가 관행화되었다고 보았다.14)

명종대에는 보우의 처벌을 중심으로 유생들의 공론이 전개되었고, 보우
처벌을 주장하는 유생들의 공론은 조직적이고 집단적인 양상을 띠고 제기
되었다고 보았다. 이러한 움직임을 통해서 성균관 유생에서 중외유생층으
로 공론의 형성범위가 확대되는 정치상황이 전개되었다고 파악하였다. 김
돈은 연구를 통해서 구체적인 정치 사안에서 공론의 역할이 어떠하였는지
를 보여주면서 공론정치의 실상이 구체화되었다.

설석규는 공론정치의 이해를 儒疏를 중심으로 고찰하면서, 공론정치의
이해를 구체적인 실증을 통해서 한 차원 높였다. 그는 사림의 정치적 성장
과 공론정치의 대두라는 점에서, 제외될 수 없는 것이 유소의 존재라고 보
고, 유소는 생원진사와 유학층을 포함하는 일반유생들이 관학 또는 지방
을 배경으로 행하는 상소로 정의하였다.15)

그는 유생의 상소는 조선 초기 이래로 용인되었으나, 공론의 차원에서
인식된 것은 아니었다고 보았다. 또한 향촌의 재지세력인 사림이 성장하
면서, 공론의 중요성이 부각됨에 따라 유소는 대간의 언론과 함께 중요한

---

14) 김돈 「16세기 전반 정치권력의 변동과 유생층의 공론형성」 서울대학교 박사학위
    논문 1993.
15) 설석규 「16세기 전반 정국과 유소의 성격」 『대구사학』 44, 1992.

비중을 차지하게 되었다고 보았다. 그는 중종대에서 명종대에 이르는 시기의 유소의 동향과 성격을 사림의 성장이란 측면에서 검토하였다.

시기별로 유소의 숫자적인 변화양상을 비교하여, 사림의 부침과 그것의 양적 변화와의 관련성을 살펴보고, 유소의 내용을 정국의 변동 상황과 연관을 지어 분석함으로써, 그것이 공론으로 성장해 가는 과정과 방식의 일단을 파악하였다. 이러한 작업을 통해서 재야사림이라 할 수 있는 유생들의 정치참여의 방식과 성격을 규명함으로써, 그들이 16세기 전반의 정치사에서 차지하는 위상을 규명하고자 하였다.

결론적으로 척신정권의 몰락이후 사림의 정국주도가 확립되어 가는 과정에서, 유소는 대간의 언론과 함께 공론으로서 확고한 기반을 다져가고 있었고, 유생들은 공론형성층으로서의 지위를 인정받기에 이르렀다고 보았다. 이러한 동향은 유소로 하여금 이어서 전개되는 붕당정치에 자연스럽게 포섭되어, 재야의 공론으로서 정국의 변동에 상당한 변수로 작용하게 되는 단초를 열어주고 있다고 보았다.

설석규 그의 학위논문에서 본격적으로 유소를 검토하였다.16) 그는 사림정치나 붕당정치 존립의 명분으로 인정되는 공론의 운영실상에 대한 구체적인 검토가 미진하다고 전제하였다. 그는 기왕의 논문을 심화시키고 확대시켜서 시기를 16세기에서 18세기에까지 넓히고, 유소의 상소경위를 관유와 향유로 나누어서 시기별로 전체적인 추이를 검토하였다. 구체적으로 2200여건의 유소를 내용에 따라서 諫爭, 彈劾, 論事, 時務, 請願, 辨誣疏 등으로 나누고, 이를 다시 시기별 지역별로 나누어 추이를 분석하였다.

또한 중종대에서 영정조대에 이르는 과정에서의 유소의 역할을 시기별로 나누어서 검토하였다. 먼저 중종에서 선조대에 이르는 기간을 유소가 공론으로서 위상을 확립하는 과정으로 파악하였고, 광해조에서 숙종조에 이르는 기간을 붕당과 연결하여 공론 대결의 양상과 군주의 대응하는 상

---

16) 설석규 「16-18세기의 유소와 공론정치」 경북대학교 박사학위논문 1994.

황을 밝히고, 마지막으로 영정조간에서는 공론정치가 파탄으로 치닫는 양상과 이를 극복하기 위한 군주의 적극적인 방향의 모색을 탕평책과 더불어 검토하였다.

그는 결론적으로 조선시대 정치는 사림의 공론에 토대를 둔 구조로 전개되었으며, 정치세력의 견제 및 대립은 공론대결로 집약된다고 보았다. 공론정치의 확립은 유생의 정치적 위상을 제고하는 것임과 동시에 유생의 공론형성을 촉진하는 것으로 보았다. 공론정치가 명분을 중시하는 정치구조로 정착됨으로써, 정치세력은 유생공론에 의존하는 것이 불가피하였고, 유생들은 정치세력의 사회적 기반으로 기능하였다고 이해했다.

특이한 점은 조선시대 공론정치에 있어 공론의 주재자는 군주였으며, 공론성 여부는 군주의 정치적 판단 내지는 이해에 의해 좌우되었고, 따라서 공론정치의 양상은 군주의 정국운영 방향과 조정능력에 의해 직접적인 영향을 받고 있었다고 파악하여, 공론정치 하의 왕의 권한은 오히려 확대되었다고 보고 있다.

이와 같은 주장은 공론정치가 정치참여층을 확대한다는 면에서, 왕의 권력을 분산시킨 것이라는 기존의 견해와 배치된다. 이와 같은 배치는 공론정치를 여러 시기로 나누어서 그 변화를 검토하면서도, 이에 대응하는 왕의 역할을 시기를 나누어서 파악하지 않은 결과로 이해된다. 즉 정치체제가 붕당정치에서 환국정치, 탕평정치로 변화하면서, 공론의 역할도 변화하였을 뿐 아니라 왕이 조정역할도 변화하였다. 그러므로 왕의 공론의 조정자로서의 역할을 한 것은 붕당이 변질된 환국, 탕평의 국면에서는 강화될 수 있는 것이었으나, 공론정치 본래의 것으로 보기 어렵다.

2) 붕당정치

사림의 정치운영론으로 일찍부터 주목을 받은 것은 붕당정치론이다. 붕당정치에 대한 적극적인 평가를 하고 이를 『붕당정치론』으로 정리한 것은 이태진이다. 그는 일제의 관학자들에 의해서, 당파로서 부정적으로 인식하던 조선중기의 정치를 바르게 해석하는 것이 필요함을 피력하면서, '당쟁'이 아닌 '붕당정치'로 파악해야 할 것으로 제기하였고, 중국의 붕당론의 변화에 대한 이해를 바탕으로, 붕당정치가 단점도 없지는 않지만, 정치의 공도의 실현을 위해 현실적으로 강구될 수 있는 최선의 것이라고 파악하였다. 또한 붕당정치는 우리의 중세사회가 이룩할 수 있었던 정치체제로서 발전된 것이라고 파악하였다.[17]

이태진은 위와 같은 견해를 보다 체계적으로 정리한 것은 사회경제사 연구를 통해서 사림의 기능성을 충분히 검토한 이후에, 다시 정리한 이태진의 「당쟁을 어떻게 볼 것인가」에서였다.[18] 그는 여기에서 먼저 당쟁이라는 용어를 대신 붕당을 사용할 것을 요청하였다. 즉 조선중기에 나타나는 정치적인 변동을 당쟁이라는 부정적인 용어를 사용하는 것에 문제의식을 제기하고, '조선왕조 당대에는 당쟁이 아니라 붕당이라는 말이 자주 쓰였음을 지적하면서, 당대에 쓰였던 용어인 붕당을 사용하는 것이 타당함을 주장하였다.

또한 그는 붕당이라는 용어가 가지는 역사성을 파악하기 위해서, 먼저 중국에서의 붕당의 용례를 검토하였다. 그는 검토를 통해서 송대의 구양수와 주자에 이르러 붕당에 대한 인식이 급선회하고 있음을 확인하면서, 중국에서도 붕당이 부정적이 아니고 긍정적으로 사용되고 있음을 밝히고 있다.

그는 그러한 중국사회에서의 변화의 원인을 추구하면서, "중국 송대에서의 이와 같은 붕당관의 급선회는 하나의 역사적인 발전으로, 이것은 같은 시기에 양자강 남쪽 지역의 개발과 같은 경제적 성과를 배경으로 하여,

---

17) 이태진 「중앙 오영제의 성립과정」 『한국군제사-조선후기편』 1977.
18) 이태진 「당쟁을 어떻게 볼 것인가」 『조선시대 정치사의 재조명』 1985.

정치참여 자격층이 확대된데 따른 것이었다."라고 해석하였다. 즉 붕당은 새로운 정치세력의 형성과 참여층의 확대를 반영한 새로운 정치방식임을 주장하고 있다. 이러한 중국의 붕당관이 조선에도 수용되었는데, 고려 말 이래 경제 사회적으로 거의 비슷한 과정을 거치면서 붕당을 수용하게 되었다고 파악하였다.

　　그는 좀 더 구체적으로 수용되는 상황을 설명하면서 16세기 사화기에는 "사림계는 구양수의 붕당론에 근거하여, 권세로서 비리를 자행하는 훈척계를 소인의 당이라고 규탄하였던 것이다."고 보았고, "선조 즉위 무렵부터 사림계의 우세 아래 구양수, 주자의 붕당론이 정론의 자리를 확실히 정하게 된다."라고 언급하였다. 이후의 변화에 대해서는 인조반정 이후에는, "어느 쪽이나 修己의 노력을 통한 군자의 당의 면모를 서로 부정할 수 없는 여건에서, 군자, 소인의 대립적 관계만을 설정하고 있는 구양수, 주자 두 사람의 붕당론으로서는 양당의 공존 체제를 설명하거나 이끌기 어렵지 않느냐는 지적이 나오기까지 한다."라고 조선적인 붕당관으로의 발전까지를 전망하였다.

　　이와 같은 이태진의 연구는 붕당을 근본적으로 다시 생각해 볼 수 있는 계기가 되었다. 특히 붕당을 조선만의 현상이 아니라 중국을 포함한 주자학적 사회에서 일어날 수 있는 정치적 변화로 자리매김하여, 당쟁으로 연구되었던 그간의 조선중기 정치현상을 보다 객관적으로 검토할 수 있는 전기를 제기하였다. 특히 붕당론의 변화 발전과정을 제시함으로써 이후 붕당연구의 시금석을 제시하였다.

　　이어서 이태진은 「조선시대의 정치적 갈등과 그 해결」[19]에서 붕당정치가 전개되게 된 사회경제적인 배경을 상론하고 있다. 그는 붕당정치가 전개된 배경을 밝히는 이유를 거론하면서, 그간의 조선 중기사에 대한 사회경제적 이해가 붕당을 부정적으로 보는 근거가 되었다고 보았다. 그는 "경

---

19) 이태진 「조선시대의 정치적 갈등과 그 해결」, 『조선시대 정치사의 재조명』 1985.

제적으로 16세기부터 17세기 전반기까지는 왕조 초기에 닦여진 모든 통치 기반이 와해되어, 혼란과 모순이 쌓이고 때마침 왜란 호란 등의 외침이 닥쳐, 그 무력함이 노정되었을 뿐인 그런 역사상으로만 비쳤다."라고 파악하고 이어서 "이러한 이해는 사화 당쟁에 대한 부정적인 인식의 소산으로 구체적인 고찰을 통해 내려진 것도 아니었다."라고 파악하였다.

그는 오히려 사화와 같이 정쟁이 격렬했던 것은 사회변동이 그만큼 컸기 때문이었다고 언급하고, 그러한 변동의 배경으로 '상품유통의 발달'을 제시하고 있다. 그는 16세기의 상품유통의 발전의 배경으로는 15세기에 이루어진 농업경제력의 신장에 접속한 것으로 파악하고, 우리농업은 14세기 후반부터 휴한법에서 벗어나 연작상경이 보급되는 기술상의 중대한 변화가 있었고, 『농사직설』의 편간에서 볼 수 있듯이 새왕조에서도 정책적인 면에서 적극적으로 지원되면서, 지력회복을 위한 시비의 강구와 제초방식 등의 문제를 해결한 위에서 단위면적당 생산력이 증대하였고, 이러한 성과가 16세기 상업발달의 바탕이 되었다고 보았다.

16세기 상업을 위해서 유통망이 필요하였는데, 이는 15세기 말부터 나타난 場門이었다고 보았다. 16세기 초반에는 전국화되기에 이르는 지방의 장시는 5일장 형태의 장이었다. 상업이 이전에 없었던 것은 물론 아니나, 전국적인 유통망을 기반으로 하는 상업경제는 이때부터 시작하여 지속적으로 발전을 이루어갔다고 보았다. 이러한 성과는 대외무역도 자극하였고, 이를 위하여 결제화폐인 은을 개발하기 위한 은광업이 발전하였다고 보았다. 물론 그 이면에서는 농업에서의 발전도 지속되었고, 천방기술의 보급과 간석지를 이용한 경지의 확보를 통해서 농업도 계속 확대 발전하였다고 파악하였다.

16세기에 확인되는 이상과 같은 경제현상들은 새로운 발전을 뜻하는 변화로, 이러한 변화는 기존의 농업 중심의 경제체제를 뒤흔들어 놓는 것이었고, 새로운 재원을 둘러싼 계층 간의 갈등 알력도 적지 않게 야기될 형세였다. 사화는 이러한 갈등, 알력이 중앙정국에서 폭발된 것으로서, 횟수가 여러 번 이었고 또 대립의 양상이 극단적이었던 것은 경제변동의 정도가 그만큼 컸기 때문이었다고 보았다.

이와 같은 이태진의 연구는 붕당의 사회경제적인 배경을 배명한 것으로, 붕당연구에 활력을 불어 넣었다. 특히 16세기의 사회경제사에 대한 이해는 당시까지 거의 공백으로 남아 있어서, 사림의 대두와 활동이 가지는 의미를 설명하기 어려웠음을 극복하는데 크게 기여하여, 붕당정치 뿐 아니라 사림과 사림정치 전반을 바르게 볼 수 있는 배경을 제공하였다.

최이돈은 이태진이 제시한 붕당정치론을 구체적으로 정치의 현상을 가지고 설명하려고 시도하였다.[20] 그는 먼저 붕당관에 대한 인식도 진전이 되어서, 새로운 운영방식으로 붕당의 정립이 가능케 되었다고 보면서, 중국의 붕당론이 조선정치에 어느 시기에 정착되는 지를 밝히려 하였다.

붕당에 대한 긍정적인 인식은 연산군대까지만 해도 형성되지 못하였다. 그러므로 무오사화 피해자의 죄목은 붕당을 형성했다는 것이었다. 중종대에는 붕당의 기능성이 인정되고 붕과 당으로 나누어서 구별하려는 노력이 있었으나, 그것도 논리적인 차원에서 그치고 실제에는 붕당을 죄악시하는 경향이 있었다고 보았다. 이러한 인식은 정치구조의 변화를 긍정적으로 수용하는데 저해요소로 작용하였다. 그러나 선조대에 이르면 붕당에 대한 긍정적인 인식이 신료와 왕에게 분명하게 형성되어, 붕당에 대한 긍정적인 인식이 심화된 데에는 붕당을 당연시할 뿐 아니라, 왕까지도 붕당에 끌어넣어야 한다고 주장하는 주자의 붕당에 대한 인식의 수용이 크게 작용하였다고 보았다. 이러한 붕당인식의 변화 까닭에 서로의 다른 정치집단적 구성을 인정할 수 있는 바탕이 형성되어, 상호대결이 사화와 같은 극단적인 상태로 흐르지 않을 수 있었다고 보았다.

또한 그는 사림의 진출로 나타난 모든 정치를 망라하는 의미에서 붕당

---

20) 최이돈 「16세기 낭관권의 성장과 붕당정치」『규장각』 12, 1989.

정치라는 용어를 제한적으로 사용할 것을 제안하였다. 정치를 좀 더 섬세하게 이해하기 위해서는 정치의 구성요소들을 나누어서 검토하는 것이 필요하므로, 붕당정치를 정치운영방식으로 제한하여서 사용할 것을 제시하였다. 즉 붕당정치를 사림정치의 운영방식으로 파악하는 입장을 제시하였다. 붕당정치를 운영방식으로 볼 때, 붕당정치 운영은 결국 공론의 수용구조를 형성하는 것으로, 공론정치와 불가결한 관계에 있음을 언급하였다.

또한 붕당정치 형성의 권력구조적 배경을 해명하려고 노력하였다. 붕당을 권력구조와 연결 지어서 파악하였다. 붕당정치는 권력구조의 관점에서 볼 때에, 명종 말 선조 초기에 걸쳐서 언관권과 낭관권이 성장하고 정착되는 권력구조의 소산으로 파악하였다. 사림이 언관권과 낭관권은 물론, 대립관계에 있는 재상권까지 장악하여, 권력을 모두 장악하면서 정치의 운영 형태에 변화가 불가피하게 되었는데, 이것이 붕당정치의 운영으로 나타난다고 파악하였다. 결론적으로 붕당정치는 언관과 낭관의 정치력 강화 이후, 변화된 정치구조가 가지는 내재적인 성격의 귀결이었으며, 사림이 추구해온 공론정치 실현을 위한 새로운 정치운영방식이었다고 보았다.

정만조는 붕당에 대한 인식인 '붕당론'을 연구하였다. 그는 조선중기에 붕당론이 어떻게 성립 전개되었는지를 정리하였다. 정만조는 붕당론에 대한 "선행의 연구가 거의 대부분 각 왕대를 단위로 한 붕당사의 정리에서 부분적으로 언급되었거나, 정치현상의 설명에 부수되어 정리된데 그쳤고, 이를 주제로 하여 전체적인 안목에서 본격적으로 다룬 연구는 아직 없었다."라고[21] 연구의 이유를 달고 있다.

그는 "붕당론은 결국은 붕당정치운영의 기초가 되었던 정치이론이며, 상기한 붕당정치론의 내용을 구성하는 핵심적 요소라는 점을 고려한다면, 정국운영방식과 같은 붕당정치의 다른 측면에 비해, 붕당론에 대한 연구가 지금처럼 빈약한 상태에 있어서는 안 될 것이다."라고 주장하였다. "붕당정

---

21) 정만조 「16세기 사림계 관원의 붕당론」 『한국학논총』 12, 1990.

치론의 내용의 타당성을 점검하고 또 그 문제점의 보완을 기한다는 면에서 도 붕당론에 대한 검토는 반드시 수행되어야 할 것이다."라고 보았다.

그는 연구의 시기를 제한하여 "붕당정치가 사림에 의하여 처음으로 출현하여 뿌리를 내리게 되는 16세기에 국한시키고자 하며, 아울러 중국에서 붕당활동이 가장 활발하였던 송대의 구양수 주자의 붕당론을 함께 살펴 그것이 조선의 사대부층에 어떻게 수용되어 영향을 미쳤는가를 살펴, 그것과의 비교를 통하여 조선 붕당론의 특색을 부각시켜보고자 한다."라고 연구목적을 밝혔다.

그는 먼저 중국의 구양수와 주자의 붕당론을 상세히 다루고, 다음으로 조선 초기의 변화를 살피고 있다. 중국에서도 붕당은 부정적으로 인식되었으나, 송대에 이르러 구양수와 주희 등에 의해서 붕당긍정론이 형성되었음을 살폈다. 조선 초기에는 『대명률』의 吏律 奸黨條의 규정에 따라서 붕당을 죄악시하였고, 이 규정에 따라서 임사홍과 같은 경우에 처벌이 되었음을 밝혔다.

붕당에 대한 인식이 진전된 것은 기묘사림이 등장한 중종대였고, 이시기에 '君子小人辨'으로 사류의 집단적 결속을 설명하였다고 보았다. 도학을 신봉하고 실천하는 존재로서의 군자집단의 형성은 자연스러운 현상으로 보았고, 구양수와 같이 군자의 결합은 붕으로 소인의 결속은 당으로 이해하였다. 기묘사림은 자신들의 결속은 사우관계로 해석하고 있는데, 이는 붕당 형성의 토대로서 학연성이 부여된 것으로 파악하였다. 이때까지는 불법적이고 심지어는 죄악시까지 되고 있던, 군주제하에서의 신료간의 집단형성에 대한 합리화를 조심스럽게나마 처음으로 시도하고, 또 붕당형성의 계기로서 학연성이 강조되었다고 주장하였다.[22]

이후 선조대에 들어서 붕당론은 단순히 군자소인론적 차원을 넘어서, 그 내용과 논리를 보다 풍부하게 그리고 정치화하면서 활발히 논란되면서,

---

22) 정만조 위의 논문.

조선적인 붕당론이 정립된다고 보았다. 선조 초기에 붕당론이 이이에 의해서 다듬어지면서 붕당조정론이 제시되었고, 집권세력에 의한 상대당의 인물을 선별 수용하는 형태의 조종론이 인조대까지 붕당정국 운영을 뒷받침하는 기본정치논리가 된 것으로 이해하였다.

지두환은 붕당론에서 중요한 쟁점이 되는 군자와 소인의 문제를 검토하였다.[23) 군자소인 논의는 주자학의 중심 주제 중에 하나로, 군자는 이상적인 인간상으로, 소인은 배격하여야 할 인간상으로, 조선 초기부터 계속 언급되었다. 붕당론이 이해되면서 정치적 의미가 더욱 부각되면서, 군자는 바람직한 정치집단, 소인은 부정적인 정치집단으로 이해되었다. 구양수 붕당론에 보이는 군자의 붕과 소인의 당에 대한 분류가 수용되면서 이러한 생각은 더욱 강화되었다. 그러므로 군자와 소인을 분변하는 것은 중요한 과제이었다.

지두환은 군자소인의 기준이 무엇이었는가를 검토하였다. 군자소인의 모델을 『대학연의』에서 제시하고 있는 기준을 가지고, 특히 조선시대 각 시기에서 사마광과 왕안석을 어떻게 평가하고 있었는가를 통해서, 군자와 소인을 나누는 기준을 설정해보려고 하였다.

대학연의에서 소인의 대표적인 세 가지 기준으로 姦臣, 讒臣, 聚斂之臣을 들고 있는데, 이 세 가지 모두에 해당하는 인물이 왕안석이었다. 왕안석의 "天變不足畏, 祖宗不足法, 人言不足恤."이라고 발언한 것에 기인한 '三不足說'이 왕안석을 비판하는 기준이었다. 조선 초기는 왕도정치를 추구하고 있었지만, 패도정치를 절충하고 있어서 왕안석의 개혁론에서도 취할 것은 취하고 버릴 것은 버린다는 입장이었다. 그러나 세종 말 집현전을 중심으로 성리학 이념에 대한 이해가 확립되면서, 이러한 절충을 지양하고 왕도정치를 전면에 실시하려는 노력이 기울여졌다.

성종대에 사림과 훈구의 대립이 나타나면서 군자 소인의 대립으로 이해

---

23) 지두환 「조선전기 군자 소인 논의」 『태동고전연구』 9, 1993.

되었고, 군자소인론의 명확한 기준으로 확립되었다. 그러나 중종대에는 기묘사림이 급진개혁을 추진하여, 조종의 법을 변란시켜 신법을 시행하려 하였다는 관점에서, 왕안석과 같은 무리로 비판을 받았다.

지두환은 결론으로 조선전기 군자 소인 논의는 단순히 체면을 차리는 용어나 개념이 아니고, 성리학을 이해하여 가며 이상사회를 건설하는 개혁이념으로, 성리학을 체득하여 실천해 가는 사람들이 선각의 기준으로 설정해 놓은 인물상이었다고 보았다. 따라서 조선전기에서는 물론 조선후기에서도, 私보다 公을 우선하여 개혁을 주도하며 이상사회를 건설하여 간 사람을 군자, 군자당이라 하고, 이를 표방하면서도 실제로는 공보다는 사를 우선하고 개혁을 방해하여, 사회를 혼란에 빠뜨린 사람을 소인, 소인당이라고 이해하였다.

정만조는 붕당정치의 형성을 학파와 연관시켜서 구명하였다.[24] 정만조는 붕당정치란 사림정치를 구성하는 여러 요소 중의 하나로서, 사림이 이상으로 삼는 성리학적 정치이념의 구현을 위해, 공론을 앞세운 언론권의 재상권에 대한 비판과 견제, 그리고 붕당 상호간에도 의리명분 논쟁을 통한 상호비판과 견제를 내용으로 하는 정치운영방식에 국한시켜야 한다고 전제하고,[25] 붕당정치는 엄밀한 의미에서는 붕당에 의해서 수행되는 정국운영방식을 의미한다고 언급하고 있다.

정만조는 붕당을 보는 이러한 견해 위에서, 정치활동에 참여한 개개인의 사상적 성향과 맥락이 거기에 어떻게 영향을 미쳤는지에 대한 고려가 거의 없다는 사실을 지적하였다. 그는 조선중기의 붕당중심의 정치라던가 사림위주의 정치이해는 유학사상과 밀접히 연관되어야 할 것으로 보았다. 그 개개인 사상의 연결을 통해, 계보의 형성과 그 계보가 갖는 사상적 특징이 정치현실에 어떻게 구체화하며, 정치조직으로 드러나고 어떤 정치활

---

24) 정만조「조선중기 유학의 계보와 붕당정치의 전개」『조선시대사학보』17, 2001.
25) 정만조「조선시대의 사림정치」『한국사상의 정치형태』1993.

동을 보이는지, 또 현실적 필요와의 조정위에서 제도의 수립과 변용으로 드러나는 지에 대한 연구가 더욱 진행되어야 할 것 같다고 보았다.

그는 이 논문에서 그 준비과정으로 유학계보의 파악과 그런 계보가 붕당의 인적 구성에 어떻게 연관되며, 겸하여 붕당정치의 전개과정에는 어떻게 반영되는가를 파악하는데 중점을 두고 있다. 정만조가 붕당의 형성을 학문적 계보의 문제로 파악하고 있는데, 이는 붕당정치를 정치세력과의 연관을 설명해 보려는 것으로 발전적으로 이해된다.

최근 남지대는 붕당정치의 성립의 검토하였다.[26] 그는 그간의 붕당정치과 정치사에 관한 연구성과를 바탕으로, 붕당정치의 형성을 가능케 한 정치구조적 배경을 정리였다. 그는 조건들로서 전제왕권의 상대적 약화, 정치참여층의 확대와 등질화, 정치갈등의 심화와 제도적 조정장치, 정치이론으로 붕당론의 수용, 학파를 모집단으로 하는 정치세력의 집단화와 붕당의 재생산 기구로서 서원 등을 제시하였다.

그는 붕당론에 대해서 정리하면서, 붕당을 극형의 죄목으로 보는 부정적인 붕당인식은 훈구, 훈척들이 사림계를 붕당으로 처벌하는 근거였다고 보았다. 기묘사림은 적극적인 붕당론을 펴지 못하였으나, 조광조는 군자의 붕과 소인의 당을 구별하여, 도학을 실천하는 군자집단의 형성을 자연스런 것이라며 사림의 정치집단화를 옹호하였다. 이후 붕당의 처벌은 반복되었으나, 붕당 인식은 정치세력이 대립하는 정치현실에 맞게 변하여 갔다고 보았다.

선조 초 사림이 정국을 주도하면서, 주희의 붕당론이 정치이론으로 수용 변용되어 갔고, 선조 5년 이이는 붕당 자체가 문제가 아니라, 군자당과 소인당의 변별이 문제라고 군자당의 정당성을 주장하였다고 보았다. 선조 8년의 『성학집요』에서는 선비의 붕당이 성할수록 임금은 더욱 성군이 되고, 나라는 더욱 평안하게 된다며 붕당을 적극적으로 합리화하였고, 이로

---

26) 남지대 「조선중기 붕당정치의 성립기반」『조선의 정치와 사회』 2002.

써 붕당정치의 정치이론으로 붕당론이 수용되었다고 보았다.

이후 동서 대립이 심화되자 이이는 동서 명목을 없애는 사류의 보합을 주장하고, 그 방법으로 분쟁을 없앤 뒤 집권세력이 동서 명목에 구애되지 말고, 인재를 등용하여 調劑하자는 조정론을 제시하였다. 선조 16년 이이의 조정론은 동서 붕당이 정립한 현실을 방영하여, 당을 없애려 하면 나라가 망한다며, 동인 서인에서 군자 소인을 변별하여, 군자를 등용함으로써 조제하자는 것으로 바뀌었다. 이이의 이러한 조제론은 붕당론의 조선적 변용이며 조선 붕당론의 특징이었다.

이와 같은 남지대의 정리는 그간의 정치사적인 성과를 총망라하는 것으로, 이로써 붕당정치론에 대한 논의가 한 단계 마무리되는듯한 인상을 준다.

3. 정치개혁론

사림의 정치사상 중에서 많이 연구된 분야가 정치개혁론의 분야이다. 개혁론은 사림이 어떻게 당시의 사회를 변화시키고자 하였는가의 문제로, 당시의 용어로 본다면 경세론에 해당될 수 있겠다. 경세론에는 정치뿐 아니라 경제, 사회 등 모든 영역에 대한 제반 사항이 표출되어서, 정치사상은 물론 경제사상, 사회사상까지 포괄하는 개념이다. 그러므로 여기서는 가능하면 정치사상에 한정해서 다루고자 한다.

사림의 정치개혁사상에 대한 연구는 이병휴에 의해서 시작되었다. 이병휴는 『조선전기 기호사림파연구』에서 사림파의 개혁정치와 그 성격을 구명하였다.[27] 그는 개혁정치의 시작을 명분의 회복과 구제의 혁거에서 시작하고 있다고 보았다.

여기서의 명분의 회복을 '전통적 명분'의 회복으로 파악하고, 구체적으로

---

27) 이병휴 『조선전기 기호사림파연구』 일조각 1984.

소릉의 복위, 노산군 연산군 입후, 무오 갑자사화 피죄인의 신원, 신씨 복위 등 일련의 사안을 통해서 구체적으로 살피고 있다. 이는 이러한 논의들은 결국 계유정란, 세조즉위, 중종반정 등 정변 자체는 돌이킬 수 없는 역사적 사실로 받아들이면서도, 절대가치로서 통시대적 의의를 지닌 절의와 명분 만은 정변 이전의 상태로 환원시키려는 것이었다라고 평가하고 있다.

이와 더불어 그는 궁중의 인습의 혁파와 사전제도의 정비 등을 구제의 혁거라는 입장에서 주목하였다. 이와 더불어 그는 정치제도개혁을 언급하 면서 향촌질서의 수립, 새로운 인제등용제의 채택, 경연활동의 강화 등을 거론하고 있다.

사림파의 개혁정치는 현실적으로는 낡은 제도 질서의 개혁을 통하여 새 로운 질서의 수립을 지향한 것이나, 궁극적으로는 유교적 이상향인 '요순 삼대'로의 복귀 즉 至治에 그 이상을 두고 있었다고 보았다. 이러한 관점 에서 개혁을 위한 서적의 간행 및 이용에 주목하였다. 그는 먼저『주문공 가례』를 주목하여 주자가례에 따른 예전의 운영은 조선 초기부터 노력되 었고, 세종대의 오례의 제정에도 수용되었으며, 이는『경국대전』의 예전 오복조로 법제화되었다고 보았다. 사대부들은 주자가례의 준행을 위하여 노력하였으나, 전통적 祀典 질서를 극복할 만큼 성숙되어 있지 못하였고, 이는 기묘사림의 과제가 되었다고 보았다.

그는 또한『삼강행실』『소학』의 서적을 널리 보급하고, 중종대에는『속 삼강행실』『이륜행실』등이 간행되었음을 주목하고, 이러한 변화는 반정 이후 새로운 윤리질서를 추구한 사림파의 진출과 그들의 개혁의지가 수반 되었기 때문이라고 보았다. 그러므로 사림은『주문공가례』, 삼강오륜에 관한 서적과 함께『소학』과 같은 행동강령 등 실천적인 면을 강조하자 않 을 수 없다고 보았다. 특히『소학』은 성리학이 설정한 교육목표를 집약한 것이라 할 수 있으며, 그 같은 교육을 통하여 성취될 것으로 그들이 기대 한 사회는 요순 三代의 이상사회로 파악하였다.

그는『근사록』『성리대전』에도 주목하였으나, 성리학의 근본원리에 대한 이해수준이 향상되어 사림의 주관심사로 등장하는 것은 뒷날을 기다려야 했고, 당시로서는『소학』『주문공가례』와 같은 성리학적 윤리규범을 실천하는 경험교육이 강조되고, 일반적인 수준도 거기에 머물러 있었던 것이 사실이라고 당시 이해수준의 한계도 지적하였다.

이병휴의 사림의 정치사상연구는 후속연구인『조선전기 사림파의 현실인식과 대응』으로 이어졌다. 특히 그는 정치사상에 대하여 여러 가지 관점에서 정리하고 있는데, 그 중 한부분인「사재 김정국의 개혁론과 그 성격」에는 정치사상을 파악하는 입장을 잘 정리하고 있다. 그는 '명분론', '군주론', '관직론 및 관인론', '인재론' 등으로 나누어 정치사상을 정리하고 있다.[28]

'명분론'에서는 사림이 이미 손상된 명분을 회복하는 것을 목적으로, 노산군의 봉사의 문제인 昭陵復位와 세종의 아들로 세조대에 죽임을 당한 금성대군 종족의 복권 등의 문제를 제기하였다고 보았다. 이는 정치적 정통성을 反世祖的, 그리고 反燕山君的인 정서에서 찾으려한 것으로, 성리학적 정통성과 연결하면서 사림의 정치적 정당성을 확보하려는 노력이었다고 보았다.

'군주론'에서는 사림이 현철군주론을 지향하여서 군주를 요순의 경지까지 끌어 올릴 수 있다고 믿었고, 또한 끌어올리려고 노력하였으며, 이를 위해서 경연을 적극 활용하였다고 보았다. 또한 군주의 역할은 중심을 잡는 것에 불과하다는 大體論的인 입장에서 세쇄한 일에 간섭하지 않을 것을 주장하였다. 政令의 잦은 변개도 군주의 체통을 손상시켜서 대체를 바로 세우는데 큰 장애가 된다고 파악하였다.

'관직론과 관인론'에서는 주로 당시 관원들의 자격요건을 논하고 있다. 사림은 정승의 자격요건으로 재주와 인품을 들었고(才德論), 언관에게 필요한 덕목으로 정직한 기품(直)을 강조하였다.

───────────────

28) 이병휴『조선전기 사림파의 현실인식과 대응』일조각 1999.

‘인재론'에서는 사림이 전통적으로 시행하고 있던 과거제만으로는 숨어 있는 훌륭한 인재 곧 遺逸을 발굴하기 어렵다고 보았다. 이는 사장 비중이 높은 고시과목의 편성에 그 한계가 있는 것이었는데, 성리학을 깊이 체득한 학자의 발굴하기 위한 방법으로 현량과의 시행이 필요하다고 보았다.

김용흠은 경세론의 관점에서 개혁론에 포괄적으로 접근하고 있다.[29] 그는 수조권의 분급제가 점차 해체되어가는 것과 함께 지주제가 확대 발전되자, 자영소농이 몰락함으로써 집권국가의 운영은 모순에 봉착할 수밖에 없었다고 보았다. 결국 국가 운영 방안을 두고 지배층 내부의 분열과 대립을 격화시켰다고 보았다. 재지사족의 이해를 대변한 사림세력은 중앙정계에 진출하여 주자학적 정치론의 전면적 수용을 주장하였고, 이에 대해 훈구 세력은 공법과 공권을 통한 중앙집권력의 강화를 내세우면서, 주자학 정치론의 수용에 소극적이었는데, 기묘사림은 자영소농 경영과 재지사족의 이익을 동시에 추가하는 변통론을 제기하였다고 보았다. 그러나 을사사화를 전후한 시기부터 사림세력의 경세론에서는 변통론은 약화되고 수신 위주의 도학적 경세론이 지배하게 된다고 보았다.

좀 더 구체적으로 그는 조광조와 이언적의 경세론을 비교하고 있다. 조광조 일파의 개혁론을 변통지향적 경세론으로 파악하고, 기묘사림의 다양한 활동이 변통의 차원에서 전개되었다고 파악하였다. 변통론의 연장선상에서 토지개혁론을 제기하였다고 파악하였는데, 이 토지 개혁론은 당시 확대일로에 있던 지주전호제에 일정하게 제한을 가함으로써, 지주제와 자영소농경영의 균형 위에서 국가를 운영하고자 하였음을 보여준다고 파악하였다. 이언적은 조광조에 비해 군주수신론에 보다 큰 비중을 두었으며 변통과 갱장 즉 제도개혁에 대한 관심을 보이지 않았다고 파악하였다. 그러므로 도학적 경세론이란 군주의 심술을 바르게 한다는 군주수신의 도덕

---

29) 김용흠 「조선전기 훈구 사림의 갈등과 그 정치사상적 함의」 『동방학지』 124, 2004.

적 차원으로 모든 현실의 문제를 환원시키고 있음을 알 수 있다고 보았다.

이원택은 정치모델로서 주례를 검토하였다.[30] 15세기에는『주례』에 대한 전문적인 연구는 찾기 어려우나, 다양한 방면에서『주례』를 국가경영에 직접 활용하는 모습을 볼 수 있으며, 세종 세조와 성종대에 주례의 활용 빈도는 높은 것으로 나타난다고 보았다. 그러나 이 시기에 주례만 활용된 것이 아니라 다양한 類書들이 아울러 활용되었고, 그것은 조선의 현실에 맞는 제도를 만들기 위해서는『주례』의 제도가 역대에 어떻게 변천되며 활용되었는지 그 연혁을 파악하여야 했기 때문이라고 보았다.

16세기에는『가례』에 대한 관심이 늘어나고, 반면『주례』에 대한 관심은 15세기에 비하여 줄어든다고 할 수 있다. 16세기에는 전문적인『주례』의 연구는 물론이고『주례』를 어떻게 이해하고 있는지 확인할 수 있는 자료도 매우 제한적인데, 그만큼『주례』가 관심에서 멀어진 것이라고 보았다. 그 이유는 첫째 전세기에 이미『경국대전』이 반포되어 제도 수립이 일단락되었기 때문이며, 둘째 16세기에는 사림들이 활발하게 중앙 정계에 진출하는데, 이들은 제도보다는 성리학의 내면적 수양에 보다 많은 관심을 가졌던 것이라고 보았으며, 셋째 사림들은 재지적 기반을 구축하기 위하여 노력하였기 때문이라고 보았다. 또한 이원택은『주례』를 활용한 것들도 15세기에 비하여 현격하게 줄어들었다고 보았다. 다만『주례』에 가탁하여 향약보급운동이나 서원건립운동을 전개한 점은 15세기와 다른 16세기적 특징이라고 보았다.

---

30) 이원택 「15-16세기 주례 이해와 국가경영」『한국중세의 정치사상과 주례』혜안 2005.

맺음말

이상으로 사림의 정치사상을 기왕의 연구를 통해서 권력론, 운영론, 개혁론 등을 중심으로 검토하였다. 전 영역을 고르게 서술하지 못하고 기왕의 성과들을 중심으로 골격을 잡는데 급급한 것 같다. 이상의 논의를 정리해보면서 결론을 맺고자 한다.

정치권력론은 군신공치론과 성학군주론을 중심으로 정리해 보았다. 군신공치론은 왕과 신하를 같은 수준에 놓고서 파악하고 있다는 점에서 새로운 권력론이었다. 성학군주론은 왕의 권력의 근원을 하늘과 관련지어 고찰하면서, 성학을 공부해야 하는 제한을 강조하여 관원이 끼어들 수 있는 공간을 확보해내고 있다.

정치운영론은 공론정치론과 붕당정치론을 중심으로 논하여 보았다. 공론정치론은 정치참여층의 확대를 그 전제로 하면서 정치발전을 그대로 보여준다는 점에서 의미를 지닌 부분이다. 연구자들이 공론정치를 실증하여 공론정치론으로 발전시킨 것을 매우 소중한 연구의 성과로 생각된다.

붕당정치론은 사림의 정치를 논하기 시작하면서부터 사림정치와 동치어로 사용될 만큼 비중 있게 다루어져 왔고, 오랜 논의를 통해서 가장 풍부한 성과가 있는 부분이다. 붕당정치의 사회경제적인 배경도 밀도 있게 다루어졌고, 정치이념인 붕당론까지 심도있게 논의되었다. 최근에는 이를 종합적으로 정리해보는 성과까지 나오고 있어 한 단계 성숙한 단계로 접어들고 있다.

마지막으로 정치개혁론을 다루었다. 정치개혁론은 초기의 연구에서는 제도개혁론을 중심으로 사림이 추진하였던 각종 제도적, 법제적 변화를 그 대상으로 하였다. 최근에는 경세론적인 입장에까지 확대되면서 사림이 사회경제부분을 어떻게 만들어 가고자 하였는가에 관심을 확대하고 있다. 또한 사림이 개혁정치의 모델로 삼은 시대나 교재를 분석하면서 그 영역

을 넓혀가고 있다. 그러나 이 영역은 관심을 넓혀가고 있는 것에 비해서
이제 시작에 불과한 느낌이 든다. 경세론의 경우에는 정치, 경제, 신분, 사
상이 만나는 종합적인 영역으로 한 두 편의 논문으로 쉽게 정리될 수 없는
내재적 어려움이 있어 그 진전을 어렵게 하고 있다.

　이상에서 볼 때에 사림은 정치권력, 정치운영, 개혁정치 등의 각 영역에
서 그 이전 시기와 다른 정치형태를 지향하였고, 그에 상응하는 독특한 정
치사상을 정립하고 있었음을 알 수 있었다. 그 핵심은 집중보다는 분화를
그리고 분화된 부분간의 조화를 추구하면서 정치의 질을 높이려고 하는 것
이었다. 이는 집중과 그에 의한 효율을 추구하였던 조선 초기의 정치론과
는 극명히 대비되는 현상이었다. 이는 또한 조선 초기 정치론이 가졌던 부
작용을 발전적으로 해소해야 하였던 상황에서 제기된 시대적 과제였다. 사
림은 여러 차례의 사화를 극복하면서 그 과제를 발전적으로 해결해 가고
있었다(「조선 전기 사림파의 정치사상」『한국유학사상대계』Ⅵ, 한국학진
흥원 2014).

제9장 사림의 朝鮮政治史 인식
- 『海東野言』을 중심으로 -

머리말

조선시대 사학사 연구는 고대사나 고려사 인식의 이해에 머물고 있는 것이 보통이다. 이는 전근대 사회에서 역사의 정리는 전왕조사에 한정한 것에 기인하였다. 조선시대 내에서 당대사인 조선시대사를 정리하는 것은 금기시되어 왔고, 조선시대에서 역사서로 '史'라는 이름을 부여하는 것은 전시대사에 한정되었다. 그러므로 조선시대의 사학사를 검토할 때 당시대에서 사서로 인정된 것만을 대상으로 하는 경우 기왕의 연구에서 보여주는 것처럼 고대사나 고려사에 대한 인식의 정리에 그칠 수밖에 없었다.

그러나 조선에 있어 당대사에 대한 관심은 지대하였고, 서술의 양도 적지 않았다. 오히려 양이나 질의 면에서 일상적으로 명명하는 '史書'를 능가하는 것이었다.[1] 당시 사서에 대한 인식 때문에 이러한 역사서들은 雜記, 言行錄, 記聞, 野言 등으로 명명되었고, 크게는 '野史'로 분류될 수 있는 것이었다.

야사는 조선왕조가 정비되는 15세기 말부터 나타나기 시작하여 16세기에 이르면 야사의 전형적인 체계를 갖추었고, 17,18세기에 이르면 黨論書와 연결되면서 활성화되어 총서의 체제를 갖추었다. 야사의 형성은 처음에는 신변잡기류에서 출발하였으나, 사림파와 훈구파, 집권당과 비집권당의 이해관계를 달리하는 정치집단의 형성으로, 당대사에 대한 인식의 편

---

1) 야사는 500종이 넘고 있으며, 이를 모아놓은 총서만 해도 16종에 이르고 있다.

차를 반영하였다. 즉 야사는 주로 정치적으로 소외된 정사를 편찬할 수 없는 집단의 이해관계를 대변하였다. 그러므로 정치적인 평가가 가장 중요한 내용으로 등장하였다.

복잡한 정치 상황에서 서술의 양식도 새로운 면모를 갖출 수밖에 없었는데, 이는 자료를 이용하여 적절히 편집하는 양식으로 나타나고 있다. 즉 자기의 주장을 직접적으로 하지 않고, 기왕에 나타난 자료들을 자신의 역사적인 시각에 맞추어 인용 정리하면서, 자신의 역사적 주장을 표현하는 방법을 취하였다. 그러므로 서술에 객관성을 가질 수 있는 장점이 있었고, 서술자는 그 내용에 대한 책임을 면할 수 있었으나, 서술의 내용이 기왕의 자료에 제한되는 제약을 받을 수도 있었다.

『해동야언』은 전형적인 야사의 양식이 정립되는 대표적인 사서로 야사를 이해하는데 매우 중요하다. 그러므로 필자는 야사에 대한 이해를 갖기 위해서 『해동야언』을 검토해보고자 한다. 야사에 대한 관심은 末松保和에 의해서 표현되었으나 주로 서지학적인 각도에서 정리된 것이었고,[2] 본격적인 연구는 이태진에 의해서 시작되었다.[3] 이태진은 붕당정치사의 전개와 연관을 지으면서 야사의 성립과 발전의 추이를 검토하였다. 그는 『해동야언』을 통사의 형식을 가춘 최초의 야사로 파악하였으며, 전거를 분명히 제시하는 서술상의 특징도 지적하고 있어, 『해동야언』의 기초적 이해를 제공하고 있다.

그러나 그는 전반적인 야사의 발달의 추이에 관심을 기울이고 있어, 구체적인 내용분석에는 미흡하다. 그러므로 방대한 양에 이르는 야사에 대한 이해의 심화를 위해서, 야사에 개별적으로 접근하여 야사에 나타난 구체적인 역사 인식을 검토하는 것이 필요하다. 나아가 야사의 형성이나 전개과정에 대해서도 좀 더 밀도 있는 실증이 필요한 것으로 이해된다.

---

2) 末松保和「李朝の野史の叢書について」『청구사초』2, 1976.
3) 이태진「조선시대 야사 발달의 추이와 성격」『우인 김용덕박사 정년기념사학논총』 1988.

그러한 관점에서 필자는『해동야언』을 구체적으로 검토하고자 한다. 먼저『해동야언』의 저자인 허봉의 생애와 사상을 간단히 살펴보고,『해동야언』의 체제와 서술상의 특징을 살피고자 한다. 그리고『해동야언』에 나타난 역사의식을 정치사인식을 중심으로 간단히 살피고자 한다.

1. 허봉의 생애와 사상

1) 가계

허봉은 陽川許氏 許曄의 차남으로 태어났다. 陽川許氏는 훈구집안이었으나 그 주맥은 許琮으로 이어진 계열이었고, 허봉의 직계조상들은 이 계열과는 달라 크게 현달하지 못하였다.[4] 허봉의 4대조 樞는 郡事에, 고조菖은 典籍에 그쳤으며, 증조 聃은 別檢에, 조부 澣은 副奉事에 그쳤다. 그러므로 아버지 허엽에 이르러서야 현달하여, 陽川許氏가 갖는 훈구적 성향은 허봉의 직계에서 찾기는 어렵다.

허봉의 外家는 江陵金氏였다. 江陵金氏는 고려말기에는 향리가문이었으나 조선조에 들어와서 지방사족으로 행세하다가 허봉의 외고조부 金臺가 성종대에 과거에 급제함으로써 중앙에 진출한 가문이었다.[5] 김대는 사림계인물들과 학파적인 연결은 갖지 못하였지만, 성종대 중앙에 진출하여 대간으로 활동하면서 사림파와 행동을 같이 한 것을 보면 사림계로 간주할 수 있다.[6] 외증조부 金世勳 역시 과거를 통해서 獻納에 이르렀으며, 외조부 金光轍은 관직이 參判에 이르면서 중앙에서의 자리를 잡았다. 그러

---

4)『만성대동보』양천허씨조.

5) 위의 책 강릉김씨조.

6) 김대는 성종 13년 유향소의 복립을 최초로 제기하는 등 사림파의 유향소복립운동에 적극 참여하였다(『성종실록』권137, 성종 13년 정월 기축).

므로 외가도 훈구와 거리가 있었다.

허봉의 처가를 보면, 全州李氏 孝寧大君派의 일맥으로, 妻曾祖父 李蓂는 縣令, 妻祖父 李楫은 府尹, 妻父 李禹賓은 都正에 이른 크게 현달한 계열은 아니었다. 특히 성종대에 사림파를 지원한 주요인물인 李深源이 이들의 계보에 보이는 것은 주목된다.[7] 이상의 가계 검토를 보면 허봉은 훈구가문에서 낳았지만 전체적인 경향은 훈구의 성향이 적은 오히려 사림적 색채가 있는 환경에서 자란 것으로 이해된다.

허봉의 아버지인 허엽은 1546년 급제하여 관직을 시작하였고, 三司의 직을 두루 거쳐서 선조 8년 동서분당이 되자 동인의 영수가 되었다. 허엽이 동인의 영수가 될 수 있었던 것은 아들 허봉이 이조낭관으로 동인의 핵심인물이었던 것과 깊은 연관을 맺는 것이었다. 허엽은 부제학을 거쳐 경상도 관찰사를 역임했다. 그는 李審에게 易을 배웠고 花潭에게서 理氣論을 배웠다. 그는 花潭에게 크게 경도되어 있었으며, 그러한 영향은 허봉에게도 끼친 것으로 보인다. 이것은 『해동야언』에서 허봉이 화담을 여러 번 거론하고 있는데서 잘 나타난다.

허봉의 형으로 許筬이 있었다. 그는 허봉과 함께 柳希春에게서 공부하였고, 1583년에 등제하여 三司의 직책을 두루 거치고 예조, 이조, 병조판서를 지냈다. 그는 형이었지만 어머니가 달랐고[8] 허봉보다 11년이나 늦게 등제하여 허봉에게 끼친 영향은 크게 못한 것으로 생각된다.

허봉의 동복아우로 허균이 있다. 허균은 허봉의 영향을 크게 받은 것으로 나타난다. 허균은 18세인 1586년 허봉이 유배에서 풀려나온 직후에 허봉에게서 글을 배웠다. 이 때 허균은 단순히 유학만을 배운 것은 아니었던 것으로 나타난다. 즉 허균은 허봉의 소개로 승려 서산 등과 교류하게 되었기 때문이다.

---

7) 위의 책 전주이씨 효령대군파조.
8) 허성의 어머니는 청주한씨였다.

허균이 25세(1593)에 야사인 『鶴山樵談』을 지었는데, 허봉에 대해 많이 언급되고 있어9) 허봉의 영향을 짐작케 한다. 허균은 1592년 급제하여 관직을 시작하였다. 1605년 수안군수로 있으면서 불교를 믿었다는 이유로 파직되었는데, 그 해에 허균은 허봉의 시집 두 권을 엮게 된다. 이 시들은 주로 허봉이 승려들과의 교유시들로 구성되어 있는데, 이것은 허균의 불교적 경도가 상당히 허봉의 영향에 의한 것을 보여준다. 허균은 1606년에도 불교신봉의 이유로 삼척부사에서도 파직되었을 만큼 불교와 관계가 깊었다. 그것은 허봉이 西山, 泗溟堂文集의 序文을 써주었을 뿐 아니라, "余同是釋徒也."라고 자신이 佛徒임을 자처한 것 등에서 확인이 된다.

허균은 불교 외에도 道敎에도 깊이 빠져있었다. 그는 일정 부분에서는 불교가 도교에 미치지 못한다고 생각했으며, "恬淡寂寞하고 淸靜無爲함이 佛子와 합한다."고 도교와 불교를 유사하게 생각하였다. 그는 도교를 긍정적으로 보았을 뿐 아니라, 丹學, 養生術에 심취하여 그의 문집 중에서 任老人養生說, 南宮先生傳 등 불로장수의 사례들을 논하면서 자신도 수련하였다.

이러한 관점에서 주목되는 그의 저서는 1618년에 편찬했다는 『閒情錄』이다. 이 책은 1610년에서부터 준비하여 4,000여 책을 중국에서 들여와 이를 隱遁, 高逸, 閒適, 退休, 攝生 등 20조목으로 나누어 분류한 것이었다. 여기에는 인용한 자료마다 인용서목을 달아 실증적인 태도를 보여주고 있는데, 야사류, 문집류 등과 함께 『金丹正理大全』, 『道書全集』, 『仙傳拾遺』, 『修眞抄錄』, 『列仙傳』, 『參同契』 등 神仙類 총 96종을 이용하고 있다.

『한정록』의 기본성격은 養生과 隱遁의 이중적인 것인데, 이러한 경향은 붕당의 형성에 의한 정치적 혼란 속에서 사림의 처신의 방향과 관련되어 있는 것으로 이해되며, 중국 宋代의 神仙類의 영향도 있는 것으로 보인다.

---

9) 『학산초담』은 분량이 적은 책인데, 이중에 허봉에 관한 내용이 13조목이 들어있다(『허균전서』).

이상으로 허균의 非儒敎的 성격을 상세히 논한 것은 이러한 성격이 허봉과 연결된 것으로 보이기 때문이다. 허균의 佛敎적 성향은 물론 허균의 도교적, 은둔지향적 성격 역시 허봉의 영향이 아닌가 생각된다. 이점을 극명하게 보여주는 자료는 보이지 않고 있지만, 허봉이 1585년 유배에서 풀려나면서 관직에 복귀하지 않고 山水간에 '自適'한[10] 면모는 이러한 성향을 보여주는 것이 아닌가 생각된다. 이러한 허봉의 성격은 『해동야언』의 편집에 잘 드러나고 있다.

2) 관직과 교유

허봉은 명종 6년에 태어나서 선조 21년에 죽었으며 字는 美叔, 號는 荷谷이다. 허봉은 선조 5년 21세에 文科에 급제하여 승문원 副正字로 관직을 시작하였다. 선조 6년 예문관에 천거되어 검열이 되었고[11] 賜暇讀書에 선발되었다. 선조 7년에는 성절사 박희립의 서장관으로 중국에 들어갔다.[12] 당시의 사행은 단순한 성절사에 불과하였으나, 중국에서는 양명학자들의 文廟從祀가 추진되고 있었으며 조선에도 권하는 상황이었다.[13] 이 상황에서 허봉은 서장관을 자청하여서 이 문제를 중국학자들과 논한 것으로 되어 있다.

그는 중국을 다녀온 이후에 유성룡의 천거를 받아 이조좌랑이 되면서[14] 정치권의 핵심인물로 부상하였다. 이미 선조 8년부터 심의겸과 김효원의

---

10) 『하곡집』 연보.
11) 『선조실록』 권6, 선조 5년 10월 정묘.
12) 『선조실록』 권8, 선조 7년 5월 갑신.
13) 윤남한 「하곡조천기 해제」 국역 『하곡조천기』 2008.
14) 『선조실록』 권8, 선조 7년 12월 정해.
    유성룡의 자천을 받은 것으로 생각되는 것은 유성룡이 선조 6년 6월에 이조좌랑이 되어(『선조실록』 권7, 선조 6년 6월 계유) 선임낭관이었던 것과, 이후에 보이는 유성룡과 허봉 사이의 돈독한 교유관계로 보아 추정된다.

알력이 표출되면서 동서분당이 진행되고 있었으므로, 허봉은 자연스럽게 동인의 중심인물로서 역할을 하였다. 허봉의 정치적 동향은 동인에 반대하는 서인이나 왕에 대해서 강경한 태도를 취한 것으로 나타난다. 그는 서인에 대한 대결에 선봉이었다.

그가 선조 8년 이조좌랑으로 있으면서 서인 김계휘를 평안도 관찰사로 좌천시키는 등의 역할을 한 것은 그 대표적인 동향이었다.15) 선조에 대해서도 직언을 일삼았다. 선조 10년 교리로 경연에 참여하여 대원군의 묘를 家廟로 호칭해서는 안 된다고 주장한 것이 그 예였다. 이 문제는 선조가 자신의 약점으로 생각하고 있는 것인데 이를 정면으로 제기하여 선조로부터 크게 질책을 당하였다.16) 그러한 그의 동향을 허균도 허봉을 평가하면서 "언사를 함에 강개하여 비록 왕의 앞이어도 굽힘이 없었다."17)라고 기록하고 있다. 이는 허봉이 핵심요직에 있으면서 일을 처리하는 방식을 잘 반영하는 것으로 이해된다.

이러한 역할은 이후 허봉이 의정부의 낭관 등 낭관권의 핵심요직과 삼사의 여러 직책을 거치면서 강화되었다. 특히 이이가 서인을 주도하면서 선조 16년 동인이 장악하고 있는 공론의 정당성까지 문제를 삼자, 허봉은 홍문관의 전한으로 있으면서 삼사언론을 주도하여 이이를 격하게 공격하였다. 그는 이이를 王安石보다 못한 小人으로 공격하였다.18) 이러한 동인과 서인의 격렬한 대립에 선조는 서인인 이이를 옹호하였다. 선조는 먼저 허봉을 창원부사에 좌천시켰고,19) 이어 송응개, 박근원 등과 함께 삭탈 관작하였고20) 허봉을 갑산에 유배시켰다.

허봉은 그 후 2년 뒤 선조 18년 7월 유배에서 풀렸으나21) 白雲山에 들

---

15) 『선조수정실록』 권9, 선조 8년 8월.
16) 『선조실록』 권11, 선조 10년 5월 무술.
17) 『하곡집』 허봉연보.
18) 『선조수정실록』 권17, 선조 16년 6월.
19) 『선조실록』 권17, 선조 16년 7월 을미.
20) 『선조실록』 권17, 선조 16년 9월 정축.

어가 독서를 하였고 仁川, 春川 등지를 떠돌며 '自適'하였다. 선조 21년에 금강산으로 유람을 떠나 大明菴에 머물렀으나, 병을 얻었고 돌아오던 중 金化縣 生昌驛에서 죽었다.[22]

허봉은 이상의 관력에서 알 수 있듯이 東西分黨의 초기에 가장 핵심적 인물이었다. 그러므로 그의 교유관계 역시 넓었을 것으로 추측된다. 그러한 측면을 보여주는 것은 『荷谷先生朝天記』에 허봉이 중국으로 떠날 때에 환송에 참여한 인물들이다. 이런 경우 관례적인 환송도 있겠지만, 당시 허봉의 위치와 중국에서 돌아와서 행한 정치적 역할을 살펴보면 단순히 관례적 환송을 넘어서는 것으로 이해된다. 이때에 참여한 인물은 당시 조정의 젊은 핵심인물들을 망라하는 것이었다.[23] 그러나 이 자료는 구체적인 교유 상황을 보여주지 못하여 교류의 긴밀한 관계가 잘 드러나지 못하고 있다.

이에 비하여 그의 문집에 보이는 교유인물은 몇 안 되는 소략한 것이지만, 분명한 교유관계를 확인할 수 있다. 이 자료를 중심으로 허봉의 교유관계를 살펴보자. 『荷谷集』에 나타난 허봉의 교유관계는 선배와 동료로 나누어 살펴볼 수 있겠다. 先輩로는 南冥(挽), 柳希春(祭文, 挽), 李憲國 등이, 동료로는 柳成龍(荷谷朝天記 序跋), 金孝元(詩), 崔澱(詩), 尹卓然(詩), 李希儉(書) 등이 보이며, 구체적 신분이 확인되지 않는 朴嘯皐, 金大涉, 揚萬世 등과의 교유시가 있다. 이 외에도 休靜, 無爲, 熙 등 승려들과의 교류시도 20수 이상 확인되고 있어 이들과의 관계도 주목된다.

선배들의 경우 柳希春을 선생으로 모셨지만, 南冥, 李憲國 등과는 어떠한 관계가 있는지 밝혀지지 않고 있다. 동료인 柳成龍 등은 모두가 허봉보다 나이가 많았다는 것이 한 특색이다. 이것은 허봉이 일찍 급제했을 뿐 아니라, 핵심적 위치에 있었기 때문에 가능했던 것으로 이해된다. 특별히 東

---

21) 『선조실록』 권19, 선조 18년 7월 을축. 송응개와 같이 방면된다.
22) 『선조실록』 권22, 선조 21년 9월 병인.
23) 『조천기』에 의하면 김효원, 심의겸 등 약 50명가량이 허봉을 전송하고 있다.

西分黨의 직접관계를 가졌던 金孝元과는 절친한 관계에 있었으며, 허균이 金孝元의 딸을 후처로 맞이하여 인척관계까지 맺었다. 柳成龍과도 절친한 관계를 가진 것으로 이해되는데, 柳成龍은 허봉을 이조낭관에 자천해주었을 뿐 아니라, 『朝天記』의 序, 跋도 써주었다. 이상의 선배나 동료들은 모두 동인으로 나타나는데, 이는 허봉이 동인의 핵심인물이었던 것과 깊이 관련된다.

허봉교유의 특색은 많은 승려들과의 교류에서 나타난다. 휴정이 첩을 쓴 것을 비롯하여, 無爲와 6수의 교류시를, 熙와는 3수의 교류시를 남기고 있어 이들과의 교류가 절친했음을 보여준다. 이들과의 교류는 유배이후 허봉의 사상의 변화를 반영하는 것으로 생각된다.

3) 사상과 저서

허봉은 크게 두시기로 나누어 사상의 다른 면모를 보여주고 있다. 물론 자료가 부족하여 이 두시기가 어디서 나뉘는지 분명히 파악하기 힘들지만 전체적 경향으로 보아서 허봉이 유배를 당하는 시기를 전후해서 허봉의 사상에 큰 변화가 일어난 듯하다.

먼저 앞 시기는 허봉이 유학에 침잠한 시기이다. 허균은 허봉의 유학자인 면모를 "어려서 眉菴公에게 배워 학문이 심히 깊었다."[24]고 기록하고 있다. 당시의 석학으로 인정받던 유희춘에게서 허봉은 공부를 하여,[25] 주자학에 정통하였을 뿐 아니라 후학들의 지도에도 관심을 기울였던 것으로 보인다.

주자학에 크게 경도되어 있었던 것은 그가 서장관을 자청하여 중국에

---

24) 『허균전집』.
25) 허봉과 유희춘의 관계는 『眉菴日記』에 잘 드러나 있다. 허봉은 유희춘에서 공부를 배우고, 선조 초반 정치 진출에도 많은 지원을 받는다. 허봉의 홍문록의 선발을 유희춘이 주도한 것은 그 예였다(『선조실록』 권7, 선조 6년 2월 기미).

들어가 양명학자들과 논란을 벌인 데서도 찾을 수 있다. 그가 중국의 학자들과 朱陸의 학문을 논하는 가운데 언급한, "我平生所願, 欲學朱子,而未之有得."26)이라는 기록이나 "我朱子擴前聖未發之道, 其所論著盛水不漏, 無毫髮之遺恨."27)이라는 기록 등은 허봉이 얼마나 주자학에 경도되어 있었는지를 잘 보여준다.

이 시기에 있어서 그는 佛敎를 배척했으리라 추측되는데, 그 구체적인 자료를 찾을 수 없다. 다만 양명학의 한계를 논하면서 "陽明學者, 近於禪者."라고 같이 묶어서 비판하고 있는데서, 그가 불교를 배척하고 있음을 간접적으로나마 알 수 있다.

허봉에게 있어서 유배이전 시기가 주자학에 경도되었던 시기였다면, 유배이후에는 탈주자학적인 성격이 나타나는 시기로 이해된다. 그에게서 탈주자학적, 이단적 성향이 나타나는 것은 먼저 佛敎에 대한 접근에서 나타난다. 허봉은 西山을 비롯하여 많은 승려들과 교류시를 남기고 있다. 이는 주로 유배에서 풀려나온 1585년 이후의 것으로 추측된다. 그가 유배에서 풀려난 후 '放浪山水間'하는 생활을 하면서 山寺를 찾아 승려들과 교류한 것으로 생각되기 때문이다. 자료의 부족으로 허봉의 불교적 경도가 얼마나 되는 지는 밝혀지지 않으나, 西山과 교유하면서 허균을 西山에게 소개한 것이라든지, 無爲와의 교유시가 6편에 이른 것 등은 그가 상당히 불교에 접근해 가고 있음을 보여준다.

허봉은 불교에 접근하였을 뿐 아니라 仙家的 사상에도 접근해가고 있었다. 그의 시 구절들을 보면 '仙母' '仙人' '巫山仙子' '君仙' '紫陽之仙'28) 등의 용어를 다수 사용하고 있으며, '我爲神仙' '荷谷道人' 등으로 자신을 지칭하는 구절들은29) 그가 상당히 仙家的 영향을 받고 있음을 보여준다. 이

---

26) 『하곡조천기』.
27) 상동.
28) 『하곡집』.
29) 상동.

러한 허봉의 선가적 경향은 단지 詩에 의해서 추출되는 것이므로, 얼마나 적극적으로 평가해야 할지는 좀 더 검토가 필요하다. 그러나 허봉의 영향을 크게 받은 허균에게 있어서 仙家的 요소가 養生과 隱遁의 두 가지로 나타나는 점은 역으로 허봉의 이해에 도움이 되지 않을까 생각된다.

허봉과 함께 分黨의 선두에 섰던 金孝元이 分黨이후 중앙정치에 적극적으로 관여하지 않은 것처럼, 허봉 역시 유배이후 '放浪山水'하면서 자신의 정리를 필요로 하였던 것으로 보인다. 이러한 상황에서 養生과 隱遁的 요소를 갖는 仙家에 대한 흥미를 가졌을 것으로 보인다. 그러나 이는 아직 허균에게서 나타나는 것과 같은 적극적인 수준까지는 이르지 못했던 것으로 이해된다.

이상으로 허봉의 사상을 논해보았지만 좀 더 살펴볼 필요가 있는 것은 허봉의 저술에 관한 것이다. 허봉을 "平居不問生産, 一室圖書自娛."라고[30] 허균이 평했던 것처럼, 그는 공부를 즐겼고 여러 권의 저서를 남겼다. 허균이 허봉의 연표를 정리하면서 허봉의 저작을 『朝天錄』, 『北邊記事』, 『荷谷粹言』, 『儀禮刪註』, 『夷山雜述』, 『讀易管見』 등으로 거론하고 있다.

『海東野言』이 거론되지 않는 것이 주목되는데, 우선 각저서의 성격을 간단히 살펴보고 『해동야언』과의 관계를 정리해보고자 한다. 허봉의 저서 중 남아있는 부문이 많지 않으므로 저서의 성격을 살피는 것은 쉽지 않으나, 허균이 허봉의 저서를 나열하고 있는 순서는 검토의 실마리를 주는 것으로 보인다. 그것은 이 기록이 저술 연대의 순서로 나열하고 있는 것으로 추정되기 때문이다.

『朝天錄』은 1574년 중국을 다녀온 직후의 저작으로 보이며, 현재 남아 있는 『하곡선생조천기』라고 생각된다. 이 책에는 허봉이 서장관으로 중국을 다녀오면서 보고들은 견문을 성리학자의 관점에서 적고 있다. 『北邊記事』는 남아 있지 않아서 확인되지 않으나, 함경도에 관한 상황을 서술한

---

30) 「허봉연보」, 『하곡집』.

기록으로 보이는데, 이는 허봉이 선조 11년 함경도 巡撫御史로 나가서 보
고 들은 것을 바탕으로 기록한 것으로 이해된다.

『하곡수언』은 현재까지 남아있는데, 야사로서『해동야언』의 앞부분으
로 여겨지는 저술이다. 조선 태조부터 연산군대까지의 기록으로『해동야
언』의 3권의 초반부까지 해당하나 서술이 간결하여 분량은 소략하다.31)
서술의 시기는 알 수 없으나, 기록된 순서로 볼 때『儀禮刪註』이전에 만
들어 졌다고 추정된다.『의례산주』역시 남아있지 않아서 추정할 수밖에
없는데, 허봉의 연보에 "吾服喪日, 讀禮千遍"이라는 기록이 있는 것으로
보아 허봉이 許曄의 상을 치른 선조 13년에서 선조 15년 사이의 저술로
보인다.

이렇게 보면『하곡수언』은『북변기사』가 서술된 선조 11년 이후 선조
15년 사이의 서술로 추정되는데, 아무래도 시간적인 여유가 있는 服喪期
인 선조 13년 이후로 추측된다. 그것은『하곡수언』의 서술 목적이 '이상적
정치상'의 구성에 두고 있는 것에서도 추축할 수 있다. 즉 그는 붕당이 격
화되는 와중에서 복상으로 시간적 여유를 갖자,『禮記』를 통독하면서 의
례를 정리하고, 한편으로 야사류를 정리하면서 이상적 정치윤리를 수립해
보려는 의욕적인 작업을 시작한 것으로 추측된다.

『이산잡술』의 경우도 남지 않아서 그 내용을 짐작하기 어려우나, 잡술
이라는 명칭으로 보아 야사류의 저술로 보아도 될 것 같다. 이는 유배이후
의 저술로 추정되는데, 유배이후 시간을 가지면서 허봉은『하곡수언』의
뒷부분의 작업을 했을 것으로 생각된다. 즉『해동야언』에 수록되어 있는
중종부분과 명조부분의 기록으로, 이 부분의 기록에는 仙家的인 요소가
보이는데, 이는 유배이후에 탈유교적인 입장이 가미된 것으로 추정된다.

『讀易管見』역시 남아있지 않아 그 내용이 분명치는 않지만 易에 대한
관심을 정리한 것으로 추정된다. 역에 대한 관심은 그에 후기 사상과 연결

---

31) 157조목으로 구성되어 있다.

시켜서 생각할 수 있는데, 유배이후 仙에 대한 관심에서 參同契 등에 주목하게 된 것으로 추측된다. 그러므로 이것도 유배이후의 저작으로 인식된다.

　이상으로 허봉 저술의 성격과 저술 연대를 추정해 보면서『해동야언』의 저술시기를 추축해보았는데,『조천기』,『북변기사』,『하곡수언』,『의례산주』는 유교적 사상시기인 유배이전의 저작으로,『이산잡록』과『독역관견』은 유배이후의 저작으로 추정하였다.『해동야언』은『하곡수언』과『이산잡록』의 합집정도로 추측하였다. 현재로서는 자료가 부족하여 확인하기 어렵지만 이러한 추축이 옳다면,『해동야언』은 유교적인 요소와 비유교적인 요소가 결합된 저서로 이해된다.

2. 『해동야언』의 서술의식과 서술양식

1) 서술의식

　『해동야언』은 독특한 위치에 있는 사서이다. 그것은 전근대사서들이 일반적으로 갖는 전 왕조 역사의 정리라는 기본틀에서 벗어난 當代史를 다루는 것이기 때문이었다. 또한 기왕에 나온 여러 종류의 단편적인 서술들을 역사서적인 체계로 정리한 최초의 야사이었기 때문이다. 그러한 독특한 위치를 점하는『해동야언』에 일정한 서술의식이 없을 수 없다. 그러나 이러한 역사의식에 대해서 허봉이 직접 기록한 자료는 어느 곳에서도 찾을 수 없다. 허봉의 역사의식은『해동야언』後序와32)『해동야언』의 내용 중 단편적인 기록과, 몇몇 야사류의 서문 발문에 나타나는 기록들을 보충자료로 이용하여 추론할 수밖에 없다.

---

32) 이를 누가 작성했는지는 밝혀지지 않고 있다. 이태진교수는 앞의 논문에서 허봉
　　이 직접 기록했을 가능성을 언급하고 있다.

야사의 서술은 當代史의 필요성에 의해서 서술되었다. 『해동야언』 後序
에는 당대사의 필요성을 다음과 같이 서술하고 있다.

　　麗代이상은 본래 믿을 만한 역사로 세상에 전해져 있는데, 본조의
　　200년 중에 어찌 前言往行으로 알만한 것이 없겠는가?[33]

허봉은 조선이 이미 200년이라는 역사적 축적을 쌓았고, 이러한 축적
속에는 우리가 교훈을 얻을 수 있다고 주장하고 있다. 즉 당대사 서술이
필요함을 강조하고 있다.

이러한 당대사에 대한 의식은 『筆苑雜記』의 序를 쓰면서 조위도 "實當
世之遺史也."라고[34] 기록하고 있다. 조위는 야사의 유용성을 단순한 교훈
을 얻는데서 그치지 않고 '法於後世[35]할 수 있다고 보고, 또한 '國家經世之
典'이[36] 될 수 있다고 보았다. 이는 사림이 야사의 서술의 당위성을 당대사
의 서술에서 찾고 있음을 보여준다. 당대사에서 단순히 교훈을 얻을 수 있
다는 의식을 넘어서, 당대사가 '법'과 '경전'이 될 수 있다고까지 인식하고
있었다.

이러한 야사의 필요성은 야사를 官撰史와 대비시키면서 더욱 구체적으
로 부각되었다. 관찬사와 비교할 때 야사는 관찬사서의 부족을 보충한다
는 입장에서 출발하였다. 『용재총화』 발문에 "國史所未備者悉載."라는[37]
지적이 이를 잘 보여준다. 미비한 것을 야사로서 보충한다고 이해하였다.
이러한 인식은 『필원잡기』의 서문에도 "國乘所不載者, 備錄無遺."[38]라고

---

33) 麗代以上, 固有信史之傳世, 而至代本朝二百年中, 豈無前言往行之可識(『해
　　동야언』 후서). 『대동야승』본이나 『소대수언』본에는 이것이 보이지 않으나 『동
　　국문헌총목』에 기록되었다.
34) 『필원잡기』 서.
35) 『필원잡기』 발.
36) 『필원잡기』 서.
37) 『용재총화』 발.

기록하고 있어 국사에 부족한 것을 기록한다는 의식을 서술하고 있다.

그러나 야사의 서술자들은 야사가 정사의 부족을 보충하는 정도로만 인식하지 않았다. 특히 史草가 발단이 되어서 사화까지 당한 경험을 가지면서, 사림은 야사를 관찬사서의 미비한 것에 대한 보충관계로만 파악하지 않게 되었다. 『해동야언』에서 허봉은 『陰崖日記』에서 인용하여서 다음과 같이 당시의 관찬사서의 한계를 언급하고 있다.

> 이것은 당시의 狐鼠輩의 奸媚한 기록이다. 대개 후일 실록을 수찬한 자는 모두 당시의 아부한 자들이었다.[39]

위의 기록은 魯山君에 대한 기록이 잘못되어 있음을 지적하면서, 관찬사서의 기록이 공정한 평가기준에 의해서 기록된 것이 아님을 논파하고 있다. 이러한 점은 야사의 서술이 단순히 관찬사서에 대한 보충이라는 관점에서 나아가, 바른 시각을 가진 사서의 필요성을 제기하고 있음을 보여준다.

이와 같은 바른 시각 즉 관찬사서와 다른 입장을 가진 사서의 필요성을 金時讓 역시 『涪溪記聞』에서 다음과 같이 보다 분명히 밝히고 있다.

> 우리나라의 국사류는 모두 得時者의 편찬한 바이다. 숨기고 드러내지 않았으니, 그 말을 모두 공정하다 할 수 없다.[40]

김시양은 당시의 국사는 '得時者'의 저술이라고, 보다 분명히 기존사서의 편향성을 지적하고 있다. 이러한 편향을 교정하기 위해서 야사의 서술

---

38) 『필원잡기』 서.
39) 『해동야언』 권3. 此是當時狐鼠輩奸媚之筆也, 大抵後日修實錄者, 皆當時從臾者.
40) 『부계기문』.

이 필요함을 제시하고 있다. 이러한 시각의 차는 야사를 서술하는 가장 중요한 이유였으리라 생각된다.

성종대부터 사림이 중앙정치에 진입하였으나, 약 1세기의 걸친 싸움이 지속되면서 사림파는 중심세력이 되지 못하였고, 당연히 관찬사서는 훈구들의 입장에서 기록되었다. 이는 매우 중요하고 현실적인 문제로 대두되고 있었다.

또한 사림이 정국을 주도한 이후에도 分黨의 갈등을 경험하면서, 서로 다른 당의 입장에서 이와 유사한 문제가 현실적으로 제기될 수밖에 없었다. 그러므로 이러한 입장 차이에서 오는 문제점이 『선조실록』이나 『광해군실록』의 수정의 문제로 현실화되고 있었다. 그러므로 다른 시각에서 역사를 서술하는 것이 야사, 黨論書 등의 서술에 기본적인 관점으로 정립될 수밖에 없었다.

그러므로 『해동야언』의 서술은 당대사에서도 교훈을 얻을 수 있다는 당대사의 필요성과, 관찬사서와는 다른 시각의 역사서술이 필요하다는 문제의식에서 출발하였다. 특히 허봉은 붕당이라는 상호입장의 차이가 매우 중요한 쟁점으로 부각되는 현실을 경험하면서, 이러한 의식이 더욱 철저해졌을 것으로 이해된다. 그러므로 『해동야언』에는 훈구의 피해를 입은 사림의 입장과, 나아가 아직 主導黨이 되지 못한 동인의 입장을 반영하는 서술이 되었을 것으로 짐작된다.

2) 서술양식

『해동야언』은 이러한 서술의식을 갖는 것이었으므로 그에 상응하는 서술방식이 요구되었다. 즉 입장이 다른 정치집단을 의식할 때에 타 집단에게 시빗거리를 주지 않는 공정한 방법의 서술이 필요하였다. 이를 위한 방식으로 서술이 아닌 편집의 방법이 사용되었다. 『해동야언』은 저술이 아니라 편찬서로 볼 수 있을 정도로 엄격한 편집 태도를 보여주고 있다. 허봉은 기본적으로 '述而不作'의 이념 하에서, 일반적 사서에서 보이는 史論도 달고 있지 않아, 일절 평가를 배격하고 시대순서로 자료를 늘어놓았을 뿐이다. 그러나 그는 사료의 선택과 나열방법을 통해서 그의 역사의식을 부각시키고 있다. 그는 자료의 선택을 통해서 20여종의 서적에 보이는 野談的 요소나 골계적 성격, 문학비평적 성격이나 훈구계 저서에서 보이는 자신의 家系에 대한 자랑 등을 배격하고 전혀 다른 성격의 사서를 편찬하고 있다.

그는 또한 인용한 각 조목에 대하여 인용 전거를 달아서 엄격한 실증주의적 태도를 견지하고 있다.41) 이러한 엄격성은 앞의 史論을 서술치 않은 태도와 결부되는 것으로써, 當代史 특히 政治史 중심의 역사를 구성한다는 목적과 결부된 것이었다. 허봉 현실적으로 朋黨의 형성 속에서 정치적 입장의 차이를 예민하게 인식하면서, 객관적인 서술을 위해서 노력하였다. 이러한 엄격한 실증주의적 태도는 이후『연려실기술』에 이르는 일련의 野史의 특성으로서 전수되고 있다.

『해동야언』은 총 3권 376조목으로 구성되어 있다. 『대동야승』본과『昭代粹言』본의 내용에 약간의 차이가 있지만『대동야승』본을 토대로 정리해보면 다음과 같다.

> 1권: 太祖 4조목, 文宗 10조목, 世宗45조목
> 2권: 世宗 42조목, 文宗 5조목, 魯山君 4조목, 世祖 22조목, 睿宗 3
>   조목, 成宗 69조목, 戊午黨籍 24조목, 戊午事跡, 柳子光傳

---

41) 그러나 엄밀한 인용은 인용서가 대부분 필사본이었던 상황을 감안하여야 할 것이다. 이미『해동야언』자체도 판본에 따라서 내용이 다소 차이가 있는 것은 지적하였는데, 인용한 것도 원본을 찾아보면 보이지 않는 경우가 많았다. 한 예로 대동야승본『해동야언』에는 8조목이『병진정사록』에서 인용된 것으로 표기되어 있는데, 대동야승본의『병진정사록』과 대조해보면 일치되는 것이 2조목 밖에 없다.

3권: 燕山君 44조목, 中宗 上 102조목[42]

각 책에는 시대 순으로 왕명이 명기되어 있고, 엄격한 것은 아니지만 그 내에서 왕, 재상, 관원, 사림, 문화 등의 순을 지켜서 서술하려고 노력하였다.

『해동야언』은 20종의 雜記, 日記, 言行錄 등을 인용하고 있다. 주로 사림계 인물들의 저작이 주류를 이루고 있지만, 훈구계인물인 徐居正, 成俔 등의 저작들도 눈에 띄고 있어, 허봉이 사료를 구성하는데 있어서 훈구, 사림의 구분에 의해서 자료를 선별하지는 않은 것으로 이해된다.

흥미로운 것은 훈구계의 저작의 경우에도 간행에 사림계의 인물들의 관여하고 있었다.[43] 즉 『용재총화』의 경우 成世昌이 간행하였고[44], 『筆苑雜記』의 경우에도 表沿沫, 曹偉 등이 序를 쓰고 있기 때문이다.[45] 이러한 동향은 허봉이 훈구계사료를 사용하는데 긍정적으로 작용하였을 것으로 보인다. 허봉은 야사의 정당성을 확보하기 위해서 훈구계의 야사류까지 수용한 것으로 이해된다. 또한 허봉은 魚叔權, 曹伸 등 庶子출신의 서술도 적극 이용하였다.

『해동야언』에 인용된 서목은 아래와 같다.

> 徐居正『筆苑雜記』『東人詩話』『太平閒話』, 成俔『慵齋叢話』, 魚叔權『稗官雜記』, 南孝溫『秋江冷話』『師友名行錄』, 李陸『靑坡劇談』, 曹伸『謏聞瑣錄』, 金宗直『彝尊錄』, 李燼『類編西征錄』, 奇遵『戊寅記聞』, 金安老『龍泉談寂記』, 權健『忠敬公雜記』, 金正國『思齋摭言』, 許曄『前言往行錄』, 任輔臣『丙辰丁巳錄』, 辛永禧『師友言行錄』, 李耔『陰崖日記』, 李世英『李世英自記』, 南袞『柳子光傳』, 李滉『退溪文錄』『權撥行狀』, 金訢『前言往行錄』, 李楨『景賢錄』.

이러한 서술방식을 취하고 있으므로 당연히 서술의 체계도 기왕의 사서의 체계와는 다를 수밖에 없었다.『해동야언』의 서술양식은 태조이하 명종대까지의 사실을 왕대별로 왕, 관원, 사류, 문물의 순으로 서술하고 있다. 이러한 서술의 체제는 일반적인 역사체로 이야기되는 기전, 편년, 기사본말체 등과 비교해 보면 다른 독특성이 드러난다.

『해동야언』은 왕, 관원, 사류 등으로 나누어 서술하고 있는 것으로 보아서 편년체는 아니라고 생각된다. 또한 내용상 왕, 관원, 사류 등으로 나누어 서술하고 있다고 하여도 그 구분이 명확치 않으므로 한 왕대에서도 本紀와 傳으로 나누는 紀傳體로도 보기 힘들다. 또한 기사본말체는 정치적 사건 중심으로 해서 전후 사건을 나열하는 체계라고 볼 때에『해동야언』은 정치적 사건중심의 서술도 아니며, 그러한 체제를 취한 것도 아니기 때문에 기사본말체도 아니다.

그러나『해동야언』의 서술체계는 기사본말체라고 이해되는『연려실기술』과 흡사한 점이 있다. 연려실기술이 한 왕대의 기록을 故事本末, 相臣, 文衡, 名臣, 遺逸 등으로 나누어 서술하고 있기 때문이다. 이러한『연려실기술』의 기본골격만은『해동야언』과 같은 것으로 파악된다. 물론 상세하게 따지면『연려실기술』에서는 故事本末의 부분은 기사본말체적인 서술방식으로 사건을 정리하고 있어서『해동야언』과는 차이가 있지만, 이러한 체계는 중국의 기사본말체와는 근본적인 차이를 갖는 조선의 독특성을 보여주는 것으로 이해되고 있다. 그러한 관점에서『연려실기술』이 갖은 독특한 서술방식은『해동야언』의 양식이 발전한 형태였다. 이러한 독특한 서술체를 '野史體'라고 명명할 수 있다고 생각한다.

3. 『해동야언』의 정치사 인식

1) 정치세력에 대한 인식

『해동야언』은 여러가지 다양한 내용을 서술하고 있으므로 다양한 면에
서 접근할 수 있는 자료이나, 허봉이 붕당의 와중에서 이를 기록한 것은
일차적으로 정치적인 관심에서 출발한 것이었고, 내용도 정치 인물의 일
화를 중심으로 정리되어 있으므로, 이를 통해서 우선 허봉의 정치사 인식
을 살피고자 한다. 물론 허봉의 인식이 뚜렷이 드러나 있는 것이 아니므
로, 그가 취사선택한 내용을 중심으로 허봉이 보여 주고자 하였던 의도를
추론해 보려는 것이다. 정치사 인식은 역시 다양한 각도에서 접근할 수 있
는데, 허봉이 가지고 있었던 '이상적 정치상'의 구명이라는 입장에서 정치
세력과 정치구조의 인식을 중심으로 정리하여 보고자 한다.

먼저 정치세력에 대한 인식을 살펴보자. 허봉은 개개 인물에 대해 논하
고 있는데, 대체로 왕, 관원, 사류 등의 순으로 나누어서 설명하고 있다.
허봉은 왕이나 관원에 대해서 이상형을 설정하고서 그 입장에 상응하는
서술부분을 각 저서에서 뽑아 정리했다고 생각되므로, 허봉이 설정하고
있는 평가의 기준을 먼저 검토해보고, 그 기준에 입각해서 정치세력을 평
가하는 방법으로 접근하도록 하겠다.

먼저 왕에 대한 평가기준을 살펴보자. 허봉은 왕을 평가하는데 몇가지
기준을 설정하고 있다. 먼저 유교적인 기준에서 평가하였다. 이는 왕이 好
學을 하는가의 여부에서 출발하였다. 당시 학문의 대상은 유학이었고, 유
교에 대한 이해와 실천방안이 호학에서 출발하였으므로 가장 중요한 기준
이었다. 세종의 호학과[46] 문종의 호학[47] 성종의 학문에 독실[48] 등이 강조

---

46) 『해동야언』 권1, 16조목.
47) 위의 책 권2, 21조목.

되는 것은 그러한 입장이었다.

다음으로 주요한 것은 호학으로 다듬어진 유교의 윤리가 왕의 개인적 생활에서 실천되어야 하였다. 그러므로 왕이 손수 유교적인 규범을 실천하는 모습이 중시되었다. 문종의 효,[49] 성종의 효와 우애,[50] 인종의 효성과 우애,[51] 세조의 검소[52] 등이 강조되었고, 상대적으로 연산군의 방탕이[53] 대비되어 서술된 것은 그러한 입장의 구체적 표현이었다.

또한 왕의 호학으로 다듬어진 유교의 윤리가 단순히 왕 개인의 생활에 적용되는 것을 넘어서 국가의 경영에서 이를 구체적으로 적용하는 것이 중요하였다. 그러나 이는 왕 혼자 하는 것이 아니었고, 신하의 도움을 받아야 하였다. 그러한 관점에서 왕이 신하를 대하는 덕목도 중시되었다. 태조의 신하 위무와[54] 태종의 너그러움,[55] 그리고 성종의 선비대우[56] 등이 강조되었고, 같은 맥락에서 세조의 인재를 아낌,[57] 인종의 인재를 얻기 위한 천거과 복치[58] 등은 같은 내용이 중시되었다. 이에 비하여 연산군이 직언을 배척하고,[59] 문사들을 질책하고 고문하여 죽인 것은 비난의 대상이었다.[60]

관원의 도움을 통하여 나타난 문물의 정비는 당연히 왕을 평가하는 중요한 기준이 되었다. 세종의 문물의 정비와 치적,[61] 성종의 이단배척과 문

---

48) 위의 책 권2, 77, 79조목.
49) 위의 책 권2, 43, 44조목.
50) 위의 책 권2, 82, 83조목.
51) 위의 책 권3, 130조목.
52) 위의 책 권2, 53조목.
53) 위의 책 권3, 38조목.
54) 위의 책 권1, 4조목.
55) 위의 책 권1, 15조목.
56) 위의 책 권2, 79조목.
57) 위의 책 권2, 73조목.
58) 위의 책 권3, 133조목.
59) 위의 책 권3, 1, 21조목.
60) 위의 책 권3, 27조목에서 32조목, 38조목.

화진흥62) 등은 중요한 업적으로 이해되었다.

그러나 허봉은 왕의 개인적 능력도 높이 평가하고 있다. 그는 왕의 지략, 선견지명, 임기응변, 과단성 등을 높이 평가하고 있었다. 태종의 선견지명이나 꾀,63) 세조의 총명과 호탕한 성품,64) 인종의 과단성65) 등을 강조하는 것은 이를 반영한다. 이러한 관점에서 세종의 대마도 정벌과 북방 개척을 40조목에 걸쳐서 기록하였고,66) 세종이 기술을 가진 자들도 아꼈다는 기록도67) 강조하였다. 이는 왕의 유능한 통치와 그로인한 부국강병 역시 바람직한 것으로 보는 것이었다. 이는 허봉이 유교적 王道 이념만 중시하지 않고 신축성 있는 입장을 견지하였음을 보여준다.

결국 허봉은 유교적인 입장에서 신하의 의견을 수용하는 포용력 있는 왕을 이상시하면서도, 다른 입장에 서있는 유능한 왕 역시 긍정적으로 평가하는 양면적인 모습을 보여주고 있다. 이는 허봉의 역사인식이 단순히 유교적인 틀에서만 이루어진 것이 아님을 보여준다.

이는 허봉이 조선의 건국을 평가하는 입장과도 연결되는 인식이었다. 허봉은 중국의 堯에 檀君을 비정하고, 明에 조선을 비정하면서, 太祖, 太宗을 明의 太祖, 太宗에 비정하고 있다.68) 또한 조선의 건국을 하늘의 뜻에 의한 혁명으로 보고 있다.69) 이러한 조선건국을 합리화하고, 단군을 개국시조로 내세워 서술한 것은 사림 내에서도 독특하였다. 사림파인 박상은 조선의 개국과 개국공신들을 부정적으로 보았고,70) 李珥, 尹斗壽 등 西

---

61) 위의 책 권1, 17조목에서 21조목, 24조목.
62) 위의 책 권2, 78, 85, 91조목.
63) 위의 책 권1, 7, 8조목.
64) 위의 책 권2, 53, 56조목.
65) 위의 책 권3, 132조목.
66) 위의 책 권1, 20조목이하.
67) 위의 책 권2, 23조목.
68) 위의 책 권1, 1조목.
69) 위의 책 권1, 2조목.
70) 한영우 「16세기 사림의 역사서술과 역사인식」『동양학』10.

人은 단군보다는 箕子에 초점을 맞추고 있었다.[71]

이러한 입장에서 볼 때 허봉의 왕에 대하여 상당히 긍정적인 면에서 평가하고 있었다. 태조는 신하를 위로한 왕으로, 세종과 문종, 성종, 인종은 유교적 입장에 충실한 왕으로 긍정적으로 인식하고 있었다. 이에 비해서 태종과 세조는 비유교적인 왕으로 비판하였으나, 재능이 있는 강력한 왕으로 평가하였다.

이에 비해서 연산군은 충언을 배격하고 문사를 죽인 왕으로 부정적으로 평가되고 있다. 중종 역시 雜術에 빠진 왕으로 평가할 뿐[72] 긍정적인 언급을 전혀 하지 않고 있다. 명종에 대해서는 전혀 언급하지 않고 있다. 명종의 경우 허봉이 살았던 시기의 왕이므로 직접 평가는 피한 것으로 짐작된다. 그러나 명종 역시 사화를 통해서 사림에 피해를 끼쳤으므로, 의도적으로 평가를 보류한 것으로 짐작된다.

『해동야언』에는 관원들에 대한 평가도 하고 있다. 이 평가는 허봉이 가지고 있는 이상적인 관원상과 연결되는 것이므로 먼저 허봉이 생각하고 있는 이상적인 관원상을 정리해보자. 그는 먼저 재상들의 덕목으로 너그러움과 겸손을 강조했다. 이는 정사의 운영에 있어 중하급관원들의 의견 수렴을 재상의 중요 덕목으로 이해하는 것이었다. 그러므로 성희안과 윤원형의 독단이나[73] 이숙번의 교만은[74] 비난의 대상이었고, 황희의 겸손은 긍정적인 면모였다.[75] 재상들은 중하급관원들의 의견을 잘 수렴할 뿐 아니라 좋은 인재를 잘 이끌어 천거해야할 책임도 있었다.[76]

이에 비해서 중하급관원에게는 소신을 가지고 직무에 임하는 것을 가장 중요한 덕목으로 생각하였다. 대간으로 직언하는 것과 사관으로 직서하는

---

71) 상동.
72) 위의 책 권3, 38조목.
73) 위의 책 권3, 64, 145조목.
74) 위의 책 권1, 14조목.
75) 위의 책 권2, 1, 2, 3조목.
76) 위의 책 권1, 12조목.

등 직무에 충실한 것이 그러한 맥락에서 중시되었다.[77]

재상과 중하급 관원 모두에게 요구되는 덕목은 청렴하고 검소한 것이었다. 재상으로 유관[78] 맹사성[79] 최윤덕[80] 정갑손[81] 등의 청렴을 강조한 것이나, 중하급관원인 구수복이 관직을 떠난 후 돌아갈 데가 없음을 부각시키고 있는 것[82] 등은 그러한 입장에서 서술된 것이다. 행정의 말단기관으로서 지방수령의 청렴이 강조되는 것은 당연한 것이었다.[83] 이에 비하여 홍윤성의 사치와 축재[84] 성희안의 물욕[85] 등은 비난의 대상이었다. 이러한 관점에서 관리들은 청탁을 받지 않아야 했고[86] 나아가 관직에 연연하지 않아야 하였다.[87] 그러나 허봉은 정당한 방법에 의한 治財는 바람직한 것으로 인식하는 유연성도 보여주었다.[88]

절개도 모든 관원의 중요한 덕목으로 이해하였다. 조선의 건국은 인정하면서도 황희와 허조가 고려에서 관직을 하고도 조선에서 관직을 한 것을 비난하였고,[89] 세조의 쿠데타에 저항하면서 관직에 나아가지 않은 김시습을 부각시킨 것[90] 그리고 연산군대의 관원이 중종대에도 관직에 있는 것을 비판한 것 등은 그러한 입장의 표현이었다.[91]

---

77) 대표적인 사례로 사관의 직책을 충실히 하다 피해를 입은 권경우의 경우를 들 수 있다(위의 책 권2, 105조목; 권3, 5조목).
78) 위의 책 권2, 9, 10, 11조목.
79) 위의 책 권2, 12, 13조목.
80) 위의 책 권2, 14조목.
81) 위의 책 권2, 16조목.
82) 위의 책 권3, 109조목.
83) 위의 책 권3, 117조목.
84) 위의 책 권2, 61조목.
85) 위의 책 권3, 55, 70조목.
86) 위의 책 권2, 30조목. 허성의 예를 들고 있다.
87) 위의 책 권2, 95조목. 한명회의 관직에 연연함을 비난하고 있다.
88) 위의 책 권3, 105조목. 김안국의 예를 들고 있다.
89) 위의 책 권2, 8조목.
90) 위의 책 권2, 120, 121, 122, 123조목.
91) 위의 책 권3, 81조목.

이러한 관원관을 이상시할 때 권력을 독점하거나, 치부에 몰두한 세조대의 공신세력과 중종대의 반정공신세력은 부정적으로 이해될 수밖에 없었고, 재상으로서 청렴하였던 세종대의 재상들과 중하급관원으로서 소신이 확실하였던 사림세력을 긍정적으로 부각하였다.

이러한 평가의 연속선에서 허봉은 士禍의 피해자를 옹호하는 입장에 서 있다. 특별히 무오사화의 전말을 「무오사화사적」으로 기록하고, 그 원인을 제공한 유자광의 행적을 「유자광전」으로 기록한 것과, 피해를 입은 사림의 행적을 「무오당적」으로 서술하고 있는 것은 그러한 입장에서 취한 것이었다. 그러나 무오사화만을 특별히 처리하여 부각시키고 있는 것이나, 무오당적에 20여명만의 사적을 기록하고 있는 것, 그리고 각 사화에 피해를 입은 인물을 경중을 가려 처리한 방식92) 등은 허봉의 독특한 입장을 보여주고 있다.

사림을 평가하는 연장선에서 허봉은 벼슬에 나아가지 않은 遺逸들에 대해서도 깊은 관심을 가지고 있었다. 김종직, 조광조에 대한 서술이 한 조목에 불과한데 비하여 남효원, 서경덕 등의 기록을 각각 네 조목으로 기록된 것은 그의 관심을 잘 보여주고 있다. 그러나 허봉은 재야사림들을 時政策을 올리는 등 정치적 행위를 하는 정치세력으로 파악하기 보다는, 벼슬하지 않고 安貧하면서 閑居하는 관점에서 접근하고 있다. 이는 당시의 정치상황에서 정치의 진출 자체가 꼭 바람직하지는 않았기 때문이었다. 남효원의 경우에서 볼 수 있듯이 절의의 관점에서 관직에 나아가지 않은 것이나, 서경덕의 예에서 보여주듯이 관직에 나아갈 의사가 없는 경우를 주목하였다.93) 그러므로 사림이 관직에서 물러나 향촌에 거주하면서 향음례나 향약 등에 적극 참여하여 향촌을 주도하는 모습에 주목하였다.94)

---

92) 그것은 戊午士林의 경우 김종직은 한 조목에 다루는 반면, 정여창은 세 조목에 걸쳐서 다룬다던가, 기묘사림의 경우에 조광조를 한 조목으로 다루는 반면 김식을 다섯 조목으로 다루는 것이 그 예이다.

93) 위의 책 권3, 120조목.

사림이 개인적인 양생을 중시하여 仙이나 佛에 가까워지는 면모도 주목
하였다. 이는 사림의 진출이 순탄하지 않은 상황에서 여러 차례의 사화를
당하자, 사림이 지방에 은거하여 선이나 불에 관심을 갖는 일면을 반영한
것으로 생각된다. 허봉은 그러한 동향의 연원을 세조집권기부터 잡고 있
다. 世祖가 집권하면서 은거한 김시습이 方外에서 놀면서 神師로 추대되
었다고 기록하고 있다.95) 이러한 성향은 이후에도 계속되었는데 허봉이
신영희는 남효원, 홍유손과 함께 竹林의 羽士가 되었음을 기록하였다.96)
또한 김식이 초기에 老莊에 빠져 있었다는 점 등을 명기하고 있다.97) 이러
한 사림의 성향은 허봉이 일부러 부각시킨 것이라기보다는 상당히 보편적
인 상황이었던98) 것으로 이해된다. 이는 유일 안응세를 논하는 조목에 "不
求功名, 不學仙佛."이라고 오히려 仙佛을 공부하지 않은 것을 그의 덕목으
로까지 평하고 있는 대목에서 잘 나타난다.99) 선불을 공부하는 것이 일반
적이었으므로 그러한 평이 가능하였음을 짐작케 한다. 이러한 동향은 사
림이 몇 차례의 사화를 당하면서 더욱 증폭된 것으로 생각된다.

이러한 성향은 다른 한 면에서는 보면, 성리학의 이해가 심화되면서 선
불에 대한 이해도 필요하면서 나타나는 현상으로 이해된다. 이미 성리학
이 형성되는 과정에서 성리학은 仙佛의 일정한 영향은 받았다. 그러므로
이는 역으로 성리학의 이해과정에서 仙佛의 이해를 필요로 하였음을 보여
준다. 16세기에 들어서 성리학의 心學的 경향이 강화되자, 理學에 대한 깊

---

94) 위의 책 권3, 105조목.
95) 위의 책 권2, 123조목.
96) 위의 책 권2, 117조목.
97) 위의 책 권3, 96조목.
98) 이러한 사림들의 동향과 더불어 허봉은 왕실에서도 이에 대해서 관심을 보였음을
    기록하고 있다. 그것은 세종사후에 神術을 시행했다던가, 중종대에 궁중에 術士
    들이 드나들었다는 점 등이 그것이다. 이러한 기록들은 왕실에서도 큰 관심을 仙
    에 보였음을 보여주는 것으로써, 지배층의 이러한 경향은 기층에 흐르는 피지배
    층의 동향에 대한 시사를 주는 것이기도 하다.
99) 위의 책 권2, 132조목.

은 이해 과정에서 仙佛에 대해 관심을 갖게 된 것으로 보인다.

  그것은 김굉필이 자신의 행적을 변명하면서 승려 陸行의 행적을 인용한 다던가,[100] 정여창이 "儒釋의 도는 같으나 행적의 차이가 있을 뿐이다."라고 佛에 대한 깊은 이해를 표시하면서 參禪에 깊이 몰두하였던 점은[101] 그러한 맥락에서 이해된다. 이러한 이해단계에서 한 걸음 더 나아가 易에 대한 관심이 고조되면서 仙에 대한 관심 역시 높아진 것으로 이해된다. 역에 대한 이해는 김식, 서경덕 등에 의해서 고조되었다.

  중종대에 가장 어려운 연구과제는 『성리대전』 중 邵康節의 「皇極經世書」로, 易과 관계되어 성종대부터 연구되었으나 중종대에 이르기까지 여전히 어려운 부분으로 남아있었다. 단지 김식만이 이것을 해득하였다고 하였는데, 그는 초기에 老莊에 빠져 이를 공부하면서 易을 이해한 것으로 짐작된다. 즉 김식의 易에 대한 이해는 老莊의 이해, 仙에 대한 이해와 연결됨을 보여주고 있다. 北宋的 색채가 강한 서경덕이 易에 관심을 가졌다는 점도 이러한 추이를 잘 보여주는데, 이러한 단계성은 『주자대전』의 이해가 심화되면서, 선조대에 이르면 『성리대전』이 비판되는 데에서도 잘 드러난다.[102]

  결국 재야사림들은 불선에 대한 이해를 심화하고 있었던 것으로 나타나는데, 이는 사화와 붕당의 와중에서 피해를 입으면서 閑居의 관점을 가지면서, 또한 성리학의 이해의 심화과정에서 자연스럽게 진행되어지는 것이었다. 허봉의 불선에 대한 관심과 이해는 이러한 맥락에서 이해될 수 있다.

---

100) 위의 책 권2, 109조목.
101) 위의 책 권2, 111조목.
102) 김항수 앞의 논문.

2) 정치구조에 대한 인식

『해동야언』에는 정치구조에 대한 인식이 선명하게 드러나 있지 않았다. 『해동야언』이 개인의 일화 서술이어서 이러한 경향은 당연한 것이었다. 그러므로 단편적인 기록들을 통해서 허봉이 보여주고자 하였던 정치구조를 운영구조를 중심으로 살펴보고자 한다.

정치구조는 제도의 면과 운영의 면에서 살필 수 있겠는데, 기록의 성격상 또한 기록 당시의 상황이 운영체제의 모색에 관심이 집중되어 있었으므로, 제도적인 면에 대한 관심은 거의 보이지 않고 있다. 제도적인 면에서는 단지 세종대 집현전의 설치와 성종대 홍문관의 설치 정도가 거론되고 있다.[103] 먼저 집현전의 경우를 보면, 세종은 집현전을 두고 문치를 장려하여 만고에 뛰어난 임금임을 강조한 조목을 필두로 세 조목에 걸쳐서 강조하고 있다.[104] 성종대의 홍문관의 경우를 보면 성종이 홍문관을 설치하고 관원을 우대한 것을 기록하고 있다.[105] 언론기관으로서의 홍문관의 정치적 역할이 중요한 것이었으므로 이에 대한 관심의 표명은 당연한 것이었고, 집현전은 홍문관의 전신으로 파악하고 있었기 때문에 언급된 것으로 이해된다.

허봉은 제도보다는 운영의 관점에서 정치구조를 설명하고 있다. 붕당이라는 새로운 정치운영방식을 모색하는 상황에서 가장 중요한 문제는 운영구조였다. 먼저 허봉은 왕의 독단에 의한 정사는 부정적인 것으로 이해하

---

103) 『해동야언』에서는 의정부의 성립이나 의정부서사제 등에 대하여 평가하지 않고 있다. 이는 이를 언급할 만한 내용을 『용재총화』나 『필원잡기』에서 찾을 수 없었기 때문으로 생각된다. 『용재총화』에서는 승정원의 중요성과 예조의 기능에 대하여 언급하고 있으나 허봉은 이것은 별의미가 없는 것으로 생각하였는지 빠트리고 있다. 또한 『용재총화』와 『필원잡기』에 사헌부와 사간원의 차이점에 대하여 언급하고 있는데, 이에 대하여서도 언급하고 있지 않다.

104) 『해동야언』 권2, 19, 20, 21조목.

105) 위의 책 권2, 84조목.

였다. 세조의 인사의 임의성을 비판하고 있는 것이나106) 연산군이 독단으로 인사를 하여 인사에 폐가 많았다는 지적은 그러한 관점에서 기록되어진 것이다.107)

허봉은 이러한 관점에서 왕에 대한 견제는 일차적으로 재상이 해야 할 것으로 보았다. 그러므로 재상은 바른 의견으로 왕을 이끌어야 할 것으로 생각하였고, 왕은 재상들을 존중해서 그 의사를 수용해야 할 것으로 이해하였다. 이러한 관점에서 연산군마저도 재상들의 의견을 수용했다는 기록이나108) 세조가 훈신을 홀대한 것을 비판한 것 등은109) 왕이 재상의 의견을 수용해야한다는 입장에서 정리된 것이었다. 이러한 입장에서 판서 황희가 양녕대군의 폐위를 반대하여 귀향을 간 것을 긍정적으로 이해하는110) 반면, 김수동이 재상으로 중종의 과실을 강경하게 지적하지 못한 것을 문제점으로 지적하였다.111) 또한 영의정으로 연산군의 뜻을 따르기만 하였던 유순을 비판하고 있다.112) 재상이 왕의 독단을 일차적으로 견제해야 한다는 입장을 분명히 하였다.

재상이 왕을 견제해야 할 것을 요청하고 있으나, 허봉은 정치 주도권을 재상이 가져야 한다고 생각하지 않았다. 재상 역시 독단으로 처리해서는 안 된다는 점을 명시하고 있다. 성희안이 영의정으로 있으면서 조정의 중론을 살피지 않고 인사를 한 것을 비난하고 있는 것이나,113) 윤원형의 독단적 국정을 운영한 것을 비난하고 있는 것이 그 대표적 지적이다.114) 재상은 왕을 견제하되, 중론 곧 언론의 공론에 입각해서 정국을 운영하여야

---

106) 위의 책 권2, 62, 69조목.
107) 위의 책 권3, 25조목.
108) 위의 책 권3, 18조목.
109) 위의 책 권2, 54조목.
110) 위의 책 권1, 15조목.
111) 위의 책 권3, 59조목.
112) 위의 책 권3, 125조목.
113) 위의 책 권3, 64조목.
114) 위의 책 권3, 135조목.

하였다.

허봉은 결국 왕이나 재상의 단독이 아닌 공론에 의한 정국의 운영을 강조하였다. 그러한 관점에서 허봉은 언론을 중시하였다. 허봉의 언론에 대한 강조는 앞에서 언급한 홍문관과 집현전에 대한 관심의 표명에서도 드러난 것으로, 언관의 바른 언사를 가장 중시하였다. 그러나 허봉은 이에 그치지 않고 공론의 활성화를 위해서 언관 외의 일반관원의 언론도 수용할 것을 강조하였다. 당연히 재야사림의 언론도 주목하였다. 남효원이 소릉의 복위를 소신껏 청하다가 처벌을 받은 것을 특기한 것은[115) 대표적인 사례였다. 허봉은 심지어 항간에 떠도는 童謠까지도 의미있는 것으로 파악하고 있었는데[116) 이러한 인식은 16세기 이해 공론이 형성되고 활성화되면서, 민이 향론의 주체로 등장하는 동향에까지 관심을 가지는 현상으로 이해된다.[117)

이상에서 볼 때 허봉이 지향하였던 것은 공론을 바탕으로 하는 공론정치의 운영이었다. 즉 언론의 활성화를 통해서 민의를 수렴하고, 이를 통해서, 왕의 독주나 재상의 독주를 막을 수 있는 공론정치의 시행을 가장 바람직한 정치운영방식으로 이해하였다.

맺음말

이상으로 『해동야언』을 간단히 검토해 보았다. 자료의 제약으로 비약과 산만함을 면할 수 없었지만 몇 가지 정리된 내용을 중심으로 결론을 맺고자 한다.

---

115) 위의 책 권2, 115조목.
116) 위의 책 권3, 114조목.
117) 風聞이 뜬소문에 그칠 수도 있다는 점은 역시 이해하고 있었다(위의 책 권3, 108조목).

1. 허봉은 양천허씨였으나 훈구적 요소가 적은 계파의 출신이었고, 외가가 사림계열이어서 사림의 영향을 받으면서 성장하였다. 허봉은 선조 초반 붕당정치의 형성에 매우 중요한 인물이었다. 동인의 영수격인 허엽의 장남으로 동서분당기에 이조낭관을 지내면서 동인의 핵심인물로 활동하였다. 주로 동인들과 깊은 교우관계를 가지고 있었다.

허봉은 유배를 전후해서 사상에 변화가 있는 것으로 나타난다. 유배 전에는 정통주자학적 사유체계를 가진 것이었다면, 유배이후에는 비유교적인 요소까지를 포괄하는 사상체계를 형성한 것으로 나타난다. 불교의 승려들과도 교유관계를 맺고 있었다.

『해동야언』은 유배 이전의 유교사상체계를 바탕으로 정리된『하곡수언』을 기반으로 한 것으로 추정된다. 그러나 후반부는 유배이후에 보충된 것으로 생각되는데, 이 시기에는 불교, 선교에 대한 관심도 가지고 있었으므로, 이러한 사상도『해동야언』의 정리에 영향을 준 것으로 나타난다.

2.『해동야언』의 서술의식은 당대사의 필요성에서 출발하였다. 즉 조선이 건국된 지 약 200년이 지난 상황에서 그간의 역사를 정리하여 역사적인 교훈을 얻을 수 있다는 의식에서 출발하였다. 그러나 이에 그치지 않고 역사서술의 공정성을 확보하기 위해서는 다양한 시각의 서술이 필요하다는 데까지 인식이 미치고 있었다. 시각에 대한 인식은 사림이 사화를 경험하면서 분명해졌고, 붕당의 형성으로 이해가 다른 정치집단들의 견해가 충돌하면서 더욱 구체화되는 것으로 이해된다.

『해동야언』의 서술의식이 독특했던 만큼 이를 표현하는 방식도 다를 수밖에 없었다. 이해가 다른 정치집단의 존재를 의식하는 이상, 상대방의 시비를 피할 수 있는 공정한 서술의 방식이 필요하였고, 이는 다른 저서의 내용을 인용하여서 정리하는 방식으로 정립되었다. 즉 허봉은 전혀 자신의 견해를 서술하지 않고, 이미 서술된 저술의 내용을 인용서목과 함께 편집하는 방식을 취하고 있다. 내용의 취사선택으로서 자신의 견해를 표현하고 있다.

이러한 방식으로 서술하고 있으므로 책의 체제 역시 기왕의 사서와는 다른 독특한 체제를 이루고 있다. 인물중심의 간결한 기록을 왕대별로 나누어 왕, 관원, 사류, 문물의 순으로 정리하고 있어 이후에 나타나는 야사들의 기본체제를 정립하고 있다. 이를 야사체로 불러도 좋을 것으로 생각된다.

3. 야사의 서술의식이 정치집단의 이해의 표현에 있었으므로 서술의 중심대상은 정치사였다. 『해동야언』 역시 허봉이 보는 조선전기 정치사에 대한 입장이 잘 표출되어있다. 특히 정치세력과 운영구조에 대한 인식이 잘 드러난다.

허봉은 먼저 정치세력의 하나인 왕을 평가하면서, 유교 경전을 부지런히 배우고, 실천하는 것을 가장 중요한 덕목으로 제시하였다. 그러나 왕의 개인적인 유능함도 존중하였다. 그러한 입장에서 세종, 성종 등은 유교적 기준에서 바람직한 왕으로 평가하였고, 태종, 세조 등은 비유교적이지만 능력있는 왕으로 긍정적으로 평가를 받고 있다. 그러나 연산군, 중종 등은 사화에 책임을 져야하는 부정적인 왕으로 이해하였다.

허봉은 관원에 대해서도 몇 가지의 관점에서 평가하고 있다. 재상에게는 너그러움을 강조하고 있고, 중하급 관원에게는 소신을 강조하고 있다. 그리고 모든 관원에게 청렴과 절개를 요구하고 있다. 이러한 맥락에서 볼 때 권력을 독점하고 부의 축적에 몰두하는 것으로 나타나는 공신과 훈신 세력은 부정적으로 평가하였고 소신과 절개를 가진 것으로 평가되는 사림은 긍정적으로 평가하였다.

허봉은 재야사림에 대한 서술도 하고 있다. 향촌 사림의 경우에 향촌사회를 주도하는 적극적인 모습과 閑居하고 유유자적하는 모습을 같이 그리고 있다. 이는 사림의 관직진출이 적극적으로 모색되어지는 상황이었으나, 현실에서는 사화 등을 통하여 계속 피해를 입는 상황이 전개되었기 때문이었다. 즉 공론정치의 실현으로 향촌의 정치가 중앙정치와 불가피하게 연결되어 있는 상황에서, 사림은 중앙과 지방정치의 운영에 적극적이었으나, 사화 등으로 사림이 계속 피해를 입으면서, 일부의 사림은 소극적인 입장을 취할 수밖에 없었다.

특히 허봉 자신도 유배이후에 정치에서 배제되면서 정치에 대한 소극적인 입장이 크게 부각된 것으로 이해된다. 적극적으로 정치에 관여하지 않는 사림의 경우 閑居나 養生에 관심을 가졌다. 사림은 유학에 대한 이해가 심화되면서 佛仙에 대한 관심을 가지게 되었는데, 이와 같은 사림들 간의 태도가 유배이후의 허봉에게 크게 영향을 미친 것으로 짐작된다.

4. 허봉은 정치 운영구조에도 관심을 표하였다. 허봉은 정국을 왕이나 재상의 독단에 의해서 운영해서는 안 된다고 보았다. 일차적으로 재상은 왕의 독단을 견제해야 할 것으로 이해하였고, 왕은 재상의 의사를 수용하여 국정을 운영하여야 할 것으로 보았다. 재상 역시 공론을 수용하여 국정을 운영하는 것을 이상시하였다. 즉 공론에 입각한 국정의 운영을 공론정치로 실현해야 한다고 생각하였다. 그러한 관점에서 허봉은 언론의 활성화를 강조하였다. 당시의 공론은 이미 언관만이 아니라 일반 관원 및 재야 사림까지 참여하는 것이었으므로, 허봉은 재야 사림의 공론을 중시하고, 나아가 민심의 동향도 공론으로 수용하여야 하다고 주장하였다.

이러한 허봉의 주장은 개인만의 것이 아니었다. 당시 사림이 가지고 있던 생각들과 많은 부분에서 일치하였다. 허봉은 사림의 역사의식을 야사라는 새로운 방식을 통해서 극명하게 표현하였다. 이후 야사의 간행이 크게 활성화되는데, 이를 개척한 공을 허봉에게 돌려도 좋을 것이다(「海東野言에 보이는 허봉의 當代史 인식」『한국문화』15, 1994).

제10장 정치이념과 士林派의 구성요소
- 申用漑의 정치이념을 중심으로 -

머리말

조선중기 정치사연구는 그간 많은 진전이 있었다. 연구자들은 사림이 정치세력으로 대두하면서 나타난 조선중기의 정치변화를, 정치구조, 정치세력, 정치사상 등의 다양한 분야에서 조명하면서, 조선중기의 정치에 대한 이해를 크게 진전시켰다.

특히 정치의 주체를 다루는 정치세력에 대한 연구에서는, 사림파가 정치집단으로서 가지는 특징들이 소상히 밝혀졌다. 사림파가 가지는 혈연, 학연, 지연 혹은 경제적인 지위 등의 문제가 검토되면서, 이들의 집단적 성격이 보다 분명해졌다.[1] 또한 사림파에 대한 이해는 사림파와 대비되는 세력인 훈구에 대한 이해가 깊어질 때 심화될 수 있다. 그러므로 그간 진행된 훈구에 대한 연구는 사림의 세력을 보다 입체적으로 이해하는 데에 크게 기여하고 있다.[2]

---

1) 이수건 『영남사림파의 형성』 영남대출판부 1979.
　　이병휴 『조선전기 기호사림파연구』 일조각 1984.
　　이병휴 『조선전기 사림파의 현실인식과 대응』 일조각 1999.
　　이수건 『영남학파의 형성과 전개』 일조각 1995.
2) 이태진 「15세기 후반의 거족과 명분의식」 『한국사론』 3, 1976.
　　이병휴 「조선중종조 정국공식의 성분과 동향」 『대구사학』 15,16합집 1978.
　　우인수 「조선명종조 위사공신의 성분과 동향」 『대구사학』 33, 1987.
　　이재희 「조선명종대 척신정치의 전개와 그 성격」 『한국사론』 29, 1993.

이러한 진전된 연구를 바탕으로 사림세력에 대한 인식은 많이 진전되었으나, 아직 좀 더 밝혀야 할 과제들을 남기고 있다. 중요한 과제 중에 한 가지가 사림파를 정치세력으로 묶는 요소를 어떻게 설정할 것인가이다. 무오사림의 경우에는 학연과 지연 등의 요소로 그 세력을 묶는 것이 가능하였으나, 기묘사림의 단계에 이르면 이 구성원을 묶는 선명한 요인을 찾는 것이 힘들다. 학연이나 지연 혹은 혈연 등의 요소들이 사림파를 설명하는데 영향력을 가지고 있는 것은 물론이나, 그 어느 것으로도 설명이 되지 않는 부분들이 여전히 존재한다.

이러한 상황에서 사림이 추진하였던 핵심정책을 추출하여, 이를 추진하였던 집단 내지 이 이념에 동조하는 무리를 사림으로 해석하는 방법도 가능하다. 그렇게 접근하는 경우 정치세력의 이해에 상당한 융통성을 부여해줄 뿐 아니라, 당시의 정치에 관여하던 인물들의 성향을, 좀 더 다양하게 나누어서 파악할 수 있는 가능성도 열릴 것으로 생각된다. 즉 사림집단 내에서도 정책에 대한 지원의 충실도에 따라서 분류가 가능할 수 있다. 또한 전체의 관원들을 사림파와 훈구파 외에 친사림적 집단, 친훈구적 집단 등 좀 더 다양한 정치집단으로 분류하고 검토하는데 유용할 것으로 생각된다.

그러나 이념집단으로 나누는 경우 집단의 경계가 혈연이나 지연 등의 요소보다는 선명하지 못하여, 나누는 기준이 분명치 못할 수 있는 한계점도 예상된다. 이러한 한계에도 불구하고 그 유용성이 인정된다면, 연구를 통해서 이를 보완하고 다듬어 갈 필요가 있다고 생각된다. 이념집단으로 당시의 정치집단을 파악해 보기 위해서는, 우선 사림이 행한 주요정책의 방향을 정리하고, 이러한 관점에서 당시 중심적 인물들의 활동과 이념을 분석해 보는 연구가 필요하다.

김우기 『조선중기 척신정치연구』 집문당 2001.

특히 이태진의 '거족' 이라는 지표의 개발은 이후 연구에 중요한 기여를 하였다.

본고에서는 이러한 연구의 일환으로, 우선 사림파와 훈구파의 어느 집단에도 소속되지 않은 중립적으로 파악되어온 인물의 성향을 분석하려고 한다. 중립적인 인물로 파악되는 인물들을 좀 더 상세하게 검토하는 과정에서, 정치이념으로 정치세력을 파악하는 방법에 대하여 진전된 이해를 가질 수 있으리라고 생각한다.

가설적으로 친사림집단, 친훈구집단 그리고 중립집단 정도로 범주를 나누어 설정할 수 있는데, 본고에서는 신용개를 친사림계의 인물로 가정하고 분석해보려 한다. 그는 성종 중반에 관직에 진출하여 중종 전반까지 활동한 인물로서, 성종, 연산군대는 삼사의 관직으로 중종대에는 홍문관 대제학과 육조의 판서직을 겸하면서 중요한 역할을 하였고, 중종 11년 이후에는 의정부 대신으로 정국의 변화에 중심에 있던 인물이었다. 그의 훈구 가문의 출신이었으나 비공신계 인물이었다.

필자가 이에 대하여 관심을 가지게 된 것은 사림의 정책을 검토하는 과정에서, 신용개의 정치적인 입장과 이념이 매우 사림의 견해에 접근해 있음을 확인할 수 있었기 때문이다. 즉 신용개가 사림은 아니었으나, 사림의 정책에 동의하는 친사림적인 성향을 가진 인물로 생각되기 때문이다.

이러한 관점에서 연구를 추진하고 있으므로, 본고는 신용개 개인을 파악하는 데에 초점을 두지 않고, 사림정책과 이에 반응하는 신용개의 태도를 중심으로 검토할 것이다. 즉 사림이 제시한 정치 쟁점에 신용개가 어떠한 태도를 보였는가에 관심을 가질 것이다. 필자는 우선 신용개의 관력과 활동을 검토하고자 한다. 신용개의 가계와 그가 거쳤던 관직과 그가 활동하였던 주요 정치동향을 살피고자 한다. 다음으로는 그의 정치적 입장을 정치이념을 통해서 검토하고자 한다. 즉 그가 정치세력에 대하여 가졌던 인식, 그리고 정치구조에 대해 가졌던 인식을 정리해 보고자 한다. 신용개의 정치이념을 통해서 조선 중기 정치세력을 구성하는 요소를 좀 더 깊이 있게 고찰할 수 있기를 기대한다.

1. 관력과 활동

1) 성종 연산군대의 활동

신용개는 신숙주의 손자, 신면의 아들로 세조 9년 고령 신씨 가문에서 출생하였다. 그는 성종 19년에 문과에 급제하여 정치활동을 시작하였고 중요관직을 두루 거친 후 중종 14년에 죽었다. 성종 19년은 사림파가 유향소복립에 성공한 해였고, 중종 14년은 기묘사화가 일어난 해였다. 그러므로 신용개는 무오사림의 활동과 기묘사림의 활동기에 정치활동을 하였다. 그의 관력과 활동을 조선왕조실록에 나오는 기사와 신용개의 문집에 기록된 행장의 통해서 살필 수 있다.

신용개의 생애는 그의 관직 경력을 기준으로 나누어 볼 때 대략 당하관 시기, 대신시기 그리고 의정시기 등 세 시기로 나누어 볼 수 있다. 그러나 본고에서 살피고자 하는 것이 신용개의 친사림파적 정치이념을 파악하고자 하는 데에 있다. 이러한 입장을 반영할 때 그의 활동은 오히려 사림의 활동기에 대응이라는 관점에서 크게 두시기로 나누어 볼 수 있다. 성종 연산군대 무오사림의 활동과 중종대 기묘사림의 활동에 대한 대응으로 나누어 살필 수 있다.

먼저 성종대와 연산군대의 활동은 성종 19년 신용개가 관직에 오를 이후 연산군 10년 갑자사화에 연루되어 유배되는 시기까지 해당된다. 이 시기는 신용개가 관직에 오른 이후부터 연산군 4년 무오사화 이전까지 신용개가 주로 당하관으로 활동하던 시기와 무오사화 이후 연산군 10년 갑자사화에 연루되기까지의 주로 대신으로 활동하던 시기로 나누어 볼 수 있다.

중종대의 활동은 중종 원년에 다시 정치에 복귀된 이후 중종 14년 죽을 때까지의 기간에 이루어졌다. 이시기는 중종 원년에서 중종 11년까지 정치에 다시 복귀하여 육조의 판서와 의정부의 당상으로 활동하던 시기와 중종11까지와 중종 11년 우의정이 되어 14년 죽을 때까지 삼공으로서 적극 정치에 관여한 시기로 나눌 수 있다.

먼저 성종대와 연산군대 무오사화 이전까지의 신용개의 관력과 활동을 살펴보자. 우선 신용개의 이 시기의 관직을 정리해보면 다음과 같다.

> 성종 14년 사마시 합격
> 성종 19년 문과 급제, 권지 승문원 부정자
> 성종 19년 홍문관 정자
> 성종 21년 홍문관 저작
> 성종 22년 사가독서
> 성종 23년 이조 좌랑
> 성종 25년 사헌부 지평
> 연산군 1년 이조 정랑
> 연산군 2년 사가독서

이 시기에 신용개는 홍문관의 정자, 저작, 이조 좌랑, 정랑, 사헌부 지평 등의 관직을 지낸 것으로 나타난다. 이 관직들은 모두 청요직으로 관품은 낮았으나, 당시 정치구조상 신용개가 당하관이면서도 정치에 관여할 수 있는 자리에 있었음을 보여준다. 그러나 이시기의 조선왕조실록에 의하면 신용개의 정치활동을 보여주는 자료는 많지 않다. 그 이유는 우선 신용개가 실록의 기록에 많이 나오기에 쉬운 대간의 직책에 오래 있지 않은 데에 기인하는 것으로 생각된다. 신용개는 성종 25년에 사헌부 지평으로 언관 직에서도 활동한 것 외에 언관직에 있지 않았다.

그는 주로 홍문관직을 수행하였는데, 이는 신용개의 학문적 능력이 높이 평가되었기 때문이다. 그의 학문적인 능력은 거듭된 시험에서 수석을 차지한 성적과3) 두 차례의 사가독서에 선발된 것으로 잘 나타났다.4) 이렇

---

3) 『성종실록』 권265, 성종 23년 5월 임오.
　　『성종실록』 권265, 성종 23년 11월 임신.

게 때문에 실록 상에 보이는 그의 활동은 대간으로서 행한 수차례 인사의 탄핵에 참여한 것과 조정의 관원들이 대거 참여하여 의견을 수렴하는 收議에 몇 차례 참여한 것이 전부였다.5)

신용개는 주로 홍문관에 있었다. 당시 사림파는 삼사를 중심으로 훈구파와 대립하고 있었다. 사림파는 성종 19년 유향소의 복립을 성공한6) 뒤에, 당시 상황에 대한 근본적인 원인이 되는 훈구를 견제하는 것이 가장 본질적이고 급선무라고 생각하고, 언론활동을 통한 훈구의 탄핵에 집중하고 있었다.7) 이러한 움직임에 홍문관의 활동도 예외는 아니었다.8) 그러므로 신용개는 홍문관원의 일원으로서 활동하였으나, 그의 활동내용이 두드러지게 드러나지 않은 것은 그가 당시 삼사의 활동에 주도적이지 않았던 것에 기인한 것으로 생각된다.

그렇다면 사림파가 적극적으로 활동하던 이 시기에 사림세력의 핵심활동이었던 언론삼사에서 주로 활동하던 신용개와 사림파의 관계가 어떠한 것이었을까? 당시 권력구조에서 볼 때 사림파와 갈등관계에 있는 자가 삼사의 관직을 오랫동안 유지할 수는 없었다. 또한 실록에 신용개와 사림파 사이에 갈등이 있었다는 기록은 어디에도 찾을 수 없다. 그러므로 이들 사이의 관계는 무난했으리라고 추측된다.

이러한 관점에서 주목을 끄는 것은 연산군 4년 무오사화의 와중에서 나온 기록으로, 신용개를 김종직의 제자로 거론하고 있는 자료이다. 무오사

---

4) 『성종실록』 권280, 성종 24년 7월 무술.
　　『연산군일기』 권20, 연산군 2년 12월 무자.
5) 이외의 내용으로 부민고소의 문제, 양인확대의 문제 등의 조정의 논의에 참여한 것으로 나타난다. 당시의 직책상 이 논의에서 비중있는 역할을 하지는 못하였지만, 이 논의과정에서 나타난 신용개의 입장은 사림과 이해를 같이 하는 것이었고, 이러한 입장은 이후의 정치과정에서 끝까지 유지되었다.
6) 이태진 『한국사회사연구』 지식산업사 1986.
7) 남지대 「조선 성종대의 대간언론」, 『한국사론』 12, 1985.
8) 최이돈 「성종대 홍문관의 언관화과정」, 『진단학보』 61, 1986.

화가 터지고 이에 연루된 사람들을 잡아서 문초하는 과정에서, 사림파의 핵심인물인 김일손은 김종직의 제자들의 명단을 실토하였다. 그 내용 중에 신용개를 김종직의 제자로 언급하고 있다. 즉 김일손이 채수, 김전, 최부, 권경유, 이계맹, 이주, 이원 등과 함께 신용개를 거론하고 있다. 신용개는 김종직에게 製述로 科次를 받았다고[9] 언급되고 있다.

　제술로 과차를 받았다는 것은 앞뒤의 문맥으로 볼 때, 사제관계에서 제술을 지도 받은 것으로 해석하는 것이 무난하다. 그러나 '과차'라는 어귀는 과거시험에서 지공거와 문생이라는 공적인 관계를 거론한 것으로 볼 수도 있다. 그러나 이미 이시기에는 지공거의 관계가 별다른 의미를 가질 수 없었으며, 김종직이 시관이었던 시기를 밝히는 것이 현실적으로 어려우므로 단정적으로 언급하기는 어렵다.[10]

　그러나 이러한 공식적인 관계만 있었다면, 김일손이 신용개 등 몇 명만을 거론하면서 제자라고 언급하기는 어려웠을 것으로 생각된다. 또한 위에 거론된 이들 중에서 특정한 과거에 같이 급제한 인물들이 편중되지 않은 것도 그러한 생각을 확신하게 한다.[11] 그러므로 여기의 과차는 사제 간의 교육관계로 해석을 해야 할 것으로 생각된다. 이러한 내용은 사림파의 가장 핵심인물인 김일손이 사화의 국문 중이라는 위험한 상황에서 언급한 것이어서, 상당히 신뢰성이 있는 것으로 이해된다.

　그러나 이 언급 외에 신용개와 김종직 혹은 그 제자들과의 관계를 적극적으로 언급한 자료는 보이지 않는다. 다만, 신용개의 문집인 『二樂亭集』에는 이들 상호 교류 관계가 있었던 흔적을 보여주고 있다. 주목되는 것은

---

9) 『연산군일기』 권30, 연산군 4년 7월 신해.
10) 『점필제집』에 의하면 신용개가 급제한 성종 19년에 김종직은 홍문관 제학으로 있었으므로 과거에 시관이었을 가능성은 많으나, 문집에는 그가 시관이었음을 밝히고 있지 않다.
11) 신용개를 중심으로 살펴보면, 신용개와 같이 문과에 급제한 인물은 이주이며, 소과에 같이 급제한 인물은 이계맹 정도였다.

문집 권6에 「讀書堂錄」이라는 시집이다. 이는 신용개가 독서당에 있으면서 지은 시를 모은 것이다. 이 시집에는 신용개가 김일손, 강혼, 이주 등이 지은 시의 운에 따라서 지은 시가 10여 편 보이고 있다. 여기의 김일손 등 모든 인물이 사림파의 핵심 인물인 점이 주목된다.12)

실록에 나타난 바에 의하면 신용개는 두 차례의 사가독서의 기회를 가졌다. 성종 24년과 연산군 2년이었다. 주지하다시피 사가독서는 이전부터 있었으나, 사림파가 이를 경학을 연구할 수 있는 기회로 주목하면서 활성화를 추진하였고, 그 운영 방식도 바뀌어 선발된 관원들이 자택이 아닌 일정한 장소에 기숙을 하면서 경학을 같이 연구하였다. 새로운 방식의 사가독서는 성종 23년 사림파의 핵심인물인 조위에 의한 제기되었다. 이는 조위가 경연 중에 홍문관의 관원들을 그 직에 오래있게 하여 업무에 전념케 하고, 시간을 주어 글을 읽게 하자고 제의하면서 추진되었다.13) 성종 24년의 독서당의 건립은 이러한 건의의 결과로 추진된 것이었다.14)

이러한 의미를 가진 독서당에서의 사가독서는 성종 24년부터 시작되었고, 이에 첫 대상으로 신용개와 강혼, 일손 등이 선발되었다.15) 당시의 사가독서는 단순한 공부가 아니었다. 유학의 본질이 치인과 치국에 있었고, 당시 사림파는 유학을 바탕으로 하여 개혁을 추진하였던 상황이었으므로, 사림의 핵심인물들이 모인 자리인 사가독서에서, 당연하게 당시의 정치현실과 이에 대한 대응의 논리가 논의되었으리라 생각된다. 이러한 의미를 가지는 사가독서에 신용개가 참여하여, 독서당에서 글을 읽었다는 것은 신용개를 사림파로 이해해도 무리가 없다.

신용개는 연산군 2년에도 사가독서에 선발됐다.16) 이때에도 신용개는

---

12) 『이요정집』 권6.
13) 『성종실록』 권261, 성종 23년 1월 정축.
14) 『성종실록』 권277, 성종 24년 5월 갑술.
15) 『성종실록』 권280, 성종 24년 7월 무술.
16) 『연산군일기』 권20, 연산군 2년 12월 무자.

김전, 이주, 김일손, 강혼, 이목, 남곤, 정희량 등과 같이 선발되는데, 이 구성원도 김전을 제외하면 사림파의 핵심 인물들이었다.17) 이들이 독서당에 거하는 동안 서로 시도 짓고 뱃놀이도 하였던 것으로 보인다. 조선왕조실록에 의하면 이총이 배를 가지고 독서당에 들려서, 김일손, 신용개, 강혼 등과 같이 뱃놀이를 하면서 시를 지었다는 기록도 보이고 있다.18) 신용개의 문집에 나오는 이들 간의 교유시는 이러한 관계의 소산으로 이해된다.

신용개와 사림파의 관계가 이러하였으므로 무오사화가 터지자, 김일손은 신용개를 김종직의 제자로 거론하였고, 당연히 신용개는 구금이 되고 문초를 받게 되었다. 그러나 문초과정에 변화가 생겼다. 무오사화를 일으켰던 윤필상 등 당시 재상들은 김일손이 자백한 김종직 제자들의 명단을 중심으로 처벌해야 할 사림파의 범주를 파악해 갔다. 그 과정에서 윤필상 등은 먼저 채수, 이창신, 김전 등이 관련되지 않았다고 밝히고 이들의 석방을 연산군에게 요청하였다. 이에 김전을 제외한 채수, 이창신 등이 석방되었다.19) 윤필상 등은 3일 뒤에는 다시 이의무, 김전, 신용개, 정희량 등이 연루되지 않는 것으로 파악하여 이들의 석방도 요청하였으나 신용개만 석방되었다.20)

윤필상이 김일손에 의해서 김종직의 제자로 언급한 인물들 중에서, 채수, 이창신, 김전, 신용개, 이의무, 정희량 등을 석방하자고 제안한 근거나, 그중에서 채수, 이창신, 신용개 등만 석방된 구체적인 이유는 밝혀지지 않고 있다. 그러나 결과적으로 본다면 석방된 신용개 등은 사림파의 핵심이 아니었다고 해석할 수밖에 없다.

---

17) 물론 김전도 앞에서 살핀 김일손의 증언에 의하면 신용개와 함께 김종직의 제자로 분류되었다.
18) 『연산군일기』 권31, 연산군 4년 8월 갑자.
19) 『연산군일기』 권30, 연산군 4년 7월 계축.
20) 『연산군일기』 권30, 연산군 4년 7월 병진.
    정희량, 이의무는 유배를 당했고, 김전은 파직을 당했다(『연산군일기』 권30, 연산군 4년 7월 경신).

즉 김일손의 증언이나 독서당에서 교유의 관계 등이 이들 사이의 긴밀한 관계를 보여주는 것이었지만, 당시 훈구들의 판단으로는 신용개는 사림파의 핵심은 아니라고 보았다. 즉 신용개가 당시 훈구들에게 위협적이지 않았음을 의미한다. 그러므로 신용개는 무오사화를 면하였고, 이러한 결과로 이후 신용개는 같이 석방된 채수, 이창신 등과 함께 사림파로 간주되지 않았다.

무오사화 이후 갑자사화까지 신용개는 별다른 제한을 받지 않고 언관과 승지 등의 관직을 지내면서 승진하고 활동하였다. 이는 사화를 당하여 피해를 입고 활동에 제한을 입은 사림파와는 차별화되는 현상이었다. 이러한 상황에서 신용개는 사림의 핵심과 거취를 같이 하지 않은 것으로 보인다. 이 시기에 신용개가 거친 직책을 살펴보면 다음과 같다.

연산군 5년 12월 홍문관 부응교
연산군 6년 5월 사헌부 장령
연산군 6년 8월 홍문관 직제학
연산군 7년 2월 동부승지, 우부승지, 좌부승지
연산군 8년 1월 우승지, 좌승지, 도승지
연산군 8년 10월 충청도 절도사
연산군 9년 10월 형조 참판
연산군 9년 11월 예조 참판
연산군 10년 4월 성절사

이 시기의 신용개의 활동을 보면 대간직에 있으면서 내수사 장리를 문제를 삼거나,[21] 홍문관에 있으면서 연산군에게 대간의 언사를 수용할 것을 요구하는 등 언론의 활성화를 위해서 노력하였다. 그는 승지로 있으면서 연산군의 폭정에도 부정적인 태도를 보인 것을 나타난다. 그러한 결과

---

21) 『연산군일기』 권39, 연산군 6년 10월 경인.

연산군 10년에 갑자사화가 일어나자 신용개는 이에 연루되었다.

그의 죄목은 수차례 바뀌는데 처음의 그의 죄목은 "승지로서 承傳內官을 죄주기를 청했다."는[22] 것이었으나, 사태가 진전되면서 "민가의 포도를 봉진하는 것은 부당하다."고[23] 논한 것으로 언급되었다가, '辛甘菜'의 일을 말한 것으로 거론되었다.[24] 이후에는 '승지로서 申沆의 일을 말하지 않은 것'[25] 등이 추가되면서 형량이 커졌고, 결과적으로 전라도 영광에 유배되었다.[26] 신용개 죄목의 내용을 종합하면 신용개가 승지의 직에 있으면서 여러 차례 연산군의 무리한 처사에 반대한 것으로 보인다. 그러므로 그는 갑자사화에 연루되었다. 신용개가 사림파의 핵심이 아니라고 인정되어서 무오사화는 면하였으나, 여전히 언론의 활성화에 관심을 기울였고, 연산군의 무도한 일에 참여하지 않으면서 사림의 의견에 동조한 것으로 보인다. 그 결과 신용개는 무오사화를 면하였던 사림파와 같이 갑자사화에 피화를 입게 되었다.

2) 중종대의 활동

신용개는 중중반정에 참여하지 않았지만 반정이후 복권이 되면서 중종 1년 9월에 형조 참판으로 관직에 복귀한다. 이후 신용개의 관직은 다음과 같이 정리할 수 있다.

중종 1년 9월 형조 참판
중종 2년 2월 홍문관 대제학

---

22) 『연산군일기』 권53, 연산군 10년 5월 정미.
23) 『연산군일기』 권55, 연산군 10년 8월 을축.
24) 『연산군일기』 권56, 연산군 10년 12월 정묘.
25) 『연산군일기』 권56, 연산군 10년 12월 임신.
26) 『연산군일기』 권57, 연산군 11년 2월 계해.

중종 2년 3월 춘추관 당상
중종 2년 8월 사복시 제조
중종 2년 11월 공조 판서
중종 3년 1월 의정부 우참찬
중종 3년 7월 예조 판서
중종 3년 11월 의정부 좌참찬, 우참찬
중종 4년 1월 이조 판서
중종 5년 7월 예조 판서
중종 8년 5월 사헌부 대사헌
중종 8년 10월 의정부 우찬성
중종 12월 겸동지의금부사
중종 10년 2월 병조 판서
중종 10년 3월 빈전도감 제조
중종 11년 1월 의정부 좌찬성
중종 11년 4월 의정부 우의정
중종 13년 1월 의정부 좌의정
중종 14년 10월 졸

신용개는 정치에 복귀하였으나 공신에 책봉되지 않았다. 신용개가 사림파와 가까웠으므로 공신에 책봉되지 못한 것으로 보인다. 그러나 이후 신용개는 육조의 참판과 판서, 의정부의 참찬, 찬성 등의 직을 거치면서 정치에 깊이 있게 관여하였다. 이시기에 특이한 것은 중종 2년에 홍문관의 대제학이 되었고 중종 11년 우의정이 되면서 대제학 직을 사직할 때까지 계속 유지하였다. 대제학은 상징적으로 유교적 이념과 문장을 대변하는 자리였고, 항시 경연을 주재하면서 중요한 정책에 깊이 관여할 수 있는 직책이었다.

신용개는 중종 11년 우의정이 되면서 명실상부하게 국정을 주도하게 되었다. 육조와 의정부의 주요직을 거쳤고, 이미 중종 8년부터 의정직에 후보자로 거론되면서 국정에 깊이 관여하고 있었다. 신용개는 삼공이 되면서 보다 핵심적으로 국정에 참여하게 된다. 신용개가 삼공에 진입한 것은 당시 정치사에서 매우 중요한 변화였다.

즉 중종 8년 성희안이 죽으면서 반정의 핵심세력이 삼공의 직에서 물러 났고, 중종 11년에는 유순까지 삼공에서 물러나면서 공신세력이 모두 삼공직에서 물러나게 되었다. 이러한 상황에서 신용개가 삼공으로 등장하면서 비공신세력이 의정부를 장악하게 되었다. 이무렵부터 사림파가 적극적으로 활동하였는데, 이는 비공신계 인물들에 의해서 삼공직이 장악되는 변화에 크게 고무된 현상이었다. 신용개는 중종 13년에는 좌의정이 되었고, 중종 14년 10월 기묘사화 직전에 죽었다.

2. 정치세력에 대한 인식

1) 사림의 동향

신용개의 정치이념이 어떠하였는가? 이를 정치세력과 정치구조로 나누어 살펴보고자 한다. 우선 그의 정치세력에 대한 인식을 검토하자. 신용개의 견해를 살피기 전에 먼저 비교의 기준이 되는 사림은 어떻게 정치세력을 만들어 가려고 하였는가를 살펴보자. 사림의 정치세력에 대한 견해는 간단히 말하면 사림세력을 확대하고 훈구나 공신세력을 제한하려는 것으로 요약된다.

이를 위해서 사림은 먼저 명분을 축적하였다. 사림은 훈구나 공신세력 등용의 부당성과 사림파 진출의 정당성을 위한 명분을 확보하는 데서 시작하였다. 그리고 이를 바탕으로 구체적으로 공신들의 비리나 부정을 탄핵하면서 이들의 정치적 영향력을 축소하고, '功臣削籍'을 추진하여 이들의 정치적 입지를 제한하려 하였다. 한편 사림파 정치세력의 확대를 적극 추진하여, 구체적으로 천거제와 현량과 등을 통해서 사림의 정치 진출을 확대하였다.

이러한 일련의 과정 중에서 먼저 사림세력의 진출을 정당화하기 위하여 명분을 축적하는 과정을 살펴보자. 사림이 추구한 명분 확보는 자신들과 대립관계에 있는 훈구세력과 공신세력에 대한 문제의 제기에서 출발하였다.27) 즉 멀리는 세조의 집권과정에서 확대된 훈구의 문제, 가까이는 중종 반정으로 형성된 공신세력의 문제 등을 제기하였다. 훈구세력에 대한 명분의 축적은 단종의 제사와 사육신의 후손에 대한 임용의 문제로 제기하였고, 반정공신에 대한 것은 중종비인 신씨의 복위 문제를 제기하였다.

사림은 세조 집권의 과정에서부터 문제를 제기하였다. 사림은 먼저 昭陵 복립을 제기하였다. 소릉은 문종의 비이며 단종의 모후인 顯德王后의 능이다. 단종이 폐위되면서 소릉도 폐릉이 되었다. 소릉의 복위에 대한 문제의 제기는 세조의 집권과 단종의 폐위에 대한 재평가를 통해서, 훈구를 견제하기 위한 목적에서 추진되었다.

최초로 소릉 복립의 건의는 성종 9년 유생 남효원에 의해서 제시되었다. 이는 계속되는 사림의 관심 속에서 연산군 초에 김일손에 의해서 다시 건의되었다. 그러나 이 문제가 본격적인 문제로 제기된 것은 중종대에 들어서였다. 중종 7년 경연 중 소세양이 발의하면서 논의를 시작하였고,28) 삼사의 적극적인 호응으로 논의가 확대되었다. 이에 조정에서는 대신들의 의견을 수렴하게 되었는데, 유순정, 성희안 등의 핵심공신들의 반대로 시행되지 못하였다.29) 그러나 사림은 이 문제를 계속 추진하였고, 정부는 중종 8년 3월 소릉을 복립하는 것으로 결정하였다.30)

사림은 이러한 성취 위에서 중종 11년에는 노산군의 立後를 세우는 문

27) 이병휴 『조선전기 기호사림파연구』 일조각 1984.
28) 『중종실록』 권17, 중종 7년 11월 임진.
29) 『중종실록』 권17, 중종 7년 11월 병신.
30) 『중종실록』 권17, 중종 8년 3월 임신.

제를 제기하였다. 이 역시 노산군의 위치를 재정리하면서, 훈구를 견제하기 위한 노력이었다. 이 문제는 김굉에 의해서 발의되었고 사림파들에 의해 논의가 지속되었다.[31] 조정에서 이 문제를 집중적으로 논의하였으나,[32] 노산군의 입후를 세우는 것은 결정하지 못하였다. 그러나 노산군을 관청에서 봉사하는 것으로 결정되었다. 결정이 되자 중종은 우승지 신상을 보내서 제사를 지내게 하고 묘소를 수축하도록 명하였다.[33] 사림파는 후손을 세우지 못하는 것도 계속 거론하였으나,[34] 사림의 내부에서는 제사를 지내는 것만으로도 소기의 성과를 거두는 것으로 평가하였다.[35]

이러한 노산군에 관련된 명분을 축적하면서, 사림은 중종 12년에는 사육신의 문제를 제기하였다. 경연 중 장령 정순붕은 다음과 같이 이 문제를 제시하였다.

절의와 인후한 풍습은 국가가 배양할 바입니다. 근래 성삼문, 박팽년이 노산군을 복위시키려 꾀하였으니, 그 죄는 誅罪해야 하나 그 절의는 주벌할 수 없는데 이제까지 난신으로 기록되어 있으니, 임금으로서 정대하고 공평한 마음에 어그러집니다.[36]

그는 절의의 입장에서 사육신을 용서하여야 한다고 주장하였다. 이의 연장선상에서 사육신의 후손에 대한 관직의 임명도 주장하였다. 이는 사육신의 절의를 부각시키면서 훈구의 위상을 다시 한 번 흔드는 주장이었다. 이에 중종은 대신들에게 의견을 묻도록 하였으나 대신들은 부정적인

---

31) 『중종실록』 권26, 중종 11년 10월 경오.
32) 『중종실록』 권26, 중종 11년 10월 경오, 정축.
33) 『중종실록』 권26, 중종 11년 11월 기해.
　　『중종실록』 권27, 중종 11년 12월 병진.
34) 『중종실록』 권34, 중종 13년 9월 임자.
35) 『중종실록』 권36, 중종 14년 7월 정사.
36) 『중종실록』 권29, 중종 12년 8월 무신.

반응을 보였다.37)

대신들의 반대로 논의에 진전이 없자, 사림파는 성삼문의 외손인 박호의 대간임명을 추진하고 집의로 임명하였다. 사림파가 낭관권을 장악하고 대간의 인사를 낭관들이 주도하는 상황에서 박호의 집의 임명이 가능하였다. 이에 대해서 대신들은 이의를 제기하였으나, 박호는 대간직을 계속 유지하였다.38)

나아가 사림파는 반정공신의 문제도 거론하기 시작하였다. 사림파는 이 문제를 중종의 폐비인 신씨의 복위 문제와 반정공신삭적의 문제로 구체화하였다. 사림은 먼저 중종의 비였던 신씨의 복위문제를 제기하였다. 중종비 단경왕후는 신수근의 딸로서 반정직후 정국공신들에 의해서 폐출되었다. 중종 10년 계비인 장경왕후 윤씨가 죽자, 이해의 8월에 담양부사 박상과 순창군수 김정은 신씨의 복위를 주장하였다. 이들은 다음과 같이 반정의 핵심인물들을 비난하면서 이 문제를 거론하였다.

> 靖國 당초에 박원종, 유순정, 성희안 등이 이미 신수근을 제거하고, 왕비가 곧 그 소출이므로 그 아비를 죽이고 뒷날 후환이 있을까 염려하여, 바르지 못하게 자신을 보전하려는 사사로움을 위하여 폐위시켜 내보내자는 모의를 꾸몄으니, 이는 진실로 까닭도 없고 또 명분도 없는 것입니다.39)

사림은 박원종, 유순정, 성희안 등 반정의 핵심인물들을 거론하면서 신씨복위를 주장하였다. 그러므로 이 논의가 단순히 신씨의 복위만의 문제가 아니라 반정공신 전체의 정당성에 문제를 제기한 대단히 중요한 정치적 논쟁거리가 되었다.

---

37) 상동조.
38) 『중종실록』 권29, 중종 12년 11월 신묘.
39) 『중종실록』 권22, 중종 10년 8월 임술.

　그러나 일부 대간이 상소를 올린 박상과 김정을 탄핵하면서 이 문제는
사림의 의도와 달리 박상 등의 처벌 문제로 전개되었다.40) 중종은 이 문제
를 먼저 의정부의 당상관들에게 논의하게 하였다. 영의정 유순 등 대신들
은 박상 등이 구언에 의한 상소에 의한 것이니 처벌하지 말 것을 건의하였
다. 계속 이어진 육조의 당상관들의 논의에서도 박상 등을 용서할 것을 건
의하였다.41)

　그러나 중종은 박상과 김정의 죄를 취조하도록 하였다. 이후 사림파를
중심으로 거의 모든 관원들이 박상 등을 용서해줄 것을 요청하였으나, 중
종은 이들을 유배를 보내었다.42) 그러나 사림은 이러한 중종의 처분을 문
제 삼았다. 조광조 등 사림은 오히려 박상 등의 처벌을 요청한 관원들을
탄핵하여 결국 처벌하였다.43) 나아가 집요하게 박상 등의 복직을 요청하
여 중종 11년 이를 실현하였다.44)

　결과적으로 신씨의 복위는 성공하지 못하였으나, 반정의 핵심이었던 박
원종 등을 실명까지 거론되면서 그들의 잘못을 공개적으로 제기하였고, 조
정의 거의 모든 관원들이 박상 등의 처벌에 반대함으로써, 박상 등의 발언
에 동조하는 모습을 보여주었다. 이는 사림파가 이 문제의 제기를 통해서
얻으려 하였던, 반정공신들의 '정당성'에 대하여 의문을 제기하는 목적을
달성하였음을 의미한다. 이로 인해서 사림파는 다음으로 추진하려는 반정
공신의 삭적문제를 본격적으로 논의하는 데에 자신감을 가질 수 있었다.

　반정공신의 삭적에 대한 문제 제기는 이미 중종 2년 유자광과 그 손자
인 유자건의 삭훈으로 시작되었다. 중종 8년에는 박영문과 신윤무의 옥사
로 인해서 이 두 사람과 더불어 박영창, 신윤문, 박영분 등을 먼저 삭적하

---

40)『중종실록』권22, 중종 10년 8월 을축.
41)『중종실록』권22, 중종 10년 8월 병인.
42)『중종실록』권22, 중종 10년 8월 정축, 무인.
43)『중종실록』권23, 중종 10년 11월 갑진.
44)『중종실록』권26, 중종 11년 11월 경인.

였다. 중종 9년에는 반정 당시의 입직승지였던 윤장, 조계형, 이우 등을 삭직하였다. 그러나 대대적인 공신의 삭적의 문제를 제기한 것은 중종 14년이었다. 이 문제를 제기한 것은 조광조였다. 대사헌이었던 조광조는 대사간 이동성 등과 함께, 공신으로서 적당하지 못한 인물로 윤순 등 70여명을 거론하면서 삭적을 요청하였다.45) 이는 조종의 큰 논란을 일으켰는데, 그해 11월부터는 영의정 정광필 등 재상들이 이에 동의하면서46) 76명의 공신삭적이 결정되었다.47) 이로서 반정공신 중에서 총 88인이 삭훈되었다.

　공신의 삭훈은 자격이 부족한 이들을 선별해서 삭훈하는 제한적인 것이었으나, 다수가 삭훈되면서 반정공신의 정당성 자체가 훼손되었다. 이는 이 시기에 이르러 이미 박원종 등 반정의 핵심인물들이 죽은 상황에서 반정공신 세력의 실제적인 약화를 초래하는 변화였다.

　이러한 동향과 더불어 김굉필, 정여창 등 사림파의 정신적 지주였던 인물들에 대한 처우의 개선에 대한 논의도 진행하였다. 사림이 중종 12년 김굉필과 정여창의 자손을 서용할 것을 건의하면서 이 논의를 시작하였다. 경연 중 김안로는 "김굉필, 정여창은 폐조에서 억울하게 죄를 입었으니, 誅罪된 사람의 자손의 예를 따를 수 없습니다. 어진 사람의 후손으로 녹용하고 그 처자로 하여금 기한을 면하게 해야 합니다."48)라고 이들의 서용을 요청하였다. 이에 조정은 논의를 이를 거쳐서 수용하였다.

　사림은 이에서 한걸음 더 나아가서 김굉필의 문묘 종사까지 추진하였다. 사림이 문제를 제기하자 조정에서는 이를 정부, 육조의 대신들과 대간, 홍문관원 등의 논의에 붙였다. 논의에서 홍문관에서는 당연히 문묘의 배향을 찬성하였으나, 정광필 등 재상들은 종사의 불가함을 주장하면서 "관례에 따라 증작하는 것으로는 특이함을 표창하기에 부족하니, 더 증작하

---

45) 『중종실록』 권37, 중종 14년 10월 을유.
46) 『중종실록』 권37, 중종 14년 11월 임진.
47) 『중종실록』 권37, 중종 14년 11월 신축.
48) 『중종실록』 권29, 중종 12년 8월 무신.

고 그 아내에게 해마다 관곡을 내리고 다시 자손을 녹용하는 것이 어떠합니까."라고 제안하여 우대하는 데에 그쳤다.[49] 결과적으로 김굉필의 문묘종사는 성공되지 못하였으나, 문묘종사를 논의한다는 자체가 사림의 정치적 입지를 강화하는 것이었고, 천거제를 본격적으로 논의할 수 있는 기반이 되었다.

사림파는 이러한 논의를 바탕으로 천거제를 제기하였다. 현량과로도 불리는 천거별시는 사림의 천거제도의 활성화의 방안으로, 중종 13년부터 논의가 되었다. 이 문제는 사림 세력을 강화하는 방안이었으므로 사림은 적극적이었으나, 훈구의 입장에서는 이를 어떻게 해서든지 막으려 노력하여 조정에 치열한 논란을 일으켰다. 그러나 사림의 입장이 중종에 의해서 적극 수용되면서 현량과는 시행되었다.

2) 신용개의 인식

이러한 사림파의 정치세력 재편의 움직임에 대하여 신용개는 어떠한 입장을 가졌는가? 먼저 신용개는 소릉의 복위에 대하여 적극적인 찬성을 하였다. 중종 7년 11월에 이 문제를 가지고 조정의 중신들이 논의하자, 이 자리에서 유순, 유순정, 성희안 등이 반대의 의사를 제기하였다. 그러나 신용개는 강혼 등과 함께 "당시의 대신들이 그 아우 권자신 때문에 소릉 폐하기를 청하여 따른 것이지, 선왕의 뜻에서 나온 것이 아닌 듯합니다."라고 소릉의 복구와 호칭의 회복을 찬성하였다.[50] 그러나 중종은 유순정 등의 의견을 따라서 소릉의 복립은 부결되었다.

이 문제가 계속되자 중종 8년 3월에 다시 논의를 하였다. 이 자리에서 신용개 등은 "이제 만약 추복하신다면 묘제가 다시 바르게 되는 것이요,

---

49) 『중종실록』 권29, 중종 12년 8월 임자.
50) 『중종실록』 권17, 중종 7년 11월 병신.

후세에 또한 선왕의 본의가 아니었음을 알게 될 것입니다."라고 강력하게 복립을 주장하였다. 이에 이전에는 반대하던 유순 등이 "중의를 들으니 다 추복하여야 된다는 것입니다."라고[51] 공론을 따라서 복립할 것을 주장하였고, 이러한 분위기 속에서 소릉의 복립이 결정되었다.

신용개는 노산군의 입후에 대해서 어떠한 입장이었는가? 조정에 이문제가 제기되자 대신들의 논의가 있었는데, 이때에 신용개는 영의정 정광필과 뜻을 같이 하였다. 정광필은 "마땅히 고금의 사례를 참작해서 해야 하니, 홍문관과 예관으로 하여금 옛 예를 고찰하도록 한 다음 다시 의논해야 하고, 경솔하게 의논할 수는 없습니다."라고 제안하였고, 신용개는 이에 동의하였다. 즉 신중하게 옛 사례를 고찰하여서 처리하자는 것이었다.[52] 이러한 제안에 따라서 이 문제는 결정되지 못하였다.

그러므로 이후 다시 이 문제는 논의가 되었다. 이때에 신용개는 "후손을 세워 봉작을 승습시킴은 어려운 일이니, 마땅히 묘직을 내려 俗節에 제사하도록 함이 사체에 공평합니다."라고[53] 제사를 지낼 것을 요청하였으나, 후손을 세우는 일에는 반대하고 있다. 그러나 안당이나 김안국 등 사림파들이 후손을 세우는 쪽으로 발언을 하자, 중종은 "후손을 세움이 방해되지 않는다면 마땅히 세워야 한다. 어찌 이처럼 아름다운 일이 있겠는가."라고 수용하는 의사를 드러냈다. 이에 대해서 신용개는 적극적인 반대는 하지 않고, "일이 매우 중대하여 의논이 각기 다르니 잘 알아서 처리해야 됩니다."라는 정도로 중립적 입장을 취하였다.[54] 이후 이 문제는 신용개의 의견대로 후손을 세우지 않고 관에서 제사하는 것으로 결정되었다.[55]

신용개는 사육신의 후손의 서용문제에 대해서 찬성을 하였다. 신용개는

---

51) 『중종실록』 권17, 중종 8년 3월 임신.
52) 『중종실록』 권26, 중종 11년 10월 경오.
53) 『중종실록』 권26. 중종 11년 10월 정축.
54) 상동조.
55) 『중종실록』 권34, 중종 13년 9월 임자.

이문제가 논의된 경연의 자리에 참석하였는데, 이 자리에서 신용개는 박
팽년의 외손 이귀와 성삼문의 외손 박호 등이 그 대상이 된다고 구체적으
로 거론하면서, 이들에게 顯職을 주어야 한다고 주장하였다.[56] 물론 신용
개의 견해는 다시 재상들이 논의를 하는 과정에서 제한적인 것으로 바뀌
었지만, 신용개의 기본적인 입장은 사림의 입장에 긍정적이었음을 보여준
다. 이상에서 볼 때 신용개는 성종대의 훈구파와 관련된 문제에 있어서는
사림의 의견에 공감하는 태도를 보여주었다.

신용개가 사림의 중종반정 공신세력을 비판하는 움직임에 대하여 어떠
한 입장을 보였는가? 먼저 신씨의 복위에 대해서는 신용개는 어떠한 반응
을 보였는지 살펴보자. 중종 10년 8월에 박상과 김정의 구언상소로 인해
서 제기된 이 문제는 조정의 거의 모든 관원들이 박상과 김정의 상소는
구언에 의한 것이므로 용서할 것을 주장하면서 별 쟁점 없이 진행되었다.
신용개 역시 당시 병조판서로 있으면서, 육조의 당상관들을 모아서 논의
하는 자리에 참여하여 다음과 같은 의견을 개진하였다.

> 지금 박상 등의 상소를 보건대, 지극히 狂悖하여 마땅히 죄를 더해
> 야 합니다만, 이미 구언하고 이제 또 죄를 더하면 언로에 방해가 있습
> 니다. 제왕이 간하는 말을 받아들이는 도리는, 말이 비록 망령되어 쓸
> 만하지 않더라도 죄주지는 않는 것입니다. 그래서 모두 그 품은 바를
> 다 아뢰는 것이니, 비록 지나친 말이 있더라도 너그러이 용납하여 버
> 려두는 것이 가합니다.[57]

신용개는 언론을 막지 않기 위해서 박상을 처벌해서는 안 된다고 주장
하였다. 이러한 견해는 조정이 공감하던 것이었으므로 특별한 것은 아니
었다. 이와 같은 신용개와 조정의 견해는 이미 반정공신들의 한계에 대한

---

56) 『중종실록』 권29, 중종 12년 8월 무신.
57) 『중종실록』 권22, 중종 10년 8월 병인.

인식이 조정에 광범위하게 형성되어 있었음을 짐작케 한다.

신용개는 공신삭적의 문제에 어떻게 대응하였을까. 이 문제는 공신세력의 견제라는 의미에서 매우 중요한 문제였고, 이에 대한 신용개의 입장 역시 그를 평가하는 데에 중요한 지표가 될 수 있다. 공신삭직의 문제에 대한 신용개의 언급은 매우 제한되어 있다. 이는 신용개가 이 문제에 적극적으로 나설 수 있는 상황이 아니었기 때문이었다. 즉 공신삭직이 본격적으로 거론된 것은 중종 14년 10월 이후인데, 신용개는 이 문제가 본격화되기 바로 직전에 죽었으므로 이 문제에 직접 거론할 수 없었다.[58]

또한 중종 4년에 삭직된 박영문과 신윤무의 경우에는 정막개의 고변으로 시작하여 고변이 있은 후 2일 만에 이들이 형을 받음으로 조정에서 논의거리가 되지 못하였다. 중종 9년의 윤장, 조계형의 경우에도 경연 중『강목』을 강독하던 중에 신하의 절의에 대한 문제가 논의되면서 문제가 되었고, 역시 2일 뒤에 중종이 이들의 삭직을 명하면서 마무리되어서 조정의 논의가 되지 못하였다.[59]

다만, 조정의 논의가 되었던 경우는 중종 2년 유자광 삭직의 경우였다. 유자광의 건은 중종 2년 4월 유자광이 대간에 의해서 파직당한 고성과 창녕의 수령을 비호하면서 제기되었다.[60] 대간들은 유자광을 비판하게 되었고, 중종은 유자광을 파직하는 선에서 이 문제를 마무리 지으려하였다. 그러나 대간들은 더 심한 처벌을 요구하면서 이 문제는 장기화되었다.

이 논의에 마무리를 지은 것은 신용개였다. 그는 논의가 장기화되자 경연 중에서 유자광을 '累朝의 늙은 간신'이라고 규정하고, 그를 공신에서 삭제하고 멀리 귀양을 보낼 것을 제의하였다.[61] 이러한 제안을 중종은 수용하였고, 삼공의 의견을 거쳐서 당일 날로 유자광의 삭적 및 유배가 결정되

---

58)『중종실록』권37, 중종 14년 10월 병인.
59)『중종실록』권19, 중종 9년 1월 임진, 갑오.
60)『중종실록』권2, 중종 2년 4월 을유.
61)『중종실록』권3, 중종 2년 5월 계묘.

었다. 유자광의 예에서 보여준 신용개의 태도를 볼 때, 신용개가 공신삭적의 문제에 대하여 상당히 적극적이었을 것으로 가정된다.

현량과에 대하여 신용개는 어떠한 태도를 보였는가. 신용개는 이 논의의 시작에서 마무리까지 현량과의 실시에 적극적인 자세를 유지하였다. 현량과는 중종 13년 3월 경연 중 조광조와 이자에 의해서 제안되었는데, 이 경연에 같이 하였던 신용개는 "이일은 조종의 법을 변하는 것이 아니니 서울과 지방에 명하여 많이 천거하게 하는 것이 가하다."62)라고 이에 적극적인 동의를 하였다. 이후 사림의 현량과 실시를 둘러싼 치열한 논쟁이 전개되었는데, 신용개는 계속해서 실시를 주장하면서 사림파의 주장을 지원하였다. 당시 대신들이 현량과를 시행할 수 없다고 주장한 쟁점은 현량과가 이전에 행해본 일이 없는 일이므로 할 수 없다는 것이었다. 이점에 대해서 신용개는 초지일관해서, 이는 조종의 법을 변하는 것이 아니라고 주장하였고,63) 계속 대신들의 반대가 거세지자 '한번 쯤'하는 것은 무방하다고 타협안을 제시하기도 하였다.64)

신용개는 현량과의 실시가 결정된 후에도 담당부서의 결정 논의나 시험의 과목의 논의, 또한 천거인의 선발과정에서도 적극적인 역할을 하였다. 담당부서의 결정에서는 四館을 추천부서로 추가할 것을 제안하여 추천부서의 폭을 넓히는데 기여하였다. 또한 시험과목의 결정에도 "천거인 중에서 학문이 부족한 이들이 있을 수 있으니 시강을 할 필요는 없다."라고 피천인에게 유리한 '對策'만을 시험할 것을 주장하였다.65) 이는 피천인들의 진출에 시험이 부담이 되지 않도록 배려하는 적극적인 조치였다. 물론 그는 피천인들의 시험 과정에도 적극적으로 개입하여 사림파를 지원하였다.

위의 내용을 종합할 때 신용개는 사림파가 정치명분을 만들어가고, 정

---

62) 『중종실록』 권32, 중종 13년 3월 경술.
63) 『중종실록』 권32, 중종 13년 3월 신유.
64) 『중종실록』 권32, 중종 13년 4월 정묘.
65) 『중종실록』 권34, 중종 13년 7월 을묘.

치세력을 확대하려고 노력하는 동향에 대하여, 사림과 같이 힘을 모우고 있음을 알 수 있다. 소릉의 복위와 사육신의 후손의 서용에 찬성하고 있으며, 김굉필, 정여창의 자손의 서용에는 동의하고 있다. 폐비 신씨의 복위에는 동의하고 있었고, 공신삭직에 대해서도 적극 동참하였을 것으로 짐작된다. 특히 현량과의 시행에 대해서는 매우 적극적이었다. 이는 신용개가 사림이 지향하고 있는 정치세력에 대한 개혁의 방향에 대하여 우호적이고 적극적이었음을 보여준다.

3. 정치구조에 대한 인식

1) 사림의 동향

사림은 훈구의 비리를 문제로 삼으면서 그 원인을 훈구 정치세력의 문제로 보고 이를 사림세력으로 교체하려고 노력하였지만, 과정이 진행되면서 사림은 보다 본질적인 문제는 정치구조에 있다는 점을 인식하고 정치구조의 변화에도 관심을 기울였다.

조선 초기의 정치구조는 권력이 대신들에 의해 장악될 수 있는 중앙집권적 구조였다. 이러한 구조는 지난 시대의 문제를 청산하고 새로운 국가를 건설해야 하는 과제를 가지고 있었던 건국초기에는 효율적인 체제였다. 그러나 건국 후 1세기가 가까워 지나면서 개혁이 마무리되고 사회가 안정되는 상황에서 과도하게 집중된 권력은 오히려 문제가 될 수 있었다. 특히 자질이 검증되지 못한 집단이 정변을 계기로 공신이 되어 권력을 좌우할 때 문제는 쉽게 야기될 수 있었다.

사림은 권력구조의 문제점을 과도한 권력의 집중으로 인식하면서 이를 더 분화시켜 견제와 균형을 모색하는 권력 구조로 바꾸려고 노력했다. 즉 더 많은 사람들이 결정에 참여할 수 있는 정치구조를 추구하였다. 이는 구체적으로 정치참여층을 확대하여 여론을 바탕으로 하는 언론정치의 실현으로 방향을 잡아갔다. 사림은 당시 여론인 공론에 의해 정치가 이루어질 때 국가가 바르게 다스려지는 것으로 이해하였다.

사림은 여론정치를 이상시하여 이를 추진하면서, 여론을 정치권에 반영하기 위해서는 이를 수용할 수 있는 권력구조를 형성하는 것이 필요함을 인식하였다. 당시 여론을 수렴할 수 있는 기구로서 우선 주목되는 것은 언론기구였던 사헌부와 사간원이었다. 사헌부와 사간원은 여론 수렴 기구로 일정한 기능을 하고 있었으나, 당시의 권력구조 상 대간의 지위가 취약하여 언론기능이 상당히 제한 받고 있었다.[66]

그러므로 사림은 권력구조의 변화에 관심을 기울이면서 사헌부와 사간원의 언론활동을 강화할 수 있는 체제를 만들어갔다. 이러한 변화의 계기는 성종 중엽부터 홍문관이 언론기능을 하게 되면서 마련되었다. 홍문관은 경연을 담당하는 기관이었으나, 사림이 장악하면서 언론기능을 수행하기 시작하였고, 나아가 홍문관을 중심으로 하는 언론 삼사 체제가 갖추어졌다. 이를 통해서 사림은 공론을 수용하여 정치에 반영하는 언론정치를 추구하면서 훈구를 적극 견제할 수 있었다.

그러나 사림은 연산군대에 개혁에 대한 반동으로 무오사화를 맞게 되었다. 종종 반정을 계기로 사림은 언론기관을 바탕으로 활동을 다시 재개하였으나, 무오사화를 겪으면서 언관기구만으로는 훈구를 견제하는데 한계가 있다고 반성하게 되었다. 언론은 정책이 결정된 후에 이를 견제하는 것이 일반적인 역할이었다. 훈구를 더 적절히 견제하기 위해서는 정책 결정 과정에서 공론을 반영할 수 있는 정치구조가 요청되었다. 이러한 모색의 결과 郎官의 정치적 지위 강화가 추진되었다.

---

66) 최승희『조선 초기 언관 언론연구』서울대학교한국문화연구소 1976.
    정두희『조선시대의 대간연구』일조각 1994.

낭관들은 각 행정부서 장관인 대신을 보좌하는 중급 관원이었다. 사림
은 언론기관을 통해서 낭관의 활동을 지원하면서 낭관들은 그 지위를 높
여갔다. 특히 낭관들이 후임을 스스로 천거하는 自薦制를 시행하면서 인
사를 보호받게 되어 그 지위가 한층 높아졌다. 이러한 변화를 기반으로 낭
관들은 각 부서 장관인 훈구와 공신을 견제하는 영향력을 행사하게 되었
다. 따라서 낭관들도 부서의 정책을 결정하는 과정에서 여론을 수렴하여
서 이에 입각해서 각 부서의 일을 처리하려고 노력하였다. 낭관들이 공론
을 수용하여 정책에 반영하게 되면서, 기존의 언론기관인 삼사와 협조하
면서 공론정치를 활성화해 나갔다.[67]

언관권과 낭관권의 확보로 정치구조의 변화를 추구한 사림은 재상권의
운영방식에도 관심을 가졌다. 이는 의정부서사제로 표면화되었다. 중종 11
년 경연 중 사림파 신광한은 "삼공은 백관을 통솔하고 안과 밖이 서로 이
어받아 체통이 문란하지 않아야 되는 법인데, 근래에 체통이 문란해진 듯
합니다."[68] 라고 이 문제를 제기하였다. 이에 구체적으로 사림파인 김안국
이 다음과 같이 구체적으로 문제를 제기하였다.

> 근래에 체통이 서지 못하여 삼공들이 하는 일이 없는데, 이것이 어
> 찌 국가에서 관원을 두어 직임을 분담시킨 뜻이겠습니까? 삼공은 道를
> 논하고 육경은 직임을 분담하여 수족과 腹心의 관계처럼 되어야 하는
> 데, 지금의 삼공은 단지 관원만 두었을 뿐, 管攝하는 일이 없기 때문에
> 체통이 한결같지 못합니다. 조정 의논이 모두들 다시 일을 처리하게
> 되었으면 하니, 모름지기 삼공에게 위임한 연후에야 일이 체통이 있어,
> 세미한 일은 절로 감히 上聽에 번독하지 않게 될 것입니다.[69]

---

67) 최이돈 『조선중기 사림정치구조연구』 일조각 1994.
   김돈 『조선전기 권신권력관계 연구』 서울대출판부 1997.
68) 『중종실록』 권24, 중종 11년 4월 경오.
69) 『중종실록』 권24, 중종 11년 4월 경오.

김안국은 행정의 체통을 세우기 위해서 삼공이 제대로 역할을 수행할
수 있도록 삼공에게 행정권을 '위임'을 하여야 한다고 제시하고 있다. 물론
이 '위임'은 결국 의정부서사제의 시행을 의미하였다.

사림이 갑자기 의정부의 서사제를 제기한 이유는 무엇이었을까. 이는
같은 자리에서 김안국이 다음과 같이 천거제를 논한 부분으로 짐작할 수
있다.

> 『대전』에 천거하는 법이 있어 위로는 삼공으로부터 아래로 백관에
> 이르기까지 각기 아는 사람을 천거하게 되는데, 이 법이 또한 방치되
> 어 있으니, 모름지기 『경국대전』의 법을 거듭 밝혀 대신에게 전임한다
> 면, 비록 쓸데없는 관원을 도태하지 않더라도 모든 일이 자연 조리 있
> 게 될 것입니다.70)

당시 사림파의 관심사가 천거제의 활성화에 있었고 이 제안 또한 그러
한 대안 중에 한 가지였다. 즉 천거제의 활성화를 위해서 방치된 천거법을
활용하고, 삼공을 천거의 구심점이 되게 하자는 생각이었다. 그러한 관점
에서 의정부서사제의 복립이 필요하다고 생각한 것으로 보인다.

이러한 생각을 좀 더 다듬으면서 며칠 뒤 경연에서 시독관 박수문은 다
음과 같이 의정부의 문제점을 지적하였다.

> 삼공이 모든 관사를 관장하면 일이 체계가 있어 조리가 문란하지 않
> 은 법인데, 지금은 육부의 일을 삼공이 참예하여 알지 못하니, 국가의
> 통기가 있다고 하겠습니까?71)

의정부의 쟁점은 삼공이 행정에 관여하지 않는다는 것이었다. 따라서 삼

---

70) 상동조.
71) 『중종실록』 권24, 중종 11년 4월 무오.

공은 인사에도 관여하지 않았다. 구체적으로 이는 "육부의 일을 검찰하지 않고 인물의 진퇴에 있어서도 정승의 직책이 폐지되었습니다."[72]라는 지적에 잘 나타난다. 당시 의정부가 육조가 제안하는 사안에 대하여 잘 몰랐고, 특히 관원의 인사에 대해서도 의정부가 관여하지 않고 있다. 이러한 제안에 대해서 왕은 긍정하면서 이를 대신들에게 논의하도록 하였다. 논의의 결과로 중종은 "육조의 공사를 세쇄한 것을 제외하고는 모두 정부에 보고함이 가하다."라고[73] 이 문제를 정리하면서 의정부서사제는 실시되었다.

육조에서 의정부에 보고하는 의정부서사제의 골격이 갖추어지자 후속적인 조치가 취해졌다. 한성부와 장례원 등은 물론 그리고 육시와 칠감 등 하위 부서의 활동도 해당 육조를 통해서 의정부에 보고하도록 결정되었다.[74]

이러한 의정부 서사제가 전격적으로 시행되어진 것은 사림의 지원에 의한 것이었다. 사림의 입장에서 보면, 의정부서사제는 재상권이 의정부를 중심으로 일원화되는 것으로, 형식상 재상권을 강화하는 것으로 반대할 수밖에 없었다. 그러나 이를 지원한 것은 다음과 같은 두가지 이유에서였다고 생각된다. 먼저는 사림이 언론권과 낭관권을 확보한 입장에서 재상권이 의정부로 일원화되는 것이 개혁의 추진에 도움이 된다고 생각하였다. 즉 당시의 행정체제는 육조직계제와 제조직계제[75] 등으로 분산적으로 운영되고 있었다. 그러므로 개혁을 일괄적으로 추진하기 용의하지 않았다. 사림은 행정권을 의정부로 일원화되는 것이 의정부대신, 육조대신, 각부서의 提調 등으로 방만하게 행정계통이 나누어진 것보다 효율적이라고 생각하였다. 책임과 관리를 의정부에 집중하고 이를 견제하면서 개혁을 추진하는 것이 효율적이라고 생각한 것으로 보인다.

다른 이유는 이러한 논의가 제기된 삼공의 인사와 연결된 것이었다. 즉

---

72) 『중종실록』 권24, 중종 11년 4월 병자.
73) 상동조.
74) 『중종실록』 권24, 중종 11년 4월 정축.
75) 최이돈 「조선 초기 提調制의 시행과정」 『규장각』 48, 2016.

이 무렵 신용개가 삼공이 되었는데, 신용개가 의정부대신이 되면서 삼공의 직위를 비공신 대신들로 모두 채우는 상황이 되었다. 그러므로 사림은 비공신 대신이 의정부를 장악한 상황에서, 이를 통해서 아직 다른 고위직을 차지하고 있는 공신들을 체계적으로 통제하는 것이 유리하다고 계산한 것으로 생각된다.

이러한 의도를 사림은 가지고 있었으므로 의정부를 중심으로 재상권이 일원화되자, 사림은 자신들이 추구하는 정책의 일정한 부분을 의정부의 역할로서 부담을 지우면서, 의정부를 견제하면서 정책을 취해갈 수 있었다. 특히 사림이 의정부서사를 제안하고 추진하는 과정에서 중요한 계기가 되었던 천거제의 활성화에도 의정부를 이용하였다.

중종도 이러한 사림의 의도에 적극적으로 동의하고 있었다. 그러한 예를 살펴보면, 먼저 중종 11년의 사례를 들 수 있다. 가뭄이 들자 중종은 대신들을 모우고 재변의 원인을 논의하는 자리에서 이는 '인사의 잘못'에 있을 것이라고 언급하고, 대신이 '인물의 진퇴'를 살펴야 한다고 언급하였다.[76] 또한 중종 12년에도 재이가 있자 중종은 삼공을 부르고 '재이가 번갈아 생겨' 매우 놀랍고 두렵다고 말하면서, 재변을 그치게 할 수성하는 도리를 개진하라고 하였다. 논의가 진행되자 중종은 "기강 세우는 일은 역시 인물의 진퇴에 달렸으니, 대신이 현명한 사람을 천거하고 불초한 사람을 물리친다면 기강을 바로잡을 수 있을 것이다."라고[77] 인사에 삼공이 관여할 것을 적극적으로 언급하였다.

이러한 중종의 적극적인 태도에 삼공들은 조심스러운 태도를 보였다. 대표적인 예로서 중종 12년 논의에서 정광필은 다음과 같이 조심하는 모습을 보여주었다.

---

76) 『중종실록』 권25, 중종 11년 5월 무자.
77) 『중종실록』 권27, 중종 12년 4월 정미.

인물 진퇴를 신 등이 하고 싶지 않은 것이 아닙니다. 다만 조종 때부
터 무릇 사람을 쓰는 일은 이조와 병조가 주관하는데, 정부가 모두 참
예하여 알려고 하면 政令이 통일되지 않게 될 것입니다.[78]

정광필은 의정부가 적극 인사에 개입하면 기존의 이병조 중심의 인사에
혼란이 올 수 있다고 지적하였다. 삼공의 인사 참여에 대하여 조심스러운
입장을 표하고 있다. 이와 같은 삼공의 태도는 사림이 의정부서사제를 추
진하는 의도를 파악하고 이에 조심스럽게 대응하는 모습으로 이해된다.

그러나 중종은 이러한 대신들의 태도에 만족하지 않았고, "대저 나라를
다스리는 도리가 인물을 진퇴시키는 일에 벗어나지 않는 법인데, 깊이 구
중궁궐에 있어 다 알 수 없기 때문에 진퇴하는 책임을 대신에게 부여한
것이다."[79]라고 삼공이 인사에 적극적으로 관여해줄 것으로 요청하였다.

사림은 중종의 지원을 받으면서, 삼공의 개혁에 동참을 주장하였고, 개
혁에 동참하지 않는 삼공에 대한 비판도 하였다. 개혁의 추진에 반대하는
삼공의 경우 사림은 체직까지 거론하였다. 중종12년 7월 대간은 좌의정
김응기의 교체를 제안하였다.[80] 이는 천거제의 활성화과정에서 삼공의 지
원을 받고자 하였으나, 김응기가 협조하지 않자 이를 교체하려는 움직임
이었다.[81]

의정부서사제의 시행이후 개혁을 위한 사림파의 노력은 결국 의정부와
갈등을 일으켰다.[82] 사림파가 의정부를 중심으로 서사제를 구축하고, 이
를 견제하면서 개혁을 추진하려 하였던 것을 상당한 무리수였다. 사림이
기본적으로 추구하였던 공론을 기반으로 한 공론정치의 활성화와 권력의

---

78) 『중종실록』 권27, 중종 12년 4월 정미.
79) 『중종실록』 권27, 중종 12년 4월 정묘.
80) 『중종실록』 권28, 중종 12년 7월 임오.
81) 이들이 김응기를 대신하여 삼공에 올리고자 하였던 인물은 사림계 인물로 파악되
   는 안당이었다고 사관은 밝히고 있다(『중종실록』 권28, 중종 12년 7월 임오).
82) 『중종실록』 권28, 중종 12년 7월 경인.

분산체제 구축과 의정부를 중심으로 일원화하는 동향은 어울리기 힘들었다. 물론 의정부서사제를 추진한 것은 삼공을 견제하면서 개혁을 급격히 이루어 보려는 의도에서 추진된 것이었으나 이는 쉽지 않은 과제였다. 이러한 무리수는 결과적으로 사화까지 유발하는 원인이 되었다.

2) 신용개의 인식

신용개는 사림의 정치구조에 대한 입장에 대하여 어떻게 생각하고 있었는가? 먼저 신용개는 언론이 활성화되어야 한다고 생각하였다. 이를 위해서 먼저 왕이 대간의 언론을 적극적으로 수용해야 할 것으로 생각하였다. 그 한 사례를 보면 중종 3년 내수사 별감 조세영의 일로 대간들이 언론을 하였으나 중종은 수용의 뜻이 없었다. 이에 동지사로 경연에 참석하였던 신용개는 다음과 같이 공론의 수용을 요청하였다.

> 신하는 위의 뜻을 순종하는 자는 많고, 간쟁하는 자는 적습니다. 바라옵건대 간쟁을 싫어하는 기색을 드러내지 말고, 받아들이셔야 합니다.[83]

신용개는 왕에게 언론의 수용을 요구하였다. 언론의 활성화를 위해서 신용개는 홍문관의 언관화와 그에 따른 활동을 왕이 수용해야 한다고 주장하였다.

이와 같은 신용개의 태도는 여러 사례를 통해서 확인할 수 있다. 연산군이 그 5년에 홍문관의 언론활동과 홍문관이 양사를 지원하고 보호하는 일을 비판하면서 "대간과 홍문관이 서로 구원한다."라고 지적하였다. 이에 신용개는 다음과 같이 홍문관의 언론활동의 정당성을 변명하였다.

---

83) 『중종실록』 권10 중종 5년 3월 병진.

모든 국가의 큰일은 시종이 당연히 논계하는 것입니다. (중략) 시종
으로 있으면서 큰일을 말하지 않으면 인군의 덕에 누가 될까 하여 아
뢰는 것이요, 대간을 구원함은 아니옵니다.[84]

신용개는 홍문관의 언론기능을 당연한 것으로 지적하고 있는데, 이는
홍문관을 중심으로 하는 언론활동에 적극 찬성한 것이었다.

다음으로 신용개는 낭관권의 형성과 낭관의 정치적 위상의 확대에 대해
서는 어떻게 생각하였는가? 낭관권의 문제가 조선왕조실록에 언급된 사례
는 많지 않았으므로, 신용개는 이에 대하여 직접적으로 언급할 기회가 적
었다.

물론 신용개는 낭관의 문제가 거론되는 자리에 동참하기도 하였다. 중
종 3년 반정의 핵심공신이었던 박원종은 경연 중 다음과 같이 낭관들의
동향을 비판하였다.

지금 조정의 하는 일은 매양 아랫사람에게 견제되므로 육조 판서가
낭관을 接濟할 때 문득 그들이 말하는 대로 좇아 감히 반대하지 못하니,
이것은 다른 날 대간이 자기의 과실을 논의할까 두려워한 것입니다.[85]

박원종은 낭관들의 정치적 위상이 제고되고 판서도 이를 제한하지 못하
는 상황을 문제로 지적하고 있다. 이와 같은 자리에 함께 하였던 신용개는
박원종의 지적에 대해여 별다른 반응을 보이지 않았다.

이러한 신용개의 태도는 박원종의 주장에 동의한 듯도 보이나, 앞에서
살핀 바와 같이 신용개가 공론의 수용에 대하여 적극적이었다는 점을 고
려한다면, 오히려 묵시적으로 박원종의 의견에 공감하지 않음을 보여준
것으로도 해석된다.

---

84) 『연산군일기』 권35, 연산군 5년 12월 무술.
85) 『중종실록』 권7, 중종 3년 11월 경신.

당시의 낭관과 언관의 양자의 관계는 언론기관이 낭관들을 보호하고, 낭관들이 언관들의 인사를 장악하면서 언관들을 지원하는 상생관계에 있었다. 그러므로 신용개가 침묵을 지킨 것은 언론의 활성화를 지지하는 입장에 있던 신용개의 입장에서 볼 때에 낭관권을 부정하였다고 보기 힘들다. 오히려 간접적으로 낭관권에 대하여 지원하는 태도로 인식될 수 있다. 그러므로 신용개는 언론의 활성화와 낭관권의 형성을 기본틀로 하는 사림이 추진하였던 정치구조의 추진에 동의한 것으로 생각된다.

다음으로 신용개는 사림이 의정부의 서사제의 시행을 추진하고 이를 통해서 개혁을 이루려한 동향을 어떻게 이해했을까? 먼저 신용개는 의정부서사제의 시행에 적극적으로 동의하였다. 의정부서사제가 제안되자 중종은 이에 대하여 제상들의 의논을 들었는데, 이 논의에서 영의정 정광필과 좌의정 김웅기는 반대하였다. 이들은 서사제를 복구하는 것이 예상치 못한 폐단이 있을지 모른다고 이에 대하여 대단히 소극적이면서 부정적인 입장을 표현하였다.[86]

그러나 신용개는 이 문제에 대하여 다음과 같이 매우 적극적인 태도를 보였다.

> 이제부터 세쇄한 일은 제외하고 관계가 중대한 것은 모두 정부에 보고하고 시행한다면, 모든 일이 저절로 統紀가 있어 문란하고 한결같지 못한 폐단이 없게 될 것입니다.[87]

---

86) 『중종실록』 권24, 중종 11년 4월 병자.
형옥 및 군국의 큰일들을 신 등이 모두 참예하여 들을 수 있고, 또한 『대전』에 신 등의 직책이 중하게 되어 있지 않은 것이 아니로되, 신 등의 재주가 모자라 오히려 통리를 제대로 하지 못하고 있으니, 만일 인재를 얻어 위임한다면 비록 세종, 성종 두 임금 때의 고사를 고치지 않더라도 체통이 문란해질 리가 없을 듯합니다.

87) 『중종실록』 권24, 중종 11년 4월 병자.

신용개는 서사제에 대하여 매우 적극적으로 긍정하였다. 서사제의 시행으로 '統紀'가 잡힐 것을 기대하였다. 이에 중종은 신용개의 의견을 받아들여서 의정부의 서사제를 결정하였다.

의정부 서사제의 시행이후 의정부와 사림간의 갈등에 대하여 신용개는 어떠한 입장을 가졌는가? 인사의 문제로 의정부와 대간 사이의 갈등이 생기자 신용개는 다음과 같이 제도적인 틀을 유지한다는 관점에서 갈등을 피하려 하였다.

> 현명한 사람을 천거하고 사특한 사람을 물리치기란 어려운 일입니다. 현명한 사람을 천거하려고 해도 物論에 합당한 사람을 구득하기는 어렵고, 현명하지 못한 자를 제거하면 새로 제수할 사람이 도리어 더 용렬한 사람이기가 십상입니다. 옛날 한나라 당나라 때에는 더러 한두 승상이 주관했지만 후세에는 銓曹가 주관하니, 신이 어진 이를 천거하고 사특한 자를 물리치는 일에 있어 직책을 다하고 싶지만 하지 못합니다.88)

이 언급에서 신용개는 먼저 사림이 요구하는 삼공의 인사 관여가 천거제와 깊이 관련된 것을 충분이 인식하고 있음을 보여준다. 그러나 신용개는 인사에 삼공이 적극적인 참여에 하는 것에 대해서는 신중한 태도를 보여주었다. 즉 이병조의 역할을 인정하는 범위에서 제도적인 역할의 유지하는 것이 필요함을 강조하면서 사림과의 충돌을 피하고 있었다.

그러나 사림이 계속해서 이 문제를 적극적으로 강조하면서, 사림파와 신용개와의 갈등도 심화될 수 있었다. 한 예로 경연에서 사림파인 사간 윤은필이 "지금의 대신은 삼공의 자리에 있으나 유명무실하다."고 극단적으로 삼공을 비판하였다. 이에 신용개는 "천박한 智慮로 선왕의 定制를 고치고자 하면 한갓 어지러울 따름이고 마침내 치도에 도움이 없을 것이 염려

---

88) 『중종실록』 권27, 중종 12년 4월 정미.

될 뿐입니다."라고[89] 제도적 규정을 유지하는 것이 필요함을 강조하였다.

그러나 사림파가 그 세력이 더욱 강해지면서 사림파와 의정부의 갈등은 계속 지속되었다. 갈등이 계속 야기되고 심화되자, 신용개는 다음과 같이 이전보다는 강하게 대간을 비판하였다.

> 인재는 아껴야 하고 사람을 등용하는 데에는 衆議를 취해야 하며, 형적이 없는 일로 내쳐서는 안 되니, 공론은 반드시 한 군데에만 있는 것이 아닙니다.[90]

신용개는 '衆議'에 의한 인사를 해야 함을 강조하면서도, 공론이 언관에게만 있지 않음을 강조하고 지적하고 있다. 이와 같은 신용개의 언급은 대간의 언론이 강경하게 제기되면서, 대간의 언론이 공론이라는 주장을 반박하게 위한 대응이었다. 이는 신용개가 평소에 가지고 있던 소신인 '국가의 일은 대간과 대신'이[91] 말할 수 있다는 입장을 강조한 것이었다. 즉 대간 뿐 아니라 대신들도 공론을 대변하는 역할을 하고 있음을 주장한 것이었다.

이와 같이 대신들과 사림파 사이에 갈등이 심해지면서 대신들은 대간을 적극 비판하기도 하였다. 중종 12년 대신들은 "대간이 일을 논하는데 대신의 소견이 조금만 다르면 반드시 다르다고 하여 그르게 여깁니다."라고 대간을 적극 비난하였다. 그러나 신용개는 가능하면 사림파와 대신사이의 갈등을 조정하고자 노력하였다. 이때에 신용개는 다음과 같이 의견을 피력하였다.

> 재상, 대간, 시종 등의 언론이 그른 때도 있으니, 삼공의 말을 죄다

---

89) 『중종실록』 권29, 중종 12년 8월 임신.
90) 『중종실록』 권30, 중종 12년 10월 병인.
91) 『연산군일기』 권35, 연산군 5년 12월 무술.

들을 수 없고 대간의 말만 들을 수도 없습니다. 시비는 상께서 정하셔
야 합니다.92)

신용개는 언론이 다양할 수 있으며, 일방적인 옳음은 없다고 제시하고
있다. 또한 이 양자를 조화시킬 수 있는 역할을 왕에게 요구하였다.

신용개의 입장이 이러하였으므로, 그는 대신과 사림파의 갈등은 물론
왕과 사림파의 갈등도 중재하고자 하였다. 중종 12년 중종이 노하여 "대간
은 갈아야 하며, 죄주어야 시비가 정해지리라 생각한다."라고 대간을 처벌
하려 하였다. 이에 신용개는 "대간의 언론은 격절해야 마땅합니다."라고
주장하면서 죄를 주지 않을 것을 요청하였다.93)

그러므로 신용개는 이와 같은 입장에서 사림파의 급진적인 움직임에 대
하여 경계하였다. 그는 중종 12년 다음과 같이 사림파의 급진적인 개혁을
염려하였다.

> 모든 일에 있어서 서둘러 하고자 하면 반드시 "나아가기를 빨리하는
> 자는 물러가는 것도 빠르다."는 폐단이 있을 것입니다.94)

신용개는 기본적으로 사림파의 개혁에 동조하는 입장이었으나, 급속한
개혁에는 조심스러운 입장을 견지하였다.

이상과 같은 신용개의 정치구조에 대한 입장을 정리해보면, 기본적으로
사림의 입장을 공감하는 모습을 보여주었다. 언론의 활성화나 낭관권의
확대에 동의하였고, 그를 바탕으로 하는 공론정치의 활성화에도 동조하는
입장이었다. 또한 그는 의정부의 서사제에 적극적이었다.

그러나 의정부서사제의 시행은 결과적으로 사림파와 의정부의 갈등을

---

92) 『중종실록』 권30, 중종 12년 10월 경술.
93) 『중종실록』 권30, 중종 12년 10월 신유.
94) 상동조.

초래할 수밖에 없었고, 삼공의 일인이었던 신용개와 사림파의 갈등도 피하기 어려웠다. 신용개는 사림파와 의정부의 갈등이 야기되자, 제도의 일정할 기능을 강조하면서 사림에 의해서 의정부가 좌우되는 것을 막으려하였고, 가능하면 의정부와 사림간의 갈등을 조정하려 하였다. 또한 신용개는 사림파와 중종 간의 갈등도 완화시키려고 노력하였다. 한편에서 신용개는 당시 사림의 개혁 동향이 너무 급속함을 경계하고 있다. 즉 신용개는 기본적으로 사림의 개혁에 동조하고 있었으나, 개혁의 속도 대하여 경계하고 있었다.

따라서 신용개는 중종, 대신, 사림파의 사이에서 야기되는 갈등을 중재하는 역할을 수행하고 있었다. 사림파에 대한 중종과 대신의 비판을 완화시키고, 사림파의 개혁 속도를 제한하는 역할을 하고 있었다. 신용개가 사후 얼마 지나지 않아서 기묘사화가 일어났는데 그간의 신용개의 역할을 고려할 때에 이는 우연이 아니었다. 이는 그간의 신용개 역할이 의미있는 것이었음을 보여주는 현상으로 이해된다.

맺음말

1. 본연구는 조선중기의 정치세력을 묶는 요소로 '정치이념'을 추가하려는 의도에서 신용개의 정치이념과 활동을 살핀 것이다. 그간의 조선중기의 정치세력에 대한 연구는 정치집단을 학연, 지연, 혈연 등의 요소를 중심으로 설명해보려 하였다. 그러나 연구가 진전되면서 이러한 요소만으로 설명되지 않는 부분이 있고, 기묘사림의 단계에 이르면 학연, 지연, 혈연 등은 오히려 부차적인 요소가 되는 상황이었다.

그러므로 최근 저자는 사림과 훈구의 대립을 보다 큰 차원에서 신분적 대립이라는 가설도 제시하고 있다. 최근의 연구에 의하면 사림은 지배신분이 되지 못하였기 때문이다.[95] 물론 훈구와 사림의 대립을 신분간의 갈등으로 설명해도, 훈구와 사림의 차이는 좀 더 세세한 부분에서 다양한 요소들로 나누어 검토하면서 그 이해를 보다 풍부하게 할 수 있다. 본장에서 살핀 정치이념이라는 요소가 그 중 한 요소이다. 즉 신용개와 같이 훈구적 기반을 가진 인물이 친사림파적 정치이념을 가지고 사림의 활동을 적극적으로 지원하고 있었기 때문이다.

정치세력을 묶는 요소로 정치이념을 설정하는 것은 정책지향적인 정파의 설정을 염두에 두는 것인데, 이는 사림파와 훈구파의 대립을 넘어서 붕당정치의 전개까지를 염두에 둔 것이다. 공론을 바탕으로 하는 붕당정치가 전개되면서 정파를 묶는 요소로 정치이념이 가지는 비중은 더욱 높아질 것으로 가정되기 때문이다.

그러므로 우선 당시 정치에서 중심적 역할을 하였던 인물들의 정치이념을 살펴보고 이를 기준으로 정치집단을 묶는 것이 가능한지 검토해보는 것은 유용한 것으로 생각된다. 본고에서는 그 한 사례로 신용개를 분석해 보았다. 그는 성종 중반에 관직에 진출하여 중종 전반까지 활동한 인물로서 특히 중종중반의 정국 변화에 중심에 있던 인물이었다. 그의 훈구가문의 출신이었으나 비공신계 인물이었고, 사림파로 파악되지 않는 인물이었다. 저자는 신용개를 친사림적인 성향을 가진 인물로 분류하고 그를 정치인식을 중심으로 검토하였다. 즉 그가 가졌던 정치이념을 정치세력과 정치구조에 대해 가졌던 인식을 중심으로 정리해 보았다.

2. 신용개는 신숙주의 손자, 신면의 아들로 핵심훈구의 가문에서 출생하였다. 그는 성종 19년에 문과에 급제하여 정치활동을 시작하였다. 급제이후 신용개는 홍문관의 정자, 저작, 이조 좌랑, 정랑, 사헌부 지평 등의 청요직을 지냈다. 이시기에 사림세력이 점차 그 활동을 확대하고 있었는데, 신용개는 이들과 편안한 관계를 유지하였고, 무오사화 전까지는 김종직의

---

95) 최이돈 『특권신분』 경인문화사 2017.

문인으로 인식되고 있었다. 그러나 무오사화에 신용개가 심문은 받았으나 처벌되지 않고 석방되면서 그는 사림파의 일원으로 간주되지 않았다.

무오사화 이후 신용개는 갑자사화 이전까지 별다른 제한을 받지 않고 승진하고 활동하였다. 그러나 연산군의 폭정에 저항하면서 갑자사화에 연루되어 유배를 당하였다. 신용개는 중종반정이후 복권이 되면서 관직에 복귀하였고, 중종 11년에는 우의정이 되면서 명실상부하게 국정을 주도하게 되었다. 신용개는 중종 13년에는 좌의정이 되었고, 중종 14년 10월 기묘사화 직전에 죽었다.

3. 신용개의 정치이념은 어떠하였는가? 이를 정치세력과 정치구조로 나누어 살펴보았다. 먼저 정치세력에 대한 인식을 살펴보았다. 사림은 자파의 정치세력의 확대를 위해서 먼저 명분의 확보를 위해 노력하였다. 명분의 확보는 훈구파와 관련되는 소릉의 복위, 노산군의 입후, 사육신후손의 서용 등의 문제와 중종반정공신과 관련되는 폐비 신씨의 복위 등의 문제였다.

먼저 신용개는 소릉의 복위에 대하여 적극적인 찬성하였으나, 노산군의 입후에 대해서는 관에서 봉사하는 정도의 절충안을 주장하였다. 사육신의 후손의 서용문제에 대해서는 찬성을 하였다. 신용개는 훈구파와 관련된 문제에 있어서는 사림의 의견에 공감하는 태도를 보여주었다. 대표적인 훈구인 신숙주의 손자인 신용개가 이러한 반응을 보여주었다는 것은 훈구세력의 성립이후 이미 2대를 지나면서, 훈구의 핵심가문의 구성원인 신용개의 정치이념이 이미 신분과 혈연에만 매몰되지 않았음을 보여준다.

신용개가 폐비 신씨의 복위에 대하여 어떠한 입장을 보였는가? 박상과 김정의 구언상소로 인해서 제기된 이 문제는 신씨의 복위와 더불어 반정의 핵심 인물에 대한 비난을 겸하고 있어 매우 중요한 문제였다. 그러나 이 논의는 정작 복위의 문제보다는 이 문제를 제기한 박상과 김정의 처벌이 주된 문제가 되었다. 신용개는 이들의 처벌을 반대하였다. 신용개는 언로를 막아서는 안 된다는 이유를 들어 반대했지만, 이들이 반정공신을 비난하고 있는 상황에서 신용개 역시 반정공신들의 한계를 인식하고 있었음을 짐작할 수 있다.

명분을 확보한 이후 사림파는 보다 구체적인 논의로 반정공신의 삭적과 현량과의 실시를 주장하였다. 먼저 신용개는 공신삭적의 문제에 어떻게 대응하였을까. 이 문제는 공신세력의 견제를 위해서 사림이 주력하였던 문제라는 점에서 이에 대한 신용개의 입장은 그를 평가하는 데에 중요한 지표가 될 수 있는 것으로 생각된다.

그러나 이에 대한 신용개의 언급은 매우 제한되어 있다. 이는 신용개가 이 문제에 적극적으로 나설 수 있는 상황이 아니었기 때문이었다. 즉 공신 삭적이 본격적으로 거론된 것은 신용개가 죽은 직후이었으므로 이 문제를 거론할 수 없었다. 그러나 유자광의 문제와 같이 개별적으로 논의된 공신의 삭적에 대해서는 신용개는 매우 적극적인 의사를 표현하였다.

현량과에 대하여 신용개는 어떠한 태도를 보였는가? 신용개는 이 논의의 시작에서부터 적극 찬성을 표시하였다. 대신들의 반대가 심각하자 '한번 쯤'하는 것은 무방하다고 타협안을 제시하여 논의의 돌파구를 마련하기도 하였다. 시행의 전과정에서도 적극적인 지원을 아끼지 않았다. 위의 내용을 종합할 때 신용개는 정치세력의 문제에 대하여 사림의 개혁 방향에 대하여 우호적이고 적극적이었음을 보여준다.

4. 신용개는 사림의 정치구조에 대한 입장에 대하여 어떻게 생각하고 있었는가? 먼저 신용개는 언론이 활성화되어야 한다고 생각하였다. 이를 위해서 먼저 왕이 대간의 언론을 적극적으로 수용해야 할 것으로 생각하였다. 신용개는 홍문관의 언관화와 그에 따른 활동에 대해서도 긍정하였다. 즉 신용개가 홍문관의 언론기능과 홍문관을 중심으로 하는 언론활동에 적극 찬성하였다.

다음으로 신용개는 낭관권의 형성과 낭관의 정치적 위상의 확대에 대해서는 어떻게 생각하였는가? 신용개는 이에 대하여 직접적으로 언급을 하지 않고 있다. 그러나 낭관권은 언론기관의 활동과 긴밀한 관계에서 형성되는 것이었다. 즉 이 양자의 관계는 언론기관이 낭관들을 보호하고 낭관들이 언관들의 인사를 장악하면서 지원하는 상생관계에 있었다. 그러므로 낭관권에 대한 비판은 언관권에 대한 비판과 같이 진행되었다. 그러므로 신용개가 언론활동에 대하여 적극적으로 지원한 것은, 당시의 정치구조를 볼 때에 간접적으로 낭관권에 대하여 지원하는 태도로 이해할 수 있다. 그러므로 신용개는 언론의 활성화와 낭관권의 형성을 기본틀로 하는 사림이 추진하였던 정치구조의 추진에 대하여 동의한 것으로 생각된다.

다음으로 신용개는 의정부 서사제에 대하여 어떻게 대응하였는가? 먼저 신용개는 의정부서사제의 시행에 적극적이었다. 삼공 중에서 유일하게 서사제 시행을 찬성하는 적극성을 보여주었다. 의정부 서사제의 시행이후 의정부와 사림 간의 갈등에 대하여 신용개는 제도적인 틀을 유지해야 한다는 관점에서 갈등을 피하려 하였다. 그러나 그는 소극적인 태도만을 보인 것은 아니었고, 대신들도 공론을 주도한다는 점을 강조하면서 재상의 역할을 정립하려 노력하였고, 사림의 개혁안이 너무 성급하다고 경고도 하였다.

이상과 같이 신용개의 정치세력이나 정치구조에 대한 입장을 정리해보면, 그는 기본적으로 사림의 입장을 공감하는 모습을 보여주었다. 사림세력의 확대를 지원하고, 언론의 활성화나 낭관권의 확대에 동의하였고, 그를 바탕으로 하는 공론정치의 활성화에도 지원하는 입장이었다.

5. 이상과 같은 고찰을 통해서 볼 때 신용개는 혈연에서 본다면 훈구파였다. 그러나 그의 이념과 활동에서 본다면 그는 핵심적인 사림파로 보아도 무리가 없다. 구체적으로 당시 사림파로 분류되는 대신 정광필보다도 이념과 정책의 지향에서 볼 때 신용개는 더욱 사림파적 태도를 견지하였다.

약 1세기 간 진행된 훈구와 사림의 대결은 매우 중요한 의미를 가지는 변화였다. 대립의 본질은 훈구와 사림의 차이에 대한 이해를 통해서 심화될 수 있는데, 경제, 신분, 정치의 면에서 이 양자의 차이는 아직도 정리해야 할 많은 부분들이 남아있다.

정치의 면에서 당시 사림파의 존재와 의미는 그들이 추진한 개혁을 통해서 평가할 수 있다. 개혁은 신용개와 같이 그 개혁이념에 동조한 이들의 지원에 의해서 추진되었고 성과도 낼 수 있었다. 그러므로 앞으로 사림파의 집단적 범주는 정치이념을 주요 지표에 추가하여 재정리할 필요가 있다. 이러한 관점에서 볼 때, 신용개를 사림파 혹은 친사림파로 분류하여도 좋을 것이다.

참고문헌

저서

강제훈『조선초기 전세제도 연구』고려대학교 출판부 2002.
강진철『한국중세토지소유연구』일조각 1989.
권영국 등『역주 고려사 식화지』한국정신문화연구원 1996.
김 돈『조선전기 권신권력관계 연구』서울대출판부 1997.
김두헌『한국가족제도 연구』서울대학출판부 1969.
김용섭『한국중세농업사연구』지식산업사 2000.
김우기『조선중기 척신정치연구』집문당 2001.
김태영『조선전기토지제도사연구』지식산업사 1983.
도현철『고려말 사대부의 정치사상연구』일조각 1999.
박종진『고려시기 재정운영과 조세제도』서울대학교출판부 2000.
박홍갑『조선시대의 문음제도 연구』탐구당 1994.
송양섭『조선후기 둔전연구』경인문화사 2006.
송준호『조선사회사연구』일조각 1990.
역사학회편『노비 농노 노예』일조각 1998.
유승원『조선초기 신분제 연구』을유문화사 1986.
이경식『조선전기 토지제도연구』일조각 1986.
이경식『조선전기 토지제도연구』2 지식산업사 1998.
이경식『고려전기의 전시과』서울대학교 출판문화원 2007.
이기명『조선시대 관리임용과 상피제』백산자료원 2007.
이병휴『조선전기 기호사림파연구』일조각 1984.
이병휴『조선전기 사림파의 현실인식과 대응』일조각 1999.
이성무『조선초기 양반연구』일조각 1980.
이성무『한국과거제도사』민음사 1997.
이수건『영남사림파의 형성』영남대출판부 1979.
이수건『한국중세사회사연구』일조각 1984.
이수건『조선시대 지방행정사』민음사 1989.
이수건『영남학파의 형성과 전개』일조각 1995.
이존희『조선시대 지방행정제도연구』일지사 1990.
이태진『조선유교사회사론』지식산업사 1990.

이태진 『의술과 인구 그리고 농업기술』 태학사 2002.
이태진 『한국사회사연구』 지식산업사 2006.
임용한 『조선전기 수령제와 지방통치』 혜안 2002.
장병인 『조선전기 혼인제와 성차별』 일지사 1997.
전봉덕 『한국법제사 연구』 서울대학교 출판부 1978.
정두희 『조선초기 정치지배세력연구』 일조각 1983.
정두희 『조선시대의 대간연구』 일조각 1994.
지승종 『조선전기 노비신분연구』 일조각 1995.
채웅석 『고려사 형법지 역주』 신서원 2009.
최승희 『조선초기 언관 언론연구』 서울대학교한국문화연구소 1976.
최승희 『조선초기 정치사연구』 지식산업사 2002.
최승희 『조선후기 사회신분사연구』 지식산업사 2003.
최이돈 『조선중기 사림정치구조 연구』 일조각 1994.
최재석 『한국가족연구』 일지사 1982.
한영우 『조선전기 사회사상연구』 지식산업사 1983.
한영우 『조선전기 사회사상연구』 지식산업사 1983.
한영우 『조선시대 신분사연구』 집문당 1997.
한영우 『정도전사상의 연구』 서울대학교 출판부 1999.
한영우 『양성지』 지식산업사 2008.
한영우 『과거 출세의 사다리』 1,2,3 지식산업사 2013.

논문

강만길 「조선전기 공장고」 『사학연구』 12, 1961.
강제훈 「답험손실법의 시행과 전품제의 변화」 『한국사학보』 8, 2000.
강제훈 「조선초기 전세제 개혁과 그 성격」 『조선시대사연구』 19, 2001.
강제훈 「세종 12년 정액 공법의 제안과 찬반론」 『경기사학』 6. 2002.
강제훈 「조선초기의 조회의식」 『조선시대사학보』 28, 2004.
강진철 「고려전기의 공전 사전과 그의 차율수조에 대하여」 『역사학보』 29, 1965.
강진철 「고려전기의 지대에 대하여」 『한국중세토지소유연구』 일조각 1989.
고영진 「15 16세기 주자가례의 시행과 그 의의」 『한국사론』 21, 1989.
권내현 「조선초기 노비 상속과 균분의 실상」 『한국사학보』 22, 2006.

권연웅「조선 성종대의 경연」『한국문화의 제문제』1981.
권영국「고려전기 상서 6부의 판사와 지사제」『역사와 현실』76, 2010.
구덕회「선조대 후반 정치체계의 재편과 정국의 동향」『한국사론』20, 1989.
김갑주「원상제의 성립과 기능」『동국사학』12, 1973.
김 돈「중종대 언관의 성격변화와 사림」『한국사론』10, 1984.
김 돈「16세기 전반 정치권력의 변동과 유생층의 공론형성」서울대학교 박사학위
　　논문 1993.
김동수「고려시대의 상피제」『역사학보』102, 1984.
김동인「조선전기 사노비의 예속 형태」『이재룡박사 환력기념논총』1990.
김성준「종친부고」『사학연구』18, 1964.
김영석「고려시대와 조선초기의 상피친」『서울대학교 법학』52권 2호, 2011.
김옥근「조선시대 조운제 연구」『경제학연구』29, 1981.
김용만「조선시대 균분상속제에 관한 일 연구」『대구사학』23, 1983.
김용만「조선시대 사노비 일 연구」『교남사학』4, 1989.
김용선「조선전기의 음서제도」『아시아학보』6, 1990.
김용섭「고려전기의 전품제」『한우근박사정년기념 사학논총』1981.
김용섭「토지제도의 사적 추이」『한국중세농업사연구』지식산업사 2000.
김용흠「조선전기 훈구 사림의 갈등과 그 정치사상적 함의」『동방학지』124, 2004.
김우기「조선전기 사림의 전랑직 진출과 그 역할」『대구사학』29, 1986.
김우기「전랑과 삼사의 관계에서 본 16세기의 권력구조」『역사교육논집』13, 1990.
김재명「고려시대 십일조에 관한 일연구」한국정신문화연구소 석사학위논문 1984.
김재명「고려시대 십일조에 관한 일고찰」『청계사학』2, 1985.
김재명「조선초기의 사헌부 감찰」『한국사연구』65, 1989.
김재명「조세」『한국사』14, 1993.
김정신「조선전기 사림의 公認識과 君臣共治論」『학림』21, 2000.
김준형「조선시대 향리층 연구의 동향과 문제점」『사회와 역사』27, 1991.
김창수「성중애마고」『동국사학』9,10, 1966.
김창현「조선초기의 문음제도에 관한 연구」『국사관논총』56, 1994.
김태영「과전법상의 답험손실과 수조」『조선전기 토지제도사연구』지식산업사 1983.
김필동「신분이론구성을 위한 예비적 고찰」『사회계층』다산출판사 1991.
김한규「고려시대의 薦擧制에 대하여」『역사학보』73, 1977.
김한규「西漢의 求賢과 文學之士」『역사학보』75,76, 1977.
김항수「16세기 사림의 성리학 이해」『한국사론』7, 1981.
김현영「조선 후기 남원지방 사족의 향촌지배에 관한 연구」서울대학교 박사학위

논문 1993.

김형수「책문을 통해서 본 이제현의 현실인식」『한국중세사연구』 13, 2002.
남지대「조선초기의 경연제도」『한국사론』 6, 1980.
남지대「조선 성종대의 대간언론」『한국사론』 12, 1985.
남지대「조선초기 중앙정치제도연구」서울대학교 대학원 박사학위논문 1993.
남지대「조선초기 예우아문의 성립과 정비」『동양학』 24, 1994.
남지대「조선중기 붕당정치의 성립기반」『조선의 정치와 사회』 2002.
남지대「태종초 대종과 대간 언론의 갈등」『역사문화연구』 47, 2013.
노명호「산음장적을 통해 본 17세기 초 촌락의 혈연양상」『한국사론』 5, 1979.
노명호「고려의 오복친과 친족관계 법제」『한국사연구』 33, 1981.
도현철「정도전의 정치체계 구상과 재상정치론」『한국사학보』 9, 2000.
민두기「중국의 전통적 정치상」『진단학보』 29,30, 1966.
박 진「조선초기 돈녕부의 성립」『한국사학보』 18, 2004.
박국상「고려시대의 토지분급과 전품」『한국사론』 18, 1988.
박시형「이조전세제도의 성립과정」『진단학보』 14, 1941.
박재우「고려 공양왕대 관제개혁과 권력구조」『진단학보』 81, 1996.
박재우「고려전기 6부 판서의 운영과 권력관계」『사학연구』 87, 2007.
박종진「고려초 공전 사전의 성격에 대한 재검토」『한국학보』 37, 1984.
박진우「조선초기 면리제와 촌락지배의 강화」『한국사론』 20, 1988.
박진우「15세기 향촌통제기구와 농민」『역사와 현실』 5, 1991.
박진훈「고려말 개혁파사대부의 노비변정책」『학림』 19, 1998.
박천규「문과초장 講製是非攷」『동양학』 6, 1976.
배재홍「조선전기 처첩분간과 서얼」『대구사학』 41, 1991.
배재홍「조선시대 천첩자녀의 종양과 서얼신분 귀속」『조선사연구』 3, 1994.
배재홍「조선시대 서얼 차대론과 통용론」『경북사학』 21, 1998.
백옥경「조선전기 역관의 성격에 대한 일고찰」『이대사원』 22,23, 1988.
설석규「16세기 전반 정국과 유소의 성격」『대구사학』 44, 1992.
설석규「16-18세기의 유소와 공론정치」경북대학교 박사학위논문 1994.
성봉현「조선 태조대의 노비변정책」『충북사학』 11,12합집 2000.
송수환「조선전기의 왕실 노비」『민족문화』 13, 1990.
송준호「조선양반고」『한국사학』 4, 1983.
신명호「조선초기 왕실 편제에 관한 연구」한국정신문화연구원 박사학위논문 1999.
신채식「송대 관인의 推薦에 관하여」『소헌 남도영박사 화갑기념 사학논총』 1984.
신해순「조선초기의 하급서리 이전」『사학연구』 35, 1982.

신해순「조선전기의 경아전연구」성균관대 박사학위논문 1986.

안병우「고려의 둔전에 관한 일고찰」『한국사론』10, 1984.

오금성「중국의 과거제와 그 정치사회적 기능」『과거』일조각 1983.

오수창「인조대 정치세력의 동향」『한국사론』13, 1985.

오종록「조선전기의 경아전과 중앙행정」『고려 조선전기 중인연구』신서원 2001.

우인수「조선명종조 위사공신의 성분과 동향」『대구사학』33, 1987.

유승원「조선초기의 신량역천 계층」『한국사론』1, 1973.

유승원「조선초기의 잡직」『조선초기 신분제연구』을유문화사 1986.

유승원「조선초기 경공장의 관직」『조선초기 신분제연구』을유문화사 1986.

유승원「양인」『한국사』25, 1994.

유승원「조선시대 양반 계급의 탄생에 대한 시론」『역사비평』79, 2007.

유승원「조선 태종대 전함관의 군역: 수전패 무수전패의 복역을 중심으로」『역사학보』210, 2011.

유승원「한우근의 조선 유교정치론 관료제론」『진단학보』120, 2014.

윤남한「하곡조천기 해제」국역『하곡조천기』2008.

윤희면「경주 司馬所에 대한 일 고찰」『역사교육』37,38, 1985.

이경식「조선초기 둔전의 설치와 경영」『한국사연구』21,22, 1978.

이경식「고려전기의 평전과 산전」『이원순교수 화갑기념사학논총』1986.

이경식「조선 건국의 성격문제」『중세 사회의 변화와 조선건국』혜안 2005.

이경식「고려시대의 전호농민」『고려시대 토지제도연구』2012.

이광린「제조제도 연구」『동방학지』8, 1976.

이기백「고려주현군고」『역사학보』29, 1965.

이기백「고려 양계의 주현군」『고려병제사연구』1968.

이남희「조선시대 잡과입격자의 진로와 그 추이」『조선시대의 사회와 사상』1998.

이남희「조선전기 기술관의 신분적 성격에 대하여」『고려 조선전기 중인연구』신서원 2001.

이민우「고려말 사전 혁파와 과전법에 대한 재검토」『규장각』47, 2015.

이범직「조선전기의 校生身分」『韓國史論』3, 1976.

이병휴「조선중종조 정국공식의 성분과 동향」『대구사학』15,6합집 1978.

이병휴「현량과 연구」『조선전기 기호사림파연구』일조각 1984.

이병휴「영남 기호 사림의 접촉과 사림파의 형성」『조선전기 기호사림파연구』일조각 1984.

이병휴「16세기 정국과 영남사림파의 동향」『조선전기 사림파의 현실인식과 대응』일조각 1999.

이병휴「사재 김정국의 개혁론과 그 성격」『조선전기 사림파의 현실인식과 대응』 일조각 1999.

이상백「서얼차대의 연원에 대한 연구」『진단학보』1, 1934.

이상백「서얼금고시말」『동방학지』1, 1954.

이성무「조선초기의 향리」『한국사연구』5, 1970.

이성무「조선초기의 기술관과 그 지위」『유홍렬박사 화갑기념 논총』1971.

이성무「선초의 성균관연구」『역사학보』35,36, 1972.

이성무「십오세기 양반론」『창작과비평』8(2), 1973.

이성무「고려 조선초기의 토지 소유권에 대한 제설의 검토」『성곡논총』9, 1978.

이성무「공전 사전 민전의 개념」『한우근박사 정년기념사학논총』1980.

이성무「조선초기 신분사 연구의 문제점」『역사학보』102, 1984.

이성무「조선초기 노비의 종모법과 종부법」『역사학보』115, 1987.

이성무「조선시대 노비의 신분적 지위」『한국사학』9, 1987.

이성무「조선초기 음서제와 과거제」『한국사학』12, 1991.

이수건「조선조 향리의 일 연구」『문리대학보』3 영남대 1974.

이수건「영남사림파의 학문적 연원」『영남사림파의 형성』영남대학교 출판부 1979.

이수건「영남사림파의 경제적 기반」『영남사림파의 형성』영남대학교 출판부 1979.

이수건「조선전기 사회변동과 상속제도」『역사학보』129, 1991.

이영훈「고문서를 통해본 조선 전기 노비의 경제적 성격」『한국사학』9, 1987.

이영훈「조선전호고」『역사학보』142, 1994.

이영훈「한국사에 있어서 노비제의 추이와 성격」『노비 농노 노예』일조각 1998.

이영훈「고려전호고」『역사학보』161, 1999.

이원택「15-16세기 주례 이해와 국가경영」『한국중세의 정치사상과 주례』혜안 2005.

이장우「세종 27년 7월의 전제개혁 분석」『국사관논총』92, 2000.

이재희「조선명종대 척신정치의 전개와 그 성격」『한국사론』29, 1993.

이존희「조선전기의 외관제」『국사관논총』8, 1989.

이태진「서얼차대고」『역사학보』27, 1965.

이태진「사림파의 유향소복립운동」『진단학보』34,35, 1972.

이태진「15세기 후반기의 「거족」과 명족의식」『한국사론』3, 1976.

이태진「중앙 오영제의 성립과정」『한국군제사-조선후기편』1977.

이태진「16세기 사림의 역사적 성격」『대동문화연구』13, 1979.

이태진「조선시대의 정치적 갈등과 그 해결」『조선시대 정치사의 재조명』1985.

이태진「당쟁을 어떻게 볼 것인가」『조선시대 정치사의 재조명』1985.

이태진「李晦齋의 聖學과 仕宦」『한국사상사학』1, 1987.

이태진 「조선시대 야사 발달의 추이와 성격」『우인 김용덕박사 정년기념사학논총』
  1988.
이태진 「조선왕조의 유교정치와 왕권」『한국사론』23, 1990.
이홍렬 「잡과시취에 대한 일고」『백산학보』3, 1967.
임영정 「선초 보충군 산고」『현대사학의 제문제』1977.
임영정 「조선초기의 관노비」『동국사학』19,20합집, 1986.
장병인 「조선초기의 관찰사」『한국사론』4, 1978.
장병인 「조선초기 연좌율」『한국사론』17, 1987.
전형택 「보충군 입역규례를 통해 본 조선 초기의 신분구조」『역사교육』30,31, 1982.
전형택 「조선초기의 공노비 노동력 동원 체제」『국사관논총』12, 1990.
정다함 「조선초기 습독관 제도의 운영과 그 실태」『진단학보』96, 2003.
정만조 「16세기 사림계 관원의 붕당론」『한국학논총』12, 1990.
정만조 「조선시대의 사림정치」『한국사상의 정치형태』1993.
정만조 「조선중기 유학의 계보와 붕당정치의 전개」『조선시대사학보』17, 2001.
정재훈 「조선전기 유교정치사상 연구」서울대학교 대학원 박사학위논문 2001.
정현재 「조선초기의 경차관에 대하여」『경북사학』1, 1978.
정현재 「선초 내수사 노비고」『경북사학』3, 1981.
정현재 「조선초기의 노비 면천」『경북사학』5, 1982.
정현재 「조선초기의 외거노비의 개념 검토」『경상사학』창간호 1985.
지두환 「조선전기 군자소인론의」『태동고전연구』9, 1993.
지승종 「신분개념 정립을 위한 시론」『한국사회사 연구회 논문집』11, 1988.
지승종 「조선전기 신분구조와 신분인식」『한국사연구의 이론과 실제』1991.
지승종 「조선 전기의 서얼신분」『사회와 역사』27, 1991.
지승종 「신분사 연구의 쟁점과 과제」『사회와 역사』51, 1997.
차장섭 「조선전기의 사관」『경북사학』6, 1983.
천관우 「조선토지제도사」하『한국문화사대계』2, 1965.
최승희 「집현전연구」『역사학보』32,33, 1966,67.
최승희 「홍문관의 성립경위」『한국사연구』5, 1970.
최승희 「조선초기 言官에 관한 연구」『한국사론』1, 1973.
최승희 「弘文錄考」『대구사학』15,16, 1978.
최승희 「조선시대 양반의 대가제」진단학보 60, 1985.
최윤오 「세종조 공법의 원리와 그 성격」『한국사연구』106, 1999.
최윤오 「조선시기 토지개혁론의 원리와 공법 조법 철법」『대호 이융조교수 정년논
  총』2007.

최이돈「16세기 郎官權의 형성과정」『한국사론』14, 1986.

최이돈「성종대 홍문관의 言官化 과정」『진단학보』61, 1986.

최이돈「16세기 사림파의 천거제 강화운동」『한국학보』54, 1989.

최이돈「16세기 郎官權의 성장과 朋黨政治」『규장각』12, 1989.

최이돈「16세기 공론정치의 형성과정」『국사관논총』34, 1992.

최이돈「조선초기 수령고소 관행의 형성과정」『한국사연구』82, 1993.

최이돈「海東野言에 보이는 허봉의 當代史 인식」『한국문화』15, 1994.

최이돈「16세기 사림 중심의 지방정치 형성과 민」『역사와 현실』16, 1995.

최이돈「16세기 전반 향촌사회와 지방정치」『진단학보』82, 1996.

최이돈「성종대 사림의 훈구정치 비판과 새 정치 모색」『한국문화』17, 1996.

최이돈「16세기 사림의 신분제 인식」『진단학보』91, 2001.

최이돈「조선중기 신용개의 정치활동과 정치인식」『최승희교수 정년기념논총』2002.

최이돈「조선전기 현관과 사족」『역사학보』184, 2004.

최이돈「조선초기 잡직의 형성과 그 변화」『역사와 현실』58, 2005.

최이돈「조선초기 공상의 신분」『한국문화』38, 2006.

최이돈「조선초기 공치론의 형성과 변화」『국왕 의례 정치』이태진교수 정년기념
논총 태학사 2009.

최이돈「조선초기 서얼의 차대와 신분」『역사학보』204, 2009.

최이돈「조선초기 협의의 양인의 용례와 신분」『역사와 현실』71, 2009.

최이돈「조선초기 향리의 지위와 신분」『진단학보』110, 2010.

최이돈「조선초기 보충군의 형성과정과 그 신분」『조선시대사학보』54, 2010.

최이돈「조선초기 천인천민론의 전개」『조선시대사학보』57, 2011.

최이돈「조선초기 특권 관품의 정비과정」『조선시대사학보』67, 2013.

최이돈「조선초기 왕실 친족의 신분적 성격」『진단학보』117, 2013.

최이돈「조선초기 법적 친족의 기능과 그 범위」『진단학보』121, 2014.

최이돈「조선전기 사림파의 정치사상」『한국유학사상대계』VI, 한국학진흥원 2014.

최이돈「조선초기 공공통치론의 전개」『진단학보』125, 2015.

최이돈「태종대 과전국가관리체제의 형성」『조선시대사학보』76, 2016.

최이돈「조선초기 관원체계와 과전 운영」『역사와 현실』100, 2016.

최이돈「세조대 직전제의 시행과 그 의미」『진단학보』126, 2016.

최이돈「조선초기 提調制의 시행과정」『규장각』48, 2016.

최이돈「조선초기 佃夫制의 형성과정」『진단학보』127, 2016.

최이돈「조선초기 損失踏驗制의 규정과 운영」『규장각』49, 2016.

최이돈「고려 후기 수조율과 과전법」『역사와 현실』104, 2017.

최이돈「세종대 공법 연분 9등제의 시행과정」『조선초기 과전법』경인문화사 2017.
최이돈「조선초기 전부의 법적 지위」『조선초기 과전법』경인문화사 2017.
최재석「조선시대의 상속제에 관한 연구」『역사학보』53,54, 1972.
한명기「광해군대의 대북세력과 정국의 동향」『한국사론』20, 1989.
한상준「조선조의 상피제에 대하여」『대구사학』9, 1975.
한영우「여말선초 한량과 그 지위」『한국사연구』4, 1969.
한영우「태종 세종조의 대사전시책」『한국사연구』3, 1969.
한영우「조선초기 상급서리 성중관」『동아문화』10, 1971.
한영우「조선초기의 사회계층과 사회이동에 관한 시론」『제8회 동양학 학술회의
    강연초』1977.
한영우「조선초기 신분계층연구의 현황과 문제점」『사회과학논평』창간호 1982.
한영우「조선초기의 상급서리와 그 지위」『조선전기 사회경제연구』을유문화사 1983.
한영우「양성지의 사회 정치사상」『조선전기 사회사상』지식산업사 1983.
한영우「조선초기 사회 계층 연구에 대한 재론」『한국사론』12, 1985.
한우근「신문고의 설치와 그 실제적 효능에 대하여」『이병도박사화갑기념논총』1956.
한우근「훈관검교고」『진단학보』29,30, 1966.
한충희「조선초기 의정부연구」『한국사연구』31,32, 1980,1981.
한충희「조선초기 육조연구」『대구사학』20,21, 1982.
한충희「조선초기 육조연구 첨보」『대구사학』33, 1987.
한충희「조선초기 육조연구」고려대학교 박사학위논문 1992.
한충희「조선초기 의정부당상관연구」『대구사학』87, 2007.
한충희「조선 성종대 의정부연구」『계명사학』20, 2009.
한희숙「조선초기의 잡류층에 대한 연구」고려대학교 박사학위논문 1990.
홍순민「조선후기 정치사상 연구현황」『한국 중세사회 해체기의 제문제』한울 1987.

찾아보기

최이돈

서울대에서 학사, 석사, 박사학위를 받았다.

조선시대 정치사와 신분사를 연구하여 『조선정치사』(공저, 청년사, 1991), 『조선중기 사림정치구조 연구』(일조각, 1994), 『한국 전근대사의 주요 쟁점』(공저, 역사비평사 2002), 『한국 유학사상 대계』(공저, 한국학진흥원 2002), 『고종시대 공문서 연구』(공저, 태학사 2009) 등의 저서와 다수의 논문을 썼다.

서울대, 성심여대 등에서 강의하였고, 영국 University of Cambridge의 Visiting fellow 를 역임하였으며, 1993년부터 한남대 역사교육과 교수로 재직하고 있다.

조선전기 공공통치

초판 1쇄 인쇄 ┃ 2017년 10월 26일
초판 1쇄 발행 ┃ 2017년 11월 02일

지 은 이   최이돈

발 행 인   한정희
발 행 처   경인문화사
총 괄 이 사   김환기
편   집   김지선 한명진 박수진 유지혜
마 케 팅   김선규 하재일 유인순
출 판 번 호   406-1973-000003호
주   소   파주시 회동길 445-1 경인빌딩 B동 4층
전   화   031-955-9300 팩   스   031-955-9310
홈 페 이 지   www.kyunginp.co.kr
이 메 일   kyungin@kyunginp.co.kr

ISBN   978-89-499-4301-5 93910

값 35,000원